KB055950

미술작품을 곁들인
에피소드 서양문화사

미술작품을 곁들인 **에피소드 서양문화사**

지은이 | 차기태

1판 1쇄 펴낸날 | 2014년 4월 1일
1판 2쇄 펴낸날 | 2014년 6월 1일

펴낸이 | 이주명
편집 | 문나영
출력 | 문형사
종이 | 화인페이퍼
인쇄 | 한영문화사
제본 | 한영제책사

펴낸곳 | 필맥
출판등록 | 제 300-2003-63호
주소 | 서울시 서대문구 경기대로 58 (충정로2가) 경기빌딩 606호
이메일 | philmac@philmac.co.kr
홈페이지 | www.philmac.co.kr
전화 | 02-392-4491
팩스 | 02-392-4492

ISBN 978-89-97751-33-4 (03900)

이 도서의 국립중앙도서관 출판시도서목록(CIP)은 e-CIP 홈페이지(http://www.nl.go.kr/cip.php)에서
이용하실 수 있습니다.(CIP제어번호: CIP2014008697)

차기태 지음 | 미술작품을 곁들인
에피소드 서양문화사

팔맥

'천사의 빵' 부스러기를 긁어모아서

인간의 역사는 얼마나 될까? 여기서 역사는 인간이 단순히 자연 속에 섞여 사는 데 그치지 않고 문자를 사용하고 두뇌와 육체의 노동을 통해 문명을 일군 역사를 말하는 것이다. 대략 5천년 가량 되지 않을까 생각된다.

그 역사 속에서 인간은 부단히 일하고 생각하고 세상을 가꿔 왔다. 집단과 집단, 나라와 나라가 화합하고 우애를 나누기도 하고 반목과 갈등을 겪기도 했다. 그런 역사 속에서 자신의 재능을 발휘한 사람이 있는가 하면, 반대로 재능을 발휘해 보지도 못하고 스러져간 사람도 많다. 이처럼 무수히 많은 사람들의 행운과 불운 속에서 인간의 문명과 문화는 꽃피고 시들어 갔다.

인간의 그런 역사는 특히 미술작품에 고스란히 표현됐다. 회화와 조각을 비롯한 여러 형식의 미술작품은 인간의 삶과 꿈, 희로애락을 담아내는 그릇이었다. 이 그릇에는 당대의 역사와 교감하는 인간의 상상력이 담겨 있다. 뿐만 아니라 새로운 문명과 미래의 소망을 담아내기도 했다. 요컨대 미술작품은 인간의 문명과 언제나 함께 해왔다. 그렇기에 지금까지 우리에게 전해지는 미술작품만 훑어봐도 인간의 삶과 상상력의 줄거리는 잡힌다.

미술작품을 제대로 감상하고 이해하기 위해서는 예술적 기법도 알아야겠지만, 동시에 작품의 배경이 되는 역사와 이야기를 알아야 한다. 에우로파가 제우스 신에게 납치되는 장면을 보여주는 그림은 그 배경이 되는 그리스 신화를 알아야 더 재미있게 감상할 수 있다. 카이사르의 암살을 다룬 미술 작품을 제대로 이해하려면 카이사르가 권력을 장악한 과정과 암살 주모자들의 고뇌를 알 필요가 있다. 그렇게 이해하고 감상하면서 나름대로 상상력을 발휘해 볼 수도 있다. 이를테면 성서에 나오는 노아의 방주 이야기는 그리스 신화에 나오는 데우칼리온과 피라의 설화와 어떤 관계가 있을지 상상해 보거나 탐구해 볼 수 있다. 또 페르시아의 그리스 침공으로 비롯된 마라톤 전투와 살라미스 해전에 관한 그림을 보면서 세계의 전쟁사 또는 해전사를 탐구해보겠다는 의욕을 갖게 될 수도 있다.

이렇듯 미술작품을 감상하면서 그 배경과 역사를 이해하려고 하는 것은 그 자체로 흥미있을 뿐만 아니라 다양한 상상과 탐구의욕을 일으키기도 한다. 그렇게 접근하다 보면 자신도 모르는 사이에 또 다른 창의력을 발휘하게 될 수도 있다. 그러나 우리나라에는 미술작품의 배경과 역사를 제대로 설명해주는 책이 거의 없다. 특히 우리의 시각으로 우리의 손으로 쓴 책은 아예 없다시피 하다. 외국 책을 번역한 것만 있을 뿐이다. 이는 문화적 공백이다. 선진국으로 도약해 보겠다고 하는 나라로서 낯 뜨거운 일이 아닐 수 없다.

이 책이 비록 졸작이기는 하나 그런 공백을 조금이나마 메울 수 있게 되기를 나는 기대한다. 내가 처음부터 그런 큰 뜻을 가지고 이 책을 쓰기 시작한 것은 아니었다. 그렇지만 원고를 탈고하고 나자 외람되지만 이 책이 그런 디딤돌 역할을 하게 되기를 바라는 마음이 생겨났다.

이 책에 수록된 미술작품은 250점이 넘는다. 그 작품들에 배경이 된 신화와 역사의 에피소드들도 그만큼 다양하다. 그 미술작품과 관련 에피소드들을 서양문화사의 두 기둥이라고 할 수 있는 그리스로마 신화와 그리스도교의 경전인 성서, 그리고 중요한 역사적 사건, 예술과 철학으로 크게 나누어 수록했다. 이들 작품을 따라가다 보면 자연스럽게 서양의 정신적 원천과 중요한 역사적 순간 및 사색의 흐름을 훑어보게 된다.

여전히 풀리지 않는 문제가 하나 남아 있다. 내가 과연 이런 책을 쓸 자격이 있나 하는 의문이 그것이다. 내가 이런 책을 쓴 것이 관련 전문가들이 보기에는 코웃음 칠 일인지도 모른다. 미술이든 역사든 문학이든 그 어느 것도 나는 깊이 있게 공부한 적이 없다. 1년 반 동안 미술 담당 기자를 해보고 틈나는 대로 20여 년 동안 고전과 인접 분야의 서적을 꾸준히 읽어온 것이 고작이다. 단테 알리기에리의 표현을 빌리면, 나는 식탁에서 떨어지는 '천사의 빵' 부스러기나 주웠을 뿐이다. 이 책은 정확하게 이야기하면 그런 빵 부스러기를 모아놓은 것에 지나지 않는다.

다만 한 가지 자신 있게 말할 수 있는 것은 적어도 나는 여기에 수록된 미술 작품들을 탄생시킨 작가들에 대한 존경심을 결코 잊지 않았다는 것이다. 우리에게 널리 알려진 작가든 그렇지 않은 작가든 인류의 문화를 풍성하게 해주었다는 점에서는 아무런 차이가 없다. 더욱이 그 작가들의 작품이 어느 날 갑자기 땅에서 솟아나거나 하늘에서 떨어진 것도 아니다. 하나하나가 모두 진지한 노력과 노고의 산물이다.

사실 오늘날까지 인류에게 감동을 주거나 인류의 삶을 변화시킨 작품과 학문적 업적들은 모두 뼈를 깎는 노고의 결과였다. 예를 들어 16세기에 미켈란젤로는 4년 동안이나 시스티나 성당의 천장에 매달려 온몸에 물감을 뒤집어쓰면서 〈천지창조〉를 완성했다. 갈릴레이가 우주에 대해 아무리 관심이 많았더라도 직접 망원경을 만들어 하늘을 관찰하는 노고를 감수하지 않았다면 기존의 천동설에 맞서 지동설을 이끌어낼 수 없었을 것이다. 교황 레오 1세가 아무리 교회행정에 유능했다고 하더라도 전쟁을 막기 위한 행동에 직접 나서지 않았다면 이탈리아 반도의 주민들은 훈족의 왕 아틸라의 군사들에게 짓밟혔을 것이다. 플라톤이 파피루스에 글을 써서 남기는 일을 하지 않았다면 고대 그리스의 위대한 철인 소크라테스의 철학과 사상은 잊혔을 것이다. 아이스킬로스와 소포클레스, 에우리피데스 등의 비극 작가들과 단테나 셰익스피어, 괴테, 위고, 베토벤 등 위대한 문인, 예술가들이 창작의 노고를 기울이지 않았다면 오늘날 우리 인류에게 과연 무엇이 남아 있을까?

그렇기에 나는 여러 작가들의 노고에 유의하면서 작품들을 고르고 글을 써서 마침내 졸작 하나를 세상에 내놓게 됐다. 겁도 없이. 전문가들이 보기에 잘못된 것이 얼마든지 있을 수 있다. 나는 비판과 지적을 겸허하게 받아들일 것이다. 아울러 앞으로 깊은 전문지식을 갖춘 전문가가 더 알차고 깊이 있는 책을 써주기를 바라마지 않는다.

다행스럽게도 요즘에는 우수한 고전번역자와 번역서가 다수 나왔다. 이번 작업을 하는 과정에서도 새로 나온 번역서들이 많은 도움이 됐다. 어려운 일을 한 번역자 여러분에게 고맙다는 말 전하고 싶다. 이 책의 인용문도 대부분 국내번역서에서 가져왔다. 다만, 인용 또는 참고한 번역서를 비롯해 주요 문헌을 본문에서는 일일이 기재하지 않고 참고문헌 목록에 한꺼번에 정리해두었다.

보잘것없는 나에게 이 책을 써보라고 권유하고 2년 동안 기다려준 출판사 필맥의 이주명 대표와 문나영 편집자에게 감사를 드린다. 여러 가지로 어려운 가운데서도 나의 이 작업을 응원해준 가족에게도 고맙다는 말을 하고 싶다.

2장 신화와 인간세상

3장 구약과 유대족의 고대사

4장 신약과 예수의 삶

5장 역사 속 사건과 인물

6장 예술과 철학 이야기

1장
그리스로마 신화

우라노스와 가이아의 사랑과 미움

우라노스와 가이아는 최초의 우주 지배자다. 우라노스는 하늘을 지배하는 신이고, 가이아는 그의 아내이자 대지의 여신이다. 헤시오도스의 〈신통기〉에는 태초에 카오스가 있었는데 거기서 넓은 젖가슴을 가진 가이아가 먼저 나왔다고 돼 있다.

먼저 태어난 가이아가 자신을 덮어줄 신으로 우라노스를 낳았다. 이어 가이아는 요정들이 살 수 있는 산, 육지로 둘러싸인 큰 바다를 혼자의 몸으로 출산했다.

그 뒤에는 가이아가 우라노스와 사랑을 나누고 그 결과로 여러 신을 낳았다. 대지를 감싸고 흐르는 거대한 강의 신 오케아노스를 비롯해 크레이오스, 히페리온, 이아페토스, 레아, 테미스, 므네모시네, 포이베, 테티스 등 '티탄 신족'이 그렇게 태어났다. 티탄 신족 가운데 막내가 크로노스다. 가이아는 이들 외에 둥근 눈을 하나만 가진 키클롭스 3형제도 낳았다.

우라노스와 가이아는 이렇게 많은 자식을 낳을 정도로 금슬이 좋다가 사이가 갈라진다. 자식 문제 때문이었다. 우라노스와 가이아 사이에 태어난 자식들의 모습이 대체로 끔찍하고 괴물 같았기에 우라노스가 이들 티탄 신족을 대지 속 깊숙한 곳에 가둬버렸다. 그러자 대지의 여신 가이아가 이들을 토해냈

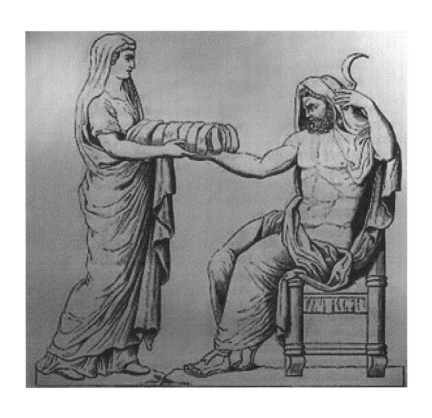

◆◆◆ 가이아와 우라노스 / 쥘 바스티앵－르파주

고, 바깥세상으로 나온 이들이 우라노스에 대한 반역을 도모했다. 가이아는 이들에게 우라노스를 타도하라고 부추겼다.

> 너희들이 내 말을 따르면 너희 아버지에게 복수할 수 있을 것이다. 먼저 부끄러운 짓을 할 생각을 품은 자는 너희 아버지다.
> — 헤시오도스, 〈신통기〉

가이아는 큰 낫까지 만들어 자식들에게 주면서 행동을 촉구했다. 이때 앞장선 자가 바로 막내 크로노스다. 그는 어머니가 만들어준 낫으로 아버지의 남근을 잘라버리고 말았다.

우라노스와 가이아의 사이는 그야말로 애증이 엇갈리는 관계였다. 한때는 금슬 좋은 부부로서 많은 자식을 낳았지만, 나중에는 서로 미워했다. 아무리 서로 사랑하고 아끼는 사이라도 세월이 흐르면 마음이 변하고 때로는 미워하게 되는 것이 신의 섭리이자 자연의 이법인 모양이다. 사랑도 미움도 고정불변의 것이 아니다.

제우스 대신 돌덩이를 삼킨 사투르누스

로마신화에 나오는 사투르누스 신은 그리스 신화에 나오는 크로노스 신과 같다. 우주의 첫 지배자 우라노스 신과 가이아 여신의 사이에서 태어난 막내 사투르누스는 형제 티탄 신족과 힘을 합쳐 아버지 우라노스를 권좌에서 축출하고 권력을 잡았다. 그런데 사투르누스는 권력을 잡은 뒤 불안했다. 자기가 자식들에 의해 쫓겨날 것이라는 예언을 우라노스가 한 바 있기 때문이었다. 그래서 그는 비상수단을 쓰기로 했다. 자식들을 모두 삼켜버린 것이다. 반역의 씨를 말려버리려는 계책이었다. 그러자 아내 레아가 크레타 섬의 동굴로 가서 제우스를 낳았고, 그곳의 요정들에게 제우스의 양육을 맡겼다. 레아 여신은 사투르누스에게는 제우스 대신 돌덩이를 포대기에 쌓아 주어서 삼키게 했다.

제우스는 장성한 뒤 메티스 여신의 도움을 받아 사투르누스에게 약을 주어 먹게 했다. 그 약을 먹은 사투르누스는 삼켰던 자식들을 모두 토해냈다. 그 덕분에 헤라 여신, 포세이돈 신, 데메테르 여신 등 그리스로마 신화의 주요 신들이 빛을 보게 됐다. 이들은 다시 힘을 합쳐 사투르누스 신을 축출하고 자기들끼리 권력을 나눈다.

이 세상에 영원한 권력은 없다. 그리스로마 신화에 나오는 신들의 세계에도 영원한 권력은 없다. 불멸의 신들이 사는 나라에서도 권력이 이토록 무상

한데 하물며 인간의 세계에서랴! 그럼에도 인간은 권력이 무상함을 흔히 잊곤
한다. 한번 잡은 권력이 영원히 계속될 것으로 착각하는 것이다.

◆◆◆ 자식을 삼키는 사투르누스 / 프란시스코 고야

올림포스 신들을 공격한 기가스들

가이아 여신과 우라노스 신의 자식 가운데 기가스(Gigas)라는 거신들이 있다. 기가스의 복수형은 기간테스(Gigantes)로, 영어단어 giant의 어원이다. 거신들은 덩치가 크고 힘도 다른 신들에 비해 월등히 강했다. 그들은 크로노스와 전쟁을 벌인 끝에 패권을 장악한 제우스 신을 비롯한 올림포스 신들에게 싸움을 걸었다. 하늘로 바위와 불타는 참나무를 던지며 올림포스 신들을 위협했다. 이 공격에서는 특히 포르피리온과 알키오네우스의 활약이 컸다. 천하에 무서울 것이 없는 올림포스 신들도 거신들의 공격 앞에서는 무기력했다. 올림포스 신들의 패색이 짙을 때 그들을 도운 것은 헤라클레스라는 '인간'이었다.

헤라클레스는 '불사의 존재'라는 알키오네우스를 활로 제압했다. 포르피리온은 제우스 신의 번개와 헤라클레스의 화살에 의해 죽임을 당했다. 나머지 기가스들은 아폴론 신의 화살, 헤라클레스의 화살, 디오니소스 신의 지팡이, 헤카테 신의 횃불, 헤파이스토스 신이 불에 달군 쇳덩이에 맞고 죽었다. 아테나 여신은 엥켈라도스에게 시켈리아(오늘날의 시칠리아) 섬을 던져 죽였다. 운명의 여신들도 나서서 청동 몽둥이로 기가스를 제압하는 데 한몫 했다. 이밖에 많은 기가스들이 제우스의 화살과 헤라클레스의 화살을 맞고 쓰러졌다.

마지막으로 티폰이 남아 있었다. 그는 가이아가 지옥에 갇힌 타르타로스와 결합해 낳은 자식이었다. 몸의 절반은 사람이고, 하반신은 뱀 모양을 하고 있었다. 그런데 덩치가 워낙 커서 키가 산보다 높았고, 머리는 하늘에 닿았다. 불타는 바위를 던질 수 있었고, 입에서는 불길이 나왔다. 티폰이 올림포스의 신들과 싸우기 위해 하늘로 돌진하자 신들은 기겁했다. 신들은 이집트로 피난 가서 동물로 변신해 모습을 감췄다. 제우스 신이 티폰에 대항해 벼락과 낫으로 싸웠으나 당해내지 못했다. 도리어 티폰이 제우스의 손과 발을 움직이는 힘줄을 끊어버렸다. 제우스는 헤르메스 신의 기지 덕분에 기운을 회복해 반격을 가했다. 서로 쫓고 쫓기는 싸움이 거듭된 끝에 제우스 신은 시켈리아 섬에 있는 아이트나 산을 던져 티폰을 무찔렀다. 아이트나 산은 이때 그 바닥에 깔린 티폰이 한숨을 쉴 때마다 화산폭발을 일으키게 됐다. 그래서 아이트나 화산의 폭발은 '티폰의 신음'으로 일컬어지기도 한다.

아이트나 화산은 실제로 오늘날에도 간혹 폭발한다. 고대 그리스의 철학자 엠페도클레스는 이 화산에 몸을 던져 자살했다고 한다. 아이트나 화산이 엠페도클레스의 신발을 다시 뿜어냈다는 전설도 전해진다.

제우스는 1차로 티탄 신족과의 싸움에서 승리한 후 기가스 거신들과 전쟁을 또다시 치렀다. 그런 다음에야 최종 패권을 차지했으니, 권력을 잡기란 역시 쉬운 일이 아니다.

◆◆◆ 티탄족의 추락 / 코르넬리스 반 하를렘

크로노스의 인과응보

그리스 신화의 최고신 제우스는 우여곡절 끝에 태어나 힘들게 자랐다. 제우스 신의 아버지 크로노스 신은 누이 레아 여신과 결혼하여 낳은 자식들을 모두 집 어삼켰다. 자식들에 의해 권좌에서 쫓겨날 것이라는 예언을 아버지 우라노스 신과 어머니 가이아 여신으로부터 들었기 때문이었다. 크로노스 자신이 아버 지 우라노스 신을 축출한 전력이 있기에 이 같은 예언을 듣고 떨지 않을 수 없 었다. 크로노스는 후환을 없애기 위해 헤스티아 여신을 비롯해 데메테르 여신, 헤라 여신, 플루톤 신, 포세이돈 신을 차례로 삼켜버렸다.

그러자 레아 여신은 크레타 섬에 있는 이데 산의 동굴로 가서 막내 제우스 신을 출산한다. 그리고 요정에게 제우스 신을 양육해 달라고 맡긴다. 요정들 은 제우스 신에게 아말테이아 염소의 젖을 먹여 키웠고, 레아 여신의 시종들은 동굴을 지키며 아이의 울음소리가 새어나오지 못하도록 방패로 막았다. 아울 러 레아 여신은 제우스 신과 비슷한 크기의 돌덩이를 포대기에 싸서 크로노스 신에게 삼키라고 준다.

이렇게 하여 살아남은 제우스 신은 장성한 뒤 메티스 여신의 도움을 받아 크 로노스로 하여금 그의 뱃속에 들어있던 형제 신들을 토하게 한다. 제우스 신은 그 형제 신들과 함께 크로노스에게 도전해서 그를 권좌에서 밀어낸다. 결국 크

로노스는 자신이 아버지에게 저지른 짓 그대로 자식들에게 당한 셈이다. 인과
응보의 전형이라 할 수 있겠다. 우라노스의 선견지명도 돋보인다.

◆◆◆아말테이아 염소에 의해 양육되는 아기 제우스 / 니콜라 푸생

추첨으로 지배영역을 나눈 세 신

그리스 신화에 등장하는 신 가운데 제우스, 포세이돈, 플루톤은 각각 독자적인 지배영역을 갖고 있다.

이 신들은 우라노스를 물리치고 온 세상의 패권을 차지한 크로노스에게 삼켜져 그의 뱃속에 있다가 탈출했다. 이들은 탈출에 성공한 다음 추첨을 통해 통치권을 나누어 제우스는 하늘, 포세이돈은 바다, 플루톤은 저승을 각각 통치하게 됐다. 플루톤은 하데스라고도 한다.

제우스는 벼락을 무기로 갖고 있었고, 포세이돈은 삼지창, 플루톤은 투구를 각각 보유하고 있었다. 플루톤의 투구를 머리에 쓰면 남의 눈에 보이지 않게 된다. 자신을 보는 사람을 돌로 바꾸어버리던 무서운 얼굴의 메두사를 페르세우스가 처치할 수 있었던 것도 그가 바로 이 '플루톤의 투구'를 쓴 덕분이었다.

플루톤은 오늘날 원자력 발전 후에 남는 물질에 '플루토늄'이라는 이름을 남겼다. 플루토늄은 핵폭탄 제조에 쓰이기에 '악마의 재'라고 일컬어지기도 한다. 무서운 이미지가 지하의 신 플루톤과 통한다.

◆◆◆ 제우스, 포세이돈, 플루톤 / 카라바조

제우스의 난봉기와 헤라의 견제

크로노스 신의 아들 제우스 신은 아버지를 물리치고 세상의 패권을 장악했다. 제우스 신은 이제 최고신이 되어 우주와 세계를 지배했다. 그는 그러나 지하세계와 바다는 각각 하데스와 포세이돈에게 맡기는 등 권력을 분산시켰다. 태양과 달도 아폴론과 아르테미스에게 맡겼다. 최고신으로서 세상과 인간사를 내려다보면서 되도록 공정하게 통치하려고 했다. 대신 신과 자연의 이법을 어기는 자에게는 냉혹한 징벌을 가했다.

태양신의 마차를 몰고 가는 사람, 죽은 사람을 살리는 신 등은 제우스 신이 날린 벼락에 맞았다. 온 세상이 죄로 가득 찼을 때에는 대홍수를 일으켜 인류를 멸망시키려 하기도 했다. 그렇지만 손님을 친절하게 대접하는 등 인간의 직분과 도리를 다하는 사람에게는 그에 상응하는 혜택을 주기도 했다. 트로이 전쟁이 일어나 그리스 연합군과 트로이가 싸우게 되고 덩달아 올림포스 신들도 그리스 편과 트로이 편으로 갈라진 상황에서도 제우스 신은 어느 한 쪽으로 치우치지 않고 중도적 입장을 견지했다.

그런데 제우스 신에게 치명적인 문제점이 있었다. 그것은 난봉기였다. 그는 사람이든 신이든 가리지 않고 여성이면 누구나 유혹하여 자신의 소유로 만들었다. 결혼도 여러 번 했다. 메티스 여신, 테미스 여신, 에우리노메 여신, 데메

◆◆◆ 이다 산 위의 제우스와 헤라 / 제임스 배리

테르 여신, 므네모시네 여신, 레토 여신, 우미(優美)의 3여신 가운데 막내인 아글라이아 여신, 요정 암피트리테 등과 결혼했다. 인간 여성과는 결혼하지 않았다. 그렇지만 인간 여성인 마이아, 세멜레, 알크메네, 이오, 다나에, 에우로파 등과 '결합'은 했다. 그럴 때마다 헤라 여신이 질투했다. 그래서 제우스의 난봉행각의 결과로 태어난 자식들에게는 갖가지 시련과 고통을 안겨주었다.

더욱이 헤라 여신은 한번 밉게 본 사람은 끝까지 괴롭히는 악취미를 갖고 있었다. 제우스 신이 알크메네와 불륜을 저질러 낳은 헤라클레스는 그가 태어났을 때부터 죽을 때까지 따라다니며 괴롭혔다. 트로이에서 탈출한 아이네아스를 비롯한 트로이 사람들도 헤라 여신의 미움 때문에 심한 폭풍우를 만나는 등 계속 시달렸다. 이 때문에 트로이에서 탈출한 사람들이 이탈리아 반도까지 가는 데 7년이나 걸렸다. 헤라 여신이 그토록 심하게 해코지를 한 이유는 트로이 왕자 파리스가 가장 예쁜 여신에게 돌아가게 돼있는 황금사과의 임자를 아프로디테 여신으로 판정했기 때문이었다. 헤라 여신은 그 후 파리스 왕자와 트로이인들을 끝없이 미워했다. 그 미움을 트로이 전쟁 종결과 함께 풀 수도 있었을 텐데도 헤라 여신은 결코 풀지 않았다.

그렇지만 헤라 여신은 가정과 인간사회의 건전한 질서를 지키는 역할을 십분 다했다. 여성의 순결과 가정의 평화를 지키기 위해 애썼고, 여성의 출산을 도왔다. 제우스 신이 아무리 난봉행각을 벌이고 싶어도, 그리고 다른 남신과 여신이 아무리 일탈행위를 저지르고 싶어도, 헤라 여신이 지켜보는 상황에서는 함부로 행동할 수 없었다. 헤라 여신은 인간사회와 가정이 타락하고 어지러워지는 것을 막는 '파수꾼' 역할을 한 셈이다.

거품에서 태어난 아프로디테

아프로디테(베누스)는 미와 사랑의 여신이다. 그러나 그녀의 탄생은 아름답지도, 사랑스럽지도 않다. 사실은 비극적인 사건으로 말미암아 태어났다. 정확하게 말하면, 아프로디테는 존속상해에 해당하는 범죄의 산물이다.

태초에 우주를 지배하던 우라노스 신은 대지의 여신 가이아와 함께 많은 자식을 낳았다. 하지만 태어난 자식들이 모두 소름끼치는 모습이었기 때문에 다 대지의 자궁 속에 가뒀다. 그러자 가이아가 자식들에게 우라노스를 제거하라고 일렀다. 이때 막내 아들 크로노스는 어머니가 만들어준 낫으로 아버지의 남근을 잘라버렸다. 그러자 핏방울이 대지로 떨어졌고, 거기서 복수의 여신들(에리니에스)이 태어났다.

우라노스 신의 남근은 바다로 던져졌다. 그런데 그 주변에서 흰 거품이 일어나더니 그 안에서 아름다운 처녀가 나왔다. 처녀는 거품과 함께 바다를 표류했다. 처음에는 그리스의 펠로폰네소스 반도 끝에 있는 키테라 섬 쪽으로 가다가 키프로스 섬에 이르자 뭍에 올랐다. 그녀는 거품(아프로스)에서 태어났기 때문에 아프로디테라는 이름으로 불리게 됐다. 아울러 키테라 섬 쪽으로 가다가 말았다는 이유에서 키테레이아라고 불리기도 한다.

이렇게 존속상해의 죄업에 의해 탄생한 아프로디테는 사랑을 거부하는 여

자들을 가만두지 않는다. 자신을 업신여긴다고 보기 때문이다. 어떤 형태로든 응징한다. 또 아들 에로스 신이 아프로디테를 따라다니면서 그녀가 지목한 대상에게 화살을 날려 사랑에 빠지게 만든다.

신이든 인간이든 아프로디테의 '부드러우면서도 강력한' 힘 앞에서는 맥을 추지 못한다. 모두 순응하거나 굴복한다. 인류가 오늘날과 같은 규모로 늘어난 것은 결국 아프로디테의 이런 힘 덕분일 것이다.

◆◆◆ 아프로디테의 탄생 / 윌리엄-아돌프 부그로

헤파이스토스의 그물에 걸려든 아프로디테

아프로디테 여신은 다리가 불편한 대장간의 신 헤파이스토스(불카누스)의 아내이지만, 남편이 장애자인데다 용모도 못생긴 탓에 그를 싫어했다. 그러다가 군신 아레스(마르스)와 눈이 맞아 몰래 정을 통했다. 그런데 그 장면이 태양신 아폴론에게 포착됐다. 아폴론은 즉시 아프로디테의 남편 헤파이스토스에게 고자질했다.

헤파이스토스는 청동으로 그물을 만들어 가지고 현장을 급습했다. 두 연인은 헤파이스토스의 그물에 고스란히 걸려들었다. 헤파이스토스 신은 한 발 더 나아갔다. 두 연인의 벌거벗은 모습을 모든 신에게 공개해버린 것이다.

모든 신이 두 연인이 벌거벗은 채 헤파이스토스의 그물에 갇혀 있는 모습을 보고 한바탕 웃었다. 소설이나 영화보다 훨씬 더 재미있는 실제 광경인데 웃지 않을 수 없었을 것이다. 그런데 오비디우스의 〈변신〉에 따르면, 다른 신들은 그 광경을 보고 자기도 그런 창피를 당해보고 싶다고 말했다고 한다.

◆◆◆ 헤파이토스에게 발각된 아레스와 아프로디테 / 루카 조르다노

태양신을 사랑한 클리티에의 비극

아프로디테 여신은 헤파이스토스 신에게 고자질을 한 태양신에게 복수한다. 일종의 '사랑의 복수'다. 태양신은 본래 이 세상의 만물을 공평하게 살펴야 한다. 그런데 아프로디테 여신이 태양신의 눈을 레우코테아라는 한 소녀에게만 향하게 만들었다. 그러자 태양신이 그녀의 방에 들어가 그녀를 유혹한다. 태양신은 그녀에게 자신을 이렇게 '소개'한다.

> 나로 말하면 긴 한 해를 재는 이이고, 만물을 보는 이이며, 그로 인해 대지가 만물을 보게 하는 이, 그러니까 세상의 눈이다.
> — 오비디우스, 〈변신〉 4권

태양신이 자신을 가리켜 '세상의 눈'이라고 한 것은 전적으로 옳은 말이다. 그렇지만, 그래서 어쨌단 말인가? 레우코테아의 운명과 어떤 관계가 있단 말인가? 아무 관계도 없다. 그럼에도 태양신과 레우코테아는 넘지 말아야 하는 선을 넘어버렸다. 게다가 이런 사실이 태양신을 사랑하는 다른 여인 클리티에에 의해 널리 알려졌고, 마침내 레우코테아의 아버지에게도 전해졌다. 레우코테아의 아버지는 그녀를 땅 속 깊숙이 생매장했다.

◈◆◆ 해바라기로 변한 클리티에 / 샤를 드 라 포스

태양신이 그녀를 살려보려고 했으나 허사였다. 결국은 레우코테아의 무덤에 신들의 술인 넥타르를 뿌리면서 슬피 울 수밖에 없었다. 넥타르가 뿌려진 무덤에서는 유향나무 덤불이 돋아났다고 한다.

상심한 태양신은 클리티에를 더 이상 돌아보지 않기로 했다. 클리티에는 태양신을 향한 자신의 사랑이 응답을 얻지 못하자 식음을 전폐하고 하늘만 쳐다봤다. 그러자 그녀의 사지가 땅바닥에 달라붙고, 온몸이 식물로 변했다. 그녀는 이렇게 해서 해바라기로 변하여 태양신을 아직도 사모하고 있다.

태양신이 입을 함부로 놀리면서 쏜 화살이 돌고 돌아 결국은 그 자신을 맞춘 셈이다. 남의 실책이나 비행을 함부로 발설해서는 안 되는 법이다. 미운 사람이라고 해서 그 사람의 실책이나 비행을 함부로 발설하면 그 후유증이 꼬리에 꼬리를 물고 이어지게 된다. 그것이 결국에 어떤 결과를 낳을지는 사람의 지혜로 헤아리기 어렵다.

사랑의 신 쿠피도의 힘

"위대한 내 손자야. 너는 신들의 회의에 의해 추인된 내 명예를 존중하지 않았고, 모든 만물과 움직이는 행성의 법칙이 나오는 내 가슴에 화살을 쏘아 인간들과의 사랑에 빠지게 하여 내 명예를 떨어뜨렸으며, 비열하게 간통을 범하게 하여 율리우스법뿐만 아니라 공공질서를 어지럽혔고, 심지어는 나를 더러운 사랑싸움에 관여시키고 내 점잖은 얼굴을 뱀이나 불이나 맹수 혹은 새나 가축으로 변형시켜 내 권위에 먹칠을 했다."

서기 2세기 로마시대에 살았던 루키우스 아풀레이우스의 소설 〈황금당나귀〉를 보면, 최고신 유피테르(제우스)는 사랑의 신 쿠피도(에로스)에게 이렇게 장황한 말을 늘어놓는다. 쿠피도 신이 프시케라는 인간 처녀와 눈이 맞아 결혼하려고 했는데 어머니 베누스(아프로디테) 여신의 방해로 어려움에 부닥치자 도움을 요청하고자 찾아갔을 때였다.

최고신답지 않은 말이다. 유피테르 신은 여신들은 물론이고 수많은 인간 여성들과도 정을 통한 것으로 악명이 높다. 그런데 유피테르 신은 자신의 난봉행각이 자기 탓이 아니라 모두 쿠피도 신의 탓인 것처럼 이야기하고 있다. 웃음이 나오는 대목이다.

그렇지만 유피테르 신의 이야기가 아주 틀린 것은 아니다. 수많은 선량한

신과 인간이 쿠피도 신 때문에 사랑에 빠진 것은 사실이기 때문이다. 쿠피도 신이 쏜 화살을 맞으면 누구나 사랑에 빠지고 말았다. 그 화살을 맞았을 때 눈에 들어온 이성이 귀한 자든 천한 자든, 사람이든 신이든 관계없이 그 이성에 대한 사랑에 빠졌다. 아폴론 신이 다프네에게 집요하게 구애한 것도 쿠피도 신의 화살을 맞았기 때문이다.

쿠피도 신의 어머니 베누스 여신조차도 쿠피도 신의 화살을 맞는 것을 가장 두려워했다. 그렇게 되면 누군가에 대한 사랑에 빠지게 되기 때문이었다. 실제로 베누스 여신은 쿠피도 신의 화살이 몸을 스친 탓에 소년 아도니스에 대한 사랑에 빠져버렸다.

이렇듯 쿠피도 신의 힘은 막강했다. 어떤 신도 쿠피도 신의 화살에 정면으로 맞설 수 없었다. 누구나 쿠피도 신의 지배를 받았다. 쿠피도 신의 이런 힘에 비견할 만한 힘을 가진 신은 운명의 여신뿐이었다. 운명의 여신이 결정한 것은 최고신 제우스를 비롯해 그 어떤 신도 뒤집을 수 없었다. 쿠피도 신의 화살로 결정된 남녀간 사랑도, 운명의 여신이 결정한 운명도 돌이킬 수 없었다.

헤시오도스도 〈신통기〉에서 에로스 신을 가리켜 모든 신 중에서 가장 아름다운 신이고, 모든 신과 인간의 냉철한 사고를 압도하는 신이며, 다리의 힘을 마비시키는 신이라고 썼다. 결국 인간의 삶을 실질적으로 지배하는 것은 운명의 여신과 쿠피도 신이 만들어내는 '운명' 이라고 해야 할 것 같다.

◆◆◆ 의기양양한 에로스 / 카라바조

델포이 신탁소를 차지하고 있었던 피톤

제우스 신이 사악한 인간을 벌주기 위해 대홍수를 일으켰지만 경건한 데우칼리온과 피라 부부는 살아남았다. 이들은 프로메테우스의 조언에 따라 방주를 미리 만들어 타고 불어난 물 위를 떠돌다가 파르나소스 산에 도착했다. 데우칼리온은 프로메테우스의 아들이고, 피라는 에피메테우스의 딸이다. 부부는 너무도 외롭고 두려워서 지혜의 여신 테미스에게 인류가 지상에서 다시 살아가게 해달라고 기도한다.

이들의 기도 덕분에 대지에서 많은 생명체가 다시 생겨나 살아가게 됐다. 그중에는 예전에 살았던 생물도 있었고, 새로 만들어진 생물도 있었다. 괴물도 생겨났다. 그중 대표적인 것이 피톤이라는 뱀이다.

피톤은 델포이에 있는 신탁소를 차지하고 앉아 있었다. 때문에 사람들이 델포이에 가기를 무서워했다. 그러자 아폴론 신이 화살을 쏴서 피톤을 죽였다. 오비디우스의 〈변신〉에 따르면, 아폴론 신은 이때 자신의 화살통에 담겨 있던 치명적인 화살 수천 개를 거의 다 썼다고 한다. 아폴론 신은 피톤을 물리치고 나서 스스로 델포이의 신탁소를 지배했다. 그는 제우스 신과 히브리스의 아들 판에게서 이미 예언술을 배워뒀다. 아폴론 신은 델포이의 신탁소에서 신탁을 구하러 온 사람들에게 무녀를 통해 예언을 해주었다.

◆◆◆ 피톤을 처치하는 아폴론 / 외젠 들라크루아

언젠가 아폴론 신의 어머니 레토가 피톤에 간 일이 있었다. 그런데 제우스 신과 엘라레라는 사람의 딸이 낳은 아들 티티오스가 레토에 대해 애욕을 느꼈다. 티티오스는 대담하게도 레토를 껴안으려고 했다. 그러자 레토는 아들 아폴론 신과 딸 아르테미스 여신에게 도와달라고 소리쳤다. 티티오스는 아폴론 신과 아르테미스 여신이 쏜 화살을 맞고 죽었다.

아폴론 신은 인간 세계를 위해 피톤을 퇴치한 자신의 '선행'이 잊히지 않고 기억되도록 많은 사람들이 참가하는 체육제전을 창설했다. 제전의 명칭도 피톤의 이름을 따서 '피토 경기'라고 붙였다. 아폴론 신이 창설한 피토 경기는 4년마다 한 번씩 열려 음악경연, 육상경기, 경마 등이 치러졌다. 이는 올림피아 경기, 네메아 경기, 이스트모스 경기와 함께 '고대 그리스의 4대 경기'로 꼽힌다. 경기 우승자에게는 떡갈나무로 만든 왕관이 수여됐다. 피토 경기 대회가 처음 시작될 당시에는 월계수가 없었기 때문이라고 한다.

남편 대신 죽으려 한 알케스티스

아폴론은 신이지만 인간 세계에서 한때 노예로 살았다. 아이트나 화산의 동굴에서 제우스 신에게 벼락을 만들어주던 그의 아들 키클롭스를 죽였기 때문이다. 제우스 신은 아폴론을 처음에는 지옥 끝에 있는 타르타로스에 가둬두었는데, 노여움이 다소 풀리자 테살리아 지방에 있는 페라이의 왕 아드메토스에게 보냈다. 아폴론은 1년 동안 아드메토스 밑에서 가축을 돌보는 일을 했다.

아드메토스는 선량한 왕이었고, 노예생활을 하는 아폴론을 잘 대해 주었다. 그러자 아폴론 신은 아드메토스에게 여러 가지 조언을 해주고 은혜를 베풀어 보답했다. 가장 큰 보답은 아드메토스가 펠리아스의 딸 알케스티스에게 구혼할 때 해준 일이었다. 펠리아스는 아드메토스에게 사자와 멧돼지에게 멍에를 씌워 그것들을 전차에 매달아주면 자신의 딸을 주겠다고 약속했다. 참으로 어려운 일이었지만 아폴론이 아드메토스를 위해 그 일을 대신 해주었고, 그 덕에 아드메토스는 알케스티스를 아내로 맞아들이게 됐다. 아폴론 신은 아드메토스의 모든 가축이 쌍둥이를 출산하게 해주었고, 이에 따라 아드메토스의 재산이 크게 불어났다.

그러던 어느 날 아드메토스가 운명의 여신들에 의해 죽을 운명에 놓이게 됐다. 그러자 이번에도 아폴론 신이 나섰다. 아폴론 신은 운명의 여신들과 교섭

한 끝에 누군가가 자진해서 아드메토스 대신 죽어준다면 그가 죽지 않게 해주겠다는 약속을 받아냈다. 그렇지만 아드메토스의 늙은 아버지도, 어머니도 그를 대신해 죽어줄 뜻이 전혀 없었다. 결국 아드메토스의 아내 알케스티스가 죽음을 선택했다. 덕분에 아드메토스는 죽음을 모면했다. 알케스티스가 그 대신 희생을 하자 지하세계의 신 하데스의 아내 페르세포네가 그녀를 다시 지상세계로 돌려보냈다. 알케스티스의 자기희생에 깊이 감동했기 때문이다.

에우리피데스가 쓴 비극 〈알케스티스〉는 천하제일의 '열녀' 알케스티스를 소재로 하여 지어진 작품이다. 이 작품을 보면, 아드메토스는 아버지 페레스에게 살 만큼 살았으니 이제 자기 대신 죽어달라고 요구한다. 그러나 아버지는 한사코 거부한다. 아버지가 "나는 신의 햇빛이 좋다!" 면서 버티니 아들로서 더 이상 요구할 수도 없었다. 결국은 알케스티스가 "자식들에게 계모가 될 여자를 들이지 말라"는 당부를 아드메토스에게 남기고 스스로 죽음의 문턱으로 다가간다. 그런데 영웅 헤라클레스가 알케스티스의 영혼을 데려가려고 온 저승사자를 물리치고 알케스티스의 목숨을 구해준다. 아드메토스는 선하고 경건했기에 신의 은혜와 인간의 사랑을 모두 받은 것이다.

13~14세기에 활동한 영국작가 제프리 초서는 〈여인 열전〉이라는 담시에서 알케스티스를 사랑의 신을 보필하는 여왕으로 묘사하며 그녀에게 찬사를 바쳤다. 특히 유피테르 신이 알케스티스의 착한 마음을 높이 사서 그녀를 별로 만들었으며, 대지의 여신 키벨레가 알케스티스를 기리기 위해 데이지 꽃을 창조했다고 초서는 말했다.

◆◆◆ 아드메토스의 가축을 지키는 아폴론 / 클로드 로랭

공작새의 꼬리깃 무늬가 된 아르고스의 눈

아르고스를 한마디로 규정하면 감시자 또는 파수꾼이다. 몸에 달린 100개의 눈으로 제우스 신의 애인 이오의 일거수일투족을 언제나 감시했으니까.

아폴로도로스의 저작에 따르면, 아르고스는 힘도 셌기에 그 힘으로 시민들을 위한 선행을 많이 했다. 아르카디아 지방을 짓밟고 다니던 황소를 죽였고, 어떤 사티로스가 아르카디아인들을 괴롭히고 가축떼를 빼앗는 등 횡포를 부리자 그를 처치했다. 그러던 그가 헤라 여신의 지시를 받고 이오를 감시하는 책무를 떠맡게 된 것이다.

이오는 강의 신 이나코스의 딸이다. 이나코스는 대양의 신 오케아노스와 바다의 여신 테티스의 아들이다. 이오는 헤라 여신의 여사제로 있었는데, 제우스 신이 그녀를 유혹해 손에 넣었다. 그러나 헤라에게 들켰다. 그러자 제우스 신은 재빨리 이오를 흰 암소로 변신시키고는 자신의 결백을 주장했다. 제우스의 말을 믿지 못한 헤라 여신은 흰 암소를 자기에게 선물로 달라고 했다. 제우스는 거부할 명분이 없었기에 헤라 여신의 요구를 들어주었다. 암소를 넘겨받은 헤라 여신은 이오와 제우스 신이 다시 만나지 못하도록 아르고스에게 암소를 맡기면서 감시하라고 지시했다.

아르고스는 암소를 올리브나무에 매어 놓고 밤낮으로 감시했다. 눈이 100개나 되고, 잘 때도 눈을 2개씩만 감는다. 그러니 감시는 완벽했다. 정상적인 방법으로는 도저히 그 감시의 눈초리를 빠져나갈 수 없었다. 이오의 그런 모습을 보고 아버지 이나코스는 죽고 싶을 정도로 괴로웠다.

> 내가 신이라는 것이 괴롭구나. 죽음의 문은 내게 닫혀 있고, 내 슬픔은 영원히 지속되어야 하니.
> ─ 오비디우스, 〈변신〉 1권

더 애가 탄 것은 이오의 애인 제우스 신이었다. 제우스 신은 이오를 아르고스의 감시로부터 해방시키기 위해 헤르메스(메르쿠리우스) 신에게 명령했다. "아르고스를 죽이고 이오를 구하라"고. 헤르메스는 같은 신이기는 하지만, 제우스 신의 아들이다. 때문에 제우스 신은 헤르메스에게 그런 명령을 내릴 수 있고, 헤르메스로서는 아버지의 명을 거절할 수 없다. 반면 헤라 여신은 헤르메스에게 혈육이 아니다.

헤르메스 신은 아버지의 명을 받자마자 최면 지팡이를 들고 지상으로 내려왔다. 헤르메스는 양떼를 몰고 갈대피리를 불면서 아르고스가 있는 곳으로 갔다. 헤르메스는 아르고스를 만나 갈대피리도 불어주고 이야기도 나누면서 그를 잠자도록 유도했다. 결국 아르고스는 100개의 눈을 모두 감았다. 헤르메스는 최면 지팡이를 이용해 아르고스를 더욱 깊은 잠에 빠뜨렸다. 그리고 그 순간을 놓칠세라 아르고스의 목을 베어버리고 시체를 절벽 아래로 내던졌다.

헤라 여신은 아르고스의 눈 100개를 모두 수습해서 자신의 새인 공작의 깃과 꼬리에 달았다. 공작의 깃과 꼬리가 아름다운 보석 같은 무늬로 장식된 것은 혜라 여신 덕분인 셈이다.

아르고스와 비슷한 존재로 린케우스가 있었다. 린케우스는 황금양 모피를 찾으러 콜키스로 원정을 떠난 50명의 그리스 용사 가운데 가장 눈이 밝은 사람이었다. 현대 사회는 린케우스와 아르고스의 시대라고 할 수 있다. 각종 정보통신 기기가 발전한 탓에 정보기관이 마음만 먹으면 시민들의 언행과 동선을 낱낱이 감시할 수 있게 됐으니까. 그래서 현대의 정보기관은 린케우스와 같고, 아르고스는 그런 기관이 시민들을 감시하는 데 쓰는 기구나 감시망과 비슷하다고 할 수 있겠다.

◆◆◆ 헤라 여신과 아르고스 / 페테르 파울 루벤스

제우스의 넓적다리 속으로 들어간 태아 디오니소스

세멜레는 제우스 신과 관계를 맺어 아기를 가졌으나 제우스의 번개를 맞아 갑자기 죽었다. 세멜레의 뱃속에는 임신 6개월째 태아 디오니소스가 있었다. 제우스 신은 그 아기를 꺼내어 자신의 넓적다리에 집어넣었다가 때가 되자 세상에 내보냈다. 아기의 양육은 헤르메스 신에게 맡겨졌다. 헤르메스는 이노와 아타마스에게 아기를 길러달라고 요청했다. 그러나 이를 못마땅하게 여긴 헤라 여신이 이노와 아타마스 둘 다를 미치게 만들었다.

그러나 디오니소스는 헤라 여신의 화풀이를 면했다. 제우스 신이 새끼 염소로 둔갑시켜준 덕분이었다. 헤르메스 신은 디오니소스를 소아시아의 니사에 있는 요정들에게 데리고 가서 양육을 맡겼다.

◆◆◆아기 디오니소스 / 귀도 레니

딸을 잃은 케레스의 분노

플루톤은 잠시 지상 세계를 순시하러 나왔다가 에로스가 쏜 화살을 가슴에 맞고 난데없는 사랑에 빠졌다. 화살을 맞는 순간에 플루톤이 보고 있던 상대는 대지와 곡물의 여신 케레스(데메테르)의 딸 프로세르피나였다. 성급한 플루톤은 프로세르피나의 마음 따윈 아랑곳하지 않고 다짜고짜 그녀를 납치해서 저승세계로 데리고 가버렸다.

케레스 여신은 갑자기 사라진 딸을 찾으러 하늘과 세상을 누비고 다녔다. 그러나 아무도 딸의 행방을 귀띔해주지 않았다. 분노한 여신은 딸이 행방불명된 곳인 시칠리아 섬의 쟁기와 그것을 끄는 황소의 다리를 모조리 부러뜨려버렸다. 대지와 곡물의 여신이 분노하자 씨앗은 싹을 틔우지 않았고, 옥토는 황무지로 변해버렸다.

그러던 어느 날 케레스 여신은 샘의 요정 아레투사에게서 프로세르피나가 플루톤에게 납치됐다는 이야기를 들었다. 여신은 신들의 왕 유피테르(제우스)를 찾아가 따졌다. 그리고 딸이 돌아올 수 있게 해달라고 요구했다. 그러자 유

◆◆◆ 납치되는 프로세르피나 / 알브레히트 뒤러

63

피테르는 역시 최고신답게 신중하게 대답했다.

> 사물에 이름을 붙이되 온당한 이름을 붙여야 하오. 딸을 데려간 행위는 약탈이 아니
> 라 조금 도를 넘은 사랑의 몸짓에 지나지 않는 것이오.
> — 오비디우스, 〈변신〉 5권

유피테르 신은 케레스 여신을 점잖게 타이른 뒤 프로세르피나를 데려오겠
다고 약속했다. 그렇지만 한 가지 조건을 붙였다. 프로세르피나가 저승세계에
서 아무것도 먹지 말았어야 한다고. 케레스 여신은 이 조건에 동의하고 프로세
르피나가 저승 세계에서 아무것도 먹지 않고 버티고 있기만을 바랐다. 그렇지
만 때가 늦었다. 프로세르피나는 이미 저승 세계에서 석류 열매를 일곱 알이나
따 먹은 뒤였다. 그래서 유피테르 신은 할 수 없이 프로세르피나의 어머니 케
레스 여신과 프로세르피나의 남편이 된 플루톤 신을 화해시키기로 했다. 프로
세르피나가 1년 중 절반 동안은 어머니와 함께 지내고 나머지 절반 동안은 남
편과 함께 저승에 머물러 있도록 중재했다. 아폴로도로스의 저작에는 프로세
르피나가 1년 중 3분의 1만 남편 곁에 머무르기로 한 것으로 서술돼 있다.

어쨌든 이 중재를 계기로 케레스는 자비로운 여신의 모습을 되찾았고, 프로
세르피나도 표정이 환해졌다고 오비디우스는 전한다. 더 중요한 점은 이런 중
재 덕분에 지상에서 사람들이 농사를 계속 지을 수 있게 됐다는 것이다.

운명의 세 여신이 내리는 결정

밤의 여신 닉스는 인간에게 공포의 대상이 되는 자식을 여럿 낳았다. 운명의 여신들도 닉스의 자식이다.

운명의 여신들을 가리켜 모이라이(로마 신화에서는 파르카이)라고 하는데, 이는 클로토와 라케시스, 아트로포스 세 여신을 가리킨다. 이들의 역할은 각기 다르다. 클로토는 생명의 실을 뽑아내고, 라케시스는 그 실을 나누어준다. 그리고 아트로포스는 생명의 실을 끊어버린다. 때문에 인간에게는 아트로포스가 가장 무서운 여신이라고 할 수 있다.

시인 헤시오도스의 〈신통기〉에 따르면, 이들 세 여신은 인간의 길흉을 다스릴 뿐만 아니라 인간과 신의 죄를 추적하고 죄인을 찾아내어 냉혹하게 벌한다. 신 중의 신인 제우스도 운명의 여신들이 내린 결정을 뒤집을 수 없다. 저승의 신 하데스(플루톤)에게 납치됐던 프로세르피나가 조건부로 되돌아오게 한 것도 운명의 여신이 내린 결정이었다고 오비디우스의 〈변신〉은 전한다.

칼리돈의 왕 오이네우스의 아들 멜레아그로스의 운명도 운명의 여신이 결정했다. 멜레아그로스가 일곱 살이 됐을 때 운명의 여신이 나타나 화덕 속의 장작이 다 타면 멜레아그로스가 죽을 것이라고 말했다. 그러자 어머니 알타이아가 타던 장작을 서둘러 꺼내서 서랍 속에 집어넣어 멜레아그로스의 생명을 연장했다. 그러나 멜레아그로스가 멧돼지 사냥 경쟁을 하던 중 알타이아의 동생들을 죽이자 알타이아가 장작을 다시 꺼내 불 속에 집어넣었다. 이 때문에 멜레아그로스는 그 자리에서 숨을 거뒀다. 어머니는 오누이의 정과 모자의 정 사이에서 몹시 갈등을 겪었다. 누이로서는 당연히 복수를 해야 하지만, 그것은 어머니로서는 해서는 안 될 짓이었기 때문이다. 그렇지만 결국에는 오누이의 정이 어머니의 자식 사랑을 압도하고 말았다.

아이스킬로스의 비극 작품 〈결박당한 프로메테우스〉를 보면, 프로메테우스는 물론이고 제우스 신도 운명의 여신이 짜놓은 운명에서 벗어나지 못하는 것으로 묘사돼 있다. 운명의 여신이 내린 운명은 '필연'이나 마찬가지다. 사람은 물론 그 어떤 신의 힘으로도 뒤집을 수 없는 것이다. 따라서 프로메테우스는 어떤 운명이 닥치든 견뎌내겠다고 말한다.

어떤 고통도 느닷없이 나를 찾아오는 일은 없으리라. 내게 정해진 운명을 나는 되도록 가볍게 견뎌내야 해. 필연의 힘에 맞서 싸울 수 없다는 것을 나는 잘 아니까.
— 아이스킬로스, 〈결박당한 프로메테우스〉

◆◆◆ 아트로포스(운명의 여신들) / 프란시스코 고야

예술과 학문을 보호하는 무사 여신들

영어로 뮤즈(Muse)라고 하는 무사(Mousa) 여신들은 제우스 신과 기억의 여신 므네모시네의 딸들로서, 모두 9명이다. 클레이오, 에우테르페, 탈레이아, 멜포메네, 테릅시코레, 에라토, 폴림니아, 우라니아, 칼리오페가 그들이다. 이들 여신은 음악, 미술, 문학 등 문화예술 분야 및 역사, 철학, 천문학 등 인간의 지적, 예술적 활동 전반을 다스리고 보호한다. 흔히 이들 여신의 담당분야를 나누기도 한다. 이에 따르면 칼리오페는 서사시, 클레이오는 역사, 에우테르페는 피리, 테릅시코레는 서정시 또는 춤, 에라토는 서정시 또는 노래, 멜포메네는 비극, 탈레이아는 희극, 폴림니아는 노래와 팬터마임, 우라니아는 천문학을 담당한다.

이들은 올림포스 산과 헬리콘 산에 거주하면서 함께 춤을 춘다고 전해진다. 그렇지만 한없이 우아하고 아량이 넓기만 할 것으로 여겨지는 무사 여신들에게도 냉정한 결기는 있는 모양이다. 트라키아의 가수 타미리스는 자기가 무사 여신들보다 노래 솜씨가 뛰어나다고 떠벌이다가 시력을 잃었고, 무사 여신들에게 노래 솜씨로 도전한 마케도니아인들은 패배해서 까마귀로 변했다.

고대 그리스 시대부터 문학과 예술에 종사하는 사람들은 언제나 이들 무사

◆◆◆ 아폴론과 무사 여신들 / 발다사레 페루치

여신으로부터 가르침을 받고 영감을 얻어 작품을 창작했다고 말해왔다. 호메로스와 헤시오도스, 베르길리우스 등 역사상 위대한 작가들은 모두 무사 여신을 끌어들이거나 찬양하는 것으로 작품을 시작했다. 작품의 전개과정에서도 소재나 주제가 바뀌는 고비에 이르러서는 무사 여신을 끌어들였다. 베르길리우스의 경우에는 〈아이네이스〉에서 에라토를 찾기도 했다.

결국 무사 여신이 있었기에 위대한 작품들이 탄생한 셈이다. 그렇다면 인류 문화를 빚어온 궁극적인 주인공은 무사 여신들이라고 해도 과언이 아닐 듯하다.

무정한 애인도 벌하는 복수의 여신

밤의 여신 닉스는 누구와도 사랑을 나누지 않았는데도 인간에게 해로운 신들을 많이 낳았다. 헤시오도스의 〈신통기〉에 따르면, 닉스 여신은 운명의 신, 파멸의 신, 잠의 신, 비난의 신, 궁핍의 신, 그리고 운명의 여신 3자매를 낳았다. 뿐만 아니라 복수의 여신 네메시스도 낳았다. 네메시스 여신은 사악한 짓을 하는 사람들을 징벌하는 의로운 신으로 전해진다. 무정한 애인을 벌하는 역할도 맡았다.

또 다른 복수의 여신들로 에리니에스가 있다. 에리니에스는 우라노스의 남근이 잘려나가면서 흘러나온 피에서 생겨났다. 에리니에스는 알렉토, 메가라, 티시포네 세 여신을 지칭한다. 이들은 손에 채찍과 횃불을 들고 몸에 여러 마리의 뱀을 감고 다닌다고 한다. 이들은 주로 혈족 사이의 범죄를 추상같이 추궁한다. 이들의 역할은 아이스킬로스의 비극 〈자비로운 여신들〉에 잘 드러나 있다. 이 작품에서 복수의 여신들은 어머니 클리타임네스트라를 살해한 오레스테스를 집요하게 추적한다. 오레스테스가 아폴론의 신전으로 피신하자 신전까지 찾아가 응징하려고 한다.

너는 보게 되리라. …… 신과 손님과 부모에게 불경한 죄를 짓는 자는 누구든 그 죄

◆◆◆ 복수의 여신들에게 쫓기는 오레스테스 / 윌리엄−아돌프 부그로

에 상응하는 고통을 당한다는 것을.

— 아이스킬로스, 〈자비로운 여신들〉

오레스테스를 비호하던 아폴론 신조차도 오레스테스를 아테네의 최고법정 아레오파고스의 재판에 넘기는 데 동의했다. 재판 결과 유무죄 동수가 나오자 재판장을 맡은 아테나 여신이 '무죄' 쪽으로 투표해서 오레스테스는 무죄 판결을 받는다. 그러나 에리니에스는 그것은 법을 짓밟는 판결이라고 강력히 반발하면서 "복수의 독을 뿌려 아테네를 불모의 도시로 만들겠다"고 경고한다. 결국 아테나 여신은 복수의 여신들에게 아테네 시를 자신과 공동으로 소유하게 해주겠다고 설득해서 간신히 그들의 분노를 누그러뜨린다. 나아가 아테네에서 불경한 사람들을 뿌리 뽑는 역할을 맡아달라고 요청한다. 말하자면 에리니에스는 아테네 시의 법질서 수호자들이 된 것이다. 이후 이들 복수의 여신은 '자비의 여신들'로 호칭이 바뀌었다고 한다. 로마 신화에서는 보통 '푸리아이'로 불린다.

트로이 전쟁의 원인을 만든 에리스

불화의 여신 에리스도 복수의 여신들인 에리니에스와 마찬가지로 밤의 여신 닉스의 딸이다. 에리스 여신은 고난, 망각, 기아, 전쟁, 살인, 불평, 사기, 논쟁, 파괴, 그릇된 맹세 등을 낳았다. 인간 세상에서 재난이 되는 것들은 바로 이 에리스 여신의 '작품' 이라고 할 수 있다.

에리스 여신은 트로이 전쟁의 원인도 만들었다. 에리스 여신은 테티스 여신과 펠레우스의 성대한 결혼식에 초대받지 못한 것에 분개하면서 무작정 결혼식에 참석한다. 그녀는 그 자리에서 '가장 아름다운 이를 위해서' 라는 문구가 새겨진 황금사과를 던졌다. 그러자 헤라, 아테나, 아프로디테 세 여신이 서로 자기가 그 황금사과의 임자라고 주장한다. 이들은 제우스의 의견에 따라 트로이의 왕자 파리스에게 심판을 맡기기로 하고 함께 찾아간다. 세 여신은 각각 파리스 왕자에게 최고의 선물을 주겠다고 약속하며 자신에게 유리한 심판을 이끌어내려고 애쓴다. 파리스 왕자는 가장 아름다운 여인을 주겠다고 약속한 아프로디테의 손을 들어주고, 아프로디테는 약속한 대로 스파르타의 왕비 헬레네를 파리스에게 넘겨준다. 이것이 발단이 되어 그리스 도시국가 연합군이 결성되어 트로이 성을 공격함으로써 전쟁이 벌어진 것이다.

에리스는 트로이 전쟁의 진행과정에서도 여러 가지로 '활약' 한다. 호메로

74

스의 〈일리아스〉에 따르면, 전투가 소강상태에 빠지면 전투가 다시 벌어지도록 부추겼고, 한창 전투가 벌어질 때에는 전투가 더욱 격렬해지도록 병사들에게 힘을 불어넣었다.

> 그녀는 전사들의 탄식을 더 크게 하려고 무리들 사이로 돌아다니며 그들 한가운데 아무도 피할 수 없는 반목을 뿌렸다.
> ─ 호메로스, 〈일리아스〉 4권

에리스 여신은 한마디로 트로이 전쟁의 전투 현장에는 빠지지 않고 끼어들었다. 그 결과 전쟁이 10년 동안 계속되는 데 결정적으로 기여했다.

에리스는 전쟁뿐만 아니라 인간 사회에서 벌어지는 모든 반목과 불화의 '동반자'이기도 하다. 그리고 일단 반목이 시작되면 끝을 볼 때까지 관여하면서 인간들이 더 많은 피와 눈물을 흘리게 만든다. 그러므로 인간 사회에서는 에리스 여신이 아예 끼어들지 못하게 하는 것이 무엇보다 중요하다. 지혜와 절제의 미덕이 필요한 이유가 바로 여기에 있다.

요정들의 마음을 흔든 미남 힐라스

황금양의 모피를 구하러 아르고 호를 타고 모험을 떠난 그리스의 영웅들 가운데 힐라스라는 사람이 있었다. 그는 매우 잘 생긴 남자였다. 아르고 호의 영웅들이 잠시 미시아에 들렀을 때 그는 물을 길러 샘으로 갔다. 그런데 그의 외모를 본 샘의 요정들이 모두 그에게 반해버렸다. 요정들은 그를 유혹했고, 그는 유혹을 이기지 못해 샘에 빠져버렸다.

아무리 기다려도 힐라스가 돌아오지 않자 헤라클레스와 폴리페모스가 그를 찾아 나섰다. 그런데 그들이 수색하는 사이에 아르고 호가 떠나버렸다. 그들은 할 수 없이 그곳에 머물게 되었다. 훗날 폴리페모스는 그곳에 키오스라는 도시를 세우고 왕이 됐고, 헤라클레스는 그리스로 돌아갔다.

힐라스는 오디세우스와 대비된다. 오디세우스는 트로이 전쟁이 끝나고 귀향하는 길에 요정 세이렌 등의 유혹을 받았지만, 뿌리치고 고향에 돌아갔다. 반면 힐라스는 요정의 유혹에 넘어가 목숨을 잃었다. 큰 목표 앞에서 작은 즐거움에 현혹된 경우와 유혹을 단호하게 물리친 경우의 차이가 이토록 크다.

헤파이스토스의 황금 하녀들

헤파이스토스는 최고신 제우스와 그의 아내 헤라 사이에서 태어난 아들로 대장간의 신이다. 비록 다리를 저는 불구의 몸이기는 하지만, 자신의 대장간에서 부지런히 일한다. 호메로스의 〈일리아스〉 18권에 헤파이스토스의 대장간 모습이 묘사돼 있다.

테티스 여신은 아들 아킬레우스가 쓸 무기의 제조를 부탁하려고 헤파이스토스 신의 대장간을 방문했다. 헤파이스토스 신의 대장간은 실은 청동으로 만들어진 궁전으로, 신들의 궁전 가운데서도 특히 돋보이는 것이었다. 헤파이스토스 신은 자신을 찾아온 테티스 여신을 은으로 장식된 의자에 앉혔다. 공구를 담는 통도 은으로 만들어져 있었다. 더욱 놀라운 점은 황금으로 만들어진 하녀들이 몸이 불편한 헤파이스토스 신을 부축해주는 것이었다. 하녀들은 마치 살아 있는 소녀 같아 보였고, 수공예를 할 줄 알 뿐 아니라 이해력과 음성과 힘도 가지고 있었다. 오늘날 점차 보급이 확산되는 로봇의 원형이라고 할 수 있겠다. 로봇 중에서도 가장 발전한 로봇같다.

◆◆◆ 헤파이스토스의 대장간 / 조르조 바사리

79

프로메테우스가 이오에게 말해준 운명

그리스 신화에 나오는 여인 중 수난을 가장 많이 겪고 가장 오래 떠돈 이는 이오일 것이다. 이오는 강의 신 이나코스의 딸이다. 이오는 유피테르(제우스) 신의 유혹을 받게 되자 도망쳤지만, 결국 정조를 빼앗길 수밖에 없었다. 유피테르 신이 온 세상을 먹구름으로 뒤덮고 나서 이오에게 접근했기 때문이었다. 이오는 먹구름으로 사방이 어두워지자 갈 길을 잃고 헤메다가 그만 유피테르에게 당하고 말았다.

그런데 유피테르가 이오를 차지하기 위해 일으킨 먹구름을 보고 유피테르의 아내 유노(헤라) 여신이 의심을 품었다. 대낮에 갑자기 먹구름이 생겨 세상을 어둡게 하니 예사롭지 않은 일이라고 유노 여신은 생각했다. 유노 여신은 남편 유피테르 신이 어디선가 또 바람을 피우고 있을 것으로 직감하고 구름에 흩어지라고 명령했다. 여신의 직감은 적중했다. 그러나 유피테르 신은 이런 사태를 예상하고 그 사이에 이오를 암소로 바꿔놓았다. 아름다운 암소로.

유노 여신은 유피테르의 속임수에 넘어가지 않았다. 유피테르 신에게 암소를 자기에게 달라고 요구했다. 유피테르 신은 암소를 넘겨줄 것인지 말 것인지를 얼른 결정하지 못하고 고심했다. 그러나 넘겨주지 않을 경우 의심을 살 것이 분명했으므로 결국 넘겨주고 말았다. 유노 여신은 암소를 넘겨받은 뒤에도 의심을 거두지 못하고 눈이 100개 달린 아르고스에게 암소를 감시하는 일을 맡겼다.

암소를 감시하는 임무를 충실히 이행하던 아르고스는 헤르메스 신에 의해 죽임을 당하고 이오는 풀려났다. 그러자 유노 여신은 쇠파리를 보내 이오를 괴롭혔다. 이오는 그리스 땅을 떠나 유랑하기 시작했다. 이오니오스 해와 트라키아, 보스포로스 등지를 거쳐 소아시아를 지나 이집트까지 갔다. 이집트에 도착해서 사람의 모습으로 돌아온 이오는 네일로스 강변에서 아들 에파포스를 낳았고, 이집트의 왕 텔레고노스와 결혼했다. 세월이 흘러 이집트의 왕이 된 에파포스는 네일로스의 딸 멤피스와 결혼하고 도시 멤피스를 건설했다. 이오는 이집트의 여신 이시스와 동일시되기도 한다.

이오는 유랑 도중에, 인간에게 몰래 불을 가져다준 죄로 카우카소스 산에 묶여 있던 프로메테우스를 찾아가 만나 이야기를 나눈다. 아이스킬로스의 비극 〈결박당한 프로메테우스〉는 이런 설화를 소재로 하여 씌어진 작품이다. 이 작품에서 프로메테우스는 이오의 앞날에 대해 처음에는 이야기하기를 꺼린다. 오랜 세월 유랑을 거듭해야 한다는 말을 하고 싶지 않았기 때문이었다. 그렇지만 이오는 거듭거듭 자신의 운명에 대해 말해달라고 프로메테우스에게 간청한다.

앞으로 어떤 고난이 나를 기다리고 있는지 말해줄 수 있다면 알려주세요. 나를 동정하여 거짓말로 위로하려 하지는 마세요. 꾸며낸 말을 하는 것이야말로 가장 수치스런 병이니까요.
— 아이스킬로스, 〈결박당한 프로메테우스〉

82

프로메테우스는 이오의 거듭된 간청을 이기지 못하고 그녀의 앞날에 대해 설명해준다. 이오가 긴 유랑을 해야 한다는 것을 그대로 말해준다. 그렇지만 나중에는 이집트로 들어가 사람으로 되돌아와 자식을 낳게 될 것이라고 이야기한다.

프로메테우스는 제우스 신에 대해서는 머지않아 몰락할 것이라고 예언한다. 그러자 헤르메스 신이 찾아와 제우스 신이 어떻게 몰락하게 되는지를 알려달라고 요구한다. 하지만 프로테우스는 알려주기를 거절하고 제우스 신이 바위를 부술 때 그 바위와 함께 산화한다.

결국 프로메테우스는 영원히 사라지지만, 그가 사랑한 '인간'은 이후 오늘날까지 살아남아 문명을 일군다. 이오도 그의 예언대로 됐다. 제우스 신도 결국은 신화시대의 종언과 함께 사라진다. 그 대신 그리스도교가 그리스를 포함한 유럽 전체를 지배하게 된다. 프로메테우스의 예언대로 된 셈이다. 비극작가 아이스킬로스의 통찰력이 빛나는 대목이다.

◆◆◆ 제우스와 이오 / 코레조

황소로 변신한 제우스에게 홀린 에우로페

페니키아 왕의 딸 에우로페가 바닷가에서 소떼를 돌보고 있을 때 제우스 신이
황소로 변신해서 나타난다. 황소로 변했다고는 하지만 자못 귀한 모습이다.
로마시대의 작가 오비디우스가 쓴 〈변신〉에는 이렇게 묘사돼 있다.

> 뿔들은 비록 작기는 해도 보석보다 더 맑고 투명했다. 이마에는 위협적인 데가 없고
> 눈에는 무서운 데가 없었으며, 얼굴 표정은 평화로웠다.
> ― 오비디우스, 〈변신〉 2권

에우로페도 이런 황소의 모습에 반해서인지 자신도 모르게 그 황소를 만져
보고, 황소의 어깨를 애무했다. 그러다가 마침내 황소의 뿔에 화환을 걸고 그
등에 올라탔다. 황소로 변신한 제우스 신은 기회를 놓칠세라 에우로페를 태우
고 바다를 헤엄쳐 크레타 섬으로 건너갔다. 그러자 에우로페의 아버지 아게노
르가 아들 카드모스에게 에우로페를 찾아오라고 명령했다. 찾아오지 못하면
추방하겠다는 엄포까지 놓았다. 이렇게 해서 에우로페는 오늘날 유럽이라는
대륙의 이름을 낳았고, 카드모스는 그리스 보이오티아 지방까지 가서 테바이
를 세웠다.

◆◆◆ 납치되는 에우로페 / 프랑수아 부셰

이 사건에 대해 헤로도토스는 〈역사〉에서 재미있는 시각을 제시한다. 페니키아인들이 그리스에서 이오를 납치해 가자 그리스인들이 티로스에 침입해 에우로페를 납치해 갔다는 것이다. 그 다음에는 그리스인들이 흑해 동쪽의 콜키스 지방에서 메데이아를 유괴해 갔고, 콜키스인들은 보상과 함께 메데이아의 반환을 요구했으나 그리스인들이 이오의 예를 들어 거부했다. 그러자 이번에는 트로이의 파리스가 스파르타의 왕비 헬레네를 강제로 끌고 갔다. 그리스인들이 메데이아를 납치한 것에 대한 보상을 콜키스에 해주지 않았듯이, 파리스는 자신이 헬레네를 끌고 간 것에 대한 보상을 그리스에 해줄 필요가 없을 것이라고 믿었다고 한다.

이런 진술은 헤로도토스가 그리스를 침공한 페르시아인들의 설명이라며 제시한 것이다. 그 타당성 여부와 관계없이 신화의 이야기를 가지고 이렇게 역사상의 사건을 재해석한 것 자체가 색다른 흥미를 준다.

유노의 질투를 부른 세멜레의 임신

유피테르(제우스) 신과 세멜레는 술의 신 디오니소스의 아버지와 어머니다. 세멜레는 테바이를 건설한 카드모스와 조화의 여신 하르모니아의 딸이다. 세멜레는 처녀의 몸으로 유피테르 신의 아이를 갖게 됐다. 이는 유피테르 신의 아내인 유노(헤라) 여신의 질투를 유발했다. 유노 여신은 세멜레를 찾아서 죽이되 지능적으로 일을 처리하기로 결심했다.

유노 여신은 세멜레의 늙은 하녀로 변장하고 세멜레를 찾아갔다. 유노 여신은 세멜레에게 유피테르가 정말로 유피테르인지 의심하도록 유도했다. 그분에게 정말로 자신이 유피테르임을 스스로 입증해달라고 요청해보라고 권했다. 순진한 세멜레는 그 말이 함정인 줄도 모르고 그대로 했다. 그녀는 유피테르를 만나자 유노 여신과 만날 때의 모습으로 와달라고 요청했다. 그런데 세멜레는 이렇게 요청하기 전에 자신의 청을 무조건 들어달라고 유피테르에게 부탁했고, 유피테르는 스틱스 강을 걸고 그렇게 하겠다고 대답했다. 이 때문에 유피테르는 세멜레의 요청을 거절할 수가 없었다.

그녀는 소원을 취소할 수 없었고, 그는 맹세를 철회할 수 없었다.
—오비디우스, 〈변신〉 3권

그것으로 세멜레의 운명은 결정됐다. 유피테르 신이 안개와 구름과 번개와 바람과 천둥, 그리고 불을 가지고 세멜레에게 간 것이다. 유피테르는 세멜레의 안위가 걱정되어 이들 무기의 강도를 다소 약화시켰다. 그러나 그것도 세멜레는 견뎌낼 수 없었다. 결국 세멜레는 타죽고 말았다. 그러자 유피테르는 세멜레의 뱃속에 든 아기를 꺼내어 자신의 넓적다리에 넣었다가 달이 차자 출생시켰다. 이렇게 해서 태어난 아기가 바로 디오니소스 신이다. 디오니소스 신은 니사의 요정들이 동굴에서 우유를 먹여 키웠다.

유피테르와 아폴론 등 그리스 신화의 신들이 한번 맹세한 것은 천금의 무게를 지닌다. 약속이나 맹세는 무슨 일이 있어도 지킨다. 성서에서도 한번 맹세한 것은 지키지 않을 수 없으니 신중하게 맹세하라고 주의를 주었다. 요즘 세상에서 말하는 신의성실의 원칙 같은 것이다.

세멜레는 비극적인 죽음을 맞았다. 인간이 인간의 한계를 넘어서면 안 됨을 암시하는 듯하다. 신이 사랑을 하는 방식을 인간이 알아서 무엇하겠는가? 신이 사랑을 하는 방식을 알아도 인간은 어차피 그것을 따라 할 수 없거늘.

세멜레의 이 설화는 헨델의 오페라 〈세멜레〉로 다시 태어나기도 했다.

◆◆◆ 유피테르와 세멜레 / 귀스타브 모로

제우스 신의 사랑이 부른 안티오페의 고난

테베의 섭정 닉테우스의 딸 안티오페는 뛰어난 미인이었다. 제우스 신은 들판의 요정 사티로스로 변장해 안티오페에게 접근해서 그녀와 정을 통했다. 이로 말미암아 임신을 한 안티오페는 아버지의 호통을 피해 시키온으로 도망가서 에포페우스 왕과 결혼했다. 그러자 닉테우스는 딸을 추적하여 시키온까지 가서 에포페우스와 싸우다가 목숨을 잃었다. 닉테우스는 동생인 리코스에게 복수를 해달라고 당부하고 죽었다. 리코스는 테베의 군사를 이끌고 시키온을 공격해 에포페우스를 죽이고 안티오페를 포로로 잡았다.

돌아오는 도중에 안티오페는 키타이론 산에서 쌍둥이 암피온과 제토스를 출산했다. 그러나 리코스는 두 아이를 버리고 안티오페를 자신의 아내 디르케에게 노예로 삼으라고 넘겨주었다. 디르케는 안티오페를 지하감옥에 가두는 등 장기간 학대했다. 다행히 안티오페는 감옥을 탈출해 키타이론 산으로 도망가서 쌍둥이 자식의 도움을 받아 살아났다. 이후 쌍둥이 형제는 디르케와 리코스를 죽여 어머니의 원수를 갚았다.

◆◆◆ 제우스와 안티오페 / 헨드리크 골치우스

인간 미소년을 향한 제우스의 동성애

가니메데스는 프리기아 지방에서 태어난 미소년이다. 제우스 신은 이 소년을 너무나도 아낀 나머지 독수리로 모습을 바꾸고 나타나서 그를 납치했다. 이후 가니메데스는 제우스 신의 술시중을 들게 됐다. 신들의 연회 자리에서도 술을 따르는 역할을 한다.

제우스 신과 가니메데스의 관계는 최초의 동성애 관계라고 할 수 있겠다. 아폴론 신과 아미클라스의 아들 히아킨토스의 관계도 비슷한 경우다. 히아킨토스에게 마음을 빼앗긴 아폴론 신은 신탁소가 있는 델피를 돌보는 일도 소홀히 하면서 히아킨토스가 사는 스파르타에 자주 놀러 갔다. 둘은 어느 날 원반 던지기 경기를 벌였다. 그런데 히아킨토스가 불의의 사고를 당했다. 자기가 던진 원반이 땅에 부닥쳐 튀어 올라 몸에 치명상을 입은 것이다. 의술의 신 아폴론이 애쓴 보람도 없이 히아킨토스는 절명하고 말았다. 아폴론 신은 탄식했다.

내가 보고 있는 그대의 상처가 나를 고발하고 있구나. 그대는 내게 슬픔과 자책의 원인이오. 그대의 죽음은 내 손 탓으로 돌려질 것이오. 내가 그대를 죽게 했으니까. 하지만 대체 내 죄는 무엇인가? 그대와 시합한 것을 죄라고 할 수 없고, 그대를 사

◆◆◆ 납치되는 가니메데스 / 페테르 파울 루벤스

랑한 것을 죄라고 할 수 없다면 말이오.

— 오비디우스, 《변신》 10권

　히아킨토스가 끝내 저 세상으로 가버리자 아폴론 신은 그를 오래 기억하는 방법을 생각했다. 히아킨토스가 흘린 피를 꽃으로 변화시켰다. 꽃잎의 색은 자줏빛이었다. 그리고 자신의 한숨소리를 꽃잎에 새겨 넣었다. 이런 까닭에 히아킨토스의 꽃잎에는 희랍어로 애도를 의미하는 글자 '아이 아이(AI AI)'가 새겨져 있다고 한다.

　오늘날에도 "사랑에는 죄가 없다"는 말을 흔히 한다. 아폴론 신은 바로 이런 '원리'를 처음으로 발견하고 가르쳐준 셈이다. 제우스 신과 가니메데스, 아폴론 신과 히아킨토스의 관계가 보여주듯이 고대 그리스 사회에서는 '동성애' 관계가 만연했던 것으로 전해진다. 다만 그 관계는 오늘날 우리가 동성애에 관해 상상하는 것과는 달랐다. 사실은 성인 남자와 소년이 후원자와 피후원자로 만나는 경우가 일반적이었다. 따라서 '동성애'보다는 '소년애'라고 하는 게 나을지도 모른다. 이런 관계에 관한 언급은 철학자 플라톤의 저작에도 적잖이 등장한다. 테바이에는 후원자와 후원받는 소년들로 편성된 부대도 있었다. 그렇지만 이런 풍속은 그리스가 로마에 정복되면서 사라졌다.

쫓겨나 숲속을 헤매는 요정 칼리스토

대홍수가 끝나고 인간 세상이 점차 활기를 띠어가자 유피테르(제우스) 신은 느긋한 마음으로 인간 세상을 둘러보았다. 그러다가 창이나 활을 들고 다니는 요정 칼리스토를 눈여겨봤다. 그녀는 사냥의 여신 디아나(아르테미스)가 아끼는 요정이었다.

유피테르 신은 칼리스토에 눈독을 들이더니 어느 날 숲속에 지쳐서 누워 있는 그녀를 발견했다. 그는 디아나 여신의 모습으로 변장하고 접근해서 칼리스토를 범하고 말았다. 유피테르가 목적을 달성하고 돌아가자 디아나 여신이 돌아왔다. 칼리스토는 유피테르와 통정한 사실을 감추고 싶었으나 쉬운 일이 아니었다.

아아, 죄를 짓고도 얼굴에 드러내지 않는 것은 얼마나 어려운 일인가!
— 오비디우스, 〈변신〉 2권

그녀는 디아나 여신이 샘에서 다른 요정들과 함께 목욕을 할 때에도 평소와 달리 머뭇거렸다. 그러자 여신과 요정들이 그녀의 옷을 벗겼고, 그때 모든 것이 드러났다. 디아나 여신은 칼리스토에게 떠나라고 명령했다. 쫓겨난 칼리스

◆◆◆ 제우스와 칼리스토 / 페테르 파울 루벤스

토는 아르카스라는 아들을 낳았다. 그러자 유피테르 신의 아내 유노(헤라) 여신의 분노가 폭발했다. 유노는 그녀를 곰으로 만들어버렸다. 본의 아니게 암곰으로 변한 칼리스토는 유피테르의 배신을 원망하면서 숲속에서 사냥꾼과 늑대 떼를 피해 다니게 됐다. 숲은 더 이상 칼리스토에게 안락한 낙원이 아니었다.

이와 달리 제우스 신이 헤라가 눈치 채지 못하도록 칼리스토를 암곰으로 변신시켰다는 이야기도 전해진다. 이 이야기에 따르면 칼리스토가 암곰으로 변신한 뒤에 헤라가 제우스와 칼리스토의 관계를 알아채고 디아나 여신으로 하여금 칼리스토를 활로 쏘아 죽이게 했다. 칼리스토가 죽은 뒤 제우스 신은 아들 아르카스만은 살려보려고 그를 메르쿠리우스(헤르메스)의 어머니 마이아에게 맡겨 기르게 했다. 칼리스토와 아들 아르카스는 나중에 제우스 신에 의해 하늘로 올려져 큰곰자리와 작은곰자리가 됐다고 한다.

레다의 두 딸 헬레네와 클리타임네스트라

테스티오스 왕의 딸 레다는 스파르타에서 추방당해 피신해온 틴다레오스와 결혼했다. 그런데 레다에게 흑심을 품은 제우스 신이 백조의 모습으로 변장하고 접근해 그녀와 관계를 맺었다. 이로 인해 폴리데우케스와 헬레네가 태어났다. 레다는 제우스 신과 관계를 맺은 날 남편 틴다레오스와도 관계를 맺어 카스토르와 클리타임네스트라를 낳았다. 그 가운데 헬레네와 클리타임네스트라는 불행하고 변화무쌍한 운명을 겪는다.

헬레네는 훗날 스파르타의 왕 메넬라오스의 아내가 됐다가 파리스에 의해 트로이로 납치됐다. 그녀를 되찾아오겠다며 그리스 도시국가들이 연합군을 결성해 트로이를 공격함으로써 전쟁이 일어났다. 10년간 계속된 전쟁은 그리스 군이 목마를 이용해 트로이를 함락하는 것으로 끝이 났다.

클리타임네스트라는 트로이 전쟁 때 그리스 연합군 총사령관으로 활약한 아가멤논의 아내다. 그러나 그녀는 전쟁에서 이기고 돌아온 남편 아가멤논을 살해한다. 그리고 이로 인해 아들 오레스테스에게 피살된다.

◆◆◆ 제우스와 레다 / 레오나르도 다 빈치

아폴론의 사랑을 피해 월계수로 변신한 다프네

강의 신 페네우스의 딸 다프네는 아폴론 신의 첫사랑이다. 그런데 오비디우스의 〈변신〉에 따르면, 아폴론 신과 다프네의 관계는 순전히 사랑의 신 쿠피도(에로스)의 '장난'으로 말미암아 어긋나게 됐다.

아폴론 신은 피톤의 샘에서 뱀을 죽이고 득의양양하고 있던 때 사랑의 신 쿠피도가 활을 갖고 있는 것을 보았다. 아니꼬웠다. 어린아이가 활을 갖고 노는 꼴을 봐줄 수가 없었다. 그래서 활은 어른들이나 쓰는 것이니 갖고 놀지 말라고 '훈계'했다. 그러자 쿠피도는 "당신은 살아있는 모든 창조물보다 위대하지만, 나의 영광은 당신보다 더해요"라고 응수하면서 두 발의 화살을 동시에 날렸다. 사랑을 느끼게 하는 금빛 화살과 사랑을 몰아내는 납 화살이었다.

금빛 화살은 아폴론에게 꽂혔고, 납 화살은 다프네에게 날아갔다. 화살에 맞은 아폴론 신은 다프네를 사랑하게 됐다. 그는 의술의 신이지만, 다프네를 향한 사랑의 열병은 자신도 어찌할 수 없었다.

아아, 사랑을 치료해줄 약초는 어디에도 없고, 만인에게 도움이 되는 기술도 그 주인에게는 아무런 도움이 되지 않는구나!
— 오비디우스, 〈변신〉 1권.

◈◆◆ 아폴론과 다프네 / 존 윌리엄 워터하우스

반면 다프네는 모든 사랑을 거절하게 됐다. 다프네는 디아나 여신처럼 숲속을 쏘다니기만을 좋아했다. 아버지에게도 영원히 처녀로 살겠다고 공언했다. 아폴론 신은 집요하게 다프네를 쫓아다녔다. 그럴수록 다프네는 더 멀리 달아나려고 했다.

> 한쪽은 희망 속에서 달리고, 한쪽은 두려움 때문에 더욱 빨리 달렸다.
> ─ 오비디우스, 〈변신〉 1권

아폴론 신은 끈질긴 추격 끝에 마침내 다프네를 잡는 데 성공했다. 아폴론 신이 더 빨랐기 때문이다. 그러자 다프네는 아버지인 강의 신에게 호소했다. 자신의 몸이 사라지게 해달라고. 다프네의 몸에서 나뭇잎이 솟아나오고 팔은 나뭇가지가 됐다. 월계수로 바뀐 것이다. 그녀의 향기만이 남고 몸은 완전히 사라졌다.

그래도 아폴론 신의 사랑은 변하지 않았다. 다프네를 자신의 신부로 만드는 데는 실패했지만, 그녀의 몸과 다름없는 월계수를 항상 푸르게 빛나도록 만들었다. 아폴론 신은 자신의 머리카락과 칠현금과 화살통도 월계수로 장식했다.

물에 비친 자기 그림자에 반한 나르키소스

나르키소스는 강의 신 세피소스와 강의 요정 리리오페 사이에서 태어났다. 오비디우스의 〈변신〉에 따르면 태어났을 때 그는 매우 아름다운 아이였다. 어머니는 그렇게 잘 생긴 아이가 오래 살 수 있을지 불안했다. 그래서 예언자 테이레시아스에게 아이의 장래에 대해 물었다. 테이레시아스는 알 듯 모를 듯하게 대답했다. 자기 자신을 알지 못한다면 오래 살 수 있을 거라고.

그러나 나르키소스는 그렇게 되지 못했다. 어느 날 그는 연못에 비친 자신의 모습을 보고는 스스로 반해버렸다. 자신의 환상이 그를 사로잡았다. 그는 연못 속의 그림자를 잡으려고 시도했지만, 그것은 헛된 일이었다. 그것은 자기 자신이었기 때문이다.

그는 나 자신이다! 나는 그것을 느끼고, 나는 나의 모습을 안다. 나는 나 자신의 사랑으로 불타고 있다. 내가 고통 받게 한 그 불길은 내가 질렀다.

—오비디우스, 〈변신〉 3권

이를 깨닫자 그는 천천히 무너져 내렸다. 아름다움은 사라져갔다. 마침내 그는 생명마저 잃어버렸다. 그때 나이 16살이었다. 결국 테이레시아스 예언대로, 자기를 알고 자기를 사랑하게 됐기에 일찍 죽고 말았다.

나르키소스는 존재하지 않는 것을 사랑했다. 그가 사랑한 것은 물에 비친 자신의 그림자일 뿐이었다. 그것은 그가 그 자리에 있을 때에는 존재하지만 그가 떠나면 존재하지 않는 것이었다. 오비디우스는 〈변신〉에서 나르키소소의 비극을 이렇게 표현했다.

어리석어라! 달아나는 영상을 좇아서 무엇하랴! 그대가 구하는 것은 존재하지 않는다. 돌아서보라. 그러면 그대가 사랑하던 영상 또한 사라진다. 그대가 보고 있는 것은 그대의 모습이 비춰낸 그림자에 지나지 않는다. 거기에는 아무것도 없다. 그대가 거기에 있으면 그림자도 거기에 있을 것이요, 그대가 떠날 수 있어서 그 자리를 떠나면 그림자도 떠나는 법인 것을……

— 오비디우스, 〈변신〉 3권

나르키소스가 죽은 뒤 요정들은 몹시 슬퍼했다. 장례를 치르기 위해 그의

◆◆◆ 에코와 나르키소스 / 존 윌리엄 워터하우스

시신을 찾아보았으나 찾지 못했다. 대신 그 자리에는 수선화 꽃이 피어 있었다.

숲 속의 요정 에코는 어느 날 우연히 마주친 나르키소스에게 한눈에 반해 끈질기게 쫓아다녔다. 그렇지만 그녀는 자신의 마음을 제대로 표현할 수 없었다. 스스로 말을 할 수가 없고 남이 한 말을 따라할 수만 있었기 때문이다. 그것도 마지막으로 들은 단어만. 나르키소스가 "여기 누구 있니?"라고 소리치면 에코는 "있니?"라고 대답할 뿐이었다. 그러니 나르키소스와 에코의 사랑이 이뤄질 수 없었다.

에코 가 그런 처지에 빠진 것은 유노(헤라) 여신의 분노를 샀기 때문이다. 유노 여신이 난봉 행각을 일삼는 유피테르(제우스) 신을 찾아서 숲 속에 들어갔는데, 에코가 유노 여신에게 말을 걸고 수다를 떨면서 시간을 끌었다. 그래서 유노 여신은 유피테르 신을 놓치고 말았다. 화가 난 유노 여신은 에코에게 "나를 바보로 만든 그 혀는 곧 짧아지고 목소리도 그렇게 될 것"이라고 말했다. 그 후 에코는 자신이 하고자 하는 말은 할 수 없고 자신이 들은 말, 그중에서도 오직 마지막 단어만을 말할 수 있게 됐다.

에코는 나르키소스의 사랑을 얻는 데 실패하고 깊은 숲 속으로 숨어 들어갔다. 그녀는 나르키소스에 대한 이룰 수 없는 사랑 때문에 갈수록 야위어갔다. 결국 그녀는 죽고 목소리만 남아 오늘날까지 숲 속에 남아 있다.

나르키소스의 경우는 잘못된 자기사랑이 낳은 '비극'을 상징하고, 에코의 경우는 무조건적인 짝사랑이 낳은 '아픔'을 상징한다. 나르키소스 이야기에서 자기만족, 자화자찬을 의미하는 나르시시즘(narcissism)이라는 단어가 생겨났다. 비극의 주인공 에코 요정은 메아리(echo)라는 정겨운 단어로 오늘날 우리에게 살아 있다. 그렇지만 산림파괴로 인해 에코 요정이 사는 터전이 갈수록 줄어들고 있다.

　나르키소스의 자기사랑이 비극적인 결과를 낳긴 했지만, 자기사랑 자체가 잘못은 아닐 것이다. 자기사랑은 인간의 존재조건 가운데 하나다. 자기사랑이 있기에 인간이 살고, 가족도 있고, 조국도 있는 것이다. 예술도 자기사랑 없이는 창작되기 어렵다. 다만 그것이 무조건적인 자기사랑이 되어서는 안 되는 것이다. 나르키소소의 설화는 타인에 대한 배려도 없이 오로지 자기 자신만 아끼는 것은 자멸을 초래함을 우리에게 일러준다.

판 신과 콧대 높은 요정 시링크스

시링크스는 그리스 아르카디아 지방의 산 속에 사는 요정으로 콧대가 아주 높았다. 목양신 사티로스가 사랑을 호소해도 아랑곳하지 않았다. 달의 여신 디아나(아르테미스)처럼 살기로 마음먹었기 때문이다. 그러니 남자와의 연애 같은 것은 꿈도 꾸지 않고 숲 속에서 사냥하는 것을 가장 큰 즐거움으로 여겼다. 사냥하러 갈 때는 디아나 여신처럼 차려 입고 활을 들고 갔다.

그러던 어느날 목신 판이 시링크스에게 추파를 보냈다. 시링크스는 달아났고 판은 달아나는 그녀를 계속 쫓았다. 마침내 둘은 모래가 많은 라돈 강가에 이르렀다. 판은 강에 가로막혀 더 이상 도망치지 못하는 시링크스를 독 안에 든 쥐를 잡듯이 붙잡았다.

그러나 시링크스는 강의 요정에게 자신의 모습을 바꿔달라고 간청해서 갈대로 변했다. 갈대에서는 가냘프면서도 아름다운 소리가 났다. 그 소리에 매혹된 판은 갈대를 밀랍으로 이어 붙여 악기를 만들었다. 이렇게 해서 시링크스라는 악기가 만들어졌다고 한다.

◆◆◆ 판과 시링크스 / 니콜라 푸생

청년 아도니스에게 마음을 빼앗긴 베누스

베누스(아프로디테) 여신에게는 아들 쿠피도(에로스)가 있었다. 어느 날 쿠피도가 베누스에게 입맞춤할 때 쿠피도가 어깨에 메고 있던 화살통 속의 화살 하나가 베누스의 가슴을 찔렀다. 이로 인해 베누스는 때마침 그곳에 있던 잘생긴 청년 아도니스에게 마음을 빼앗겼다. 사랑에 빠진 여신은 사냥을 좋아하는 아도니스를 따라 종일 숲속을 누비고 다녔다. 베누스 여신답지 않은 처신이었다.

베누스 여신은 아도니스의 안위가 걱정됐다. 혹시라도 아도니스가 사나운 동물을 사냥하다가 다치지나 않을까 염려됐다. 그렇게 되면 자신은 살아갈 희망이 없을 듯했다. 그래서 아도니스에게 조심하라고 경고했다.

대담한 것들에 대담한 것은 안전하지 못해요. 무턱대고 덤비지 마시고, 자연이 무기를 준 동물을 공격하지 마세요. 승리에 대한 그대의 갈증이 나에게 커다란 대가를 치르게 하지 않도록.
— 오비디우스, 〈변신〉 10권

그러나 아도니스는 겁 없이 행동했다. 베누스 여신의 경고를 무시하고 멧돼

110

지를 공격했다. 공격당한 멧돼지가 아도니스에게 달려들었고, 아도니스는 멧
돼지의 어금니에 치명상을 입었다. 이 때문에 아도니스는 서서히 죽어갔고, 하
늘을 날던 베누스 여신은 황급히 땅으로 내려와 아도니스에게 갔다. 그러나 운
명의 여신이 하는 일은 베누스 여신도 어쩔 수 없었다. 다만 아도니스의 피에
하늘의 물을 뿌려줬을 뿐이다. 그 결과 아도니스의 피는 붉은 꽃으로 다시 피
어났다. 바람꽃(아네모네)으로 환생한 것이다.

쿠피도와 프시케의 사랑

로마 시대인 서기 2세기에 살았던 루키우스 아풀레이우스의 소설 〈황금당나귀〉에는 쿠피도(에로스)와 프시케의 사랑 이야기가 있다. 우여곡절이 많고 그만큼 재미있는 이야기다.

어느 도시를 다스리는 왕과 왕비에게 세 딸이 있었는데, 그 가운데 셋째 딸 프시케는 너무나 예뻤다. 그녀의 미모에 관한 소문은 곳곳으로 퍼져나갔다. 모두들 그녀의 미모를 예찬했다. 심지어 사랑과 아름다움의 여신 베누스(아프로디테)의 화신이라는 말까지 나왔다. 사람들은 베누스 여신보다 그녀를 숭배했다. 이 때문에 베누스 여신의 위신이 추락했다. 베누스 여신을 모시는 사원에서는 제물도 제사도 점차 사라져갔다. 그러자 베누스 여신이 화났다.

나는 철학자들이 말하는 우주의 어머니이자 자연의 본원이고, 만물의 근원이며, 생명의 바람인 베누스다! 그런 내가 하잘것없는 인간과 내 통치권을 공유해야 한단 말인가? 하늘에 새겨진 찬란한 내 이름이 속세의 천박하고 추잡한 여자아이로 인해 더

◆◆◆ 쿠피도와 프시케 / 프랑수아 제라르

럽혀지다니! 이건 절대로 그냥 놔둘 수 없어!

— 루키우스 아풀레이우스, 〈황금당나귀〉

베누스 여신은 아들 쿠피도 신을 동원해 프시케를 제재하기로 했다. 쿠피도 신이 화살을 쏘면 그 화살을 맞은 사람은 즉시 누군가와 사랑에 빠진다는 점을 이용하기로 했다. 베누스 여신은 쿠피도 신에게 프시케가 이 세상에서 가장 찌꺼기 같은 인간과 사랑에 빠지게 하라고 명했다. 그러나 쿠피도 신은 자신의 화살로 자신을 찔러 그녀를 자신의 아내로 만들기로 했다.

그런데 프시케는 신 같은 아름다움을 지닌 탓에 오히려 구혼자가 없었다. 그녀의 부모는 신탁을 물었다. 신탁은 프시케가 바위가 많은 험준한 산에서 무섭고 맹수 같은 장난꾸러기를 신랑으로 맞이할 것이라고 예언했다. 바로 쿠피도 신을 가리킨 말이었다. 그러나 그 의미를 모르는 프시케의 부모는 신탁이 시킨 대로 그녀를 상복 차림으로 입혀서 험한 산으로 데려다주고 가버렸다. 프시케는 그때 신의 보살핌을 받았다. 서풍 제피로스가 그녀를 안아다가 산 아래 초원에 살며시 내려놓았다.

프시케는 홀로 그 초원을 걷다가 멋진 저택을 발견하고 그 안으로 들어갔다. 그건 쿠피도 신이 마련해 놓은 집이었다. 그곳에서 그녀는 쿠피도 신과 결혼했다. 그런데 쿠피도 신은 얼굴을 보이지 않고 밤에만 나타났다가 새벽이면 사라졌다. 프시케는 호기심이 생겼지만, 쿠피도 신은 프시케에게 호기심을 억제하고 자신과 관계된 일을 절대로 발설하지 말라고 경고했다. 그렇지만 프시케는 소문을 듣고 찾아온 언니들에게 사실대로 다 이야기하고 말았다. 언니들은 남편의 정체를 알아내라고 프시케를 부추겼다. 프시케는 한밤중에 불을 켜서 그가 쿠피도 신이라는 사실을 알게 됐다. 그러자 쿠피도 신은 프시케가 자신의 경고를 듣지 않았다고 화를 내며 사라져버렸다.

　프시케는 뒤늦게 자신의 잘못을 후회하며 쿠피도 신을 찾아 나섰다. 그런데 그때 아들의 '배신'에 화가 난 베누스 여신이 아들 대신 아들의 애인 프시케를 벌주기로 하고 그녀를 찾았다. 쿠피도 신을 찾아 나선 프시케는 베누스 여신의 거처를 찾아갔다. 그러자 베누스 여신은 프시케와 쿠피도를 만나지도 못하게 떼어놓음은 물론 프시케를 매질하고 고문하는 등 온갖 고통을 가했다. 그리고 헤라클레스의 고역만큼이나 어려운 일을 맡겼다. 그렇지만 프시케는 그때마다 개미, 개구리, 독수리 등의 도움을 받아 무난히 맡겨진 일을 해냈다. 마지막에는 쿠피도 신이 유피테르 신에게 가서 도움을 청했다. 유피테르 신은 신과 인간의 결혼이 초래할 불행을 막기 위해 프시케에게 신과 같은 지위를 부여한 뒤 그녀와 쿠피도의 결혼을 허락했다.

　유피테르 신이 쿠피도 신과 프시케의 결혼을 허락한 것은 온 세상을 돌아다니며 온갖 범죄를 유발하는 쿠피도의 행각에 종지부를 찍기 위해서였다. 말하자면 쿠피도에게 결혼의 족쇄를 채워 가족부양의 의무를 부과하려고 한 것이었다. 쿠피도와 에로스의 사랑은 우여곡절 끝에 '해피엔딩'으로 끝났고, 둘 사이에서 '쾌락'이라고 불리는 딸이 태어났다.

며느리 프시케를 핍박한 시어머니 베누스

사람의 딸로서 쿠피도(에로스) 신의 애인이 된 프시케를 시어머니가 될 베누스(아프로디테) 여신은 가혹하게 대했다. 루키우스 아풀레이우스의 〈황금당나귀〉에 나오는 설화에 따르면, 베누스 여신은 프시케를 만나자마자 자신의 하녀 '고독'과 '슬픔'에 그녀를 내맡겼다. 이 하녀들은 프시케를 무자비하게 매질하고 고문했다. 이어 베누스 여신은 직접 프시케를 때린 뒤 어려운 '고역'을 주어 시험했다. 프시케를 쫓아낼 빌미를 만들기 위해서였다.

베누스 여신은 먼저 밀과 보리, 수수, 강낭콩 등의 곡식을 마구 뒤섞어 산더미처럼 쌓아놓고는 프시케에게 밤이 되기 전에 그것을 종류별로 가려내라고 명했다. 한 사람의 힘으로는 도저히 할 수 없는 일이었다. 프시케는 망연자실하고 있었다. 그런데 그 모습을 지켜보던 개미가 그녀를 도왔다. 그 개미가 동료 개미들을 대거 불러서 곡식을 종류별로 분리하고 정리해주었다. 덕분에 프시케는 베누스가 내린 첫 번째 고역을 무난히 해냈다.

베누스는 프시케에게 새로운 고역을 시켰다. 숲 속에 있는 양떼로부터 황금빛 양털을 한 타래 가져오라는 것이었다. 프시케는 무작정 숲으로 가려고 했지만 갈대가 저녁때까지 기다리라고 속삭였다. 저녁때가 되자 양들이 잠들었고, 프시케는 가시덤불 속에 걸려 있던 양털을 손쉽게 수집해서 베누스 여신에게 가져다 주었다.

그러자 베누스는 더 어려운 일을 할 것을 요구했다. 험준한 산봉우리의 샘에 가서 샘물을 항아리에 가득 채워오라고 했다. 이것은 프시케가 도저히 할수 없는 일인 게 분명했다. 프시케는 절망했다. 그런데 바로 그때 유피테르(제우스) 신의 새인 독수리가 내려왔다. 쿠피도 신이 예전에 가니메데스를 하늘로 데려다주는 데 한몫했던 것을 기억하고 그 은혜를 갚으러 온 것이었다. 독수리는 프시케가 갖고 있던 항아리를 발톱으로 붙잡고 날아 올라가 샘물을 길어다 주었다.

이런 식으로 프시케는 제3자의 도움을 받아 베누스 여신이 시킨 고역들을 하나하나 해냈다. 그러나 여기서 물러설 베누스 여신이 아니었다. 이번에는 정말로 어려운 일을 요구했다. 지하세계로 내려가서 프로세르피나 여신의 '아름다움'을 한 상자 받아오라는 것이었다. 그것은 죽으라는 말이나 다름없다고 생각한 프시케는 투신자살하겠다고 마음먹고 어느 탑 위로 올라갔다. 그러자 그 탑이 지하세계로 내려가는 길과 방법을 알려주었고, 그 덕분에 프시케는 무사히 프로세르피나 신에게 가서 알현했다. 탑은 미리 프시케에게 프로세르피나가 상자에 무언가를 넣어 주거든 그 상자를 절대로 열어 봐서는 안 된다고 단단히 일러두었다.

너는 절대로 네가 갖고 돌아오는 상자를 열지도 말고, 무엇이 담겨 있는지 알려고 하지도 말라. 신의 아름다움이 미가 담긴 신비한 그릇은 그 속을 네가 알려고 해서는 안 된다.
― 루키우스 아풀레이우스, 〈황금당나귀〉

그러나 프시케는 경박한 여자였다. 이미 호기심을 억제하지 못해서 혼난 경험이 있으면서도 또 호기심에 사로잡혔다. 프로세르피나에게서 상자를 받아들고 지상으로 다시 나와서는 상자에 들어있는 것을 보고 싶어졌다. 그 안에 여신의 아름다움이 있다니 자신도 일부 갖고 싶기도 했다. 그래서 프시케는 상자를 열어 보았다. 그러나 그 안에 '아름다움'이라는 것은 없었다. 단지 수면제만 있을 뿐이었다. 수면제가 상자에서 나와 사방을 짙은 안개로 뒤덮었고, 프시케는 깊은 잠에 빠져들었다. 마치 죽은 사람 같았다. 그때 쿠피도가 나타나 수면제를 상자에 다시 집어넣고 뚜껑을 닫았다. 그러자 프시케는 잠에서 깨어나 상자를 베누스 여신에게 가져다주었다.

재미있는 설화다. 우리의 콩쥐팥쥐 이야기를 연상시킨다. 콩쥐팥쥐 이야기에서는 계모가 딸을 괴롭힌다는 것이 다를 뿐이다. 홀로 하기 어려운 과제를 동물을 비롯한 제3자의 도움을 받아서 해결한다는 골격은 유사하다. 이렇게 볼 때 사람이 사는 세상의 원리와 상상력은 크게 다르지 않은 듯하다. 그리고 무엇이든 진지하게 생각하면 스스로 대책을 마련하거나 누군가의 도움으로 해결책을 찾을 수 있다는 관념도 동서양이 다르지 않은 듯하다.

◆◆◆ 황금상자를 여는 프시케 / 존 윌리엄 워터하우스

영원한 잠에 빠진 꽃미남 엔디미온

히페리온과 테이아의 딸 셀레네는 달의 여신으로 태양신 헬리오스, 새벽의 여신 에오스와 오누이 사이다. 어느날 그녀는 꽃미남 엔디미온을 보고 첫눈에 반해 그를 영원히 소유할 수 있게 해달라고 제우스에게 간청했다. 제우스는 그녀의 소원 대로 엔디미온을 영원한 잠에 빠지게 했다.

그렇게 해서 셀레네 여신이 만족하게 됐는지는 알 수 없다. 밤마다 하늘에 떠올라 잠들어 있는 엔디미온을 바라보면서 행복을 느낄지는 모르겠다. 그러나 그것은 '죽은 사랑' 이 아닐까? 살아 숨 쉬고 생동감 있는 사랑은 아니다. 게다가 날씨가 궂은 날이면 셀레네 여신이 엔디미온을 바라볼 수도 없다. 구름이나 눈비가 시야를 가려버릴 테니까.

◆◆◆ 셀레네와 엔디미온 / 스테파노 토렐리

테세우스에게 배신당한 아리아드네

크레타 왕 미노스의 딸은 테세우스에게 반해서 그가 미궁에 들어갔다가 무사히 빠져나올 수 있도록 도와주었다. 테세우스는 크레타를 떠나 아테네로 가는 배에 아리아드네를 태워 데리고 갔다. 그들이 탄 배는 낙소스 섬에 도착했다.

그러나 테세우스는 아리아드네가 잠든 사이에 그녀를 남겨두고 가버렸다. 배신한 것이다. 이와 달리 아폴로도로스의 작품에는 디오니소스(바쿠스) 신이 아리아드네에게 반해서 그녀를 납치했다고 씌어져 있다. 아버지를 배신한 아리아드네의 운명이 비참해졌지만, 디오니소스 신을 끌어들여 미화한 것이 아닌가 여겨진다.

오비디우스의 〈로마의 축제일〉에는 바쿠스(디오니소스)가 아리아드네와 결혼했다가 나중에 배신했다고 씌어 있다. 그렇다면 아리아드네는 두 차례나 배신당한 것이니 참으로 불행한 여성이었다.

이 설화는 20세기 오스트리아의 작곡가 리하르트 슈트라우스의 오페라 작품으로 꾸며지기도 했다.

◆◆◆ 바쿠스와 아리아드네의 만남 / 세바스티아노 리치

페르세우스를 낳은 다나에

다나에는 아르고스의 왕 아크리시오스의 딸이다. 아크리시오스는 딸이 자기를 죽일 아들을 낳을 것이라는 신탁을 듣고는 지하에 청동 방을 만들고 거기에 딸을 가뒀다. 그런데 제우스 신이 황금 소나기로 변신해 다나에의 방으로 흘러들어가 그녀와 정을 통했다. 그렇게 해서 태어난 사람이 페르세우스다.

아크리시오스 왕은 딸과 손자를 상자에 넣은 뒤 바다에 던져버렸다. 상자가 세리포스 섬에 도달하자 딕티스가 그것을 건져 올리고 그 안에 들어있던 아이를 맡아 길렀다.

페르세우스는 외할아버지로부터 이렇듯 서러운 대접을 받았지만, 훌륭하게 자라서 괴물의 먹이가 될 뻔한 안드로메다를 구출하는 등 영웅적인 선행을 거듭했다.

페르세우스는 구약성서에 나오는 모세를 연상시킨다. 모세도 강물에 버려졌다가 구출됐고, 훗날 이스라엘 백성을 이집트의 노예 상태로부터 해방시키는 일을 한다.

◆◆◆ 다나에 / 베첼리오 티치아노

북풍의 신 보레아스와 오리티이아

아테네의 왕 에렉테우스는 아들 넷과 딸 넷을 두었다. 딸 가운데 오리티이아가 특히 예뻤는데, 북풍의 신 보레아스가 그녀를 마음에 두었다. 보레아스는 에렉테우스를 통해 오리티이아에게 구혼해보았으나 뜻대로 되지 않았다.

좋은 말로는 아무것도 이룰 수가 없자 보레아스는 최후의 수단으로 '폭력'을 쓰기로 했다. 보레아스는 자신에게는 폭력이 어울린다고 생각했다. 그는 '폭력'으로 참나무를 뿌리째 뽑고, 바다를 뒤흔들고, 눈을 얼음으로 만들 수 있는 신이니 그런 결론을 내릴 법도 했다. 보레아스가 형제인 남풍이나 서풍을 만나면 더 큰 힘을 발휘하여 온 세상을 두려움에 떨게 만들 수도 있었다. 그러니 자신감을 가질 만도 했다. 보레아스는 이렇게 생각했다.

(에렉테우스에게) 장인이 되어달라고 간청할 것이 아니라 되도록 만들어야지.
—오비디우스, 《변신》 6권

보레아스는 즉시 행동에 나섰다. 먼저 날개를 흔들어 바람을 세차게 일으키고 바다의 물결도 높아지게 해서 온 세상을 겁먹게 했다. 보레아스가 눈독을 들여온 오리티이아도 겁에 질렸다. 그러자 보레아스는 오리티이아에게 다가

◆◆◆ 오리티이아를 납치하는 보레아스 / 페테르 파울 루벤스

가 자신의 날개로 그녀를 껴안고 하늘로 날아 올라갔다. 보레아스는 오리티이아를 북방의 추운 지방으로 데리고 가서 아내로 만들었다. 그리고 쌍둥이 아들을 낳았다.

영원히 죽지 않게 된 티토노스의 비극

에오스(아우로라) 여신은 장밋빛 손가락과 장밋빛 볼을 갖고 있고 사프란색의 옷을 입고 다니는 새벽의 여신이다.

에오스 여신은 트로이의 왕 라오메돈의 아들 티토노스를 사랑했다. 티토노스는 트로이 전쟁에서 패배하고 죽은 프리아모스 왕과 형제 사이다. 에오스 여신은 티토노스를 납치해 에티오피아로 데려갔다. 둘은 정을 통해 에마티온과 멤논을 낳았다. 멤논은 트로이 전쟁이 일어나자 트로이를 지원하려고 참전했다가 아킬레우스에 의해 피살된다. 에오스 여신이 아들의 죽음을 슬퍼해서 눈물을 흘리니, 그것이 곧 이슬이다.

그런데 에오스 여신은 티토노스를 너무 사랑한 나머지 그가 영원히 죽지 않게 해달라고 제우스 신에게 간청해서 승낙을 받았다. 하지만 한 가지 중요한 것을 빠뜨렸다. 청춘도 영원히 유지하게 해달라고 부탁하는 것을 잊은 것이다. 이로 인해 티토노스는 '영생'은 얻었으나 나이가 들수록 몸이 쇠약해지면서 주름이 늘어났고, 나중에는 목소리만 남았다. 그러자 에오스 여신은 티토노스를 매미로 변신시켰다. 티토노스는 젊음을 잃고 한없이 오래 살아서 오히려 비참해졌다.

오비디우스의 〈변신〉을 보면, 아우로라(에오스)와 케레스(데메테르), 베누

◆◆◆ 이륙하는 아우로라 여신 / 루이-장-프랑수아 라그르네

스(아프로디테)와 같이 인간을 남편이나 애인으로 둔 여신들은 유피테르(제우스) 신에게 자신의 남편이나 애인이 젊음을 되찾게 해달라고 요구한다. 이에 유피테르 신은 "그대들은 운명의 지배를 받고 있다"며 불가함을 설득한다. 유피테르 신이 "그건 나도 마찬가지"라고 하니 여신들도 더 이상 할 말이 없게 된다.

태양신의 아들 파에톤의 만용

파에톤은 태양신과 사람의 딸인 클리메네의 아들이다. 그는 어느 날 자신의 출생신분을 확인하기 위해 태양신을 찾아갔고, 태양신이 자신의 아버지임을 확인했다. 그는 거기서 한 발 더 나아갔다. 태양신이 타고 다니는 마차를 하루만 빌려달라고 요청한 것이다. 태양신은 이미 지옥을 흐르는 스틱스 강을 걸고 아들이 청하는 것은 무엇이든 다 들어주겠다고 맹세했다. 뒤늦게 후회했다. 자신의 마차를 아들에게 주는 것은 위험한 일이었다. 그 마차는 사람이 탈 수 없는 것이었다. 태양신은 요청을 철회하라고 당부했다.

> 너는 죽을 운명을 타고났는데, 네가 바라는 것은 죽을 운명을 타고난 자가 할 수 있는 일이 아니구나. 아니, 하늘의 신들에게 허용될 수 있는 것 이상을 너는 멋모르고 요구하고 있는 것이다.
> ― 오비디우스, 〈변신〉 2권

아버지의 간곡한 만류에도 불구하고 파에톤은 고집을 꺾지 않았다. 무슨 말

◆◆◆ 추락하는 파에톤 / 세바스티아노 리치

133

도 소용없었다. 태양신은 할 수 없이 파에톤에게 마차를 내주면서 주의를 주었다. 말의 고삐를 단단히 잡으라고. 굳건하게 서서 마차를 안전하게 몰라고.

파에톤이 태양신의 우려대로 고삐를 놓쳤고, 궤도를 이탈한 마차는 지구로 곤두박질쳤다. 이 때문에 산에서 불이 나고, 강물이 마르고, 곡식은 재로 변했다. 샘이 마르고, 산 위의 눈은 녹아 없어졌다. 요정들이 살 곳이 없어졌다. 리비아는 사막으로 변하고, 아프리카 사람들의 피부는 검은 색으로 변했다. 지구 전체가 화염에 휩싸였다. 제우스 신이 나서서 번개로 파에톤을 때렸다. 파에톤은 불에 그을린 채 추락해 죽고, 물의 요정들이 파에톤의 몸을 묻어주었다. 그리고 비석을 하나 세웠다. 요정들은 비석에 다음과 같이 썼다.

여기 파에톤이 잠들다. 아버지의 마차를 몰던 그는 비록 그것을 제어하지는 못했지만, 큰일을 감행하다가 떨어졌도다.
— 오비디우스, 〈변신〉 2권

오비디우스의 〈변신〉을 보면 파에톤의 최후를 보고 아버지 태양신이 너무 슬픈 나머지 하루 종일 모습을 감췄다. 그날 하루는 태양이 뜨지 않았다. 또 오비디우스가 쓴 〈로마의 축제일〉에 따르면 파에톤의 여동생 요정 헬리오데스는 오빠의 비극을 보고 너무 슬퍼한 나머지 미루나무로 굳어졌고, 그녀의 눈물은 보석 '호박'으로 변했다.

황금에 대한 미다스 왕의 욕심

소아시아에 있는 나라 리디아의 왕 미다스는 바쿠스(디오니소스) 신에게 은혜를 베푼 적이 있다. 바쿠스 신의 양아버지 실레노스가 술에 취한 채 비틀거리는 것을 동네 사람들이 잡아오자 '훈방' 한 것이다.

이를 고맙게 여긴 바쿠스 신은 미다스 왕에게 원하는 것은 무엇이든 들어주겠다고 했다. 그러자 미다스 왕이 욕심을 부렸다. 그는 자신의 몸에 닿는 것은 모두 황금이 되게 해달라고 요청했다.

바쿠스는 그 소원을 들어주었다. 그러자 미다스 왕이 만지는 것은 정말로 황금으로 변했다. 떡갈나무 가지도, 돌멩이도, 흙도, 곡식도, 사과도, 손 씻을 물도 모조리 황금이 됐다. 먹으려고 집어든 빵은 황금으로 변해 먹을 수 없게 됐고, 포도주를 마시려 했을 때 실제로 목구멍으로 넘어간 것은 포도주가 아니라 황금이었다. 그것은 재앙이었다.

미다스 왕은 부자가 됐으나 비참했다. 그는 허기와 갈증에 시달렸다. 그제야 그는 자신의 잘못을 깨우치고 신들에게 빌었다.

내가 죄를 지었나이다. 나를 불쌍히 여기시어 이 번쩍이는 저주에서 구해주소서!

—오비디우스, 《변신》 11권

◆◆◆ 미다스와 바쿠스 / 니콜라 푸생

바쿠스 신은 그의 모습을 굽어보고 기도를 들어주었다. 그에게 강에 가서 머리와 몸을 강물에 담가 죄를 씻으라고 명했다. 미다스 왕은 그의 명에 따라 팍톨로스 강에 가서 몸을 강물에 담갔다. 그 결과 그의 죄는 씻겨 내려갔다. 하지만 강물이 황금빛으로 변했고, 강바닥의 흙은 황금으로 굳어졌다.

　　이 일을 겪은 후 미다스 왕은 금이나 재산에는 몸서리쳤다. 그는 그저 숲이나 들판을 쏘다니며 판 신을 숭배했다. 미다스 왕은 나중에 판 신과 아폴론 신이 음악 경연을 벌일 때 판 신의 편을 들었다가 귀가 당나귀의 귀로 변했다.

　　미다스 왕은 선량하긴 했지만 탐욕스러웠고, 공정한 판단력을 갖추지 못했다. 이 때문에 그는 과도한 것을 신에게 요구했고, 그 대가로 견디기 힘든 일들을 겪었다. 모두 그 자신의 어리석음과 미망 때문에 초래된 재앙이었다.

신에게 도전한 마르시아스의 비극적 죽음

마르시아스는 우연한 기회에 미네르바(아테나) 여신이 불던 피리를 주웠다. 그 피리를 불면서 즐겁게 살아가면 될 텐데, 그는 그렇게 하지 않았다. 감히 아폴론 신에게 피리 연주 솜씨를 겨뤄보자고 도전했다. 조건은 이긴 쪽이 하려는 대로 하게 해주는 것이었다. 내기의 결과는 아폴론 신의 승리였다.

내기에 이긴 아폴론 신은 마르시아스를 나무에 거꾸로 매달고 산 채로 껍질을 벗겼다. 마르시아스가 "피리 불기에서 졌다고 이러는 것은 너무 심하지 않느냐"고 항의하기도 했지만, 아폴론 신은 인정사정 보지 않았다. 마르시아스의 온 몸에서 껍질을 다 벗겨냈다. 마르시아스는 심한 고통을 겪으며 죽어갔다.

오비디우스의 〈변신〉에 따르면, 마르시아스가 고통 속에서 죽어가는 모습을 보고 숲속에 사는 사티로스와 요정과 목동 등이 모두 눈물을 흘렸다고 한다. 그 눈물은 땅을 흠뻑 적시고 지하로 스며들었다가 다시 샘물이 되어 솟아

◆◆◆ 아폴론과 마르시아스의 연주를 심판하는 미다스 / 팔마 조바네 (위)
◆◆◆ 미다스와 마르시아스를 응징하는 아폴론 / 팔마 조바네 (아래)

올랐다. 그 샘물은 시내가 되어 흘러갔고, 그 시냇물은 프리기아 지방에서 가장 맑았다고 한다. 그곳의 시냇물은 '프리기아 시내'라고 불렸다.

마르시아스는 그리스로마 신화에 나오는 인간 중 가장 불행했던 이가 아닌가 생각된다. 내기에서 졌다고 죽임을 당하게 된 것도 과잉처벌이지만, 장시간에 걸쳐 큰 고통을 겪으면서 죽어간 것은 너무나 억울한 일이었다. 물론 감히 신과 겨루겠다고 덤빈 것은 큰 교만이요 실책이다. 그러나 그런 행위에 비해 처벌이 지나치게 가혹하다. 아폴론 신은 닭 잡는 데 소 잡는 칼을 쓴 것이다.

신화에 이런 이야기가 나오는 것은 인간으로서 분수를 넘으려고 하거나 교만해지는 것을 고대인이 가장 큰 죄악으로 여겼기 때문이 아닐까 생각된다. 교만은 신과 인간, 인간과 인간 사이의 화목을 깨뜨리니까.

디아나 여신의 알몸을 본 악타이온

디아나(아르테미스)는 사냥의 여신이다. 처녀의 순결을 보호해주는 여신이기도 하다. 디아나 여신에게는 소나무와 삼나무가 우거진 골짜기가 바쳐져 있다. 그 안쪽 구석에는 근사한 동굴이 있고, 근처에는 맑은 샘물이 흘러나온다. 샘물은 좀 더 넓은 연못으로 흘러간다. 디아나 여신은 사냥을 하다가 이곳에 머물러 목욕을 하곤 했다. 그리고 목욕을 하기 전에 요정들에게 사냥도구와 옷, 샌들을 맡겨두었다.

그런데 어느 날 끔찍한 사건이 일어났다. 디아나 여신이 옷을 다 벗고 목욕을 하는데 불청객이 찾아왔다. 테바이를 건설한 카드모스의 손자 악타이온이었다. 악타이온이 디아나 여신의 알몸을 보려고 했거나 다른 흑심을 품고 그곳에 간 것은 아니었다. 단지 사냥을 하다가 길을 잃고 헤매다가 그렇게 된 것이었다. 경위야 어쨌든 간에 악타이온은 디아나 여신의 알몸을 보고 말았다. 그것이 그의 운명을 결정지었다.

디아나 여신은 악타이온에게 '복수의 물'을 뿌렸다. 활과 화살을 동굴 속에 두었기 때문에 화살을 쏘지 못하고 물을 이용한 것이다. 물이 악타이온의 머리에 뿌려지자 그의 머리에서 사슴뿔이 돋아났다. 그리고 곧바로 그의 온 몸이 사슴으로 변했다. 사람의 목소리도 낼 수 없게 됐다. 악타이온은 달아났지만,

◆◆◆ 디아나와 악타이온 / 주세페 체사리

더 이상 악타이온이 아니었다. 외모나 목소리가 모두 사슴으로 변해버린 뒤였기 때문이다. 바로 그때 개떼가 몰려왔다. 자신이 사냥할 때 부리던 개들이었다. 그렇지만 개떼는 그를 알아보지 못했다. 알아볼 리가 없었다. 개들에게 그는 악타이온으로 보이지 않고 단지 사슴으로 보일 뿐이었다. 악타이온이 달아나자 개들이 그를 쫓아갔다. 결국 악타이온은 개들에게 잡히고 말았다. 개들은 다투어 악타이온을 공격했다. 악타이온의 사냥 친구들이 악타이온을 찾기 위해 주위를 둘러보기도 하고 이름을 불러보기도 했다. 악타이온도 소리를 질렀다. 그러나 모든 것이 허사였다. 악타이온은 끝내 자신의 개들에 의해 숨이 끊기고 말았다.

> 그에게서 운명의 잘못이라면 몰라도 죄는 발견하지 못할 것이오. 길을 잃은 것이 무슨 죄란 말이오?
> —오비디우스, 〈변신〉 3권

악타이온은 자신의 개들에 의해 공격을 받고 죽었으니 사냥꾼 가운데 가장 불운한 사냥꾼이다. 물론 그에게는 죄가 없다. 그렇지만 사냥을 지나치게 좋아했기 때문에 당하지 않아도 될 사고를 당하게 된 것이 아닐까?

아라크네가 거미로 변신하게 된 이유

아라크네는 지금의 터키에 해당하는 리디아 지방의
해안도시 포카이아에서 베 짜는 솜씨로 명성이 자자
한 여인이었다. 그녀의 아버지와 어머니는 양모 염
색의 대가였다. 베 짜는 솜씨가 워낙 탁월했기에 신
과 요정들도 찾아와 그녀가 베 짜는 것을 구경하곤
했다.

　그녀의 베 짜는 기술은 팔라스(아테나) 여신에게
서 전수받은 것이었다. 그러나 그녀는 그런 사실을
부인했다. 심지어 그런 이야기를 듣는 것 자체를 언
짢아했다. 그러자 팔라스 여신이 노파로 변신하고
아라크네 앞에 나타나 점잖게 타일렀다. 인간들 사
이에서는 명성을 추구해도 되지만 신에게 도전하지
는 말라고.

◆◆◆ 아라크네 설화 / 디에고 벨라스케스

145

노인이 가져다주는 것이라고 해서 다 피하려 해서는 안 돼요. 세월과 경험도 쌓이니까요.

— 오비디우스, 〈변신〉 5권

그러나 아라크네는 겁이 없었다. 노파의 충고를 애써 무시했다. 팔라스 여신이 노파의 모습을 버리고 본래의 모습을 드러냈는데도 막무가내였다. 도리어 팔라스 여신과 내기를 벌이기로 했다. 그리고 팔라스 여신에게 이기기를 꿈꿨다. 더욱이 아라크네는 자신의 작품에 신들의 악행과 비행을 채워 넣었다. 제우스 신이 황소로 변장하고 에우로페를 납치하는 장면, 제우스 신이 백조의 모습을 하고 레다를 취하는 모습, 사티로스가 말의 모습을 하고 요정 필리라와 관계를 맺어 반인반수의 스승 키론을 낳는 이야기 등이 아라크네의 작품에 실렸다.

팔라스 여신은 더 이상 참을 수 없었다. 팔라스 여신은 아라크네에게 약초 즙을 끼얹었다. 그것은 독약이었다. 그 즙의 세례를 받은 아라크네는 곧바로 거미로 변했다. 그 뒤로 지금까지도 아라크네는 거미줄이라는 천연의 베를 짜고 있다.

아라크네가 팔라스 여신에게 도전하고, 게다가 베를 짜면서 신의 악행을 '폭로' 한 것은 사실 어리석은 짓이었다. 신이 보기에는 벌을 내릴 만한 행동이었다. 같은 인간끼리도 남의 비행 또는 악행을 자꾸 들추어내려고 하는 것은 결코 바람직하지 않다. 이웃의 실수를 알았다 하더라도 무조건 들추어내기보다는 시정하는 노력을 함께 하거나 시정하도록 권고하는 자세가 바람직할 것이다.

저승의 산비탈에서 돌을 밀어 올리는 시시포스

시시포스는 도시국가 코린토스를 창건한 인물로 전해진다. 그렇지만 저승의 산비탈에서 영원히 돌을 굴려 올려야 하는 벌을 받은 인물로 더 잘 알려져 있다. 그가 산꼭대기로 커다란 돌을 밀어 올려 놓으면 그 돌이 다시 굴러 떨어지고 만다. 그래서 시시포스가 다시 밀어 올리면 또다시 같은 일이 되풀이된다. 그 행위는 끝없이 계속된다. 시시포스가 저승세계에서 당한 벌은 무슨 일이든 애써 이룩했는데 허사로 돌아가는 경우에 비유하는 설화로 인용되곤 한다.

시시포스가 이런 끔찍한 벌을 받게 된 것은 꾀가 너무 많은 나머지 신까지 속였기 때문이다. 제우스 신이 강의 신 아소포스의 딸 아이기나를 몰래 납치해 간 것을 알게 된 시시포스가 아소포스에게 그 사실을 알려줬다. 그러자 제우스는 격분해서 저승사자 타나토스를 보내 시시포스를 저승으로 끌고 가라고 했다. 그런데 시시포스는 비상한 임기응변 능력을 갖고 있었다. 시시포스가 오히려 타나토스를 지하토굴에 가둬버린 것이다. 이 때문에 한동안 인간 세상에서 죽는 사람이 없었다고 한다. 그러자 신들이 군신 아레스를 보내 타나토스를 구해낸 뒤 다시 타나토스를 시시포스에게 보냈다. 시시포스는 이번에는 타나토스를 따라 저승으로 내려가기는 했지만, 아내와 자식들에게 자신을 위한 장

◆◆◆ 시시포스 / 베첼리오 티치아노

례의식을 치르지 말라고 지시해두었다. 이 때문에 저승의 신 하데스는 아무 제물도 받지 못했다. 그래서 하데스 신은 직접 장례의식을 치르라며 시시포스를 다시 지상으로 내보냈다. 그러자 이번에도 시시포스는 하데스 신의 명령을 이행하지 않았을 뿐만 아니라, 저승사자가 찾아올 때마다 꾀를 내어 피하거나 그를 가둬버렸다.

시시포스는 이렇게 꾀를 쓴 덕분에 상당히 오래 살았다고 한다. 하지만 그것은 신들에 대한 불경이다. 언젠가는 지하세계로 갈 수 밖에 없는 것이 인간의 필연적 운명이다. 그렇게 꾀가 많고 신들까지 속이던 시시포스도 결국은 지하세계로 내려가지 않을 수 없었다. 시시포스가 지하세계로 내려가자 그때까지 시시포스에게 우롱당했던 신들이 그에게 영원한 벌을 내렸다. 잠시도 쉬지 않고 바위를 끝없이 산 위로 밀어 올려야 하는 벌을.

레토 여신의 분노를 사 개구리가 된 농부들

레토 여신은 에게 해를 떠도는 델로스 섬에서 두 아이를 간신히 낳았다. 바로 아폴론 신과 아르테미스 여신이다. 그러나 레토 여신은 헤라 여신의 눈길을 피해 두 갓난아이를 안고 피난을 가야 했다.

　레토 여신이 간 곳은 오늘날 터키에 해당하는 지역에 있던 리키아다. 레토 여신과 두 갓난아이 신은 심한 갈증을 느꼈다. 때마침 호수가 보여 그 물을 마시려고 하자 그 고장의 농부들이 방해했다. 레토 여신은 누구에게나 물을 마실 권리가 있는데 왜 마시지 못하게 하느냐고 따졌다.

왜 그대들은 물을 못 마시게 하는 거죠? 물은 누구나 마실 권리가 있어요. 자연은 햇빛도 공기도 맑은 물도 개인의 사유재산으로 만들지 않았어요. 나는 만민에게 주어진 선물을 찾아온 거예요.
—오비디우스, 〈변신〉 6권

◆◆◆ 레토 여신과 리키아의 농부들 / 얀 브뤼헐

레토 여신은 아울러 자신이 여신임을 드러내지 않고 겸손하게 물을 마시게 해달라고 간청했다.

한 모금의 물은 내게 넥타르가 될 것이며, 나는 물과 함께 생명을 받았다고 고백하게 될 거예요. 그대들은 물로 내게 생명을 주게 될 거예요. 내 젖가슴에서 그대들을 향하여 작은 손을 내밀고 있는 이 어린 것들을 불쌍히 여기세요!

— 오비디우스, 〈변신〉 6권

그러나 농부들은 무정했다. 여신의 간절한 호소에도 불구하고 꿈쩍하지 않았다. 오히려 호수 안에서 이리 뛰고 저리 뛰면서 흙탕물을 만들었다. 레토 여신은 마침내 분노했다. 농부들이 영원히 물속에서 살도록 해달라고 하늘의 별을 향해 기원했다. 그러자 농부들은 모두 개구리가 됐다.

밑 빠진 독에 물을 붓는 다나오스의 딸들

다나오스의 딸들은 모두 50명이었다. 이들은 모두 이오의 아들 에파포스의 후손이었다. 이오가 긴 유랑 끝에 이집트에 당도하여 에파포스를 낳았고, 에파포스는 왕이 된 다음 딸 리비에를 낳았다. 리비에는 포세이돈에 의해 아게노르와 벨로스를 낳았다. 아게노르는 페니키아로 가서 새 왕국을 창시하여 왕이 됐고, 벨로스는 이집트에서 왕이 됐다. 벨로스는 쌍둥이 아들 아이깁토스와 다나오스를 남겼다. 아이깁토스는 50명의 아들을 얻었고, 다나오스에게는 50명의 딸이 생겼다.

아이깁토스와 다나오스는 나중에 왕의 자리를 놓고 다투었다. 그런데 아무래도 딸만 둔 다나오스가 아이깁토스의 아들들을 두려워하게 됐다. 그래서 다나오스는 딸들을 데리고 이집트를 떠나 로도스 섬을 거쳐 그리스의 아르고스로 갔다. 다나오스는 아르고스에서 왕위를 넘겨받고 주민들을 다나오스인이라고 불렀다. 이를 계기로 그리스인에게는 다나오스인이라는 별칭이 따라붙게 됐다.

아이깁토스의 아들들은 그 후 아르고스로 찾아가 다나오스에게 그의 딸들과 결혼하게 해달라고 간청했다. 다나오스는 미심쩍은 구석이 없지 않았지만 일단 승낙했다. 그러나 딸들에게 단검을 하나씩 주었다. 다나오스의 딸들은

한 사람만 빼고는 모두 결혼하고 첫날밤에 단검으로 신랑을 살해했다. 오직 히페름네스트라만은 자신의 처녀성을 지켜주기로 한 신랑 링케우스를 죽이지 않았다. 끔찍한 살인을 저지른 딸들의 죄는 피살된 신랑들의 장례가 치러진 후 아테나 여신과 헤르메스 신에 의해 정화됐다. 그래서 그녀들은 육상경기에서 승리한 선수들에게 다시 시집가게 됐다. 히페름네스트라는 아버지 다나오스의 노여움을 사긴 했으나, 나중에 신랑 링케우스와 함께 살게 됐다.

그런데 오비디우스의 〈변신〉에 따르면, 다나오스의 딸들은 죽은 후 저승에서 남편 살해의 대가를 치른다. 밑 빠진 독에 물을 채우는 벌이다. 그 벌은 높은 곳으로 바위를 굴려 올려야 하는 시시포스나 물을 마시려고 하면 바로 앞에 있던 물이 사라져버리는 탄탈로스의 경우처럼 영원히 계속되는 벌이다. 그러니 이들은 그리스 신화에 등장하는 인물들 가운데 가장 불행한 사람들이다.

프로메테우스도 영원히 독수리에게 간을 쪼아 먹히는 벌을 받았다. 그렇지만 아이스킬로스의 비극 〈결박당한 프로메테우스〉를 보면, 제우스 신이 프로메테우스를 매달아놓은 바위를 부술 때 프로메테우스도 그 바위와 함께 흔적도 없이 사라진다. 그렇다면 프로메테우스가 다나오스의 딸들이나 시시포스, 탄탈로스보다는 불행이 덜했을 것 같다. 무거운 벌을 받으면서 영원히 사는 것보다는 죽어서 그 고통을 끝내는 것이 나을 테니까.

◆◆◆ 다나오스의 딸들 / 존 윌리엄 워터하우스

돌로 변한 니오베가 흘리는 눈물

니오베는 불경한 무늬를 넣어 베를 짜다가 응징을 받은 아라크네와 마찬가지로 프리기아에 살고 있었다. 교만해서 신들의 심기를 건드린 것도 아라크네와 비슷했다.

니오베는 탄탈로스의 딸이고, 그녀의 남편은 제우스 신의 아들로서 리라라는 악기를 연주해 테바이 성을 쌓은 암피온이다. 니오베에게는 일곱 아들과 일곱 딸이 있었다. 니오베는 그 아들과 딸들을 자랑스럽게 여겼다.

어느 날 예언자 테이레시아스의 딸 만토가 아폴론 신과 아르테미스 여신의 어머니 레토 여신에게 분향한 뒤 사람들에게 머리에 월계관을 쓰라고 외치며 다녔다. 다른 사람들은 다 그렇게 했지만, 유독 니오베만은 따르지 않았다. 도리어 니오베는 교만한 말을 하면서 자신이 신보다 더 우월하다고 주장했다. 남편이 통치하는 테바이 성에 부가 넘치고, 레토 여신의 자식은 둘뿐이니 자신이 낳은 자식의 7분의 1밖에 안 되므로 자기가 더 행복하다고 니오베는 말했다.

나는 행복하며(누가 이를 부인할 수 있겠소?) 앞으로도 행복할 것이오(이 또한 누가 의심할 수 있겠소?). 풍요가 나를 안전하게 지켜주니까. 나는 포르투나(행운의 여

◆◆◆ 니오베의 자식들에게 활을 쏘는 아르테미스와 아폴론 / 자크-루이 다비드

신)가 해치기에는 너무 크단 말이오. 그녀가 내게서 많은 것을 빼앗는다 하더라도 내게는 훨씬 더 많은 것이 남게 될 테니까.

— 오비디우스, 〈변신〉 6권

니오베의 교만한 언행을 지켜보다가 분개한 레토 여신은 아들 아폴론 신과 딸 아르테미스 여신에게 응징하라고 일렀다. 아폴론 신은 즉시 행동에 나섰다. 그는 테바이 성으로 내려가 니오베의 아들 7명을 향해 차례로 화살을 날려 모두 죽였다.

니오베는 기가 막힌 일을 당했지만 의기소침하지 않았다. 여전히 도도하게 신에게 대들었다.

그대는 승리자로서 환호하세요! 하지만 어째서 승리자지요? 비참한 나에게 남은 것이 행복한 그대에게 남은 것보다 더 많은데. 그렇게 많이 죽은 뒤에도 여전히 내가 승리자예요!

— 오비디우스, 〈변신〉 6권

그러자 화살이 또 날아왔다. 이번에는 죽은 아들들의 관 앞에 서 있던 딸들이 차례로 쓰러졌다. 6명의 딸이 모두 쓰러지자 니오베는 뒤늦게 "막내딸 하나만이라도 남겨달라"고 간청했다. 그러나 그런 간청도 보람 없이 막내딸마저 쓰러지고 말았다.

니오베는 아들과 딸들의 주검 사이에 앉아 있었다. 그녀는 너무나 슬펐기에 더 이상 꼼짝할 힘도 기운도 없었다. 그녀는 온몸이 굳어져서 점차 돌로 변해

갔다. 다만 눈에서 눈물만 흘러내리고 있었다. 마침내 그녀는 대리석으로 굳어진 채 바람에 의해 고향의 산꼭대기로 실려가 세워졌다. 그 대리석에서는 지금도 눈물이 흘러내린다고 한다.

호메로스의 〈일리아스〉 24권에 따르면, 니오베는 9일 동안 눈물만 흘리고 있다가 10일째 되는 날 신들이 자기 자식들을 땅에 묻어주자 비로소 음식을 먹었다. 그렇지만 니오베는 그 후 돌로 변해 인적 드문 암벽 사이에 서 있게 됐으며, 아직도 신이 내린 고통을 되새기고 있다.

연거푸 약속을 지키지 않은 라오메돈 왕

트로이 성은 라오메돈 왕 시절에 처음 축성됐다. 그러나 라오메돈 왕 자신의 힘으로 성을 쌓은 것은 아니었다.

라오메돈 왕이 트로이 성을 쌓으려고 할 때 그것이 워낙 힘겨운 작업임을 아는 아폴론 신이 포세이돈 신과 함께 나서서 대신 성을 쌓아주었다. 그 대가로 아폴론 신은 라오메돈 왕으로부터 황금을 받기로 했다. 그런데 성이 완성됐는데도 라오메돈 왕이 약속을 이행하지 않았다. 게다가 아폴론 신에게 귀를 잘라서 노예로 팔아버리겠다는 등 폭언을 퍼부었다.

이에 아폴론 신과 포세이돈 신은 트로이와 라오메돈 왕에 보복하기로 했다. 아폴론 신은 트로이에 전염병을 보냈고, 포세이돈 신은 트로이 일대의 농지를 바닷물로 쓸어버렸다. 뿐만 아니라 라오메돈 왕의 딸 헤시오네를 바다괴물에 제물로 바치게 했다.

이로 인해 헤시오네는 바닷가 바위에 꽁꽁 묶여 있었다. 바로 그때 12가지 고역을 모두 마친 헤라클레스가 지나가다가 헤시오네를 보고 구출했다. 이때도 라오메돈 왕은 선물을 주기로 약속했지만, 또다시 이행하지 않았다. 라오메돈 왕은 아들 가니메데스를 시종으로 데려간 제우스 신이 그 대신 자기에게 준 말을 헤라클레스에게 선사하겠다고 했지만 주지 않았다. 라오메돈은 약속을

◆◆◆ 트로이를 응징하는 아폴론과 포세이돈 / 파올로 피아밍고

두 번이나 어긴 것이었다. 게다가 아폴론 신에게 그랬듯이 헤라클레스에게도 모욕적인 말로 대꾸했다.

화가 난 헤라클레스는 6척의 전함에 병사들을 싣고 트로이 성을 공격해 함락시킨 다음 라오메돈 왕을 죽였다. 그리고 헤시오네를 트로이 성 함락 작전에 참여한 용사 텔라몬에게 아내로 주었다. 헤라클레스는 이때 라오메돈 왕의 자식들도 모두 죽이려고 했으나, 헤시오네의 간청에 따라 아들 포다르케스만은 살려놓았다. 포다르케스는 후일 프리아모스 왕이 되어 트로이를 통치하게 된다.

용렬한 왕자 파리스와 트로이 전쟁

파리스는 트로이 왕 프리아모스와 왕비 헤카베 사이에서 태어난 왕자이고, 트로이 전쟁을 유발한 장본인이다. 호메로스의 〈일리아스〉에서는 알렉산드로스라는 이름이 더 많이 사용된다.

펠레우스와 테티스 여신의 결혼식이 열린 날 많은 신들이 초대를 받았지만, 불화의 여신 에리스는 초대를 받지 못했다. 이에 화가 난 에리스 여신은 결혼식장에 불쑥 나타나 '가장 아름다운 여성에게' 라고 쓰여 있는 황금사과를 던졌다. 그러자 제우스 신의 아내 헤라 여신과 지혜의 여신 아테나, 그리고 미의 여신 아프로디테가 서로 그 황금사과를 가져야 한다고 주장했다. 세 여신 사이에 다툼이 벌어지자 제우스 신의 명령으로 최종 판정이 파리스 왕자에게 맡겨졌다. 세 여신은 이데 산에서 살고 있는 파리스에게 그럴듯한 선물을 각각 제시했다. 헤라는 세계의 지배권을 주겠다고 약속했고, 아테네 여신은 지혜와 승리를, 아프로디테는 가장 아름다운 여인을 넘겨주겠다는 제안을 내놓았다. 그러자 파리스는 황금사과는 아프로디테의 것이라고 판정했다.

아프로디테 여신은 파리스가 당시 스파르타의 왕비로 있던 헬레네를 납치해 결혼하도록 도와주었다. 헬레네가 납치당하자 스파르타를 비롯해 그리스의 모든 도시국가들이 연합군을 편성해 헬레네를 되찾기 위한 전쟁을 벌이기로 하고 트로이로 출정했다. 이렇게 해서 벌어진 것이 트로이 전쟁이다. 헬레네는 워낙 미모였기 때문에 당시 그리스 도시국가의 모든 왕자와 영웅들이 서로 그녀를 차지하려고 경쟁을 벌였다. 동시에 왕자와 영웅들은 누가 헬레네와 결혼하든지 만약 헬레네에게 변고가 생기면 다 함께 힘을 합쳐 행동하자는 약속을 해둔 상태였다. 오늘날 흔히 말하는 '자동개입' 약속이 맺어진 것이다. 이런 까닭에 헬레네가 트로이로 납치당했다는 소식이 전해지자 모든 도시국가들이 군대를 파견했다.

결국 트로이 전쟁은 어리석은 한 왕자의 잘못된 행동으로 말미암아 벌어진 어처구니없는 전쟁이었다. 전쟁을 평화롭게 종결시킬 수 있는 기회도 파리스의 고집 때문에 여러 차례 놓쳤다. 호메로스의 〈일리아스〉를 보면, 그리스 연합군이 헬레네를 돌려주면 전쟁을 끝내겠다는 제의를 했다. 하지만 파리스의 고집 때문에 그 제안은 끝내 실현되지 못했다.

파리스는 전쟁을 감당하기에는 정신적으로나 육체적으로나 강건하지 않았다. 간혹 전투 현장에 출전하기도 했으나 주로 먼 거리에서 활을 쏘는 것에 그쳤다. 스파르타의 왕이자 헬레네의 남편인 메넬라오스와 맞붙어 죽을 뻔했다가 아프로디테 여신이 짙은 안개로 감싸준 덕분에 간신히 살아나기도 했다.

결국 파리스의 고집으로 말미암아 화해의 길은 막혔고, 트로이는 비참하게 패망하고 말았다. 자신만 망친 것이 아니라 트로이라는 나라 전체를 파멸로 몰아넣었다. 그러므로 용렬한 인물의 전형이라고 하겠다.

책임감이 강한 트로이의 장수 헥토르

트로이의 장수 헥토르는 그리스 군과의 전투 현장을 잠시 떠나 성 안으로 들어가서 동생인 파리스의 집에 갔다. 파리스의 집에 들어가 보니 가관이었다. 파리스는 침실에서 방패와 활 같은 무기를 만지작거리기만 하고 있었다. 그 모습을 보고 분개한 헥토르는 파리스를 꾸짖었다.

> 너 좀 이상하구나. …… 백성들은 지금도 도시와 가파른 성벽 주위에서 싸우다가 죽어가고 있다. 함성과 전쟁이 이 도성 주위에서 활활 타오르고 있는 것도 결국 너 때문이 아닌가.
>
> ─ 호메로스, 〈일리아스〉 6권

그러면서 파리스에게 얼른 일어나 전투 현장으로 달려가라고 재촉했다. 전쟁을 유발한 장본인이 침실에서 태연하게 앉아 있는 모습을 보고 헥토르는 분개하지 않을 수 없었던 것이다. 파리스도 헥토르의 정당한 요구를 거절할 수 없었다. 그는 몇 마디 변명을 하면서 헥토르의 노여움을 가라앉히려고 했다. 그리고 "승리란 이 사람 저 사람에게 늘 옮겨가는 법"이라며 곧 뒤따라가겠다고 말했다.

함께 있던 헬레네도 헥토르의 노여움을 달래려고 그에게 의자에 앉으라고 권했다. 그러나 잠시라도 앉아 쉴 헥토르가 아니었다. 헥토르는 트로이 군의 가장 확실한 기둥이었다. 사실상 혼자서 트로이를 지키고 있었다. 자신이 조금이라도 태만한 자세를 보였다가는 모든 것이 끝장이라는 것을 그는 잘 알고 있었다. 그에게는 얼른 자기 집에 들러 아내 안드로마케와 아들 아스티아낙스를 만나보고 곧바로 다시 전투 현장으로 달려가야겠다는 생각 밖에 없었다.

내 마음은 벌써부터 트로이인들을 도우라고 재촉하고 있으며, 그들은 떠나고 없는 나를 그리워하고 있을 것이오.

참으로 책임감에 투철한 장수다운 말이다. 헥토르는 이 말을 남기고 서둘러 자기 집으로 달려갔다. 그리고 아내와 자식과 사실상 작별했다.

헥토르는 도량이 넓은 장수이면서 자애로운 형이기도 했다. 동생 파리스가 전투 현장에 가기 위해 무구를 갖추고 나오는 모습을 보자 격려의 말을 잊지 않았다.

마음이 바른 사람이라면 누구도 싸움터에서 네가 하는 일을 얕잡아보지 못할 거야. 너는 역시 용감하니까. 너는 일부러 게으름을 피우며 일을 하려고 하지 않을 뿐이야.

여자들 속에서 아킬레우스를 찾아낸 오디세우스

아킬레우스가 9살이 됐을 때 예언자 칼카스가 예언했다. "아킬레우스 없이는 트로이를 함락시키지 못할 것" 이라고.

그렇지만 아버지 펠레우스는 전쟁에 출전하면 아킬레우스가 죽을지도 모른다고 생각했다. 그래서 아들 아킬레우스를 소녀처럼 차려 입혀서 리코메데스 궁전으로 보냈다. 아킬레우스는 그 궁전에서 여자들 사이에서 소녀처럼 컸다. 그런 와중에도 아킬레우스는 리코메데스의 딸 데이데미아와 정을 통해 아들 네오프톨레모스를 낳았다.

그리스 군은 칼카스의 예언을 중시하여 아킬레우스의 행방을 찾은 끝에 그가 리코메데스의 궁전에서 여자들 사이에 섞여 살고 있다는 사실을 알게 됐다. 그래서 그를 데려오기 위해 오디세우스를 스키로스 섬에 있는 리코메데스 궁전으로 보냈다.

지략이 뛰어난 오디세우스는 리코메데스 궁전에 숨어 있는 아킬레우스를 찾아낼 때도 머리를 썼다. 오디세우스는 리코메데스 왕의 거실에 여자용 장식용품과 함께 무기를 섞어 놓았다. 아울러 궁 바깥에서 위험을 알리는 나팔소리를 울렸다. 그 소리를 듣고도 여자들은 모두 보석을 비롯한 장식용품을 만지며 황홀한 기분에 젖어들었으나 아킬레우스만은 달랐다. 무기를 들었던 것이다. 이로써 아킬레우스는 정체가 드러났고, 그는 곧바로 원정대에 합류했다.

◆◆◆ 리코메데스의 딸들 사이에서 발견된 아킬레우스 / 제라르 드 레레스

아가멤논과 아킬레우스의 갈등과 화해

트로이 전쟁에 출전한 그리스 연합군의 진중에 전염병이 돌았다. 아폴론 신이 그리스 군에 대해 노여워한 나머지 전염병을 뿌리는 화살을 무수히 쏘았기 때문이었다. 아폴론 신의 노여움은 그리스 군이 자초했다. 그리스 군은 아폴론 신의 사제 크리세우스에게서 그의 딸 크리세이스를 빼앗아 포로로 데려갔다. 사제가 몸값을 줄 테니 딸을 돌려달라고 요구했지만, 그리스 군 총사령관인 아가멤논이 거절했다. 그러자 사제는 아폴론 신에게 그리스 군의 진중에 전염병을 퍼뜨려달라고 기도했고, 아폴론 신이 그 기도를 들어주었다. 아폴론 신은 9일 동안이나 그리스 군의 진중에 화살을 쏘아댔다.

이 때문에 그리스 군의 피해가 급증하자 오디세우스를 비롯한 그리스 군 고위 장수들이 총사령관 아가멤논에게 크리세이스를 아버지에게 돌려주라고 건의했다. 아가멤논은 할 수 없이 크리세이스를 돌려보냈다. 대신 아킬레우스가 데리고 있던 여자 포로 브리세이스를 차지하겠다고 했다. 이에 아킬레우스가 강력히 반발했다. 아킬레우스에게 '볼이 예쁜' 브리세이스는 전투에서 거둔 공로로 획득한 '명예의 선물'이기 때문이었다.

아가멤논은 아킬레우스의 반발에 구애받지 않았다. 아가멤논은 자신의 부관 에우리바테스와 탈티비오스를 아킬레우스의 막사로 보내어 브리세이스를

빼앗아 오고 말았다. 그러자 아킬레우스는 "언젠가 아킬레우스를 아쉬워할 날이 올 것"이라는 말을 남기고 출전을 거부했다.

아킬레우스가 빠지자 그리스 군의 전력에 큰 공백이 생겼다. 그리스 군은 트로이 군에게 연일 크게 패했다. 아킬레우스의 친구 파트로클로스도 전사했다. 아킬레우스가 비운 자리는 그토록 컸던 것이다. 결국 그리스 군의 고위 장수들이 회의를 열었다. 이 회의에서 아킬레우스와 아가멤논은 화해했다. 오디세우스도 총사령관 아가멤논에게 "화해의 진수성찬을 열고 아킬레우스에게 보상을 하라"고 권고했다.

> 왕이라도 먼저 화낸 경우 상대방에게 보상하는 것은 나무랄 일이 아니오.
> ― 호메로스, 〈일리아스〉 19권

결국 아가멤논은 브리세이스를 다른 선물과 함께 아킬레우스에게 돌려보냈다. 아킬레우스가 다시 전투에 참가할 수 있도록 명분을 만들어준 것이었다. 그제야 아킬레우스는 다시 출전했다.

아킬레우스와 파트로클로스의 우정

파트로클로스는 그리스 연합군의 최고 영웅 아킬레우스와 뗄 수 없는 관계였다. 신으로부터 부여받은 출중한 힘과 재능을 바탕으로 트로이 군을 제압한 아킬레우스의 시종이자 친구였다. 파트로클로스는 어릴 때 주사위 놀이를 하다가 사람을 죽여서 아킬레우스의 아버지 펠레우스에게 보내져 속죄를 받고 아킬레우스와 절친해졌다. 아킬레우스가 트로이 전쟁에 출정할 때 그를 돕고 보호하는 임무를 띠고 함께 출정했다.

전투 중에 그리스 연합군의 총사령관 아가멤논의 부당한 처사로 말미암아 아킬레우스가 전투를 보이콧하게 됐다. 아킬레우스가 없는 그리스 군은 명장 헥토르가 지휘하는 트로이 군 앞에서 추풍낙엽과 같았다. 그리스 군은 함선이 정박해 있는 곳까지 후퇴를 거듭했다. 그러자 파트로클로스가 아킬레우스의 전투복과 무기를 갖추고 출전해 트로이의 장수 사르페돈을 무찌르는 등 맹활약했다. 덕분에 그리스 군은 전세를 회복하고 트로이 군을 성벽 근처까지 후퇴시켰다. 그러나 파트로클로스는 이때 트로이 군의 명장 헥토르에 의해 죽임을 당했다. 파트로클로스는 전투에 나갈 때 어느 정도 전과를 올리면 아킬레우스의 진영으로 돌아가기로 약속했음에도 불구하고 트로이 성을 향해 계속 돌진하다가 당한 것이었다. 파트로클로스의 주검을 차지하기 위해 그리스 군과 트

로이 군이 치열한 공방전을 벌인 끝에 그리스 군이 그의 주검을 확보했다. 다만 아킬레우스의 갑옷만은 트로이 군이 가져갔다. 파트로클로스의 비보를 접한 아킬레우스는 매우 슬퍼했다.

> 그는 두 손으로 검은 먼지를 움켜쥐더니 머리에 뿌려 고운 얼굴을 더럽혔고, 그의 향기로운 옷에도 검은 재가 떨어졌다. 그리고 그 자신은 먼지 속에 드러누워 제 손으로 머리를 쥐어뜯었다.
>
> ― 호메로스, 〈일리아스〉 18권

아킬레우스는 비로소 출전했다. 신들이 자신에게 정해놓은 죽음의 운명도 감수하기로 결심했다. 그리고 트로이인들에게 복수할 때까지는 파트로클로스의 장례를 치르지 않겠다고 맹세했다. 이 맹세대로 아킬레우스는 트로이 군을 무찌르고 총사령관 헥토르까지 쓰러뜨렸다. 그때서야 파트로클로스를 위한 장례경기와 장례식을 치르면서 트로이 군 포로 12명을 살해했다. 친구의 원수를 갚기 위한 행동이었다. 그렇지만 그토록 용맹을 떨치던 아킬레우스도 전사하고 말았다. 그의 주검은 화장되어 파트로클로스와 함께 묻혔다.

아킬레우스가 쓸 무기를 제작한 헤파이스토스

가장 친한 친구 파트로클로스가 전사하자 아킬레우스는 깊은 슬픔에 잠겨 통곡했다. 아킬레우스의 어머니 테티스 여신도 그의 통곡 소리를 바다 속 깊은 곳에서 듣고 함께 울었다. 테티스 여신은 아킬레우스에게 가서 다정하게 물었다.

내 아들아! 왜 울고 있느냐? 네 마음에 무슨 슬픔이 닥쳤느냐?
— 호메로스, 〈일리아스〉 18권

그러자 아킬레우스는 그동안의 일과 파트로클로스의 죽음을 이야기한 뒤 다시 전투 현장에 나가겠다고 말했다. 총사령관 아가멤논과의 불화로 출정을 거부했지만, 이제는 다 잊어버리겠다고 다짐했다.

불화는 신들과 인간들 사이에서 사라지기를! 그리고 현명한 사람도 화나게 하는 분노도 사라지기를! …… 아무리 괴롭더라도 지난 일은 잊어버리고, 필요에 따라 가슴 속 마음을 억제해야지요.

아울러 아킬레우스는 운명은 언제든 받아들이겠다면서 자신의 출전을 모정

◆◆◆ 아킬레우스에게 무기를 전달하는 테티스 여신 / 벤저민 웨스트

으로 막지 말아달라고 테티스 여신에게 요청했다. 테티스 여신도 아킬레우스의 이야기를 듣고 기꺼이 받아들였다. 뿐만 아니라 대장간의 신 헤파이스토스로부터 아름다운 무기를 받아 가지고 돌아오겠다고 화답했다.

테티스 여신은 그 즉시 헤파이스토스 신에게 달려가서 아킬레우스를 위한 무기를 특별히 만들어달라고 간청했다. 헤파이스토스 신은 흔쾌히 수락했다. 청동, 주석, 황금, 은을 가지고 방패, 가슴받이, 투구, 정강이받이 등 특별한 무기들을 제작했다. 방패에는 인간 세계의 도시와 포도밭, 목장, 무도장 등의 무늬를 아름답게 새겨 넣었다.

테티스 여신은 헤파이스토스 신이 만들어준 무기들을 아킬레우스에게 가져다주었다. 그러고는 아킬레우스에게 신속히 무장을 하고 투지를 발휘하라고 격려했다. 아킬레우스는 그 무기들을 받고 흡족했다. 그는 어머니의 권유대로 '태업'을 그만두고 다시 출전해 트로이의 영웅 헥토르를 물리쳤다.

아킬레우스의 마부 아우토메돈의 충성

아우토메돈은 마부로서 파트로클로스와 함께 그리스 군의 최고 영웅 아킬레우스의 시종이었다. 아킬레우스의 전차에 말을 매어주고 전차를 모는 역할을 했다.

아킬레우스 대신 파트로클로스가 출전했을 때 그가 타고 나갈 전차에 말을 매어준 사람도 아우토메돈이었다. 아우토메돈은 아킬레우스의 명에 따라 전차에 세 필의 말을 매어주었다. 두 필은 질풍의 여신 포다르게가 서풍의 신 제피로스에게 낳아준 크산토스와 발리오스였고, 한 필은 아킬레우스가 에에티온의 도시를 함락했을 때 끌고 온 페다소스였다. 파트로클로스와 아우토메돈은 '한 마음 한 뜻의 전사'였기에 함께 출전해 트로이 군을 상대로 용감하게 싸웠다. 세 필의 말 가운데 여신이 낳아준 두 필은 불사의 말이었다고 호메로스의 〈일리아스〉는 전한다.

아우토메돈은 전투 중에 파트로클로스가 트로이의 장수 헥토르에 의해 피살될 때 함께 죽임을 당할 위기에 처했다. 그러나 헥토르가 창을 들고 달려들 때 아직 살아있던 불사의 말들이 아우토메돈을 싣고 피한 덕분에 그는 무사히 위기에서 벗어났다. 아우토메돈을 싣고 피비린내 나는 싸움터를 벗어난 말들은 뒤늦게 파트로클로스의 죽음을 알고는 뜨거운 눈물을 흘렸다고 한다. 그 모

◆◆◆ 아킬레우스의 말과 아우토메돈 / 앙리 르뇨

습을 보고 제우스 신은 측은한 마음에서 스스로에게 말했다.

저런 가련한 것들! 늙지도 죽지도 않는 너희를 어쩌자고 우리가 필멸의 펠레우스 왕
(아킬레우스의 아버지)에게 주었던고?
— 호메로스, 〈일리아스〉 17권

아우토메돈은 그 말들이 이끄는 전차를 타고 다시 전투 현장으로 달려가 부
지런히 싸웠다.

트로이군 총사령관 헥토르의 최후

헥토르는 아킬레우스와 함께 트로이 전쟁의 최고 영웅이다. 아킬레우스는 그리스 연합군의 장수였던 반면에 헥토르는 트로이 군의 총사령관이었다.

헥토르는 트로이 왕 프리아모스의 아들 가운데 하나로 트로이의 운명을 짊어지고 있었다. 같은 왕자이면서 헬레네를 납치해 트로이 전쟁의 원인을 만든 파리스와는 여러 면에서 대조되는 인물이었다. 헥토르는 트로이 전쟁을 평화롭게 끝내기 위해 파리스가 납치해온 헬레네를 돌려주자는 의견을 제시했으나, 파리스는 그렇게 하기를 거부했다. 파리스는 전쟁에서 이렇다 할 역할을 하지 못하면서 허약함을 보인 반면에 헥토르는 끝까지 트로이를 지키기 위해 용전분투했다.

헥토르는 트로이 전쟁 기간 내내 혁혁한 무공을 세웠다. 특히 아킬레우스가 그리스 군 총사령관 아가멤논과의 불화 때문에 전투에 참가하지 않고 막사에 칩거하고 있는 동안에 그는 그리스 군을 세차게 밀어붙였다. 이 때문에 그리스 군은 함대가 모두 불타버릴 위기에 몰렸다. 그리스 군 쪽에서 전황을 돌리기 위해 출전한 파트로클로스마저 헥토르에 의해 전사했다. 그러나 헥토르는 파트로클로스의 죽음에 복수하기 위해 다시 전투 현장에 나온 아킬레우스와 일전을 벌인 끝에 전사했다. 이 싸움에서 둘은 트로이 성 주위를 세 바퀴나 돌았

◆◆◆ 헥토르의 목숨을 거두는 아킬레우스 / 페테르 파울 루벤스

다. 헥토르의 전우인 폴리다마스는 물론이고 헥토르의 아버지인 프리아모스도 헥토르에게 아킬레우스와 직접 대결하는 것을 피하고 트로이 성 안으로 물러나라고 권유했다. 그러나 헥토르는 그들의 충고를 듣지 않고 계속 싸우다가 장렬하게 최후를 맞이했다.

헥토르의 고사는 백제의 계백 장군을 떠올리게 한다. 둘 다 패망해 가는 나라의 최후를 홀로 지키다 죽은 장군이다. 헥토르는 트로이의 불행한 운명을 어느 정도 예감했다. 그는 출정하기 전에 아내 안드로마케와 아들 아스티아낙스를 다정하게 위로하며 그들과 마지막 이별의 정을 나누었다. 그러면서 아내에게 다음과 같이 말했다.

제발 마음속으로 너무 슬퍼하지 마시오. 어느 누구도 내 운명을 거슬러 나를 하데스에 보내지 못할 것이오. 하지만 운명은, 겁쟁이든 용감한 사람이든 일단 태어난 이상 인간들 가운데 아무도 피하지 못했소. 그러니 그대는 집에 돌아가 베를 짜든 실을 잣든 그대가 맡은 일을 보살피시오.
— 호메로스, 〈일리아스〉 6권

헥토르의 시신을 모욕한
아킬레우스

아킬레우스가 전사한 헥토르의 시신을 처리한 방식은 영웅답지 못했다. 헥토르의 발뒤꿈치에 구멍을 내고 거기에 소가죽 끈을 꿰어 그의 주검을 전차에 매달아 끌고 다닌 것이다. 자기 진영으로 돌아간 뒤에도 파트로클로스의 무덤을 세 번이나 돌았다. 그리고 그의 주검을 개떼에게 먹이로 내주려고 했다. 아킬레우스의 광기어린 행동에 제우스 신을 비롯한 여러 신들이 노여워했다. 특히 아폴론 신의 노여움이 컸다.

　이런 상황은 아킬레우스의 어머니 테티스 여신을 통해 아킬레우스에게 전달됐다. 트로이의 프리아모스 왕도 아킬레우스를 찾아가 헥토르의 몸값으로 황금 등 온갖 귀한 보물과 술잔, 부인복, 외투 등을 줄 테니 헥토르의 시신을 돌려달라고 간청했다.

　신을 두려워하고 그대의 아버지를 생각하여 나를 동정하시오. …… 내 자식들을 죽

인 사람의 얼굴에 손을 내밀고 있으니 말이오.

— 호메로스, 《일리아스》 24권

그제야 아킬레우스도 마음을 돌려 프리아모스 왕을 위로했다.

아아, 불쌍하신 분! 그대는 마음속으로 많은 불행을 참았소이다. 그대의 용감한 아들들을 죽인 사람의 눈 앞으로, 혼자서 감히 아카이오이 족의 함선을 찾아오시다니!
…… 아무리 괴롭더라도 우리의 슬픔은 마음속에 누워 있도록 내버려둡시다. 싸늘
한 통곡은 아무런 도움도 되지 않을 테니까요. …… 꾹 참으시고 그렇게 마음속으로
끝없이 슬퍼하지 마시오. 아들을 위해 슬퍼한들 아무런 도움도 되지 않을 것이며 그
대가 그를 도로 살리지도 못할 것이오.

— 호메로스, 〈일리아스〉 24권

아킬레우스는 헥토르의 주검을 돌려주었다. 그리스 군과 트로이 군은 헥토
르의 장례식이 거행되는 11일 동안 전투를 하지 않기로 합의했다. 아킬레우스
가 뒤늦게 이성을 되찾은 것이었다. 납치돼온 헬레네도 헥토르의 장례식 때 몹
시 슬퍼하면서 호곡을 선창했다고 한다. 그것은 헥토르가 상냥한 마음씨를 지
니고 있어서 헬레네를 평소 친절하게 대했기 때문이었다. 헥토르는 강인한 용
기와 따뜻한 마음씨를 동시에 지닌 진정한 영웅이었다.

아킬레우스의 발뒤꿈치에 맞은 파리스의 화살

소떼와 힘센 작은 가축 떼는 약탈해올 수 있고 세 발 솥과 말의 밤색 머리는 사올 수 있지만, 사람의 목숨은 한 번 이빨 울타리 밖으로 나가고 나면 약탈할 수도 구할 수도 없이 다시는 돌아오지 않는 법이오.

— 호메로스, 〈일리아스〉 9권

그리스 군 최고의 영웅 아킬레우스는 트로이 군 최고의 장수 헥토르를 살해하는 등 혁혁한 무훈을 세운다. 하지만 아킬레우스는 트로이의 왕자 파리스에 의해 피살된다. 아킬레우스가 트로이 군을 추격하다가 트로이 성의 서쪽 스카니아 문에 이르렀을 때 파리스가 쏜 화살이 아킬레우스의 발뒤꿈치에 맞았고, 이로 인해 아킬레우스는 목숨을 잃었다.

아킬레우스의 발뒤꿈치는 그에게 치명적인 부위였다. 어머니 테티스 여신이 아킬레우스를 낳자마자 그를 불사의 몸으로 만들기 위해 저승을 흐르는 스틱스 강에 담갔지만, 발목을 잡고 있었다. 이 때문에 스틱스 강물이 아킬레우스의 발뒤꿈치 부분에는 묻지 않았던 것이다. 오늘날 치명적인 약점을 가리키는 말로 '아킬레스건' 이라는 말이 널리 쓰이는 것은 바로 이 고사에서 유래한 것이다.

◆◆◆아킬레우스의 죽음 / 페테르 파울 루벤스

파리스가 아킬레우스에게 활을 쏠 때 아폴론 신이 함께 쏘았다거나 파리스가 쏜 화살을 아폴론 신이 인도했다는 이야기도 전해진다. 아폴로도로스와 오비디우스 등이 이런 이야기를 전해주고 있다. 호메로스의 〈일리아스〉 22권에는 아킬레우스에 의해 피살된 헥토르가 죽기 직전에 파리스와 아폴론이 아킬레우스를 죽일 것이라고 예고하는 대목이 나온다. 오비디우스는 아킬레우스의 죽음을 다음과 같이 기렸다.

전에는 그토록 위대했던 아킬레우스가 항아리 하나도 다 채울 수 없을 만큼의 재로 남았다. 하지만 그의 명성은 온 세상을 채우고도 남을 만큼 살아 있다.
— 오비디우스, 〈변신〉 12권

오디세우스의 꾀로 만들어진 트로이의 목마

트로이의 목마 이야기는 트로이의 멸망에 대한 설화의 하이라이트다. 전쟁을 시작한 지 10년이 지나도록 아무 성과를 거두지 못한 그리스 연합군은 최후의 방책을 동원했다. 나무로 말을 만들고 그 안에 그리스 병사들을 가득 채운 뒤 그 목마를 트로이 성 가까운 곳에 운반해 둔 것이다. 목마 안에는 오디세우스와 영웅 아킬레우스의 아들 네오프톨레무스 등 백전노장들이 들어 있었다. 목마의 정체를 모르는 트로이인들은 성 안으로 목마를 끌고 들어갔다.

트로이 사람들은 목마를 처리하는 방안을 놓고 갑론을박을 벌였다. 청동으로 목마를 쪼개는 방안, 목마를 성 꼭대기로 끌고 가서 내던져버리는 방안, 그리고 목마를 그대로 내버려두는 방안으로 의견이 삼분됐다. 논란 끝에 목마를 그대로 내버려두기로 결론이 났다.

트로이인들은 밤이 되자 모두 곤히 잠들었다. 그 사이에 그리스 군이 목마에서 나와 트로이를 급습했다. 이렇게 해서 긴 세월을 끌었던 트로이 전쟁이 끝나고, 트로이 왕국은 멸망하고 만다. 트로이 전쟁을 끝낸 1등 공신은 바로 목마였던 셈이다.

트로이의 목마는 에페이오스가 아테나 여신의 도움을 받아 제작했다고 한다. 그러나 이것을 처음 구상한 사람은 꾀 많은 오디세우스였다. 때문에 오늘

날에도 목마와 오디세우스는 사람들이 전하는 이야기 속에서 하나인 것처럼 붙어 다닌다. '트로이의 목마'는 적대적인 세력이나 당파에 들어가 순응하는 척하다가 결정적인 순간에 배반하거나 배반할 가능성이 있는 사람들을 가리키는 말로 통용된다.

트로이의 마지막 신관 라오콘의 죽음

라오콘은 아폴론 신을 섬기던 트로이의 마지막 신관이다. 트로이 목마를 성 안으로 들여오면 안 된다고 주장하다가 포세이돈 신이 보낸 뱀에 물려 두 아들과 함께 최후를 맞는다.

트로이 전쟁에 출전한 지 10년이 되도록 승기를 잡지 못하던 그리스 연합군은 오디세우스의 제안에 따라 거대한 목마를 만들고 그 안에 군사들을 집어넣어 트로이 성 밖에 갖다 놓는다. 그런 다음 그리스 연합군은 목마만 남겨놓고 철수하는 척한다.

트로이 성 안에서는 내막도 모른 채 목마를 성 안으로 들여간다. 미리 침투해 있던 그리스군의 스파이 시논이 그 목마를 들여와야 트로이가 안전해질 것이라는 소문을 퍼뜨렸기 때문이다. 이런 소문을 듣고 목마를 성 안에 들이기로 한 결정에 대해 라오콘은 한사코 반대한다. 목마를 반입하면 트로이가 위험해질 것임을 예감했기 때문이다. 그는 트로이인들에게 "말(馬)을 믿지 말라"고 호소하고 목마에 창을 던지기도 했다.

트로이 사람들은 라오콘의 필사적인 반대에도 불구하고 목마를 성 안으로 들여갔고, 결국 라오콘의 예언대로 불행한 최후를 맞는다. 목마에 숨어 있던 그리스 군이 트로이 군과 백성이 모두 잠든 한밤중에 목마에서 튀어나와 성에 불을 지르고 성문을 열어 그리스 군을 끌어들였다. 무려 10년을 끌었던 트로이 전쟁은 이렇게 끝이 나고 트로이 왕국은 멸망했다.

라오콘의 비극적인 운명을 그린 작품으로는 헬레니즘 시대에 제작된 유명한 조각 작품을 빼놓을 수 없다. 로도스 섬 출신의 하게산드로스, 아테노도로스, 폴리도로스 3인의 작가가 함께 제작한 작품이다. 1508년 로마의 에스퀼리노 언덕에서 밭을 갈던 한 농부에 의해 발견됐다고 한다. 현재 이 작품은 바티칸 미술관에 소장돼 있다.

이 조각 작품은 18세기 독일의 문예비평가이자 극작가인 레싱에게 강렬한 영감을 주었다. 레싱은 〈라오콘〉이라는 제목으로 예술이론서를 저술하기도 했다. 18세기에 활동한 독일의 미학자이자 미술사가인 요한 요아힘 빙켈만은 저서 〈그리스 미술 모방론〉에서 '휘몰아치는 격정 속에서도 침착함을 잃지 않는 위대한 영혼'을 표현한 대표적 작품으로 이 〈라오콘 군상〉을 꼽았다.

그런데 라오콘과 비슷한 운명을 겪은 예언녀도 있다. 다름 아닌 아폴론 신의 총애를 받았던 예언녀 카산드라다. 호메로스의 〈일리아스〉에 따르면, 카산드라는 트로이의 왕 프리아모스의 딸들 가운데 최고 미인이었다. 그래서 "황금의 아프로디테와 같다"는 말도 들었다. 그녀는 아폴론 신의 구애를 받고 수락하는 조건으로 예언하는 능력을 받았다. 하지만 예언 능력을 받고는 아폴론 신의 구애를 거절하는 바람에 아폴론 신이 그녀의 예언을 아무도 믿지 않게 만들었다. 카산드라가 콩으로 메주를 쑨다고 해도 아무도 곧이 듣지 않았다. 카산드라는 트로이의 왕자 파리스가 헬레네를 납치해 왔을 때 이로 인해 재난이 닥칠 것임을 예견했고, 트로이 목마의 위험성도 경고했지만 아무도 귀를 기울이지 않았다.

라오콘과 카산드라 두 예언자의 예언은 결국 메아리 없는 목소리로 끝났다. 라오콘은 트로이의 패망을 보지 못하고 죽었지만, 카산드라는 패망의 순간을 몸소 겪었다. 카산드라는 그리스 군 총사령관 아가멤논에게 전리품으로 주어져 아가멤논의 고향인 미케네로 끌려갔다. 그러나 아가멤논의 부인 클리타임네스트라가 개선한 아가멤논을 살해할 때 함께 피살됐다.

고대 그리스의 비극작가 아이스킬로스의 〈아가멤논〉은 이런 설화에 의거해 창작된 작품이다. 이 작품에서도 카산드라는 클리타임네스트라와 그녀의 정부 아이기스토스의 음모로 아가멤논이 피살되면서 자신도 희생당할 것임을 미리 알고 예언한다. 또 클리타임네스트라는 장차 아버지의 죽음에 복수하려는 아들 오레스테스의 손에 죽을 운명이라는 것도 카산드라는 예견한다. 이 비극에서 카산드라는 꽤 의미심장한 한마디도 남긴다.

내 말을 안 믿어도 좋아요. 올 것은 오고야 마니까요.

두 예언자 가운데 트로이의 패망을 직접 보지 못하고 먼저 세상을 떠난 라오콘이 차라리 더 행복했던 것 같다. 카산드라는 조국 트로이가 멸망하는 모습과 함께 '그 도시를 함락한 자들도 신들의 심판에 의해 죽어가는 것'을 보았으니까. 한마디로 짧은 한평생 동안 볼 것, 봐서는 안 될 것을 모두 보고 만 셈이다.

카산드라는 오늘날 자의에서든 타의에서든 식언을 일삼는 사람을 가리키는 말로 흔히 사용된다. 식언을 자주하는 사람은 나중에 아무리 옳은 말을 해도 아무도 믿어주지 않는다.

◆◆◆ 라오콘과 그의 두 아들 / 하게산드로스, 아테노도로스, 폴리도로스

헥토르의 아내 안드로마케의 인생유전

전사한 영웅 헥토르의 아내 안드로마케는 남편의 시신이 돌아오자 아들 아스
티아낙스와 함께 슬피 울었다. 안드로마케는 헥토르의 머리를 두 손으로 붙들
고 호곡을 선창하고, 운집한 여인들이 함께 만가를 부른다.

> 낭군이여! 당신은 아직 젊은데 목숨을 버리고 나를 당신 집에 과부로 남겨놓으시는
> 군요. …… 당신은 부모님에게 말할 수 없는 비탄과 슬픔을 주셨어요. 하지만 누구
> 보다도 내게 쓰라린 고통이 남게 될 거예요.
> ─ 호메로스, 〈일리아스〉 24권

안드로마케가 슬퍼한 것은 단순히 헥토르의 죽음 자체만이 아니었다. 그가
죽음으로써 트로이 왕국이 패망하고 자신과 아들의 운명도 비참해질 것임을
예감했기에 더욱 슬펐다. 실제로 전쟁이 끝나자 그리스 군은 헥토르의 아들 아
스티아낙스를 살해했고, 안드로마케는 아킬레우스의 아들 네오프톨레모스에
게 노예 겸 첩으로 끌려간다.

이후 안드로마케의 삶은 그야말로 파란만장하다. 안드로마케는 네오프톨레
모스와의 사이에서 아들 몰로소스를 낳는다. 그렇지만 이 때문에 도리어 정실

◆◆◆ 헥토르의 죽음을 슬퍼하는 안드로마케 / 자크−루이 다비드

부인인 헤르미오네의 아버지이자 스파르타의 왕인 메넬라오스에게 미움을 사서 죽을 고비를 맞는다. 다행히 아킬레우스의 아버지 펠레우스의 도움으로 목숨을 구한다. 그러나 주인이자 사실상의 남편인 네오프톨레모스는 델포이에 갔다가 헤르미오네의 원래 약혼자였던 오레스테스에 의해 피살된다. 졸지에 또다시 홀몸이 된 안드로마케는 그리스로 끌려가 그때까지 살아남은 트로이의 왕자 헬레노스와 다시 결혼한다. 두 사람은 작은 왕국을 세웠다. 그 뒤 두 사람은 지중해를 유랑하던 트로이의 또 다른 영웅 아이네아스와 만난다. 세 사람은 만날 때와 헤어질 때 뜨거운 눈물을 흘린다.

고대 그리스의 비극 작가 에우리피데스는 안드로마케의 이런 변화무쌍한 운명을 소재로 비극 작품 〈안드로마케〉를 썼고, 17세기 프랑스의 고전주의 비극 작가 장 라신도 같은 제목의 작품을 창작했다.

그리스파와 트로이파로 갈린 올림포스의 신들

트로이 전쟁이 진행되는 과정에서는 신들도 한몫했다. 그때 올림포스에 거주하는 신들도 그리스 연합군파와 트로이파로 갈라져 있었다. 헤라 여신과 아테나 여신은 트로이의 파리스 왕자에 대한 미움 때문에 그리스 군을 후원했고, 바다의 신 포세이돈도 그리스 편에서 한몫했다. 반대로 아프로디테 여신은 파리스 왕자의 '은혜'를 입었으므로 당연히 트로이를 편들었다. 전쟁의 신 아레스, 활을 잘 쏘는 아폴론 신, 그리고 아르테미스 여신도 트로이를 지원했다.

이들 신은 대체로 후원하는 데 머물렀다. 멀리서 간접적으로 돕거나 전투 현장에 가서 병사들을 독려하고 그들에게 힘을 불어넣어주는 역할을 주로 했다. 아프로디테 여신의 경우, 아끼는 아이네아스를 위험에서 구출하려다 그리스 군의 창에 찔리기도 했다. 신들이 직접 싸우는 일은 거의 없었다.

그렇지만 트로이 성 바깥에서 그리스 군과 트로이 군이 격렬하게 싸우는 과정에서 신들끼리 직접 맞붙은 일이 있었다. 호메로스의 〈일리아스〉 21권을 보면, 제우스 신이 올림포스에서 내려다보는 가운데 아레스 신과 아테나 여신이 싸움을 벌였다. 먼저 싸움을 건 것은 아레스 신이었다.

아레스 신은 창을 들어 아테나 여신의 아이기스 방패를 찔렀다. 아테나 여신에게 보복하기 위한 행동이었다. 그 전에 아테나 여신이 그리스 군의 장수

디오메데스로 하여금 트로이 군의 진중에 있던 아레스 신을 창으로 찌르게 한 일이 있었다. 이에 대해 앙심을 품고 있던 아레스 신은 아테나 여신에게 욕설을 퍼부으면서 청동 창을 휘둘렀다.

그러나 아테나 여신은 아레스 신의 공격에도 큰 상처를 입지 않았다. 도리어 큰 돌을 집어 들어 아레스 신의 목을 쳤다. 아레스 신은 그 자리에서 쓰러지고 말았다. 그러자 아레스 신과 '내연의 관계'에 있던 미의 여신 아프로디테가 달려가 아레스 신의 손을 잡고 그를 데리고 갔다. 그 모습을 본 헤라 여신은 아테나 여신에게 아프로디테 여신마저 혼내주라고 일렀다. 아테나 여신은 즉시 달려가 아프로디테 여신의 가슴을 손으로 세게 쳤다. 아프로디테 여신도 아레스 신과 함께 땅바닥에 쓰러졌다. 그러자 헤라 여신이 미소를 지었다.

◆◆◆ 아레스와 아테나의 싸움 / 조제프 브누아 쉬베

2장

신화와 인간세상

요정 칼립소에게 사랑의 포로가 된 오디세우스

요정 칼립소는 하늘을 떠받치는 아틀라스의 딸이다. 그녀는 머리를 곱게 땋고 어느 섬의 동굴에 살고 있었다. 그런데 어느 날 그 동굴에 트로이 전쟁의 영웅 오디세우스가 왔다. 오디세우스는 트로이 전쟁에 출전하기 위해 집을 떠난 후 산전수전을 다 겪은 영웅이었다. 그 영웅이 함께 귀향하던 전우를 모두 잃고 '포도줏빛 바다'에서 표류하다가 요정 칼립소의 동굴까지 흘러온 것이었다. 요정 칼립소로서는 '횡재'를 한 것이나 다름없었다. 그런 영웅이 제 발로 걸어 들어왔으니.

칼립소는 영원히 죽지도, 늙지도 않게 해주겠다고 오디세우스를 꾀었다. 오디세우스가 꾐에 넘어오자 날마다 동굴 속에서 그와 함께 잤다. 오디세우스는 '사랑의 포로'가 된 셈이었다. 그렇게 무려 7년의 세월이 흘렀다. 그 사이 오디세우스의 고향 이타케에서는 아내 페넬로페와 아들 텔레마코스가 그를 찾아 백방으로 수소문했다. 오디세우스는 고향으로 돌아가야겠다는 염원은 간절했지만, 배도 없고 선원도 없는 상태여서 돌아갈 수 없었다. 날이면 날마다 바닷가에 나가 고향을 그리면서 눈물과 한숨으로 세월을 보냈다. 밤에는 요정 칼립소에게 사랑의 파트너 노릇을 해주어야 했다.

그러던 어느 날 제우스 신의 전령 헤르메스 신이 칼립소를 방문했다. 헤르

메스는 신들이 회의를 열어 오디세우스를 고향에 보내기로 결정했음을 칼립소에게 통보하고 조속히 그를 풀어주라고 요구했다. 칼립소는 오디세우스를 기꺼이 고향으로 보내주겠다면서 지옥의 강 스틱스를 걸고 맹세한다.

나도 올바른 생각을 갖고 있고 내 가슴도 무쇠가 아니라 동정심으로 가득 차 있으니까요.
— 호메로스, 〈오디세이아〉 5권

그렇지만 칼립소는 여전히 오디세우스에 대한 미련을 버리지 못했다. 오디세우스에게 되도록 섬에 남아 자기과 함께 살기를 권유했다. 고향에 가고자 한다면 그 전에 많은 고난을 겪어야 할 것이라는 예언도 보탰다. 하지만 오디세우스는 단호했다. 어떤 고난이 닥치더라도 고향으로 돌아가겠다는 뜻을 확고하게 밝혔다.

> 어떤 분이 또다시 포도줏빛 바다 위에서 나를 난파시키더라도 나는 가슴 속에 고통을 참는 마음을 갖고 있기에 참을 것이오. 나는 이미 바다와 전쟁터에서 많은 것을 겪었고 많은 고생을 했소. 그러니 그런 고난에 이번 고난이 추가될 테면 되라지요.
> ─ 호메로스, 〈오디세이아〉 5권

결국 칼립소는 오디세우스의 뜻을 꺾지 못하고 그의 귀환에 동의한다. 그리고 오디세우스에게 도끼를 내주고 뗏목 만드는 것을 도와준다. 그런 다음 뗏목에 음식과 포도주와 물을 실어주고, 마지막으로 뗏목의 순항을 위해 순풍까지 불어준다. 덕분에 오디세우스는 파이아케스 족의 나라에 갈 때까지 17일 동안 순항할 수 있었다.

오디세우스가 귀환하던 도중에 일어난 수많은 사건과 파란 가운데 이 에피소드는 제법 낭만적이다. 그와 칼립소가 헤어질 때 서로 담백하게 헤어지니, 이 또한 감칠맛이 난다. 이 에피소드를 가지고 누가 영화 한 편 만들어도 좋을 듯하다.

마녀와 여절의 두 모습을 가진 키르케

키르케는 그리스로마 신화가 '배출' 한 대표적인 '마녀' 다. 키르케는 태양신 헬리오스와 대양의 여신 페르세이스의 딸이고, 아이아이아 섬에서 살았다. 특기는 마법을 써서 사람을 동물로 변하게 하는 것이었다. 키르케의 미움을 받은 사람은 특별한 경우 외에는 모두 이런 마법의 희생물이 되곤 했다. 베르길리우스의 〈아이네이스〉를 보면, 키르케의 궁전에는 사자, 돼지, 곰, 늑대 등 큰 짐승들이 가득했다. 키르케가 마법의 약초를 써서 사람들을 그렇게 바꿔버린 것이었다.

오비디우스의 〈변신〉 14권에는 바다의 신 글라우코스가 요정 스킬라에게 반해 구애했지만 거절당하자 키르케를 찾아가는 대목이 나온다. 글라우코스는 키르케의 마법이나 주문의 힘을 빌려 스킬라의 마음을 돌려보려고 한다. 그러나 키르케 자신이 글라우코스에 대한 사랑에 빠져버려 그를 유혹한다.

경멸하는 여자를 그대도 경멸하고, 따르는 여자를 그대도 따르세요! 그리하여 하나의 행동으로 두 여자가 마땅한 보답을 받게 하세요!

그러나 글라우코스는 키르케의 유혹을 냉정하게 뿌리친다. 그러자 키르케는 스킬라에게 분풀이한다. 스킬라가 휴식을 위해 즐겨 찾는 바다를 찾아가 사람을 괴물로 만드는 독약을 뿌린다. 잠시 다른 곳으로 갔다가 되돌아온 스킬라가 그 바닷물에 몸을 담근 순간 하체가 개의 모습으로 변해버린다. 그러자 이번에는 스킬라가 분풀이한다. 스킬라는 키르케의 마법으로부터 풀려난 오디세우스와 그의 휘하 장병들이 자신이 있는 바다 앞으로 지나가자 일부 장병들을 낚아채어 잡아먹는다.

오디세우스와 그의 장병들이 키르케의 마법을 물리친 이야기는 호메로스의 〈오디세이아〉에 실려 있다. 이에 따르면, 아이아이아 섬에 살고 있는 키르케가 머리를 곱게 땋고 고운 목소리로 노래를 하며 우아한 베를 짜고 있었다. 그런데 그 섬에 오디세우스 일행이 들어갔다. 이때 키르케가 약초를 써서 일부 장병들을 돼지로 만들어버렸다. 그 소식을 들은 오디세우스는 장병들을 구하러 갔다. 가는 도중에 헤르메스 신이 나타나 오디세우스에게 '몰리'라는 약초를 뽑아주었다. 그 약초 덕분에 오디세우스는 키르케의 마법에 넘어가지 않았다. 도리어 그녀의 사랑을 받아 전우들을 원상회복시키고 1년 동안 함께 살았다.

키르케는 오디세우스 일행이 다시 떠날 때 순풍을 일으켜주면서 앞으로 겪어야 할 어려움을 미리 알려줬다. 또한 하데스에 들러 제물을 바치고 죽은 사람들의 영혼을 만나보라고 일러주었다. 오디세우스는 키르케와 함께 살면서 텔레고노스를 비롯한 자식 셋을 낳았다고 헤시오도스는 전한다.

◆◆◆ 오디세우스에게 잔을 건네는 키르케 / 존 윌리엄 워터하우스

오비디우스의 작품에 따르면, 피쿠스라는 청년은 키르케의 사랑을 거절했다가 딱따구리로 변했고, 그의 수행원들은 모두 야수로 변했다. 또 아폴로도로스와 기원전 3세기 작가 아폴로니오스 로디오스가 서사시 〈아르고 호 이야기〉를 통해 전한 바로는, 콜키스에서 황금양의 모피를 탈취한 이아손과 메데이아 일행은 메데이아의 동생 압시르토스를 살해한 죄를 키르케에게 정화받았다고 한다.

이런 설화들을 두루 살펴볼 때 키르케는 마녀라는 신분에 걸맞게 신과 인간들에게 지대한 영향력을 행사하는 여성이었다. 아울러 일이든 사랑이든 자기가 목표로 삼은 것을 달성하기 위해 능력과 소질을 십이분 발휘하는 소신 있는 여성이었다. 일이 잘 안 될 때에는 물러설 줄도 알았다. 그러면서도 자기가 하는 일을 방해하는 자에게는 응분의 대가를 치르게 함으로써 자신의 존재를 확실하게 부각시키곤 했다. 그러니 그녀의 존재를 신들도 감히 무시할 수 없었다. 말하자면 키르케는 그리스로마 신화의 대표적인 '여걸'이라고 할 수 있겠다.

키클롭스들의 섬을 탈출한 오디세우스 일행

트로이 전쟁이 끝난 후 귀환하는 길에 유랑을 거듭하던 오디세우스 일행은 키클롭스들이 사는 섬에 당도했다. 오디세우스는 그 섬에 어떤 사람들이 사는지를 알아보기로 하고 전우 12명과 함께 어느 동굴에 들어갔다. 만약의 사태에 대비하기 위해 포도주도 가죽부대에 가득 담아 가지고 들어갔다.

　오디세우스 일행은 동굴에서 거구의 폴리페모스에 의해 갇히고, 몇 명은 폴리페모스에게 희생된다. 그러자 오디세우스는 꾀를 낸다. 폴리페모스에게 포도주를 잔뜩 먹여 취해서 잠들게 하고 그 사이에 불에 달군 몽둥이를 폴리페모스의 눈에 박았다. 원래 외눈인 폴리페모스는 이 때문에 실명을 하고 비명을 지르며 살려달라고 외친다. 동굴 밖의 키클롭스들이 달려 와서 누구 짓이냐고 물어보니 폴리페모스가 '우티스(아무도 아님)'라고 대답했다. 그 전에 오디세우스가 폴리페모스에게 자신의 이름을 그렇게 댔기 때문이었다. 그러자 키클롭스들은 아무 일도 없는 줄 알고 그냥 가버린다.

　그런 다음 오디세우스 일행은 양의 배 밑에 숨어서 동굴 밖으로 탈출한다. 오디세우스 일행은 밖에서 대기하고 있던 동료들과 합류하고 배에 올라 바다로 나간다. 그리고 배에서 폴리페모스를 향해 무사히 탈출했음을 큰 소리로 알리며 조롱한다. 이에 폴리페모스는 큰 바위를 집어 들어 오디세우스의 배를 향해 던졌다. 오디세우스 일행이 탄 배는 이를 간신히 피해 간다. 그런데 폴리페모스가 이번에는 오디세우스에게 고통을 주라고 바다의 신 포세이돈에게 기도했고, 포세이돈이 그 기도를 들어준다. 이 때문에 오디세우스는 키클롭스들로부터 탈출한 다음에도 고향 이타카에 돌아가기까지 악전고투를 하게 된다.

호메로스의 〈오디세이아〉를 보면, 오디세우스 일행이 들어간 키클롭스들의 섬은 '행복의 섬'이라고 할 수 있을 정도로 천혜의 자연조건을 갖춘 곳이었다.

> 그들은 불사신들을 믿고 아무것도 제 손으로 심거나 갈지 않았소. 밀이며 보리며 거대한 포도송이들로 포도주를 가져다주는 포도나무 하며, 이 모든 것이 씨를 뿌리거나 경작하지 않건만 그들을 위해 풍성하게 돋아나고, 그러면 제우스의 비가 그것들을 자라나게 해주지요.
> — 호메로스, 〈오디세이아〉 9권

때문에 그 섬에 사는 키클롭스들에게는 회의장도 법규도 필요 없었다. 그야말로 자연을 안내자로 삼아 사는 종족이었다. 그런데 오디세우스 일행은 트로이 전쟁의 피비린내가 채 가시지도 않은 행색으로 그 섬에 들어갔다. 말하자면 그 섬의 질서와 평화를 깬 침입자요 불청객이었던 것이다.

◆◆◆ 키클롭스 폴리페모스 / 안니발레 카라치

215

바다의 요정 세이렌의 유혹

오디세우스 일행은 유랑 도중에 고운 목소리를 자랑하는 바다의 요정 세이렌의 섬을 지난다. 세이렌은 아켈로오스와 무사 9여신 가운데 하나인 멜포메네 사이에서 태어났다. 아폴로도로스의 작품에 따르면, 세이렌은 3자매이고 각기 키타라와 피리를 연주하거나 노래를 부른다. 호메로스의 〈오디세이아〉에는 2자매로 나와 있다. 이들은 아름다운 노래로 지나가는 배의 선원들을 유혹해 잡아먹는 것으로 악명이 높았다.

오디세우스 일행이 세이렌의 해역을 지날 때도 감미로운 노랫소리가 들렸다. 하지만 오디세우스는 이 해역에 오기 전에 마녀 키르케로부터 사전교육을 받았다. 그래서 일행의 귀를 밀랍으로 막고 오디세우스 자신은 손발을 돛대에 꽁꽁 묶었다. 세이렌의 노래가 선명하게 들려오자 오디세우스는 자신을 풀어달라고 전우들에게 명령했다. 하지만 전우들은 그를 더욱 꽁꽁 묶었다. 그 덕분에 그들은 위험수역을 무사히 벗어났다.

오디세우스가 세이렌의 유혹으로부터 벗어나는 데는 오디세우스 자신의 방책도 좋았지만 동행한 전우들의 분별력이 한몫했다. 오디세우스가 자신을 풀어달라고 명령했지만 전우들은 그 명령에 따르지 않았다. 오히려 더욱 꽁꽁 그를 묶었다. 그 명령이 잘못된 것임을 알고 있었기 때문이다. 군대에서는

지휘관의 명령이라면 옳고 그름을 가리지 말고 무조건 따라야 한다는 것이 상식이다. 그러나 오디세우스의 부하 장병들은 이런 상식을 거부했다. 오디세우스의 명령을 무조건 따랐다면 그들도 위험에서 벗어나지 못하고 희생됐을 것이다.

마음씨 고운 처녀 나우시카 공주

칼립소의 동굴에서 뗏목을 타고 빠져나온 오디세우스는 바다의 신 포세이돈이 일으킨 엄청난 폭풍우에 시달리며 꼬박 이틀을 떠돌다가 파이아케스 족이사는 섬에 이르렀다. 오디세우스는 해안에서 낙엽을 덮고 깊은 잠에 빠졌다.

그러는 동안 파이아케스 족을 다스리는 알키노오스 왕의 딸 나우시카는 아테나 여신이 꿈에 나타나 지시한 대로 시녀들과 함께 해안 가까운 곳의 강으로 빨래와 목욕을 하러 갔다. 그 강은 '더없이 아름답게 흐르는 강'이었다. '흰 팔'을 가진 나우시카 공주와 시녀들은 빨래와 목욕을 마친 뒤 강가에서 공놀이도 하고 노래도 하면서 즐거운 시간을 보냈다.

소녀들이 내는 소리에 잠을 깬 오디세우스는 불안에 휩싸였다. 그곳이 어디인지를 전혀 알지 못하기 때문이었다. 그동안 들르는 곳마다 수난을 겪었으니당연한 일이었다.

아아, 괴롭구나! 나는 또 어떤 인간들의 나라에 온 것일까? 그들은 오만하고 야만스럽고 옳지 못한 자들일까, 아니면 나그네에게 친절하고 신을 두려워하는 마음씨를 가진 자들일까?

— 호메로스, 〈오디세이아〉 6권

◆◆◆ 오디세우스와 나우시카 / 살바토르 로사

이번에는 달랐다. 섬을 통치하는 알키노오스 왕은 인품이 고매했고, 그의 딸 나우시카는 마음씨 고운 처녀였다. 강가에서 오디세우스가 거의 벌거벗은 몸으로 불쑥 나우시카 앞에 나타나 도와달라고 간청하자 그녀는 즉시 음식과 옷을 가져다 주었다.

이 불운한 남자가 떠돌아다니다가 이리로 왔으니 우리는 지금 이분을 돌보아주어야만 해. 모든 나그네와 걸인들은 제우스께서 보내신 것이니까, 작은 보시라도 소중한 법이지.
— 호메로스, 〈오디세이아〉 6권

나우시카는 오디세우스를 궁전으로 데리고 간다. 다만 다른 사람들의 이목을 끌지 않기 위해 적당한 거리를 두고 따라 오라고 한다. 오디세우스는 나우시카의 권고대로 인근 숲에 머물러 있다가 나우시카가 궁 안으로 들어간 다음 따라간다. 그때 아테나 여신이 안개를 만들어 오디세우스를 사람들의 눈에 띄지 않게 해준다. 아테나 여신은 또 물동이를 든 어린 소녀의 모습으로 친히 나타나 오디세우스를 안내해준다. 덕분에 오디세우스는 무사히 알키노오스 왕의 궁전으로 들어가 환대를 받고, 왕의 도움을 받아 다시 귀향길에 오르게 된다.

오디세우스의 행방을 찾아 나선 아들 텔레마코스

트로이 전쟁이 끝난 지 10년이 다 되도록 오디세우스가 돌아오지 않자 그의 아들 텔레마코스가 아버지의 행방을 수소문하러 나섰다. 텔레마코스는 필로스에 가서 트로이 전쟁에 참전했던 노영웅 네스토르를 만난 데 이어 스파르타의 왕 메넬라오스를 찾아갔다. 네스토르의 아들 페이시스트라토스도 텔레마코스를 호위하고 지원하기 위해 동행했다.

메넬라오스 왕은 두 손님을 따뜻하게 맞이하고 식사도 후하게 대접했다. 식사가 끝나자 메넬라오스는 자신이 트로이로부터 귀환한 과정을 설명해주었다. 자신은 트로이에서 출항한 후 키프로스와 페니키아, 이집트 등지를 떠돌다가 8년 만에 귀환했다는 것이었다. 그런 과정에서 고생했던 이야기도 들려주었다. 아울러 오디세우스가 아직 귀환하지 못했을 뿐 아니라 생사 여부도 모른다는 사실에 안타까워하는 마음을 토로했다.

메넬라오스는 자기를 찾아온 젊은이가 오디세우스의 아들이라는 사실을 아직 모르고 있었다. 그런데 그가 오디세우스에 관해 이야기하는 것을 들은 텔레마코스가 눈물을 흘렸다. 텔레마코스가 옷으로 자기 눈을 가렸지만, 메넬라오스는 그가 우는 모습을 놓치지 않았다. 그는 눈물을 흘리는 젊은이가 오디세우스의 아들일 것이라고 추측했다.

222

그때 메넬라오스의 아내 헬레네도 방에서 나와 합석했다. 트로이의 왕자 파리스를 따라가 함께 살았던 헬레네는 트로이 전쟁이 끝나자 원래의 남편 메넬라오스와 함께 스파르타로 돌아와 있었다. 그녀는 텔레마코스를 보자마자 그가 오디세우스의 아들임을 알아차렸다. 그래서 남편 메넬라오스에게 오디세우스와 이렇게 닮은 사람을 일찍이 본 적이 없다며, 앞에 있는 젊은이가 오디세우스의 아들인 게 틀림없다고 장담했다. 메넬라오스도 맞장구쳤다.

그러자 동행한 페이시스트라토스는 그가 오디세우스의 아들 텔레마코스라고 확인해주었다. 페이시스트라토스는 텔레마코스가 어려운 처지에 빠져 있는데 아버지가 안 계시고 달리 어려움을 막아줄 사람도 없다고 말했다. 메넬라오스도 오디세우스가 돌아오지 않고 있는 데 대한 안타까운 마음을 다시 이야기했다.

헬레네는 침울한 분위기를 바꾸기 위해 고통과 노여움을 달래고 모든 불행을 잊게 해주는 약을 넣은 포도주를 따라주었다. 그 덕분에 그들 사이의 대화는 한층 진정된 분위기 속에서 진행됐다. 헬레네는 오디세우스가 몰래 트로이로 숨어 들어갔을 때의 일을 이야기하면서 일행을 위로해주었다.

신께서는 오늘은 이 사람에게, 내일은 저 사람에게 행복과 불행을 주시지요.
— 호메로스, 〈오디세이아〉 4권

◆◆◆ 오디세우스의 아들 텔레마코스를 알아보는 헬레네 / 장-자크 라그르네

거지 행색으로 집에 돌아온 오디세우스

오디세우스는 트로이 전쟁에 참전하기 위해 집을 떠난 지 20년 만에 귀환했다. 그 사이 집을 지키고 있던 아내 페넬로페는 구혼자들에게 시달렸다. 그들은 오디세우스가 죽었으니 자신과 결혼하자고 요구하며 아예 오디세우스의 집에 들어와 자리를 차지하고 있었다. 그러면서 그들은 가축을 잡아먹는 등 집안의 자산을 탕진했다.

아폴로도로스의 작품에 따르면, 구혼자들은 둘리키온에서 온 57명을 비롯해 사메에서 온 23명, 자킨토스에서 온 44명, 이타케에서 온 12명 등 모두 136명이었다. 그러나 호메로스의 〈오디세이아〉에는 둘리키온에서 52명, 사메에서 24명, 자킨토스에서 20명, 이타케에서 12명 등이 와서 모두 108명이라고 씌어 있다.

이들은 오디세우스 집안의 시녀들까지 유혹해 자신들의 편으로 만들고, 춤과 노래로 세월을 보낸다. 때로는 원반 던지기나 창 던지기 따위의 운동경기도 벌인다. 또 오디세우스의 아들 텔레마코스를 죽이려고 음모를 꾸미기도 하지만 이는 미수에 그친다.

오디세우스가 몰래 돌아와 나그네로 신분을 가장하고 누추한 차림으로 집에 들어갔을 때에도 그들이 행패를 부린다. 오디세우스는 거지 행색을 하고 구

혼자들에게 구걸하는 척하다가 폭행을 당하기도 했다. 오디세우스는 구혼자
들로부터 행패를 당하면서도 꾹 참고 복수의 순간이 오기만을 기다린다.

　구혼자들은 오디세우스를 모욕하고 멸시할 뿐 그가 오디세우스임을 알아채
지 못한다. 구혼자들과 한편이 된 시녀들까지 덩달아 오디세우스를 조롱한다.
그들은 결국 오디세우스가 본색을 드러낸 뒤 그에 의해 거의 모두 참살당한다.
테르피오스의 아들 페미오스와 전령 메돈 등 일부만 살아남는다. 구혼자들과
동침하는 등 행실이 나빴던 시녀 12명도 이때 함께 죽임을 당한다.

20년 만에 만난 오디세우스와 페넬로페 부부

이상한 여인이여! 올림포스에 사시는 분들께서는 분명 모든 여성들보다도 그대에게 더 무뚝뚝한 마음을 주셨구려. 천신만고 끝에 20년 만에 고향에 돌아온 남편에게서 이렇듯 굳건한 마음으로 멀찌감치 서 있는 여인은 정말이지 이 세상에 달리 누구도 없을 것이오.

— 호메로스, 〈오디세이아〉 23권

트로이 전쟁에 출전했다가 온갖 고생을 다 하고 20년 만에 돌아온 오디세우스는 아내 페넬로페를 다시 만났다. 하지만 페넬로페가 반가워하지도 않고 무덤덤하게 바라보기만 하자 오디세우스가 위와 같이 힐난한다. 그리고 페넬로페에게 "아주머니"라고 부른다.

오디세우스를 보고 페넬로페가 데면데면했던 것은 결코 무리가 아니었다. 오디세우스가 집을 떠난 지 20년이나 흘렀으니 당장 알아보기 어려웠을 수도 있다. 그러나 남북한 이산가족이 재회할 때는 대체로 서로를 알아본다. 6.25전쟁의 와중에 헤어진 지 반세기가 넘어 다시 만났어도 서로의 모습을 보고는 곧바로 자신의 남편, 아내, 자식, 형제임을 안다. 이에 비추면 페넬로페가 오디세우스를 알아보지 못한 것이 얼른 이해되지는 않는다. 페넬로페가 워낙 신중해서인지, 오디세우스가 많이 변해서인지, 페넬로페는 자기 앞에 나타난 남자가 오디세우스라고 확신하지 못한다. 그래서 처음에는 특별한 감정 없이 반신반의하는 표정으로 바라본다. 그렇지만 오디세우스가 힐난하자 신중하게 대답한다.

> 이상한 분이여! 나는 잘난 체하지도 않고, 그대를 업신여기지도 않으며, 크게 놀라지도 않아요. 노가 긴 배를 타고 그대가 이타카를 떠날 때의 모습을 나는 아직도 똑똑히 기억하고 있으니까요.
> ― 호메로스, 〈오디세이아〉 23권

그러면서 페넬로페는 하녀에게 침실에 있는 침대를 내오라고 말한다. 앞에 있는 남자를 떠보기 위해서였다. 그 침대는 움직일 수 없는 것이었다. 집 안마당에 있는 '잎사귀가 긴 올리브나무'를 기둥으로 하여 침대와 방을 만들었기 때문이다. 침실과 침상의 구조와 제작과정을 오디세우스가 그대로 말하자, 그제야 페넬로페는 오디세우스에게 달려들어 끌어안고 입을 맞춘다. 그러면서 혹시 누가 거짓말로 속이지 않을까 걱정한 나머지 얼른 환영하지 못했던 것이니 화내지 말라고 오디세우스를 달랜다. 20년 만에 다시 만난 부부는 서로 끌어안고 울면서 회포를 푼다. 그 감격이 오래 이어지도록 신들도 돕는다. 특히 아테나 여신은 새벽의 여신이 바다 밑에 평일보다 더 오래 머물러 있도록 했다. 그래서 그날은 해가 늦게 떴다.

오디세우스 부부는 그날 밤 시간 가는 줄도 모르고 사랑을 나누고 이야기를 했다. 페넬로페는 그동안 수많은 구혼자들에 둘러싸여 고생했던 전말을 들려

◆◆◆ 오디세우스와 페넬로페 / 프란체스코 프리마티초

췄고, 오디세우스는 귀향하는 과정에서 떠돌아다니며 겪은 수난의 과정을 이야기해췄다.

> 여보! 고난이라면 우리 두 사람 다 원도 한도 없이 겪었소.
> ― 호메로스, 〈오디세이아〉 23권

이들이 다시 만난 순간은 호메로스의 작품은 물론 그리스로마 신화에 나오는 모든 설화 가운데서도 가장 인상 깊은 장면 중 하나다. 트로이 성을 발굴한 독일 학자 하인리히 슐리만은 호메로스 작품의 무대가 된 고장들을 찾아다닐 때 이 장면이 있었던 마을에서 주민들에게 이 대목을 암송해주면서 눈물을 흘렸다고 한다. 인간사에서 만남과 헤어짐은 언제나 극적인 감정을 불러일으키기 마련이다. 더욱이 오디세우스 부부의 재회는 어느 만남보다 극적인 것이기에 슐리만의 그런 일화가 이해되고도 남는다.

페넬로페가 20년 동안이나 남편을 기다리며 수절한 이야기는 모차르트의 오페라 〈코지 판 투테(여자는 다 그래)〉와 정반대여서 흥미롭다. 〈코지 판 투테〉는 애인이 군에 입대하자마자 다른 남자의 유혹에 넘어가는 여자들을 소재로 한 작품이다. 물론 오페라는 줄거리 위주라기보다 아리아를 위한 예술이다. 그런 점을 감안하더라도 〈코지 판 투테〉를 오디세우스와 페넬로페의 재회 장면과 비교하면서 감상하는 것도 재미있지 않을까 한다.

카르타고에 도착한 아이네아스 일행

카르타고는 오늘날의 튀니지에 해당하는 지역을 중심으로 건설된 왕국이다. 베르길리우스가 쓴 〈아이네이스〉를 보면, 카르타고는 티로스 지역에서 건너간 페니키아인들에 의해 건설됐다.

페니키아 지역에 있는 왕국의 공주였던 디도는 황금을 많이 갖고 있는 시카이우스와 결혼했다. 그런데 왕위를 이어받은 오빠 피그말리온이 황금을 탐내어 시카이우스를 몰래 살해했다. 죽은 시카이우스는 혼이 되어 디도의 꿈에 나타나서 자기가 죽게 된 경위를 모두 설명하고 칼에 찔린 가슴을 보여주었다. 그는 디도에게 그곳을 떠나라고 권고하면서 금과 은을 숨겨둔 곳을 알려주었다. 디도는 즉시 친구들을 규합해서 금과 은을 배에 싣고 떠났다. 디도 일행은 카르타고에 도착해 그곳 토착민들로부터 땅을 사들이고 새로운 나라를 세웠다. 그들은 그 나라를 발전시키기 위해 꿀벌처럼 쉬지 않고 일했다.

> 그들은 초여름날 꽃이 만발한 풀밭에서 햇빛을 받으며 열심히 일하는 벌떼와도 같았다. …… 벌집은 활동으로 분주하고, 사방에서 백리향 냄새가 나는 꿀 향기가 진동한다.
> ― 베르길리우스, 〈아이네이스〉 1권

◆◆◆ 디도가 건설한 카르타고 / 윌리엄 터너

그렇지만 디도가 세운 새 나라는 누미디아인을 비롯한 주변 이민족들에 둘러싸여 있어 불안했다. 피그말리온이 습격하러 올지도 모른다는 걱정도 있었다. 바로 그때 트로이에서 탈출한 아이네아스 일행이 카르타고에 도착했다.

　긴 항해와 표류 끝에 카르타고에 상륙한 아이네아스 일행은 도착한 곳이 어디인지 몰라 어리둥절해 하고 있었다. 그때 아이네아스의 어머니 베누스(아프로디테) 여신이 여자사냥꾼의 모습으로 나타나 아이네아스 일행에게 그곳의 위치와 역사를 설명해주었다.

아이네아스와 디도 여왕의 사랑과 결혼

아이네아스의 어머니 베누스(아프로디테) 여신은 아이네아스가 카르타고에 도착해서 그곳의 디도 여왕을 처음 대면하기 전에 미리 공작을 해두었다. 긴 항해와 표류로 초췌해진 모습이 아니라 신처럼 멋있는 인물로 아이네아스를 바꿔놓은 것이다.

> 그의 어머니가 몸소 아들의 모발에 우아함을, 그의 두 눈에 기쁜 빛을 불어넣고, 그에게 청춘의 광휘를 쏟아 부었다. 그것은 장인의 손이 상아에 덧붙인 우아함과도 같았고, 황금을 입힌 은이나 파로스 섬의 대리석과도 같았다.
> ― 베르길리우스, 〈아이네이스〉 1권

당연히 디도 여왕은 아이네아스의 외모에 놀라고 곧바로 반해버렸다. 게다가 베누스 여신은 또 다른 아들 쿠피도(에로스) 신을 시켜 디도 여왕이 아이네아스에게 깊은 연정을 품게 만들었다. 그 결과 디도 여왕은 남편 시카이우스의 불행한 죽음 이후 다시 사랑의 대상을 찾았다.

디도의 동생 안나도 언니가 전 남편에 대한 사랑을 잊고 아이네아스와 새로운 사랑을 나누도록 고무했다. 그렇게 하면 둘이 힘을 합쳐 나라가 보다 강력

◆◆◆ 디도와 아이네아스의 만남 / 너새니얼 댄스 홀랜드

해질 것이라는 실용적인 설득도 덧붙였다.

그러자 디도 여왕은 신들에게 제물을 바쳐서 '염치'의 족쇄를 풀고 아이네아스를 향해 적극적으로 움직였다. 아이네아스를 위한 연회를 자주 베풀어 그와 함께 있곤 했다. 그로부터 트로이의 패망과 그의 표류와 모험에 관한 이야기를 듣고 또 들었다. 함께 왕국 곳곳을 다니며 둘 사이의 관계를 사람들에게 과시하기도 했다.

그러다가 둘은 함께 사냥을 하러 갔다. 사냥터에 비바람이 몰아치자 둘은 함께 동굴 속으로 들어갔다. 이로써 둘 사이에 '사실혼' 관계가 성립됐다. 아이네아스의 어머니 베누스 여신과 유노(헤라) 여신이 미리 짠 계획대로 된 것이었다. 특히 베누스 여신은 아들 아이네아스가 카르타고 왕국 사람들의 변심으로 위험에 빠지지 않도록 안전장치를 만들어두고 싶어 했다. 그 안전장치가 바로 디도 여왕과 아이네아스의 결혼이었던 것이다.

그러나 이는 아이네아스를 이탈리아 땅으로 보내 거기서 새로운 왕국을 건설하게 하려는 제우스의 원대한 구상과 어긋나는 것이었다. 이로 인해 둘의 사랑과 결혼은 새로운 재앙의 씨앗이 된다.

디도가 자살하며 남긴 저주

아이네아스는 디도 여왕이 다스리는 카르타고에서 편안하게 살고 있었다. 그러던 어느 날 헤르메스 신을 통해 제우스 신의 명을 받고 떠나기로 결심한다. 디도는 아이네아스의 마음을 돌리기 위해 온갖 달콤한 말로 회유하지만, 아이네아스는 트로이 유민들과 함께 떠나버린다.

> 만약 내가 내 인생을 내 자신의 선택에 따라 살아가고 내 문제들을 내 자신의 뜻에 따라 풀어나가는 것을 운명이 허락한다면, 내 첫 번째 관심사는 트로이와 아직도 살아 있는 내 동포들을 돌보는 일일 것이오.
> — 베르길리우스, 〈아이네이스〉 4권

아이네아스가 무정하게 출항하자 디도는 심한 배신감과 절망을 느낀다. 그의 함대와 전우들을 구해주었는데, 이제 와서 신의 명령을 들먹이며 가버리다니! 디도는 아이네아스의 마음을 돌리는 데 실패했다. 이로써 사랑이 깨졌다고 확신한 디도는 스스로 장작더미 위에 올라가서 불을 질러 삶을 마감한다.

디도는 죽기 전에 아이네아스와 그가 세우게 될 나라에 대한 저주의 말을 남겼다. 아이네아스가 대담한 부족이 휘두르는 무기에 시달리며 전우를 잃고 디도의 후손과 아이네아스의 후손이 서로 싸우게 해달라고 신들에게 기도한다.

> 지금도 그렇지만 앞으로도 우리에게 그럴 힘이 생길 때마다 빌겠노니, 해안이 해안
> 과 대결하고 바다가 바다와 대결하며, 무기들이 무기들과 대결할지어다. 두 민족은
> 그들 자신은 물론이고 그들의 자손들도 서로 싸울지어다.
> — *베르길리우스, 〈아이네이스〉 4권*

〈아이네이스〉 6권을 보면, 아이네아스는 이탈리아 반도에 상륙해서 예언녀 시빌의 안내로 저승세계를 탐방하다가 디도의 혼을 만난다. 아이네아스는 그녀에게 내려진 '부당한 운명'에 충격을 받고 눈물을 흘리면서 그녀의 혼을 달래주려고 한다. 자기가 떠난 것이 그녀에게 그토록 큰 고통을 주게 될 줄은 몰랐다고 변명한다. 또 자기가 떠난 것은 스스로 원해서가 아니라 신의 엄명 때문이었다며 이해를 구한다. 그러나 그녀의 혼은 그에게 냉담한 태도를 보이며 사라진다. 그녀는 아이네아스 대신 전 남편 시카이우스에게서 위로를 받는다.

사랑에 배신당한 여인의 저주는 과연 무서웠다. 아이네아스는 이탈리아 반도에 상륙한 뒤 끊임없이 전란에 시달리면서 많은 전우를 잃었다. 또한 아이네아스의 후손이 세운 로마와 디도가 다스렸던 나라 카르타고는 3차례나 큰 전쟁을 치렀다. 역사상 유명한 포에니 전쟁이 바로 '디도의 저주' 때문에 일어났다는 얘기다. 3차 포에니 전쟁의 결과로 카르타고는 로마에 의해 패망했다. 로마인들은 카르타고를 점령하여 완전히 파괴한 다음 소금을 뿌리고 주민들을 노예로 팔았다. 카르타고가 멸망당하기는 했지만, 로마도 많은 희생을 치러야 했다. 특히 2차 포에니 전쟁 때에는 한니발 장군이 이끄는 카르타고 군대에

의해 이탈리아 반도가 철저히 유린당했다.

　17세기 영국의 작곡가 헨리 퍼셀은 디도의 비극적인 이야기를 소재로 영국 최초의 오페라 〈디도와 아이네아스〉를 창작했다.

◆◆◆ 디도의 죽음 / 세바스티앙 부르동

아버지를 업고 트로이를 탈출한 아이네아스

아이네아스, 안키세스, 아스카니우스는 베르길리우스의 〈아이네이스〉에 나오는 주인공 3대의 이름이다. 아이네아스는 트로이 전쟁에서 활약하다가 트로이가 패망하기 직전에 탈출한 트로이의 장수이고, 안키세스는 그의 아버지다. 아스카니우스는 아이네아스의 아들이며, 이울루스라고도 한다.

아이네아스는 안키세스와 아프로디테 여신 사이에서 태어났으며, 트로이왕 프리아모스의 딸 크레우사를 아내로 두고 있었다. 아이네아스는 목마를 이용하여 급습해온 그리스 연합군에 의해 트로이가 멸망당할 때 아버지를 등에 업고 아들과 함께 탈출했다. 안키세스는 처음에는 탈출하는 데 동행하기를 거부하며 버틴다. 그러자 아이네아스와 그의 아내 크레우사가 함께 안키세스에게 같이 탈출하기를 간청한다. 이때 아이네아스는 안키세스에게 "한 가정의 아버지는 자신과 함께 모든 것을 파괴해버려서는 안 되며, 그렇잖아도 무겁게 짓누르고 있는 운명을 더 무겁게 해서는 안 된다"고 설득한다. 그래도 안키세스는 요지부동이었다. 그러자 아이네아스는 다시 더 곡진한 말로 애원한다.

아버지, 제가 아버지를 남겨두고 발걸음을 옮길 수 있으리라고 생각하셨습니까? 어떻게 그런 무도한 말씀이 아버지 입에서 나올 수 있단 말입니까?

결국 안키세스는 아들 가족과 함께 트로이를 탈출한다. 그러나 탈출 과정에서 아내 크레우사는 일행을 놓치고 만다. 아이네아스와 크레우사는 그 후 다시는 만나지 못한다. 이처럼 아이네아스는 아버지와 아들만 데리고 탈출하는 데 성공하지만, 지중해를 유랑하다가 아버지를 여의고 만다. 아스카니우스는 아이네아스와 함께 지중해를 유랑한 끝에 이탈리아 반도에 상륙한다. 그곳에서 아이네아스 일행이 현지의 라티누스 족과 전투를 벌일 때 같이 참전한다.

◆◆◆ 트로이를 탈출하는 아이네아스 / 페데리코 바로치

트로이의 왕자 폴리도로스의 비참한 죽음

트로이 전쟁이 길어지고 성이 그리스 군에 포위당하자 프리아모스 왕은 폴리도로스 왕자만은 살려보려고 했다. 왕은 폴리도로스를 트라키아의 왕 폴리메스토르에게 보냈다. 폴리메스토르는 프리아모스 왕의 딸 일리오네의 남편이므로 프리아모스 왕에게는 사위였다. 프리아모스 왕은 폴리도로스를 보내면서 커다란 금덩어리도 함께 보냈다. 그런데 그것이 화근이 됐다.

트로이가 패망하자 트라키아의 왕 폴리메스토르는 그리스 편으로 돌아섰다. 뿐만 아니라 폴리도로스를 살해하고 그가 갖고 온 황금도 모두 차지했다.

> 황금에 대한 저주 받을 탐욕이여, 사람의 마음이 일단 그대에게 쫓기면 무슨 짓인들 못하겠는가!
> — 베르길리우스, 〈아이네이스〉 3권

폴리도로스의 시신은 트라키아의 해변 어딘가에 버려졌다. 그의 시신 위에는 수많은 무기들이 뒤덮였다. 나중에 그 무기들이 뿌리를 내리고 자라나 무성한 숲을 이루었다. 바로 그곳으로 트로이에서 탈출한 아이네아스 일행이 당도했다.

◆◆◆ 폴리도로스의 슬픈 전설 / 베첼리오 티치아노

아이네아스 일행은 그곳에서 신에게 제사를 지내고 정착하려고 했다. 그들은 제단을 장식할 나무를 구하기 위해 숲으로 갔다. 그런데 숲에서 나무를 벨때마다 피가 뚝뚝 흘러내렸다. 게다가 자신을 베지 말아 달라고 호소하는 목소리가 들렸다. 아이네아스가 베려고 하던 그 나무들은 바로 폴리도로스의 피와살이었던 것이다.

아이네아스여, 그대는 나를 왜 찢는 것이오? 이곳에 있는 나를 불쌍히 여기시고, 그대의 죄 없는 손을 더럽히지 마시오.
— 베르길리우스, 〈아이네이스〉 3권

폴리도로스는 아이네아스에게 서둘러 그곳을 떠나라고 권고했고, 아이네아스는 곧바로 그곳을 떠나 본격적인 유랑의 길로 접어들었다.

그리스의 비극 작가 에우리피데스는 작품 〈헤카베〉를 통해 다른 이야기를 전한다. 폴리도로스가 폴리메스토르에게 죽임을 당하는 것은 같지만, 그의 시

신이 바다에 던져졌다는 것은 다르다. 프리아모스의 왕비 헤카베는 그리스 군 총사령관 아가멤논의 포로가 되자 사건의 전말을 이야기하고 복수해달라고 아가멤논에게 간청한다. 그러나 아가멤논은 헤카베를 동정하면서도 그녀의 간청을 받아들이지 않는다. 대신 수단껏 직접 응징하라고 한다. 그러자 헤카베가 직접 복수에 나선다. 폴리메스토르에게 나머지 황금이 있는 곳을 알려주겠다며 그와 그의 아들들을 자신의 천막으로 유인한다. 그녀는 폴리메스토르의 눈을 찔러 멀게 하고 아들들을 살해한다. 그런 다음 아가멤논이 폴리메스토르를 무인도에 내다버린다. 아가멤논까지 폴리메스토르에 대한 복수를 거든 것은 폴리메스토르가 손님을 죽였기 때문이었다. 손님을 죽이는 것은 당시 그리스인들에게는 가장 수치스런 일이었다. 결국 폴리메스토르는 배신의 죗값을 몇 배로 치른 셈이다.

하르피아 여인 켈라이노의 불길한 예언

아이네아스 일행은 크레타 섬에 상륙했지만 정착하지 못하고 다시 떠나 항해하다가 스테로파데스 섬에 도착했다. 아이네아스 일행은 그 섬에서 하르피아라는 괴물들을 만났다.

하르피아는 소녀의 얼굴을 가진 새이지만 맹금류의 발톱을 가지고 있었다. 이 새들의 배설물에서는 심한 악취가 났다. 아이네아스 일행이 들판에서 소와 염소를 잡아 식사를 하려고 할 때 하르피아들이 출현해서 음식물을 산산조각 내고 더럽혔다. 악취와 재수 없는 울음소리까지 겹쳐 아이네아스 일행은 식사를 할 수 없었다. 일행은 장소를 옮겨 식사를 하려고 했지만 또다시 하르피아들이 나타나 방해했다. 그러자 아이네아스 일행은 하르피아들을 퇴치하려고 칼을 뽑아 공격했다. 하지만 하르피아들은 끄떡도 하지 않고 음식들을 모두 더럽힌 뒤 날아가 버렸다.

그때 하르피아 중 하나인 예언녀 켈라이노가 바위 위에 올라서서 아이네아스 일행에게 무서운 예언을 했다. 아이네아스 일행이 목표로 하는 이탈리아에 가기는 가겠지만, 그 대가를 치르게 될 것이라고.

우리를 죽이려 했던 불의의 대가로 무서운 허기를 만나 그대들의 식탁 가장자리를

◆◆◆ 하르피아들과 싸우는 아이네아스와 동료들 / 프랑수아 페리에

갉아 입 안에서 씹어 먹게 될 것이다.

— 베르길리우스, 《아이네이스》 3권

이 예언은 치명적인 것은 아닐지 몰라도 아이네아스 일행에게 매우 불길하게 들렸다. 때문에 일행은 모두 두려움에 몸서리쳤다. 할 수 없이 일행은 섬을 떠나 다시 바다로 나갔다. 식탁을 뜯어 먹게 될 것이라는 하르피아 여인의 예언에 대해 그 후 다른 곳에서 만난 트로이 왕자 출신 유민 헬레노스는 너무 겁먹지 말라며 위로했다. 운명이 길을 찾아낼 것이라고 하면서. 그런데 예언녀 켈라이노의 예언은 훗날 아이네아스 일행이 이탈리아 반도에 상륙한 뒤 현실화됐다.

신성한 섬 델로스에 상륙한 아이네아스 일행

패망한 트로이를 황망하게 떠난 아이네아스와 유민들은 무작정 항해를 시작했다. 그들은 어디로 가게 될지도 모르는 채 돛을 올렸다.

> 초여름이 시작되고 아버지께서 우리더러 운명을 향해 돛을 올리라고 명령하셨을 때 나는 눈물을 흘리며 내 조국의 해안과 포구와, 한때 트로이가 서 있던 들판을 떠났습니다. 나는 망명자의 몸으로 전우들과 아들과 더불어 페나테스 신들과 위대한 신들을 모시고 바다로 나갔습니다.
> — 베르길리우스, 〈아이네이스〉 3권

이들은 트라키아 근방을 지나 에게 해로 들어갔다. 에게 해에 진입하기 전에 트라키아 왕에 의해 억울하게 희생된 트로이의 왕자 폴리도로스의 장례를 정중하게 치르기도 했다. 에게 해에 들어간 뒤에 '신성한 섬' 델로스에 당도했다. 델로스 섬은 이곳저곳 떠돌아다니다가 레토 여신에게 출산할 곳을 마련해 준 덕분에 자리를 잡은 섬이었다. 아폴로 신과 아르테미스 여신이 바로 이 섬에서 태어났다. 오비디우스의 〈변신〉에 따르면, 아이네아스 일행이 상륙했을 때 섬에는 레토 여신이 출산할 때 붙잡고 있었던 두 그루의 나무가 있었다고

◆◆◆ 델로스 섬의 아이네아스 / 클로드 로랭

한다.

델로스 섬에 상륙한 아이네아스와 트로이 유민들은 그 섬을 다스리는 왕이 자 아폴론 신의 사제인 아니우스로부터 따뜻한 환대를 받았다. 아니우스는 아 이네아스의 아버지 안키세스와 오랜 지기이기도 했다. 덕분에 아이네아스와 트로이 유민들은 실로 오랜만에 편안한 시간을 가질 수 있게 됐다. 일행은 안 도하면서 아폴로 신전을 찾아가 간절하게 기도했다.

> 항구적인 집을 주소서. 지친 우리에게 성벽과 후손과 지속될 도시를 주소서.
> ― 베르길리우스, 〈아이네이스〉 3권

그러자 '옛 어머니와 옛 선조의 땅'으로 가라는 신탁이 내려졌다. 그것은 곧 이탈리아의 라티움 지방으로 가라는 뜻이었다. 트로이를 세운 다르다노스가 한때 이탈리아 땅에 있다가 소아시아로 건너갔기 때문이었다. 하지만 아이네 아스의 아버지 안키세스는 신탁이 말한 땅을 크레타로 이해했다. 그래서 아이 네아스와 트로이 유민들은 배를 몰아 크레타 섬으로 갔다. 그러나 크레타 섬에 서는 전염병과 흉작 등으로 모든 것이 어려워졌다. 그들은 다시 크레타 섬을 떠나 길고 긴 유랑길에 올랐다.

여자 사냥꾼의 모습으로 나타난 베누스 여신

트로이에서 탈출한 아이네아스 일행은 바다에서 표류하다가 아프리카 해안에 이르렀다. 아이네아스는 그곳이 어디인지를 알 수 없었다. 그래서 아이네아스는 아카테스를 데리고 주변을 정탐하러 나섰다. 바로 그때 아이네아스의 어머니 베누스(아프로디테) 여신이 나타났다. 그렇지만 본색을 감추고 젊은 여자 사냥꾼 모습을 하고 있었다. 그래도 아이네아스는 그 여자 사냥꾼이 여신임을 바로 알아차리고 그녀에게 간청했다.

> 우리에게 행운을 가져다주시고, 우리의 노고를 덜어주십시오. 우리가 대체 하늘 아래 어디에, 이 세상의 어느 해안에 내던져졌는지 알려주십시오.
> — 베르길리우스, 〈아이네이스〉 1권

그러자 베누스 여신은 그곳은 리비아 땅이고, 그중에서도 페니키아에서 탈출한 디도 여왕이 새로 건설해 통치하는 카르타고임을 알려주었다. 페니키아에서 디도가 오라비 피그말리온의 악행에 의해 당한 일의 전말도 소상히 말해주었다. 그래도 아이네아스는 자신의 신세타령만 계속했다. 20척의 배를 이끌고 트로이를 탈출했는데 남은 것은 7척뿐이라고 하소연했다. 이제는 궁핍한

◆◆◆ 사냥꾼의 모습으로 아이네아스에게 나타난 베누스 / 피에트로 다 코르토나

나그네로 전락했다며 비탄을 토해냈다. 그러자 베누스 여신은 나머지 배들도 곧 도착할 것이라고 말하고 아이네아스에게 탄식을 멈추라고 했다. 이어 디도 여왕의 궁전으로 가라고 일러준다.

어서 출발하여 길이 그대를 인도하는 곳으로 발걸음을 옮기세요.
— 베르길리우스, 〈아이네이스〉 1권

베누스 여신은 이렇게 이야기한 다음 떠나면서 아이네아스 일행을 짙은 안 개로 감싸주었다. 그곳 사람들의 이목을 피할 수 있게 해주기 위해서였다. 덕 분에 아이네아스 일행은 사람들의 눈에 띄지 않은 채 무사히 성 안으로 들어 갔다.

아이네아스 일행이 아프리카 해안으로 들어가게 된 것도 베누스 여신 덕분 이었다. 아이네아스 일행이 바다에서 심한 폭풍우에 시달리며 표류할 때 베누 스 여신이 제우스 신에게 달려가 폭풍을 가라앉혀 달라고 간청한 것이다. 베 누스 여신은 제우스 신으로부터 아이네아스 일행이 이탈리아까지 갈 수 있도 록 돕겠다는 다짐도 받았다.

참으로 자애롭고 세심한 어머니의 배려였다고 할 수 있다. 호메로스의 〈일 리아스〉에 나오는 아킬레우스의 어머니 테티스 여신과 비슷하다. 두 여신 다 자식에게 스스로 해결하기 어려운 문제가 닥쳤을 때 제우스(유피테르) 신에게 간청하여 문제를 해결해주었다.

아이네아스를 꾸짖은 메르쿠리우스

"그대는 어떻게 할 셈인가?"

어느 날 아이네아스 앞에 나타난 메르쿠리우스(헤르메스) 신은 이렇게 호통쳤다. 아이네아스가 카르타고의 디도 여왕을 도와 성을 쌓고 건물을 세울 때였다. 그의 어깨에는 디도가 만들어준 자줏빛 외투가 걸쳐져 있었다. 금실로 짠 외투였다. 메르쿠리우스는 아이네아스의 이런 모습을 보자 "그대는 무엇을 바라고 리비아에서 빈둥거리는 것인가"라고 따져 묻고는 그에게 주어진 '운명의 영광'을 상기시켰다. 그러고는 훌쩍 떠나버렸다.

메르쿠리우스 신이 아이네아스에게 불현듯 나타난 것은 유피테르(제우스) 신의 뜻을 전하기 위해서였다. 유피테르는 애초부터 아이네아스가 이탈리아에 상륙해 로마의 토대를 닦도록 그의 운명을 설계해두고 있었다. 그것은 또한 아이네아스의 어머니 베누스(아프로디테) 여신에게 약속한 것이기도 했다.

그런데 아이네아스는 그런 '소명'도 잊은 채 카르타고에서 디도와 어울려 세월을 허송하고 있었다. 유피테르 신은 아이네아스에게 명성을 위해 노고를 무릅쓸 뜻이 없는 것인지를 알고 싶어 했다. 만약에 그렇다면 용납할 수 없는 일이었다. 그래서 유피테르 신은 메르쿠리우스를 불러 아이네아스에게 가서 자신의 뜻을 전하게 했다.

항해하라! 이것이 요점이다.
— 베르길리우스, 〈아이네이스〉 4권

유피테르 신의 뜻은 지엄하고 명확했다. 메르쿠리우스를 통해 그의 뜻을 전해들은 아이네아스는 큰 충격을 받았다. 그리하여 마침내 디도 여왕의 나라를 떠나기로 결심했다.

◆◆◆ 아이네아스에게 카르타고를 떠날 것을 촉구하는 헤르메스 / 조반니 바티스타 티에폴로

아이네아스를 격려하는 어머니 베누스 여신

이탈리아 반도에 상륙한 아이네아스와 트로이 유민들은 정착할 곳을 찾기 위해 모진 시련을 겪어야 했다. 그들에게 우호적인 부족도 있었고, 적대적인 부족도 있었다.

유민들은 도시국가 팔란테움의 에우안드루스 왕과 동맹을 맺고 적국 라우렌툼과 일전을 겨뤄야 하는 상황에 직면했다. 에우안드루스 왕은 아들 팔라스도 아이네아스의 군대에 합류시킬 만큼 아이네아스에게 전폭적인 지원을 보냈다. 그럼에도 라우렌툼에 투르누스라는 걸출한 영웅이 있어서 아이네아스는 어려운 싸움을 치를 수밖에 없어 보였다.

티르레니아의 들판에서 대회전이 벌어지기 직전에 아이네아스가 혼자서 생각에 잠겨 있을 때 어머니 베누스(아프로디테) 여신이 나타났다. 베누스 여신은 아이네아스에게 번쩍이는 무기들을 전해주고 포옹해주었다. 용기를 주는 말도 잊지 않았다.

이것이 내가 약속한 선물이다. 내 아들아, 앞으로는 거만한 라우렌툼인들이든 성마른 투르누스든, 싸우자고 도전하기를 망설이지 말라.

— 베르길리우스, 〈아이네이스〉 8권

베누스 여신이 아이네아스에게 전해준 무기들은 특별한 것이었다. 여신이
남편 불카누스(헤파이스토스) 신에게 부탁해서 새로 만든 것이었다. 불카누스
는 대장간의 신이므로 그런 무기를 만들기는 그야말로 식은 죽 먹기였다. 그런
데 미모의 아내 베누스 여신이 아양을 떨면서 특별히 부탁하여 그가 만든 것이
니, 그 성능이 얼마나 뛰어났을지는 새삼 물어볼 필요도 없다. 불카누스 신은

◆◆◆ 아이네아스에게 무기를 전해주는 베누스 / 제라르드 레레스

때때로 바람을 피우곤 하여 베누스 여신이 그를 못마땅하게 생각했지만, 이때만은 남편인 그에게 점수를 따기 위해 갖은 교태를 다 떨었다. 그것은 오직 아들 아이네아스에게 가장 좋은 무기를 만들어주기 위해서였다.

불카누스가 아이네아스를 위해 만든 무기는 불을 뿜는 투구, 칼과 창, 청동으로 만든 흉갑, 금으로 만든 정강이 가리개, 로마의 역사가 새겨진 방패 등이었다. 방패에는 로마의 로물루스와 레무스 쌍둥이 형제가 늑대의 젖을 먹고 자랐다는 설화 등 로마 창건 당시부터 기원전 1세기에 옥타비아누스가 정적 안토니우스와 클레오파트라의 군대를 악티움 해전에서 물리치고 패권을 장악할 때까지의 역사적 사건들이 새겨져 있었다. 그 대부분은 아이네아스가 이탈리아 반도에 상륙한 당시에 아직 일어나지 않은 일이었으므로 일종의 '예언'이 그려진 것이었다.

연속 복수극을 초래한 이피게네이아의 희생

그리스 연합군이 트로이로 출정하기 위해 아울리스 항에 집결해 있을 때 강한 역풍이 불어왔다. 그리스 군은 출항하지 못하고 전속 예언자 칼카스에게 해결책을 물었다. 칼카스가 제시한 해결책은 아가멤논의 딸을 아르테미스 여신에게 제물로 바치는 것이었다. 아가멤논이 사냥할 때 사슴을 쏘면서 "아르테미스도 이처럼 잘 쏘지는 못할 것"이라고 큰소리친 것에 대해 아르테미스 여신이 노여워하기 때문이었다.

이에 따라 아가멤논은 딸 이피게네이아를 영웅 아킬레우스와 결혼시키기로 했다고 속이고 데려왔다. 어머니 클리타임네스트라도 아가멤논의 말을 사실로 믿고 그리스군 막사로 직접 갔다. 그러나 어머니의 기대와 달리 이피게네이아는 제단으로 끌려가 칼을 받았다.

일설에 따르면, 이피게네이아가 칼을 받는 순간에 아르테미스 여신이 사슴을 대신 갖다 놓고 이피게네이아를 데려가서 자신의 여사제로 삼았다고 한다. 구약성서에서 아브라함이 이삭을 야훼에게 제물로 바치려고 할 때 야훼가 제물로 쓸 사슴을 보냈다는 대목과 흡사하다.

이피게네이아의 희생은 꼬리에 꼬리를 무는 복수극을 유발한다. 이피게네이아의 어머니 클리타임네스트라는 전쟁을 끝내고 돌아온 아가멤논을 살해하고, 후일 아들 오레스테스와 딸 엘렉트라의 손에 죽임을 당한다.

　이피게네이아의 불행한 운명은 그리스 신화의 수많은 에피소드 가운데 가장 슬픈 사연 가운데 하나다. 이 때문인지 이피게네이아의 희생을 소재로 창작된 예술작품이 적지 않다. 고대 그리스의 비극 작가 에우리피데스는 〈타우리케의 이피게네이아〉와 〈아울리스의 이피게네이아〉를 썼고, 독일의 문호 요한 볼프강 괴테는 〈타우리스의 이피게네이아〉를 창작했다. 또 18세기 독일의 작곡가 크리스토프 글루크는 오페라 〈타우리스의 이피게네이아〉를 작곡했다.

　〈아울리스의 이피게네이아〉에는 이피게네이아가 자신을 죽이지 말라고 아가멤논에게 탄원하는 장면이 나온다.

　햇빛을 보는 것이 인간에게 가장 큰 즐거움이며, 지하세계는 아무것도 아니에요. 죽기를 기원하는 자는 미친 자예요. 고상한 죽음보다 비참한 삶이 더 나아요.
　― 에우리피데스, 〈아울리스의 이피게네이아〉

　그러나 그리스 연합군의 운명을 책임진 아버지 아가멤논은 사랑하는 딸의 탄원을 외면하고 끝내 딸을 제물로 내놓는다.

261

딸을 희생시킨 남편을 살해한 클리타임네스트라

클리타임네스트라는 트로이 전쟁 때 그리스 연합군 총사령관 아가멤논의 아내였다. 그러나 아가멤논이 전쟁에서 이기고 개선해서 목욕하고 있을 때 그를 무참하게 살해했다. 아가멤논이 전리품으로 데려온 트로이의 예언녀 카산드라도 함께 죽였다.

클리타임네스트라가 아가멤논을 살해한 이유 중 가장 큰 것은 그가 딸 이피게네이아를 희생시킨 것이었다. 클리타임네스트라가 딸의 희생에 대해 원한을 품고 그에게 앙갚음하기로 작정한 것은 어머니의 마음이 발동한 결과로 볼 수도 있다. 그런데 클리타임네스트라는 아가멤논이 전쟁터에 나가 있는 동안에 아이기스토스라는 정부를 집에 끌어들였다. 클리타임네스트라는 아가멤논이 돌아온 후의 일을 걱정하지 않을 수 없었다. 자신과 아이기스토스의 관계가 탄로나면 응징받게 될 것이 분명해 보였다. 클리타임네스트라와 아이기스토스는 자기들이 살기 위해서는 아가멤논을 죽이지 않으면 안 될 처지였다. 그런데 아이기스토스는 아가멤논을 살해하는 일에 직접 가담하지는 않았다.

어쨌든 클리타임네스트라의 아가멤논 살해는 또 다른 비극을 불렀다. 그녀 자신도 아들 오레스테스와 딸 엘렉트라에 의해 피살되고 만다. 오레스테스와 엘렉트라가 아버지의 죽음에 대한 복수를 한 것이었다. 그러나 어쨌든 이것은 인류 최초의 존속살해 범죄였다. 이때 아이기스토스도 함께 살해된다.

자식들이 어머니를 살해한 것이 신들 사이에서도 논란을 불러 일으켰다. 오레스테스가 아테네의 최고법정 아레오파고스에 불려가 재판을 받을 때 신들 사이에 갑론을박이 벌어졌다. 재판 과정에서 오레스테스의 어머니 살해가 정당한 행위였다며 무죄를 주장하는 아테나 여신 쪽과 반대로 유죄를 주장하는 아폴론 신 쪽이 격렬한 논쟁을 벌인다. 복수의 여신들까지 나타나 어머니를 죽인 오레스테스를 용서할 수 없다며 처벌할 것을 집요하게 요구한다. 결국에는 '무죄' 의견과 '유죄' 의견이 동수를 이루고, '가부 동수이면 무죄' 라는 규칙에 따라 오레스테스는 무죄로 방면된다. 그렇지만 복수의 여신들의 요구에 따라 보복살인을 저질러서는 안 된다는 원칙이 확립된다.

재앙에 물리지 않는 당파싸움이 이 도시에서 미쳐 날뛰는 일이 없기를! 그리고 이 도시의 흙먼지가 시민들의 검은 피를 마시고는 복수심에 불타올라 보복살인에 의한 재앙을 반기는 일이 없기를!
— 아이스킬로스, 〈자비로운 여신들〉

이 같은 연이은 참극은 고대 아테네의 위대한 비극 작가 3인에 의해 작품화된다. 아이스킬로스는 '오레스테이아 3부작' 이라고 불리는 〈아가멤논〉, 〈제주를 바치는 여인들〉, 〈자비로운 여신들〉을 지었고, 소포클레스는 〈엘렉트라〉를 썼다. 에우리피데스도 〈엘렉트라〉, 〈타우리스의 이피게네이아〉, 〈아울리스의 이피게네이아〉를 남겼다. 이들 작품은 모두 독자에게 긴 여운을 남기는 동시에 깊은 성찰의 소재를 던져준다. 필자는 이들 작품을 비롯한 그리스 비극이 인류가 남긴 최고의 문화유산이라고 생각한다.

훗날 영국 작가 셰익스피어가 쓴 〈햄릿〉에서는 주인공 햄릿의 아버지가 혼령으로 나타나 아들에게 자신의 죽음에 대해 복수해달라고 요구하면서도 어머니는 다치지 않게 하라고 이른다. 어떤 경우에도 어머니는 복수의 대상이 될 수 없다는 불문율을 재확인해주는 장면이다.

265

배신으로 점철된 메데이아의 삶

이아손과 메데이아의 설화는 그리스 신화에서 가장 불쾌하고 참혹한 이야기다. 배신이 배신을 부르는 악순환이 끝없이 이어지기 때문이다.

이올코스 태생의 이아손은 펠리아스 왕으로부터 황금양 모피를 가져오라는 명을 받는다. 그런데 황금양 모피는 오늘날 코카서스 지역에 해당하는 콜키스에 있었다. 게다가 참나무에 걸려 있는 그 모피를 잠자지 않는 용이 지키고 있었다.

어쨌든 왕의 명령을 이행해야 하는 이아손은 프릭소스의 아들 아르고스의 조언에 따라 '아르고 호'라는 배를 짓고, 그리스 전역에서 영웅들을 불러 모은다. 영웅들은 함께 아르고 호를 타고 원정을 떠났다. 이때 참가한 영웅들을 보면 그야말로 '스타군단'이었다. 제우스 신이 백조로 변신해서 스파르타 왕비 레다에게 접근해 낳은 카스토르와 폴리데우케스를 비롯해 헤라클레스, 테세우스, 오르페우스, 암피아라오스, 힐라스, 폴리페모스 등 50명이 참가했다. 스코이네우스의 딸 아탈란테도 끼어 있었다. 다만 원정 도중에 들른 뮈시아에서 힐라스는 미모의 요정들 때문에 물에 빠져 탈락했고, 폴리페모스는 힐라스를 찾다가 배를 놓쳐버렸다.

우여곡절 끝에 콜키스에 도착한 이아손은 아이에테스 왕에게 황금양 모피를 내놓으라고 요구했다. 왕은 조건을 내걸었다. 청동 발굽을 가진 황소들에게 멍에를 얹는다면 그것을 내주겠다는 것이었다. 바로 이때 이아손과 메데이아의 '사련(邪戀)'이 시작된다. 아이에테스 왕의 딸 메데이아는 이아손의 늠름한 모습을 보고 첫눈에 반해 사랑에 빠졌다. 메데이아는 약간의 심리적 갈등을 겪은 끝에 이아손을 도와준다.

> 욕망은 나에게 이렇게 하라고 하고 이성은 나더러 저렇게 하라고 하는구나. 어느 쪽
> 이 옳은지 나는 알고 있다. 또 그렇게 해야 한다고 생각한다. 그런데도 나는 잘못된
> 쪽을 따르는구나.
> ― 오비디우스, 〈변신〉 7권

메데이아는 이아손의 방패와 창과 몸에 바를 몰약을 주었고, 그 덕분에 이아손은 황소들의 공격을 받고도 아무 탈 없이 멍에를 씌운다. 그런데 펠리아스 왕이 약속을 어기고 모피를 내주지 않자 메데이아와 이아손이 함께 모피가 있는 곳으로 가서 그것을 지키는 용을 몰약으로 잠재운다. 마침내 모피를 손에 넣은 이들은 아르고 호를 타고 탈출한다. 여기서 두 번째 배신극이 벌어진다. 이아손과 메데이아 일행이 탄 배가 출항하자 뒤쫓아 오는 아버지의 추격을 늦추기 위해 메데이아는 아르고 호에 함께 탄 동생을 토막살인해 바다에 내버린다. 아버지가 그 동생의 시신을 수습하는 데 몰두한 사이에 아르고 호는 멀리 달아난다.

메데이아는 이아손과 함께 이올코스로 가서 마법으로 이아손의 늙은 아버지를 회춘시켜주었다. 이와 동시에 그때까지 왕의 자리에 앉아 있었던 펠리아

스를 젊게 해준다고 속이고는 그의 몸을 잘게 썰어 끓여서 죽였다. 메데이아와 이아손은 함께 쫓겨났다. 이들이 간 곳은 코린토스였다. 둘은 대략 10년간은 행복하게 살았다고 한다. 그런데 어느 날 코린토스의 왕 크레온이 딸 글라우케를 이아손에게 아내로 주겠다고 제안했다. 이아손은 메데이아를 버리고 글라우케에게 새장가를 들었다. 이번에는 메데이아가 배신을 당하게 된 것이었다. 그러자 비로소 그녀는 자신이 고향의 가족에게 저지른 짓을 뼈저리게 후회한다.

> 이런 폭풍을 피할 수 있는 항구가 되어줄 어머니도 오라비도 피붙이도 없어요.
> — 에우리피데스, 〈메데이아〉

이아손에게 배신당한 메데이아는 독이 묻은 옷을 보내 신부와 그녀의 아버지를 함께 죽게 만들었다. 뿐만 아니라 메데이아는 자기가 낳은 자식들마저 죽이고 탈출해서 아테네로 갔다. 메데이아는 아테네에서 아이게우스 왕과 결혼하여 자식을 낳았으나, 아이게우스 왕의 다른 아들 테세우스를 죽이려고 또다시 음모를 꾸미다가 자신의 아들과 함께 추방당했다.

메데이아의 삶은 배신으로 점철돼 있다. 끝없이 배신하고 배신당했다. 자기 조국과 가족을 배신하면서 거듭 화려한 삶을 얻었으나, 그런 삶도 허망하게 막을 내리곤 했다. 메데이아가 자식까지 죽이는 이 끔찍한 설화는 에우리피데스의 비극 작품 〈메데이아〉의 소재가 됐다.

그리스 신화에서 조국과 가족, 특히 아버지를 배신한 사람들은 대개 비극적인 최후를 맞이한다. 형과의 왕권 다툼 끝에 테바이를 떠났다가 이웃 나라의

◆◆◆ 자기 자식들을 죽이려 하는 메데이아 / 외젠 들라크루아

영웅들과 함께 자신의 조국을 공격한 폴리네이케스는 테바이 성을 공격하다가 전사했다. 크레타의 미노스 왕이 메가라를 공격할 때 메가라의 왕 니소스는 딸 스킬라의 배신으로 인해 죽었다. 니소스 왕의 자줏빛 머리카락이 빠지면 죽을 것이라는 신탁을 알고 있던 스킬라가 미노스에게 반해 아버지의 머리카락을 뽑은 것이었다. 그러나 미노스 왕은 메가라를 정복한 뒤 스킬라를 배의 고물에 묶어 익사하게 만들었다.

어머니와 결혼한 비극의 주인공 오이디푸스

"처음에는 발이 네 개인데 그 다음에는 두 개가 되었다가 나중에는 세 개가 되는 것이 무엇인가?" 여자의 얼굴에 사자의 가슴과 새의 날개를 갖고 있는 괴물 스핑크스가 이런 질문을 던졌다. 그러나 테바이의 백성은 이 질문에 대답을 하지 못했고, 스핑크스는 그런 그들을 채어 가서 잡아먹었다. 이 수수께끼를 풀지 못하고 스핑크스에게 희생되는 사람이 계속 늘어나자 테바이인들은 공포에 떨었다.

그러던 어느 날 오이디푸스가 혜성처럼 나타나서 "어린아이 때에는 네 발로 기다가 어른이 되면 두 발로 걷고 노인이 되면 지팡이에 의지해 걷는, 사람"이라고 대답했다. 정답이었다. 이에 스핑크스는 강물에 몸을 던져 자살했다. 마침내 테바이인들은 공포에서 해방됐다. 이 공로로 오이디푸스는 테바이의 왕위에 올랐다. 그러나 그것은 곧 새로운 불행의 시작이었다.

왕이 된 오이디푸스는 전 왕인 라이오스의 미망인 이오카스테와 결혼했다. 그리고 두 아들 폴리네이케스, 에테오클레스와 두 딸 이스메네, 안티고네를 낳았다. 그런데 이오카스테는 사실 오이디푸스의 어머니였다. 그 사연은 이렇다.

오이디푸스는 모르고 있었지만, 라이오스 왕은 그의 아버지였다. 라이오스 왕은 아들에 의해 죽임을 당할 것이라는 신탁을 듣게 되자 아들의 발목을 쇠못으로 뚫은 다음에 그 아들을 내다버렸다. 버려진 오이디푸스는 코린토스의 목자들에게 발견되어 코린토스 왕비에게 보내졌다. 장성한 오이디푸스는 자신의 출생에 대해 의문을 품고, 델피 신전에 가서 자신의 진짜 부모가 누구냐고 물었다. 그러나 질문에 대한 대답은 듣지 못하고 다만 "고향에 돌아가지 말라"는 말만 들었다. 고향에 돌아가면 아버지를 죽이고 어머니와 결혼하게 될 것이라는 예언이 담긴 신탁이었다. 그럼에도 오이디푸스는 진짜 부모를 만나고 싶은 마음에 코린토스를 떠났고, 어떤 좁은 길에서 수레를 타고 가던 라이오스 왕을 본의 아니게 죽였다. 그러고 나서 테바이에 들어가 스핑크스의 수수께끼를 풀고 테바이의 왕이 된 뒤 이오카스테와 결혼한 것이다.

나중에 자신이 아버지를 죽이고 어머니와 결혼해서 자식까지 낳은 사실을 알게 된 오이디푸스는 자책감에 시달렸다. 오이디푸스는 자신의 두 눈을 제 손으로 뽑아내고 스스로 테바이에서 추방된다. 오이디푸스의 어머니이자 아내인 이오카스테는 목을 매어 죽었다. 테바이를 떠난 오이디푸스는 아테네에서 가까운 콜로노스로 가서 남은 여생을 회한 속에 보낸다.

오이디푸스를 끝까지 보살핀 딸 안티고네

그리스 신화에서 가장 불행한 인물이라고 할 수 있는 오이디푸스에게 끝까지 충직했던 사람이 있었으니, 다름 아닌 그의 딸 안티고네였다.

자신의 출생에 관한 비밀을 알게 된 오이디푸스가 스스로 눈을 찌르고 자신의 나라를 떠나 도달한 곳은 아테네에서 가까운 콜로노스였다. 복수의 여신들을 가리키는 '자비로운 여신들'의 소유지로서, 아테네인들이 신성하게 여기는 곳이었다. 그곳에는 월계수와 올리브나무와 포도덩굴이 우거져 있었다.

오이디푸스는 콜로노스에서 아테네의 테세우스에 의해 망명자로 보호받는다. 오이디푸스의 뒤를 이어 왕권을 잡은 처남 크레온은 오이디푸스가 콜로노스에 머물고 있을 때 강제로 잡아가려고 했다. 테바이의 안녕과 행복은 오이디푸스에게 달려있다는 신탁이 있었기 때문이다. 그러나 크레온은 오이디푸스를 잡아들이되 국경 안에는 들여놓지 않을 계획이었다. 오이디푸스가 죽은 뒤에도 그의 무덤을 테바이 국경 안에 두지 않고 가까운 어느 곳에 두려고 했다. 크레온의 이런 시도는 테세우스가 방해하여 실현되지 못했다.

오이디푸스의 두 아들은 왕권을 차지하려고 다투면서 서로 오이디푸스를 자기편으로 끌어들이는 데만 혈안이었다. 오이디푸스의 가련한 처지와 운명은 그들에게 알 바가 아니었다. 그러나 오이디푸스는 두 아들의 싸움에 말려들

◆◆◆ 오이디푸스와 안티고네 / 페테르 가브리엘 비켄베르크

지 않고 자기 자리를 지키다가 삶을 마감했다.

딸 안티고네는 여동생 이스메네와 함께 오이디푸스가 테바이에서 추방될 때부터 그를 지켜주고 편안하게 세상을 떠날 수 있게 해주었다.

그리스의 위대한 비극 작가 소포클레스는 이 설화를 바탕으로 〈오이디푸스 왕〉과 〈콜로노스의 오이디푸스 왕〉을 썼다. 〈콜로노스의 오이디푸스 왕〉에서 아버지와 작별할 때 지극한 효녀 안티고네가 하는 말은 우리의 눈시울을 적신다.

불행에 대한 그리움도 있나 봐요. 내가 이 손으로 아버지를 모시던 동안에는 즐거울 리가 없는 것도 즐거웠으니까요. 아아, 그리운 아버지. 아버지께서는 영원히 지하의 어둠을 입으셨지만, 그곳에 계셔도 저와 이 아우에게 사랑받지 못하는 일은 결코 없을 거예요.

계모의 유혹을 뿌리친 히폴리토스의 불행

파이드라는 크레타의 왕 미노스와 왕비 파시파에의 딸인데 아테네의 영웅 테세우스와 결혼한다. 이로 인해 파이드라는 테세우스와 아마존 여전사 안티오페 사이에서 태어난 히폴리토스의 계모가 된다.

파이드라는 히폴리토스에 대해 가져선 안 될 감정을 품고 그를 유혹했다. 파이드라의 유혹에 히폴리토스는 넘어가지 않았다. 그런데 그것이 화근이 됐다. 파이드라는 테세우스에게 히폴리토스를 무고했다. 히톨리토스가 자신을 유혹하고 겁탈하려고 했다고. 테세우스는 귀가 얇은 사람이었다. 파이드라의 말을 듣고 사실관계를 파악해볼 생각은 하지 않고 그대로 믿어버렸다. 그리고 히폴리토스를 내쫓았다. 뿐만 아니라 그를 죽게 해달라고 포세이돈 신에게 기도했다.

쫓겨난 히폴리토스는 마차를 타고 무작정 달렸다. 그런데 코린토스 만의 바닷가를 지날 때 바다에서 황소가 튀어나왔다. 테세우스의 기도를 듣고 포세이돈 신이 보낸 황소였다. 히폴리토스의 말들은 황소를 보고 놀라 날뛰다가 바윗길 밑으로 추락했다. 히폴리토스도 이 사고로 말미암아 목숨을 잃었다. 이 소식을 들은 테세우스는 자신의 조치가 경솔했음을 깨닫고 후회했다. 그렇지만 때는 이미 늦었다. 그의 아내 파이드라는 자신의 무고가 탄로나자 스스로 목숨을 끊었다.

고대 그리스의 비극 작가 에우리피데스는 이 설화를 소재로 〈히폴리토스〉를 썼다. 이 작품에서 아르테미스 여신은 경솔한 판단과 조치로 자식을 죽음에 이르게 한 테세우스를 호되게 나무란다.

증거도 없이, 예언자의 목소리도 기다리지 않고, 또 숙고해보거나 오랫동안 검토해보지 않고, 너무 서둘러 그대는 아들에게 저주를 내뱉어 아들을 죽였던 것이니라.

— 에우리피데스, 〈히폴리토스〉

17세기 프랑스 극작가 장 라신도 이 설화를 소재로 〈페드르〉를 지었다.

그런데 오비디우스의 〈변신〉을 보면 히폴리토스는 아폴론 신의 약 덕분에 되살아났다. 사람이 죽은 뒤 되살아났다거나 죽기 직전에 신의 도움을 받아 다른 곳으로 옮겨갔다는 설화는 그리스 신화에 적지 않게 나온다.

◆◆◆ 히폴리토스의 죽음 / 로렌스 알마–타데마

인간에게 불을 가져다준 프로메테우스의 고난

그리스 신화에 나오는 많은 신과 인간들 가운데 아마도 프로메테우스가 인간 세계에 가장 큰 은혜를 준 인물일 것이다. 헤시오도스의 〈신통기〉에 의하면, 프로메테우스는 우선 물과 흙으로 최초의 인간을 빚어냈고, 제우스 신 몰래 인간에게 불까지 가져다주었다. 이 사실을 알게 된 제우스 신은 노발대발했다.

제우스 신은 헤파이스토스 신을 시켜 프로메테우스를 흑해 동쪽에 있는 카우카소스 산 위에 꽁꽁 묶어놓게 했다. 뿐만 아니라 그의 간을 날마다 독수리가 쪼아 먹게 했다. 간이 밤 사이에 커지면 다시 독수리가 덤벼들어 파먹게 한 것이다. 똑같은 고통을 날마다 겪게 했으니 매우 잔혹한 처벌이라고 할 수 있다.

아폴로도로스의 작품에 따르면, 헤라클레스가 프로메테우스를 그런 처지에서 풀어주었다고 한다. 헤라클레스가 12가지 고역 가운데 11번째 일을 치르러 가다가 프로메테우스의 간을 파먹던 독수리를 보고 활을 쏴서 죽인 것이다.

그리스의 비극 작가 아이스킬로스의 〈결박당한 프로메테우스〉에는 다소

◆◆◆ 결박당한 프로메테우스 / 야콥 요르단스

다른 설화가 담겨 있다. 프로메테우스가 제우스의 파멸을 예언하자 헤르메스 신이 자세한 내용을 들으러 카우카소스 산 위에 묶여 있는 프로메테우스를 찾아갔다. 그러나 프로메테우스는 이야기해주기를 단호하게 거절했다. 헤르메스 신이 위협도 하고 좋은 말로 달래보기도 했지만 프로메테우스는 끝내 말해주지 않았다. 프로메테우스는 설사 제우스 신에 의해 고통당하고 파멸당한다고 해도 의연히 감수하기로 했다.

나는 이 내 불행을 자네 밑의 종살이와는 결코 바꾸고 싶지 않네.
— 아이스킬로스, 〈결박당한 프로메테우스〉

프로메테우스가 이렇게 자신의 뜻을 꺾지 않자 제우스 신은 카우카소스의 바위를 번개로 산산조각 냈다. 이때 프로메테우스가 장렬하게 산화했다.

프로메테우스는 인간 문명에 더 없이 소중한 도움을 주었다. 인간에게 사고력과 지적 능력을 주었고, 문자를 이용하는 법도 가르쳐주었다. 그러나 자신은 극도의 고통을 겪었다. 프로메테우스의 이런 희생과 살신성인이 있었기에 인간 문명이 성립되고 번성한 셈이다. 이렇게 볼 때 프로메테우스는 인간 문명의 최고 은인인 셈이다. 전 세계에 프로메테우스를 위한 사당이라도 지어야 하지 않을까?

선하고 경건한 아드메토스와 헤라클레스

아드메토스의 아내 알케스티스가 남편을 위해 대신 죽으려고 했다는 설화를 소재로 하여 씌어진 비극 작품이 에우리피데스의 〈알케스티스〉다. 이 작품에서 아드메토스는 아버지 페레스에게 자기 대신 죽어줄 것을 요청했으나 거부 당했고, 결국은 알케스티스가 그 대신 죽기로 했다.

바로 이때 헤라클레스가 나타난다. 아드메토스의 집에서 알케스티스의 장례를 치르고 있는데 헤라클레스가 손님으로 찾아왔다. 헤라클레스는 아무것도 모르는 가운데 우울한 분위기만 느낄 뿐이었다. 아드메토스가 하인들에게 손님을 잘 접대하되 절대 눈물은 보이지 말라고 지시해 놓았기 때문이었다. 헤라클레스는 하인들에게 인생을 즐겁게 살라고 당부한다.

> 인간이라면 모름지기 인간적인 감정을 가져야지. 진지하고 무뚝뚝한 자들에게는 인생은 진실로 인생이 아니라 재앙이라네.
> — 에우리피데스, 〈알케스티스〉

그렇지만 헤라클레스도 마침내 하인들로부터 이야기를 듣고 진실을 알게 된다. 아드메토스가 불행을 당했지만 숨기고 손님을 친절하게 접대한다는 사실에 헤라클레스는 크게 감동한다. 헤라클레스는 슬픔에 잠긴 아드메토스를 위로하고 그를 위해 적극적으로 나선다. 알케스티스의 영혼을 데리러 온 저승 사자와 무덤 옆에서 싸워 이긴다. 헤라클레스는 알케스티스를 아드메토스에게 돌려주고 다른 일을 하기 위해 떠난다. 아드메토스는 너무나 기쁜 나머지 큰 잔치를 벌이고 "이전보다 더 나은 삶을 살겠다"고 다짐한다. 그리고 자신은 행복하다고 자신 있게 말한다.

인간은 언젠가는 반드시 죽으며, 죽은 인간이 되살아나는 것은 불가능하다. 그렇지만 인간으로 태어난 이상 짧은 인생이나마 함부로 살 수 없다. 죽음에 임해서도 마찬가지다. 이 작품에서 아드메토스는 선하고 경건한 자세로 인생을 살았기 때문에 뜻하지 않은 행운과 행복이 그에게 찾아온 것이다. 에우리피데스가 전하고 싶었던 메시지도 바로 여기에 있을 것이다. 그의 작품에는 인간의 삶과 죽음에 관한 이치가 참으로 잘 함축돼 있다.

신의 힘은 여러 가지 모습으로 나타나는 법. 신들께서는 많은 것을 예상과 다르게 이루시지요. 우리가 바라던 것이 이뤄지지 않는가 하면, 바라지도 않았던 것을 위해 신께서는 길을 찾아내시지요. 여기 이 사건도 그렇게 일어난 것이라오.
— 에우리피데스, 〈알케스티스〉

285

디오니소스의 여신도들이 벌이는 광란의 축제

그리스 신화에 나오는 디오니소스(로마 신화의 바쿠스)는 인간 사회에 포도와 포도주를 선사한 술의 신으로, 에우리피데스에 따르면 '춤과 환호성을 지휘하는 신'이다. 디오니소스는 태어난 직후에는 신으로 인정받지 못했다. 한동안 그는 아시아와 중동 지역을 떠돌아다니며 곳곳에서 추종자 또는 신도를 만들었다. 그리고 그 과정에서 디오니소스를 섬기는 독특한 비의(秘儀)도 생겨났다. 디오니소스의 신도들은 손에 담쟁이덩굴을 감은 창 '티르소스'를 들고 머리에 담쟁이덩굴로 만든 관을 쓴 채 산 속을 떼 지어 다니며 광란의 춤을 추곤 했다. 그들은 주로 여자였다. 이렇게 디오니소스에게 빠져 술을 마시며 몰려다니던 여자들은 '마이나데스(광란하는 여자들)'라고 불렸다.

에우리피데스가 쓴 〈바쿠스의 여신도들〉은 디오니소스가 어머니인 세멜레의 고향 테바이에 들어갔을 때 일어난 사건에 관한 설화를 바탕으로 씌어진 비극 작품이다. 그 내용은 대략 이러하다.

디오니소스가 테바이에 들어간 뒤 그의 신도가 된 여자들이 인근 키타이론 산에 가서 광란의 축제를 벌이고 있었다. 그의 이모 아가우에도 그들 가운데 하나였다. 반면에 아가우에의 아들이자 테바이의 왕인 펜테우스는 냉정을 잃지 않았다. 그는 디오니소스 추종자들이 믿는 신흥종교를 배격했다. 그는 군사를 풀어 디오니소스의 여신도들을 몰아내겠다고 공언했으며, 자신을 직접 찾아와 설득하려던 디오니소스를 투옥하기까지 했다. 디오니소스는 감옥에서 제 발로 걸어 나온 뒤 펜테우스에게 직접 키타이론 산에 가서 자신의 여신도들이 벌이는 축제를 참관해보라고 권한다. 펜테우스는 여장을 하고 키타이론 산으로 갔다. 그러나 곧 디오니소스의 여신도들에게 정체가 탄로나서 죽임을 당하고 만다. 그 여신도들 가운데 하나였던 아가우에는 죽은 아들 펜테우스의 머리를 사자의 머리로 알고 지팡이에 꿰어 들고 테바이로 돌아간다. 뒤늦게 제정신으로 돌아온 아가우에는 아들을 알아보게 되지만, 이미 때는 늦었다. 이 사건으로 카드모스와 아가우에 등 카드모스 일가는 결국 테바이에서 추방되고 만다. 펜테우스의 어머니 아가우에는 쓰라린 회한에 잠긴 채 테바이를 떠난다.

펜테우스가 당한 죽음이 감히 신을 무시하고 대항한 '오만'의 결과라고 한다면, 어머니 아가우에의 소행은 '광기'와 '광신'의 결과다. 그렇지만 너무나 가혹하고 끔찍하다.

베르길리우스의 〈아이네이스〉에도 바쿠스의 여신도가 등장한다. 아이네아스가 이탈리아의 라티움 땅에 도착해 왕의 딸 라비니아와 결혼할 것이라는 이야기가 돌자 왕비 아마타가 광기에 빠져든다. 딸을 아이네아스와 결혼시키고 싶지 않았기 때문이다. 아마타의 광기는 복수의 여신 가운데 하나인 알렉토가 아이네아스를 미워하는 유노(헤라) 여신의 부탁을 받고 뱀으로 변신해 그녀의 몸 속으로 파고들어가 생긴 것이었다.

광기에 빠진 아마타는 숲 속으로 가서 "바쿠스 만세"라고 외치면서 쏘다니거나 딸을 숲에 감추곤 했다. 덩달아 다른 여자들도 집을 버리고 바쿠스 축제

◆◆◆ 바쿠스 축제 / 모세스 반 위텐부르크

에 가담했다. 아마타는 애초에 사윗감으로 마음에 두었던 루툴리 족의 왕 투르누스에게 딸을 시집보내기 위해 안간힘을 썼다. 결국 투르누스와 아이네아스가 전쟁을 치르게 됐는데, 아이네아스가 투르누스를 죽인다.

품위를 지키며 죽음을 맞은 폴릭세나 공주

트로이 전쟁이 끝나자 그리스 군은 트로이 성을 불태우고 전리품을 나눠가졌
다. 전리품 가운데는 여자들도 있었다. 프리아모스 왕의 왕비 헤카베는 오디
세우스에게 분배됐고, 예언녀 카산드라는 아가멤논이 차지했다. 트로이의 여
자들은 귀향하는 그리스 장수들을 따라 포로의 신분으로 배에 올랐다.

그리스 군 총사령관인 아가멤논이 휘하 장병들과 함께 출항하려고 할 때 해
안이 갈라지더니 죽은 아킬레우스가 나타났다. 아킬레우스는 아가멤논과 그
의 군대를 향해 자신에게 프리아모스 왕의 딸 폴릭세나를 제물로 바치라고 요
구했다. 이에 그리스 군은 폴릭세나를 어머니 헤카베로부터 빼앗아 아킬레우
스의 무덤으로 끌고 갔다. 폴릭세나는 의연하게 자신의 죽음을 받아들였다.
아킬레우스의 무덤 앞에 설치된 제단으로 끌려갈 때에도 차분하고 침착했다.
그리고 당당하게 마지막 말을 남기고 아킬레우스의 아들 네오프톨레모스에게
죽임을 당했다.

알아두세요. 나 폴릭세나는 누구의 종 노릇도 하고 싶지 않고, 이따위 의식으로 여
러분은 어떤 신도 달랠 수 없을 것입니다.
—오비디우스, 〈변신〉 13권

그녀는 칼을 맞고 쓰러져 죽는 순간에도 담대한 표정과 품위를 잃지 않았다. 그녀가 이렇게 끝까지 당당한 자세를 잃지 않는 모습은 그 장면을 지켜보던 트로이 유민들은 물론이고 그리스 군 사제들까지도 눈물을 흘리게 했다.

에우리피데스의 비극 작품 〈헤카베〉에서는 폴릭세나의 죽음이 주요 테마로 다뤄진다. 이 작품에서 그리스 군 총사령관 아가멤논의 전령 탈티비오스가 폴릭세나의 어머니 헤카베에게 폴릭세나의 품위 있는 최후 순간을 전한다. 그러자 헤카베는 마음에 위안을 얻는다.

네가 고매한 태도를 보였다는 말을 전해 들으니 과도하게 비탄할 마음이 생기지 않는구나. …… 고귀한 자는 고귀한 자로 남아 어떤 불행에 의해서도 본성이 파괴되지 않고 항상 선하다.

폴릭세나가 최후까지 담대한 자세와 품위를 지킨 태도는 로마의 영웅 율리우스 카이사르나 공자의 제자 자로의 최후를 연상시킨다. 카이사르는 원로원에서 불의의 습격을 받자 입고 있던 토가를 반듯하게 하고 최후를 맞이했으며, 자로 역시 피살당할 때 갓끈을 바로 맸다고 전해진다.

◆◆◆ 폴릭세나의 희생 / 잠바티스타 피토니

신탁이 헤라클레스에게 준 12가지 고역

영웅 헤라클레스는 테바이에 살던 암피트리온의 아내 알크메네와 제우스 신의 불륜관계에 의해 태어났다. 어느 날 제우스 신이 암피트리온의 모습으로 변장하고 알크메네를 찾아가 그녀와 동침했다. 제우스 신은 이때 밤을 3배로 늘려서 알크메네와 충분한 시간을 즐겼다. 그 다음날 남편 암피트리온이 알크메네에게 접근했지만 알크메네는 환영하지 않았다. 암피트리온이 이유를 묻자 알크메네는 전날 밤에도 동침하지 않았느냐고 되물었다. 그제야 암피트리온은 이유를 알게 됐다.

알크메네는 두 아들을 낳았다. 첫 아이는 제우스의 아들 헤라클레스였고, 둘째 아이는 암피트리온의 아들 이피클레스였다. 뒤늦게 이런 사실을 알게 된 제우스의 아내 헤라 여신은 복수를 서둘렀다. 우선 알크메네를 괴롭혔다. 알크메네는 출산할 때가 다가오자 출산의 여신 일리티아사(루키나)를 불렀지만, 그 여신은 도리어 출산을 방해했다. 뱃속에 들어있는 아이가 세상에 나오려면 출산의 여신이 깍지 낀 손을 풀어야 하는데, 이때 여신은 풀지 않고 있었다. 헤라 여신의 사주 때문이었다. 이로 인해 7일째가 되어도 알크메네의 진통이 멈추지 않았다. 그때 알크메네의 시녀 갈란티스가 기지를 발휘했다. 출산의 여신에게 "알크메네가 이미 아들을 낳았다"고 거짓말을 했다. 그러자 놀란 출산의 여신이 자기도 모르게 벌떡 일어서며 깍지 낀 손을 풀었다. 바로 그 순간 헤라클레스가 세상에 나왔다.

그러자 헤라 여신은 아이를 아예 죽여 없애려고 뱀을 아이의 침대로 보냈다. 태어난 지 8개월 됐을 때였다. 그러나 헤라클레스는 당황하지 않고 벌떡 일어나 뱀을 목 졸라 죽였다고 한다. 헤라클레스가 처음으로 자신의 실력을 발휘한 것이었다.

헤라클레스는 이후 전차 몰기, 활 쏘기, 레슬링, 악기 연주하기 등의 기술을 배워나갔다. 체구도 커졌다. 자기에게 악기 연주법을 가르쳐준 사람한테 얻어맞게 되자 그를 죽였지만 '정당방위'라는 이유로 처벌을 모면하기도 했다. 또 소떼를 돌보다가 습격해온 사자를 퇴치하기도 했다.

이렇게 힘과 실력을 키워나가던 헤라클레스는 헤라의 질투로 인해 미쳐버려 자기 아들들을 죽였다. 그래서 그는 델포이의 예언녀로부터 에우리스테우스에게 가서 12년 동안 봉사하며 12가지 고역을 이행하라는 신탁을 받고 그대로 했다. 그 12가지 고역은 다음과 같다.

네메아의 사자 퇴치하기.
레르나의 히드라 처치하기.
케리네이아의 암사슴 생포하기.
에리만토스의 멧돼지 붙잡기.
아우게이아스의 가축떼 분뇨 하루 만에 청소하기.
스팀팔로스의 새떼 몰아내기.
크레타의 황소 끌고 오기.

디오메데스의 암말 몰고 오기.

아마존 족 여왕 히폴리테의 허리띠 가져오기.

케리오네스의 소떼 몰고 오기.

헤스페리데스의 사과 따오기.

저승을 지키는 개 케르베로스 끌고 오기.

◆◆◆ 요람에서 뱀을 목 졸라 죽이는 헤라클레스 / 조슈아 레이놀즈

레르나 늪의 괴물 히드라를 해치운 헤라클레스

히드라는 레르나의 늪에서 자라고 거주하던 뱀 같은 괴물이다. 머리는 9개였고, 특히 그중 하나는 죽지 않는 머리였다. 히드라는 자주 늪에서 들판으로 나와 가축떼를 죽이는 행동으로 사람들을 공포에 몰아넣곤 했다.

헤라클레스는 자식을 죽인 죄를 정화하기 위해 티린스의 에우리스테우스가 명하는 12가지 고역을 치러야 했다. 그 가운데 두 번째 고역으로 레르나의 늪에 사는 히드라를 퇴치하라는 명을 받았다. 헤라클레스가 레르나의 늪으로 가서 히드라를 붙잡자 히드라가 헤라클레스를 제 몸으로 감아버렸다. 헤라클레스는 몽둥이로 히드라의 머리를 쳐서 땅에 떨어뜨렸다. 하지만 그 자리에서 머리 2개가 다시 자라났으니, 헤라클레스는 헛일을 한 셈이었다. 게다가 거대한 게가 헤라클레스의 발을 물었다. 헤라클레스가 장사이긴 하지만 혼자서는 히드라를 처치할 수가 없었다. 할 수 없이 그는 조카뻘 되는 이올라오스에게 도움을 요청했다. 이올라오스는 히드라의 머리가 잘려나간 자리를 불타는 장작으로 지졌다. 다시는 머리가 자라나지 못하게 하기 위한 것이었다. 그렇게 머리를 하나하나 제거하고 난 뒤 헤라클레스가 마지막으로 남은 불사의 머리마저 베어냈다. 헤라클레스는 그 머리를 길가에 묻고 그 위에 무거운 돌을 올려놓았다. 히드라가 다시는 일어나지 못하도록 하기 위해서였다.

아폴로도로스의 작품에 따르면, 헤라클레스가 히드라를 제거하는 데 성공했음에도 에우리스테우스는 그것을 인정하지 않았다고 한다. 헤라클레스 혼자의 힘으로 그 과제를 해결한 것이 아니라 조카 이올라오스의 도움을 받았다는 이유에서였다.

인정을 받았든 못 받았든, 헤라클레스는 중요한 문제를 일단 해결했다. 특히 이올라오스는 헤라클레스가 12가지 고역을 해내는 동안 많은 도움을 주었다. 만약 이올라오스가 도와주지 않았다면 헤라클레스는 12가지 고역을 다 해내지 못했을지도 모른다. 그러므로 이올라오스는 헤라클레스의 조카를 넘어 친구요 전우이기도 했다. 마치 분신이나 다름없었다. 헤라클레스와 이올라오스의 관계는 오레스테스와 필라데스, 아킬레우스와 파트로클로스, 로마의 옥타비아누스와 아그리파, 중국 한나라의 유방과 장량, 모택동과 주은래, 마르크스와 엥겔스의 관계와 비슷하다고 해도 좋을 것이다.

◆◆◆ 레르나의 히드라를 퇴치하는 헤라클레스 / 귀도 레니

297

리디아에서 노예생활을 하는 헤라클레스

그리스 신화가 배출한 최고의 영웅 헤라클레스는 12가지 고역을 마친 뒤에도 다시 살인죄를 저지른다. 그것도 자기에게 우호적인 사람을 죽인다.

테바이의 왕 에우리토스가 딸 이올레의 신랑감을 구하려고 궁술 경기를 벌였다. 헤라클레스는 이 경기에 참가해 뛰어난 실력을 보여줌으로써 이올레의 신랑이 될 자격을 획득했다. 그때 에우리토스와 그의 아들이 이올레를 헤라클레스에게 시집보내는 것에 반대했지만, 장남 이피토스는 찬성했다. 또 에우보이아에서 소 도난 사건이 일어났을 때 모두 헤라클레스를 의심했지만, 이피토스는 의심하지 않았다. 그런데 헤라클레스는 자기 아들을 죽였을 때처럼 또다시 광기가 도져 이피토스를 죽이고 말았다.

헤라클레스는 이번에도 자신의 죄를 정화해야 했다. 이를 위해 그는 델포이에 가서 신탁을 구했다. 신탁은 그에게 노예로 3년간 봉사하라고 했다. 이에 따라 헤르메스가 헤라클레스를 리디아의 여왕 옴팔레에게 보냈다. 헤라클레스는 옴팔레 밑에서 노예생활을 하면서 인간 세계를 위해 유익한 일을 몇 가지 해냈다. 에페소스에서 노상강도들을 사로잡았고, 아울리스에서는 나그네에게 자신의 포도밭 땅을 갈라고 강요하던 실레우스를 처치했다. 또 돌리케 섬에 가서는 밀랍날개를 달고 하늘을 날다가 바다로 추락한 이카로스의 시신을 수습해주었다.

　헤라클레스는 아르고 호를 타고 콜키스 땅으로 황금모피를 찾으러 간 그리스 영웅들과 동행하기도 했다. 헤라클레스는 저지른 죄가 가볍지는 않았지만 이를 속죄하기 위한 노역은 제대로 치른 셈이다.

◆◆◆ 옴팔레의 궁전에 있는 헤라클레스 / 안토니오 벨루치

폭군 안타이오스의 치명적인 약점

헤라클레스가 헤스페리데스의 사과를 따러 가던 길에 리비아를 지나가고 있었다. 리비아는 당시 안타이오스가 지배하고 있었다. 안타이오스는 바다의 신 포세이돈의 아들인데, 지나가는 이방인을 불러서 레슬링을 하자고 강요하여 죽이곤 하는 폭군이었다. 그는 심지어 죽은 나그네의 두개골들을 이어 붙여 포세이돈 신전의 지붕을 만들기도 했다.

안타이오스는 헤라클레스에게도 같은 요구를 했다. 상대를 잘못 고른 것이었다. 헤라클레스는 안타이오스를 두 팔로 꼭 껴안고 공중으로 들어 올린 다음 몸을 꺾어서 죽였다. 안타이오스의 몸은 땅에 닿으면 더 강해지기 때문에 헤라클레스가 아예 그의 몸이 땅에 닿지 않도록 한 것이다.

하늘 높은 줄 모르고 기고만장하던 폭군도 이렇게 응징을 당했다. 옛날부터 폭군의 종말은 이렇게 비참했다. 그러니 아무리 높은 자리에 있는 사람이라도 겸허함이 최고의 미덕이자 자신을 보전하는 길이 아닐까 한다.

◆◆◆ 헤라클레스와 안타이오스 / 안토니오 델 폴라이우올로

천하장사 헤라클레스의 비극적인 죽음

헤라클레스는 칼리돈에서 오이네우스의 딸 데이아네이라와 결혼하고 함께 에우에노스 강을 건넌다. 그 강에는 괴물 네소스가 버티고 있었다. 네소스는 반인반마인 켄타우로스 족의 일원이었다. 그는 강에 버티고 있으면서 사람들을 강 건너편으로 데려다주고 요금을 받았다.

힘이 장사인 헤라클레스는 네소스에 의지하지 않고 혼자서 강을 건넌다. 그렇지만 새로 얻은 아내 데이아네이라는 네소스에게 맡겼다. 여기서 문제가 생겼다. 네소스는 데이아네이라를 건네주다가 갑자기 태도를 돌변해 데이아네이라를 겁탈하려 들었다. 그러자 헤라클레스는 히드라의 독이 묻은 활을 쏘서 네소스를 죽였다.

그러나 네소스는 그냥 죽지 않았다. 죽기 전에 데이아네이라에게 모종의 미약을 유사시에 쓰라고 주었다. 그것은 히드라의 독이 퍼진 네소스의 피와 정액으로 만들어진 저주의 독약이었다.

헤라클레스는 트라키스에 가서 오이칼리아라는 나라를 치고 에우리토스를 죽였다. 헤라클레스는 에우리토스의 딸 이올레를 포로로 잡았다. 이어 헤라클레스는 제우스 신에게 제사를 지내기 위해 제단을 만들고 전령 리카스를 데이아네이라에게 보내 예복을 가져오게 했다.

데이아네이라는 전령으로부터 소식을 듣고는 이올레에 대한 질투를 느꼈다. 헤라클레스를 이올레에게 빼앗길까봐 걱정됐다. 그래서 예복에 네소스에게 받은 미약을 발랐다. 그 예복을 입은 헤라클레스는 살갗이 타들어갔다. 입었던 옷을 찢으려 하자 살갗이 떨어져 나갔다. 초인적인 힘을 자랑하던 헤라클레스이지만 더 이상 삶을 지탱할 수 없었다. 그는 자신을 끝내 죽음으로 몰아넣은 것이 유노(헤라) 여신이라고 생각하고 여신을 향해 소리쳤다.

사투르누스의 따님이여, 내 파멸을 보고 즐기시오! 즐기시오, 잔인한 분이여. 그대는 높은 곳에서 이 재앙을 내려다보며 잔혹한 마음으로 실컷 좋아하시오! 내가 내 적에게도, 그대에게도 동정을 받아야 한다면 이토록 심한 고통을 당하고 있고 고역을 위해 태어난 내 이 가증스런 목숨을 거두어가시오.

— 오비디우스, 〈변신〉 9권

이어 헤라클레스는 장작더미를 쌓아올린 뒤 그 위에 올라갔다. 그러고는 부하들에게 불을 지르라고 명령했다. 아무도 그의 말을 그대로 따를 수가 없었다. 결국 필록테테스의 아버지 포이아스가 그곳을 지나가다가 장작더미에 불을 질렀다. 필록테테스가 불을 질렀다는 설도 있다. 어쨌든 천하를 호령하고 신까지 구해주었던 헤라클레스도 그야말로 허무하게 죽고 말았다. 그렇지만 제우스 신은 죽은 헤라클레스를 하늘로 끌어올려 신의 지위로 신분을 격상시키고 별들 사이에 거처를 마련해주었다고 한다. 헤라클레스는 신의 자리에 오른 다음 자신을 미워하던 유노 여신과 화해하고 그녀의 딸 헤베를 아내로 얻었다는 이야기도 전해진다.

그 과정에서 데이아네이라의 심부름으로 헤라클레스에게 옷을 전해준 전령 리카스가 애꿎게 죽었다. 리카스는 그것이 어떤 옷인지도 모르고 단지 데이아네이라가 시킨 대로 그것을 헤라클레스에게 가져다주었다. 헤라클레스는 죽기 직전 리카스를 보자마자 그를 움켜잡고 서너 바퀴를 돌린 다음 에우보이아의 바다에 던졌다. 그는 바다로 던져지기 전에 이미 딱딱하게 굳었고, 던져진 다음에는 바위로 변했다.

헤라클레스의 아내 데이아네이라는 헤라클레스의 비극을 전해 듣고는 스스로 목숨을 끊었다. 필록테테스는 아버지 또는 자신이 장작더미에 불을 지른 대가로 죽은 헤라클레스의 화살을 선물로 받았다. 고대 그리스의 비극 작가 소포클레스가 쓴 〈필록테테스〉는 바로 이런 설화에 의거해서 씌어진 작품이다.

그리스 신화에 삶과 죽음에 관한 이야기가 많이 나오지만, 헤라클레스의 죽음이 가장 극적이고도 가장 허무한 느낌을 준다. 어느 시대이든 한 시기를 호령하던 사람의 운명도 결국 이와 같은 것이리라.

◆◆◆ 장작더미 위의 헤라클레스 / 귀도 레니

라피타이 족과 켄타우로스 족의 싸움

그리스 테살리아 지방에 터 잡은 라피타이 족의 왕 페이리토스가 빼어난 미인 히포다메이아와 결혼하는 날이었다. 그 자리에 그리스의 영웅들이 두루 초대받아 참석했다. 필로스의 왕 네스토르 노인을 비롯해 아테네의 왕 테세우스, 아킬레우스의 아버지 펠레우스 등도 함께 했다. 반인반마의 모습을 한 켄타우로스 족도 초대받았다.

그런데 결혼식 장소에 신부가 모습을 드러내자 켄타우로스 족의 일원인 에우리토스가 그녀를 차지하고 싶다는 욕심을 품었다. 에우리토스는 신부를 납치해 갔고, 다른 켄타우로스들도 그 자리에 있던 라피타이 족 여인들을 하나씩 끌고 갔다. 결혼식은 당연히 난장판이 됐다. 동석했던 아테네의 영웅 테세우스가 벌떡 일어나 납치된 신부를 구출했다. 테세우스와 페이리토스는 오래 전에 우정의 맹약을 맺은 사이였다. 그러자 에우리토스가 테세우스에게 덤벼들었고, 테세우스는 포도주 동이로 그를 쳐서 죽였다.

그 광경을 본 켄타우로스들이 에우리토스의 죽음에 대해 복수를 하겠다며 일제히 싸움을 걸었다. 이미 술까지 마신 상태여서 그들은 겁 없이 덤볐다. 라피타이 족과 다른 손님들도 켄타우로스 족의 야만적인 행위에 격분해서 맞서 싸웠다. 주변에 있던 술잔과 항아리, 촛대, 나무장작, 문지방, 돌 등 모든 것이 무기로 사용됐다. 신에게 제사를 지내는 제단과 거기에 피워져 있던 불도 동원됐다. 참나무와 소나무를 뿌리째 뽑아 무기로 사용하기도 했다. 서로 죽고 죽이는 싸움이 계속된 끝에 켄타우로스 족의 절반이 죽고 절반은 도주했다. 이 사건 이후 인간과 켄타우로스 족 사이에 반목이 계속됐다고 호메로스의 〈오디세이아〉는 전한다.

이 피비린내 나는 싸움에서 활약한 특이한 인물이 있었으니, 그 이름은 카이네우스였다. 카이네우스는 원래 카이니스라는 이름의 여자였다. 미모도 뛰어났다. 그녀는 바닷가에서 산책하다가 바다의 신 넵투누스(포세이돈)에게 겁탈당했다. 카이니스에게 몹쓸 짓을 한 넵투누스는 대신 카이니스에게 소원을 들어주겠으니 말하라고 했다. 카이니스는 여자가 아니게 해달라고 말했다. 그러자 넵투누스는 그녀의 소원대로 그녀를 남자로 바꿔주었다. 아울러 어떤 상처를 입어도 안전하고 무쇠에도 쓰러지지 않는 튼튼한 몸을 갖게 해주었다. 남자가 됐으니 이름도 카이네우스로 바뀌었다.

카이네우스는 켄타우로스 족을 여러 명 쓰러뜨렸다. 카이네우스의 몸은 아무리 칼과 창으로 찔러도 끄떡하지 않았다. 도리어 칼과 창만 산산조각 났다. 켄타우로스 족은 '남자라고 할 수도 없는' 한 인간에게 연이어 당하기만 하자 굴욕을 느꼈다.

우리의 2중의 본성이 숨 쉬는 것들 가운데 가장 용감한 것을 우리 안에다 결합시켜 준 것이 무슨 소용이란 말이오?
— 오비디우스, 〈변신〉 12권

켄타우로스 족은 마지막 수단으로 강풍에 쓰러진 거대한 나무의 밑동을 집어 들어 카이네우스에게 던졌다. 카이네우스는 그 아래 깔려 숨을 쉴 수가 없게 됐다. 아무리 발버둥쳐봐도 소용이 없었다. 아무리 힘이 좋아도 숨을 쉴 수 없다면 어쩔 수 없는 일이었다. 결국 카이네우스는 나무 밑동에 깔린 채 최후를 맞았다. 그렇지만 카이네우스가 죽기 직전에 황갈색 날개를 가진 새로 변신했다는 이야기도 있다고 오비디우스는 전한다.

카이네우스여, 라피타이 족의 영광이여, 전에는 위대한 전사였으나 지금은 하나뿐인 새가 된 카이네우스여!
— 오비디우스, 〈변신〉 12권

이 세상에서 아무리 강력하고 힘세어 보이는 것도 완벽하지는 않은 법이다. 영웅 아킬레우스는 발뒤꿈치의 약점 때문에 죽었고, 힘센 카이네우스는 숨통이 막혀 절명했다. 구약성서에 나오는 삼손은 긴 머리카락을 빼앗겨 힘을 잃었다. 반인반마의 켄타우로스 족은 사람의 몸과 말의 몸이 이어진 곳이 약점이었다.

◆◆◆ 히포다메이아의 결혼식장에서 벌어진 켄타우로스 족과 라피타이 족의 싸움 / 카렐 뒤자르댕

아테네를 침공한 아마조네스 여전사들

아마조네스 족은 오늘날 시베리아라고 불리는 스키티아 지역에서 여자들끼리만 살던 민족이다. 이들은 여성답지 않게 신체가 강건하고 군사적으로도 훈련이 잘돼 있었다.

아테네의 영웅 테세우스가 헤라클레스와 함께 이들을 공격했다. 테세우스는 이 원정에서 안티오페를 포로로 잡아 귀국했다. 그러자 아마조네스 여전사들이 아테네 일대를 침공했다. 아마조네스 여전사들은 제법 강했다. 아테네 군대와 아마조네스 여전사들은 일진일퇴를 거듭했다. 그 사이 어느 쪽도 결정적인 승리를 거두지 못했다. 처음에는 아테네가 밀려 후퇴했다. 아테네가 나중에는 전세를 만회했지만, 아마조네스 여전사들을 완전히 제압하지는 못한 채 4개월 만에 휴전이 이루어졌다.

안티오페는 테세우스와의 사이에서 아들 히폴리토스를 낳은 뒤 세상을 떠났다. 그렇지만 테세우스와 정식으로 결혼하지는 않은 듯하다. 테세우스가 크레타의 왕 미노스의 딸 파이드라와 결혼하자 안티오페가 아마조네스 족 여인들을 데리고 나타나 하객들을 죽이려 하다가 피살됐다고 아폴로도로스는 전한다. 그녀의 아들 히폴리토스도 파이드라의 모함을 받아 불행하게 삶을 마쳤다.

고대 아테네의 최고법정 역할을 했던 아레오파고스는 아마조네스 여전사들이 아테네를 침공했을 때 처음 만들어진 것으로 전해진다. 아이스킬로스의 비극 〈자비로운 여신들〉을 보면, 아마조네스 여전사들은 아테네로 쳐들어가 기존 성채에 맞설 만한 새로운 성채를 쌓았다. 그리고 군신 아레스에게 제물을 바치고 '아레스의 언덕' 이라는 뜻의 아레오파고스 언덕을 만들었다. 어머니 클리타임네스트라를 살해한 오레스테스도 바로 이 언덕에서 재판을 받았다.

◆◆◆ 아마조네스 여전사들의 전투 / 페테르 파울 루벤스

미궁에 들어가 미노타우로스를 죽인 테세우스

미노타우로스는 사람의 몸과 황소의 얼굴을 가진 괴물이다. 미노타우로스가 태어난 것은 불륜의 결과였다. 크레타의 왕 미노스의 아내 파시파에가 황소와 관계를 맺어 미노타우로스를 출산한 것이다. 미노스 왕이 신에게 바치기로 한 제물을 바치지 않자 화가 난 포세이돈 신이 그의 아내를 그렇게 타락시켰다고 한다.

미노타우로스가 세상에 나오자 미노스 왕은 그 괴물을 세상의 눈으로부터 감추고자 했다. 이를 위해 그는 유명한 건축가인 다이달로스에게 의뢰해서 미노타우로스를 가둬둘 건물을 짓게 했다. 다이달로스는 한번 들어가면 다시 나오기 어렵도록 미로로 가득 찬 궁전을 지었다. 너무나 복잡한 나머지 다이달로스 자신도 나오는 길을 간신히 찾을 수 있었다. 미노스 왕은 미노타우로스를 그 궁전에 가두고 9년에 한 번씩만 먹이를 주었다. 먹이란 당시 크레타의 세력권에 있던 아테네의 소년들이었다. 아테네는 크레타의 요구에 따라 준수한 용모를 가진 소년들을 9년마다 한 번씩 제물로 보냈다.

테세우스는 당시 아테네의 왕 아이게우스의 아들로서 자진해서 제물로 크레타에 갔다. 크레타에서 테세우스는 자신을 연모하게 된 미노스 왕의 딸 아리아드네의 도움을 받았다. 테세우스는 아리아드네가 준 실타래에서 실을 풀면

◆◆◆ 낙소스 섬에서 테세우스에게 버림 받은 아리아드네 / 앙겔리카 카우프만

서 궁전 안으로 들어가서 미노타우로스를 죽였다. 그리고 그 실을 따라 밖으로 나왔다. 테세우스는 곧바로 아리아드네와 함께 크레타 섬을 탈출했다.

그러나 테세우스는 아리아드네를 배신했다. 배가 에게 해의 낙소스 섬에 잠시 기착했을 때 테세우스는 아리아드네와 함께 내렸다가 그녀를 버리고 가버렸다. 아리아드네는 홀로 남아 실의에 빠졌다. 아리아드네는 결국 그 섬에서 죽었다. 아리아드네의 처량한 모습을 본 바쿠스 신이 그녀를 별들 사이로 보내주었다는 이야기도 있다. 이는 아리아드네의 죽음을 미화한 설화라고 생각된다. 아리아드네의 설화는 20세기에 리하르트 슈트라우스의 오페라 〈낙소스의 아리아드네〉로 되살아났다.

밀랍 날개가 녹아 바다에 떨어진 이카로스

이카로스는 천하의 재주꾼 다이달로스의 아들이다. 미노스 왕이 크레타에 지은 미궁도 다이달로스가 설계했다. 때문에 그는 일단 들어가면 나오기 어렵다는 그 미궁의 내부구조를 잘 알고 있었다.

테세우스가 아리아드네의 도움을 받아 미노타우로스를 죽이고 크레타를 빠져나간 뒤 사건의 전말을 알게 된 미노스 왕은 다이달로스와 이카로스 부자에게 책임을 추궁하고 미궁에 가둬버렸다. 미궁에 갇힌 다이달로스는 또다시 재주를 발휘했다. 밀랍으로 날개를 만든 것이었다. 다이달로스는 아들 이카로스에게 날개를 달아주면서 당부했다.

> 햇볕에 밀랍이 녹아내리지 않도록 너무 높이 날지도 말고, 습기로 인해 날개가 떨어져나가지 않도록 너무 바다 가까이 날지도 말아라.
> ─ 아폴로도로스, 〈그리스 신화〉

말하자면 중용을 지키라는 것이었다. 둘은 각각 밀랍 날개를 달고 함께 날아올랐다. 그러나 젊고 혈기왕성한 이카로스는 아버지 말을 듣지 않고 너무 높이 날아올랐다. 당연히 그의 밀랍 날개는 녹아내렸다. 그래서 그는 떨어졌다.

그가 떨어져 익사한 바다는 이카리오스 해라고 불린다. 그의 시체는 나중에 헤라클레스가 수습해주었다고 한다.

이카로스는 실패했지만, 아버지 다이달로스는 성공하여 시칠리아 섬까지 날아갔다. 미노스 왕은 다이달로스를 쫓아 시칠리아까지 갔다. 그리고 궁전에 숨어 있는 다이달로스를 잡기 위해 꾀를 냈다. 달팽이집을 가져가서 그것을 실로 꿸 수 있는 사람에게 포상하겠다고 했다. 다이달로스가 개미를 실에 묶고 달팽이집에 구멍을 내어 통과시키는 방법으로 성공했다. 그 달팽이집을 받아본 미노스 왕은 그 같은 일을 해낼 수 있는 사람은 다이달로스 밖에 없다고 생각하고 그를 넘겨줄 것을 요구했다. 시칠리아의 왕은 그러겠다고 약속하고 미노스 왕을 환대하는 척하다가 그가 목욕을 하는 틈을 타 살해했다.

다이달로스와 이카로스의 비행실험은 비록 신화이기는 하지만 날아보려는 인류의 꿈을 표현한 것이다. 그 꿈은 이후 인류의 마음속에 간직되어 있다가 르네상스 시대에 예술가이자 과학자인 레오나르도 다 빈치에 의해 되살아났다. 최종적으로는 20세기에 라이트 형제가 비행기를 발명함으로서 빛을 보게 됐다.

이카로스의 시도와 실패에 관한 이야기는 무엇이든 꿈을 향한 인류의 끊임없는 도전을 상징한다고 볼 수도 있겠다. 그런 꿈과 도전이 있었기에 인류 문명이 발전해온 것이 아닐까?

◆◆◆ 다이달로스와 이카로스 / 샤를 르 브룅

하데스의 모자와 메두사의 머리

다나에의 아들 페르세우스가 세운 가장 큰 업적은 메두사를 처치한 일이다. 메두사는 스테노, 에우리알레와 함께 고르곤 자매라고 불린다. 고르곤 자매는 자신들을 보는 사람을 모두 돌로 변하게 하는 무서운 힘을 갖고 있었다.

　세리포스의 왕 폴리덱테스는 바다를 표류하던 다나에와 페르세우스 모자를 구조해주었다. 페르세우스는 폴리덱테스의 요구에 따라 고르곤 자매의 머리

를 베어 오려고 길을 떠났다. 가는 길에 요정들로부터 날개 달린 샌들과 남에게 보이지 않게 해준다는 '하데스의 모자'를 얻었다. 페르세우스는 고르곤 자매가 잠자는 틈을 타서 메두사의 목을 자르고 떨어진 머리를 들고 돌아왔다. 나머지 두 자매가 뒤늦게 일어나 페르세우스를 추격했지만, 페르세우스는 하데스의 모자를 쓴 덕분에 그들의 눈에 띄지 않아 추격을 따돌릴 수 있었다.

페르세우스는 메두사의 머리를 챙겨 갖고 있었던 덕분에 위험에서 벗어나기도 했다. 페르세우스가 안드로메다를 구해준 다음 아내로 맞이하려고 할 때 안드로메다와 약혼했던 피네우스가 그를 죽이려는 음모를 꾸몄다. 그러자 페르세우스가 메두사의 머리를 보여 그를 돌로 변하게 만들었다.

오비디우스의 〈변신〉에 따르면, 오늘날 바다에 있는 산호도 메두사의 머리 때문에 생겨난 것이라고 한다. 페르세우스가 바닷가에서 손을 씻기 위해 메두사의 머리를 잠시 내려놓자 해초들이 돌처럼 굳어지기 시작했다. 바다의 요정들이 그것을 보고 재미있어 하면서 그 해초의 씨앗을 바다 곳곳에 퍼뜨렸다. 그렇게 해서 퍼진 씨앗이 자라나 산호가 됐다는 것이다.

◆◆◆ 페르세우스와 피네우스 / 안니발레 카라치

페르세우스와 안드로메다

아이티오피아(지금의 에티오피아)의 왕후 카시오페아는 자신과 자신의 딸 안
드로메다가 바다의 신 네레우스의 딸들보다 훨씬 아름답다고 큰소리쳤다. 그
소리를 듣고 분개한 네레우스의 딸들과 포세이돈 신은 해일과 괴물을 보내 아
이티오피아를 황폐하게 했다. 아이티오피아의 왕 케페우스는 딸 안드로메다
를 제물로 바쳐야 재앙을 면할 수 있다는 신탁을 받고는 안드로메다를 바닷가
바위에 묶어두었다. 안드로메다는 교만의 죄를 범한 어머니의 죗값을 대신 치
러야 했던 것이다.

　때마침 메두사를 죽이고 돌아가던 페르세우스가 바위에 묶인 그녀를 발견
하고는 첫눈에 반했다. 페르세우스는 안드로메다를 자기에게 아내로 주면 구
해주겠노라고 케페우스 왕에게 약속했다. 왕은 이 약속을 받아들였고, 페르세
우스는 괴물과 싸워 이기고 안드로메다를 구출했다. 이리하여 페르세우스와
안드로메다는 결혼하게 된다. 둘의 결혼식에서는 결혼의 신 히메나이오스와
사랑의 신 아모르가 횃불을 들고 축복해주었다.

◆◆◆ 페르세우스와 안드로메다 / 조르조 바사리

머리에서 불을 뿜는 키마이라

키마이라는 그리스 신화에 나오는 대표적인 괴물 가운데 하나다. 호메로스와 헤시오도스, 아폴로도로스 등의 작품에 이 괴물과 관련된 설화가 나온다.

키마이라는 몸의 앞쪽은 사자이고 머리는 3개다. 키마이라의 머리 중 하나는 사자의 머리, 또 하나는 뱀의 머리이고 나머지 하나는 염소의 머리다. 염소의 머리는 불을 내뿜는 '화염방사기'다. 아무리 많은 사람이 달려들어도 키마이라를 당해낼 수는 없었다. 세 가지 짐승의 힘을 가진데다가 불까지 내뿜으니 아무리 힘센 사람도 이겨낼 도리가 없었던 것이다. 그런 괴물이 가축을 잡아먹고 나라를 쑥대밭으로 만들었다. 사람들은 공포에 떨었다.

게다가 키마이라는 '혈통'도 좋았다. 헤시오도스의 〈신통기〉에 따르면, 키마이라는 엄청나게 힘이 센 괴물 에키드나의 손자다. 에키드나는 티폰과 사랑을 나누어 히드라를 낳았고, 히드라가 키마이라를 낳았다고 한다.

그렇지만 괴물 키마이라도 영웅 벨레로폰테스에 의해 퇴치됐다. 코린토스의 왕 시시포스의 손자인 벨레로폰테스는 본의 아니게 형을 죽이고 프로이토스 왕을 찾아가 그 죄를 정화받는다. 그런데 프로이토스 왕의 아내 안테이아가 벨레로폰테스에게 연정을 품었다. 안테이아는 벨레로폰테스에게 접근했다가 거절당하자 도리어 그가 자기에게 동침을 요구한다고 프로이토스에게 모함했다. 그러고는 벨레로폰테스를 죽이라고 프로이토스에게 요구했다. 다행히 프로이토스는 벨레로폰테스를 곧바로 죽이지 않았다. 대신 장인인 리키아의 왕 이오바테스에게 서신과 함께 펠레로폰테스를 보냈다.

프로이토스의 서신을 받아 본 이오바테스도 자기 손으로 벨레로폰테스를 죽이지 않고 그에게 괴물 키마이라를 처치하라고 명했다. 키마이라와 싸우면 당연히 죽을 것이라고 예상하고 그런 명을 내린 것이었다. 그러나 벨레로폰테스는 이오바테스의 예상과 달리 날개 달린 말 페가소스를 타고 날아올라 하늘에서 활을 쏘아 키마이라를 죽이는 데 성공한다.

윌리엄 셰익스피어의 비극 〈햄릿〉에서도 부정한 방법으로 왕위를 차지한 햄릿의 숙부가 햄릿을 영국으로 보내면서 편지를 한 통 가져가게 했는데, 그 편지에는 그를 곧바로 처형하라는 메시지가 들어 있었다. 햄릿의 숙부는 말하자면 프로이토스의 수법을 흉내 냈지만, 그 역시 뜻을 이루지 못했다.

키마이라는 오늘날 공포감을 불러일으키는 괴력을 가진 사람이나 사물을 가리키는 상징으로 이용된다. 일본 대지진으로 말미암아 후쿠시마 원자력발전소는 발전소로서의 기능을 상실함은 물론 방사선을 유출시켜 일본은 물론 우리나라 등 인근 국가에까지 핵 재앙에 대한 공포를 야기했다. 그리고 그 발전소 인근 지역은 사실상 사람이 살기가 어려운 곳이 됐다. 과거 소련의 체르노빌 원자력발전소도 방사능 누출 사고를 일으켜 인근 지역이 사람 살기 어려운 곳으로 변해버렸다. 이렇게 사고를 일으키는 원자력발전소는 현대판 키마이라라고 할 수 있다.

신화 속의 키마이라는 벨레로폰테스라는 영웅에 의해 퇴치됐지만, 원자력발전소는 그렇게 쉽게 퇴치할 수가 없다. 원전을 물리치는 길은 더 강력하면서도 깨끗한 에너지원을 개발하는 것뿐이다. 그런 에너지원이 개발된다면, 그것이 바로 현대판 벨레로폰테스일 것이다.

◆◆◆ 벨레로폰테스와 페가소스, 키마이라 / 페테르 파울 루벤스

대홍수에서 살아남은 데우칼리온과 피라 부부

그리스로마 신화에 의거하면 오늘날 인류의 조상은 데우칼리온과 피라 부부다. 그들 외에도 지구상에 인간이 많이 살고 있었지만 워낙 타락해버려 제우스 신이 홍수로 다 쓸어버렸다. 오직 데우칼리온과 피라 부부만은 평소 행실이 선했기 때문에 홍수에도 살아남았다. 데우칼리온은 프로메테우스의 아들이고, 피라는 에피메테우스의 딸이다.

> 그보다 선하고 그보다 정의를 사랑하는 남자는 아무도 없었고, 그녀보다 더 신을 경배하는 여인은 아무도 없었다.
> ─오비디우스, 〈변신〉 1권

살아남은 데우칼리온과 피라는 조각배를 타고 9일 밤낮에 걸쳐 물 위를 떠돌다가 파르나소스 산에 이르렀다. 다른 곳들은 물에 완전히 잠겨 있었다. 인간 세상에 선한 두 사람만 남은 것을 보고 유피테르 신이 노여움을 거두고 지구상의 물을 뺐다. 세상은 다시 원래의 모습으로 돌아갔다. 그러나 적막강산이었다. 데우칼리온과 피라를 제외하고는 사람과 동물이 모두 흔적조차 사라져 버렸다. 데우칼리온은 하도 기가 막혀 눈물을 흘렸다. 그리고 아내 피라에게 비통한 마음을 토로했다.

우리 두 사람이 지는 해와 뜨는 해가 비치는 모든 나라의 유일한 주민이오. 나머지
는 바다가 차지했소. 아직도 나는 우리가 살아남을 것이라는 확실한 자신이 없으며,
아직도 나는 구름만 보아도 겁이 난다오.
— 오비디우스, 〈변신〉 1권

데우칼리온과 피라 부부는 배에서 내리자마자 파르나소스 산의 신탁소를
차지하고 있는 테미스 신에게 경배를 올렸다. 그러고는 물었다. 어떻게 하면
지구상에 인류를 되살릴 수 있느냐고. 그리고 물에 잠겼던 이 세상을 회복시킬
수 있게 도와달라고 기도했다. 정당한 기도였다. 그래서 테미스 여신은 이들
의 기도를 들어주었다. 이들에게 '위대한 어머니의 뼈를 등 뒤로 던지라'는 신
탁을 내려주었다.

데우칼리온과 피라는 처음에는 그 신탁의 뜻을 몰라 어리둥절했다. 하지만
데우칼리온이 위대한 어머니는 대지, 뼈는 돌을 의미한다는 것을 알아냈다. 부
부는 신탁대로 했다. 돌을 들어 등 뒤로 던졌다. 그러자 던져진 돌이 사람으로
변했다. 데우칼리온이 던진 돌은 남자가 됐고, 피라가 던진 돌은 여자가 됐다.
새로 생겨난 인간들은 태생이 돌이기 때문에 노고에 강한 종족이 됐다. 대지에
갖가지 식물과 동물이 다시 생겨났다.

결국 지구가 활기를 되찾아 각종 생명체로 가득 차게 된 것은 데우칼리온과
피라 부부의 선한 성품 덕분인 셈이다. 이들은 선한 성품을 갖고 있었기에 신
이 인간을 징벌하기 위해 일으킨 대홍수에도 살아남았고, 신이 마음을 돌리게

된 것도 이들의 선한 행실과 기도 때문이었다. 이처럼 인간 세계와 지구를 살리는 가장 확실한 힘은 인간의 '선'에 있다.

◆◆◆ 테미스 여신에게 기도하는 데우칼리온과 피라 / 틴토레토

신을 감동시킨 노부부 필레몬과 바우키스

제우스 신은 어느 날 전령 헤르메스 신을 대동하고 세상 시찰에 나섰다. 신의 모습이 아닌 인간의 모습을 하고 시찰에 나선 두 신은 어느 마을에 들어섰다. 집이 1천 채가량 있는 마을이었다. 두 신은 집집마다 들러 쉬어가게 해달라고 간청했지만, 계속 거절당하기만 했다. 어느 집도 문을 열어주지 않았다. 다만 갈대로 지붕을 인 작은 집에서 두 신을 맞아들였다. 그 집에는 경건한 노파 바우키스와 그녀의 남편 필레몬이 살고 있었다. 노부부는 젊을 때 결혼한 후 그 오두막 같은 집에서 죽 함께 살아왔다. 그들은 가난하지만 평온한 마음으로 가난을 참고 견뎠다.

노부부는 두 신이 집 안으로 들어서자 긴 의자를 내놓으며 앉으라고 권했다. 그런 다음 집 안에 있는 음식을 모두 내와 두 신을 대접했다. 심지어 단 한 마리 있던 거위마저 잡아서 내놓으려고 했다.

두 노인의 정성이 하도 갸륵하여 두 신이 감동했다. 그래서 두 신은 포도주 동이가 빌 때마다 영험한 힘으로 동이를 포도주로 채워주었다. 그리고 자신들을 문전박대한 사람들을 응징하기 위해 마을 전체를 물에 잠기게 하면서 두 노인에게 산으로 피하라고 일러주었다. 이와 동시에 두 노인의 집을 신전으로 바꾸고, 원하는 것이 무엇이냐고 물었다. 두 노인은 경건한 사람답게 소박한 소

◆◆◆ 제우스와 헤르메스를 친절하게 대접하는 필레몬과 바우키스 / 다비드 리케르트

원을 말했다.

두 사람이 화목하게 살아온 만큼 한 날 한 시에 죽어 내가 아내의 무덤을 보지 않게
해주시고, 아내의 손에 내가 묻히는 일이 없게 해주소서.
— 오비디우스, 〈변신〉 8권

신들은 두 노인의 소원을 들어주었다. 어느 날 두 노인에게서 동시에 나뭇
잎이 돋아났다. 그러더니 두 노인이 나란히 보리수와 참나무로 변했다. 경건
한 두 노인은 이렇게 신의 사랑과 은혜를 듬뿍 받았다. 두 노인의 경건한 마음
과 행실이 빚어낸 아름다운 이야기다. 그리스 신화 전체를 통틀어 가장 훈훈
한 설화인 듯하다.

독일의 문호 요한 볼프강 괴테가 쓴 〈파우스트〉의 2부 5막에도 필레몬과
바우키스라는 이름의 노부부가 등장한다. 이 작품에서도 노부부는 나그네를
정성껏 대접하는 선량한 인물로 묘사된다. 하지만 괴테는 요한 에커만이 지은
〈괴테와의 대화〉에서 자신의 작품에 나오는 필레몬과 바우키스는 고대 설화
속의 동명 인물과 아무 관계도 없다고 말한다. 단지 자신의 작품에 등장하는
인물의 성격을 부각시키다보니 노부부에게 그런 이름을 지어주었다는 것이
었다. 그렇지만 필레몬과 바우키스의 설화는 괴테에게 영감을 준 게 분명해
보인다. 괴테 자신이 평소 고대 그리스의 신화와 문화를 무척이나 소중하게
여겼다고 하니까.

자기가 만든 여인 조각상에 반한 피그말리온

피그말리온은 조각가였다. 그는 자기 솜씨를 십분 발휘해서 아름다운 여인의 모습을 조각 작품으로 만들었다. 흰 상아로 만든 그 작품을 보고 피그말리온 자신도 감탄해 마지않았다. 마치 살아서 숨 쉬는 여인처럼 느껴졌다. 그래서 피그말리온은 그 조각상에 여러 가지 선물을 주기도 하고 장신구를 걸어주기도 했다. 손가락에 반지를 끼워주고, 목에 목걸이를 걸어주고, 귀에 진주 귀걸이를 달아주었다. 그 조각상의 아름다움에 반한 피그말리온은 자신의 잠자리에 그 조각상을 놓아두기도 했다.

피그말리온은 한 걸음 더 나아갔다. 미와 사랑의 여신 베누스(아프로디테)를 기리는 축제가 열렸을 때였다. 그는 베누스 여신에게 조각상 여인이 자신의 아내가 되게 해달라고 기원했다. 베누스 여신은 그의 소원을 들어주었다. 이에 따라 조각상이 진짜 인간 여자가 됐다. 이름은 갈라테이아라고 지어졌다. 두 남녀는 결혼했고, 베누스 여신은 두 사람의 결혼을 진심으로 축복해주었다.

요즘 사람들도 "간절히 바라는 것은 결국 이뤄진다"는 말을 곧잘 한다. 이것이 헛된 말이 아님을 피그말리온의 설화는 보여준다. 다만 한 가지 조건이 붙는다. 바라기만 해서는 안 되고, 그것이 실현되도록 최선의 노력과 성의를 다해야 한다. 피그말리온은 여인 조각상을 대충 만든 것이 아니라 혼신의 힘을

다해서 만들었다. 그 결과는 단순한 조각상이 아니었다. 마치 살아있는 여인처럼 보였다. 피그말리온은 그렇게 하고 나서 소망을 이룬 것이었다. 중국의 고사성어 가운데 '우공이산(愚公移山)'도 이와 비슷한 이치를 말해준다. 인간이 정성을 다하고 온 힘을 기울이면 불가능해 보이던 일도 실현시킬 수 있다.

◆◆◆ 피그말리온과 갈라테이아 / 장–레옹 제롬

비극적 사랑의 주인공 피라모스와 티스베

피라모스와 티스베는 고대 바빌론 지역의 연인으로, 비극적 사랑의 주인공이다. 둘은 그 지역에서 가장 잘생긴 총각과 처녀였고, 바로 이웃집에 살았다. 그러나 둘은 부모의 반대에 부딪혔다. 그래서 둘은 담장에 나 있는 작은 틈새를 통해 사랑의 밀어를 주고받았다.

어느 날 둘은 도시 외곽에 있는 옛 아시리아 왕의 무덤 근처에 있는 뽕나무 밑에서 만나기로 했다. 티스베가 먼저 도착해서 기다리고 있는데, 암사자 한 마리가 나타났다. 방금 소떼를 공격하고 온 듯 입에 피가 잔뜩 묻어 있었다. 티스베는 그 사자를 피해 동굴로 들어가다가 목도리를 떨어뜨렸다. 그 목도리가 비극의 씨앗이 됐다. 사자가 피 묻은 이빨로 목도리를 갈기갈기 찢는 바람에 목도리에 피가 잔뜩 묻었다. 조금 늦게 약속장소에 도착한 피라모스는 피 묻은 목도리를 보고 사자가 티스베를 이미 잡아먹은 것으로 오해했다. 절망한 피라모스는 칼을 뽑아 자결했다. 나중에 다시 그곳에 돌아온 티스베는 피라모스가 피투성이가 된 채 쓰러져 있는 모습을 보고 울부짖었다. 그러더니 "죽음도 우리를 떼어놓을 수 없다"면서 피라모스의 뒤를 따랐다. 이렇게 해서 두 연인은 함께 불귀의 객이 되고 말았다. 그 뒤로 뽕나무는 검은 색 열매를 맺게 됐다고 한다.

영국의 문호 윌리엄 셰익스피어의 작품 〈로미오와 줄리엣〉에서도 줄리엣
이 죽은 것으로 잘못 안 로미오가 자살하고, 로미오의 주검을 본 줄리엣이 그
의 뒤를 따른다. 아마도 피라모스와 티스베의 설화가 셰익스피어에게 영감을
주었을 듯하다.

◆◆◆ 피라모스와 티스베가 있는 폭풍우 치는 풍경 / 니콜라 푸생

죽은 아내를 되살리려 저승을 찾아간 오르페우스

오르페우스는 그리스 신화가 낳은 최고의 음악인이다. 그는 리라를 연주하여 신과 인간들을 감동시키고 즐겁게 해주었다. 20세기의 야샤 하이페츠 같은 바이올리니스트의 원형이다.

오르페우스는 에우리디케와 결혼했다. 둘의 결혼식에는 결혼의 여신 히메나이오스도 참석했다. 그런데 히메나이오스 여신은 신혼부부에게 축복의 말을 해주지 않았다. 여신은 횃불을 들고 있었는데, 그 횃불이 활활 타지 않고 연기만 내뿜었다. 참석자들은 연기 때문에 눈물을 흘려야 했다. 그것은 명백한 흉조였다. 아니나 다를까, 오르페우스의 아내가 된 에우리디케가 풀밭을 거닐다가 뱀에 물려 목숨을 잃었다. 그러자 오르페우스는 죽은 영혼들이 있는 지하세계로 찾아갔다. 거기서 지하세계를 다스리는 신들에게 에우리디케를 돌려보내 달라고 간청했다.

공포로 가득한 이 장소와, 이 거대한 카오스와, 이 과대한 침묵의 왕국의 이름으로 청하옵건대, 너무 일찍 풀린 에우리디케의 운명의 실을 다시 짜주십시오. …… 운명이 내 아내에게 그런 특혜를 거절한다면 나는 단연코 돌아가지 않을 것입니다.

오르페우스는 이렇게 협박과 애원을 섞어가며 간절하게 요청을 했을 뿐 아니라 자신의 특기를 살려 리라도 연주해주었다. 그의 연주는 효과를 발휘했다. 지하세계의 모든 신과 영혼들이 감동했다.

탄탈로스는 도망치는 물결을 잡지 않았고, 익시온의 바퀴도 놀라 멈춰 섰으며, 독수리는 간을 쪼지 않았고, 벨루스의 손녀들은 항아리를 내려놓았으며, 시시포스여, 그대는 그대의 돌덩이 위에 앉아 있었다. 그때 처음으로, 소문에 따르면, '자비로운 여신' 들도 노래에 압도되어 볼이 눈물에 젖었다고 한다. 왕비도, 하계를 다스리는 이도 차마 탄원자의 청을 거절할 수 없었다.

— 오비디우스, 〈변신〉 10권

지하세계를 다스리는 하데스 신과 그 아내 포르세르피나 여신의 마음이 움직이지 않을 수 없었다. 그들은 결국 오르페우스의 간청을 받아들여 에우리디케를 다시 데려가라고 내주었다. 다만 한 가지 조건을 붙였다. 저승에서 완전히 빠져나갈 때까지는 절대 뒤돌아보지 말아야 한다고. 만약 뒤돌아보면 모든게 무효가 될 것이라고 단단히 일러두었다.

오르페우스와 에우리디케는 함께 저승에서 지상세계로 통하는 오르막길을 걸어 올라갔다. 그런데 지상에 거의 다 왔을 때 오르페우스는 에우리디케가 걱정되어 뒤돌아보았다. 그 순간 모든 것이 물거품이 돼버렸다. 에우리디케는 오르페우스의 손을 놓치고 미끄러져 떨어졌다. 그녀는 마지막으로 "안녕" 이라는 말만 남기고 사라져갔다.

오르페우스는 너무나 허무했다. 그토록 애써서 에우리디케를 데려왔는데 그녀와 다시 헤어지게 되니 허무하지 않을 수 없었다. 그는 다시 저승세계에 가려고 스틱스 강의 뱃사공 카론에게 지옥으로 건네다줄 것을 간청했지만, 이번에는 거절당했다. 이때부터 그는 제정신이 아니었다. 곡기도 끊고 하염없이 눈물만 흘리다가 고향 트라키아로 돌아갔다. 그는 모든 여자를 외면했다. 그 어떤 여자가 유혹해도 모두 거절했다.

오르페우스와 에우리디케의 설화는 비극적이면서도 아름답다. 오르페우스가 아내를 살리기 위해 지하세계로 찾아가는 모험을 감행한 점도 그렇고, 그가 아름다운 음악 연주로 돌처럼 굳은 지하세계의 신과 인간의 영혼들까지 감동시킨 것도 그렇다. 이 설화는 18세기 독일의 음악가 크리스토프 빌리발트 글루크의 오페라로 '부활'했다.

◆◆◆ 오르페우스와 에우리디케 / 조지 프레드릭 와츠

멜라니온과 아탈란테를 맺어준 황금사과

아탈란테는 태어나자마자 아들이 아니라는 이유로 부모에게 버림받은 여성이다. 버려진 아탈란테는 암곰의 젖을 먹으며 목숨을 부지하다가 사냥꾼들에게 발견되어 그들과 함께 살았다. 그러다 보니 아탈란테는 커서도 사냥하는 것을 좋아했다. 칼리돈의 멧돼지 사냥에 남자 영웅들과 함께 출전했고, 펠레우스와 벌인 레슬링 경기에서도 그녀가 승리했다. 켄타우로스가 그녀를 겁탈하려다 오히려 그녀가 쏜 화살을 맞고 죽기도 했다.

장성한 아탈란테가 부모를 찾아갔더니 부모는 그녀에게 하루 빨리 결혼하라고 재촉했다. 구혼자도 많았다. 결혼을 하고 싶지 않았던 아탈란테는 한 가지 방안을 생각해냈다. 자기와 구혼자들이 달리기 시합을 벌여서 자기에게 지는 구혼자에게는 죽음을 내리고, 자기를 이기는 자와 결혼하겠다고 한 것이다. 출발도 구혼자들이 먼저하고 자신이 뒤쫓는 방식이었다.

그런데 뛰는 사람 위에 나는 사람이 있는 법이다. 멜라니온이라는 청년이 그녀를 차지하기 위해 아프로디테 여신에게서 황금사과를 얻어 와서 경주에 참가했다. 그는 황금사과를 아주 유효적절하게 활용했다. 달리다가 아탈란테에게 추월당할 즈음에 황금사과를 내던졌다. 아탈란테는 황금사과를 줍느라 시간을 보낸 탓에 멜라니온을 추월하는 데 실패하여 그와 결혼하게 됐다. 그런데 멜라니온과 아탈란테는 제우스 신의 성역에 들어가 사랑을 나누다가 사자로 변했다고 아폴로도로스는 전한다. 지역에 따라서는 청년의 이름이 멜라니온이 아니라 히포메네스로 나오는 설화도 있다. 그러나 청년의 이름만 다르고 줄거리는 대동소이하다.

◆◆◆ 아탈란테와 히포메네스 / 귀도 레니

판도라의 상자 안에 남은 희망

프로메테우스가 몰래 인간에게 불을 가져다준 것을 알게 된 제우스 신은 격노했다. 독수리가 프로메테우스의 간을 쪼아 먹도록 그를 꽁꽁 묶어 바위에 매어놓았다. 그러나 인간 세상을 곧바로 응징하지는 않았다. 대신 인간에게 오래도록 고통이 될 만한 것을 내려주기로 했다. 판도라라는 여성과 그녀가 인간에게 전해줄 상자가 그것이었다.

헤시오도스의 〈노동과 나날〉을 보면, 판도라를 만드는 데는 여러 신이 참여했다. 헤파이스토스 신은 흙과 물을 반죽해 사람의 형태를 만들었다. 그 얼굴은 불멸의 여신들처럼 아름답고 매력적이었다. 아테나 여신은 허리띠를 만들어주고 화장도 해주었다. 아프로디테 여신은 매력과 함께 동경과 비탄을 함께 불어넣어주었다. 우미의 여신들과 설득의 여신은 판도라에게 금목걸이를 걸어주었고, 계절의 여신들은 봄꽃으로 만든 화환을 판도라에게 씌워주었다. 헤르메스 신은 그녀의 가슴 속에 기만과 사기와 아첨과 교활한 심성을 불어넣고 말하는 능력까지 주었다고 한다. 올림포스의 신들은 이밖에도 '열심히 일하는 남자들에게 고통이 될 만한 것'들을 그녀에게 주었다.

판도라는 신들에게서 받은 것들을 모두 항아리에 담았다. 헤시오도스에 따르면, 우리가 '판도라의 상자'로 알고 있는 것이 사실은 항아리였다. 제우스

◆◆◆ 판도라 / 단테 가브리엘 로세티

신은 헤르메스 신을 통해 판도라와 항아리를 프로메테우스의 동생인 에피메테우스에게 전달했다. 에피메테우스는 제우스 신이 주는 선물을 받지 말라는 프로메테우스의 충고를 잊고 그 상자를 받았다. 그리고 판도라가 그 상자의 뚜껑을 열었다. 그 결과 상자 속에 있던 온갖 고통과 악덕이 세상으로 나왔다.

> 그러자 헤아릴 수 없이 많은 해로운 불행들이 인간들 사이로 휘젓고 돌아다녔다. 따라서 지상, 바다 할 것 없이 고통으로 휩싸이게 되었으며, 병마가 어떤 사람에게는 낮에, 다른 사람에게는 밤에 마음 내키는 대로 갑자기 찾아다니며, 소리 소문 없이 인간들에게 많은 고통을 가져다주었다.
>
> ─ 헤시오도스, 〈노동과 나날〉

다만 항아리(판도라의 상자)의 한 구석에 겨우 자리하고 있던 '희망'만은 밖으로 나오지 않고 안에 남았다. 놀란 판도라가 얼른 뚜껑을 닫았기 때문이다. 판도라의 상자 속에 희망이 남은 것이 인간들에게 다행일 수도 있고 불행일 수도 있다. 분명한 것은 희망이란 것이 숨어 있다는 것이다. 결국 희망이란 찾는 사람만 찾을 수 있는 것이고, 찾지 않는 사람에게는 없다는 뜻이 아닐까?

죽은 사람의 영혼을 실어 나르는 뱃사공 카론

카론은 에레보스(암흑)와 닉스(밤)의 아들로서, 삶을 마치고 저승으로 들어가는 영혼을 실어 나르는 스틱스 강의 뱃사공이다. 카론의 배를 타려는 영혼은 뱃삯을 내야 한다. 이 때문에 그리스에 죽은 자의 입에 동전을 넣어주는 풍습이 생겨났다고 한다.

영웅 헤라클레스는 12가지 고역 가운데 마지막 과업으로 저승을 지키는 개 케르베로스를 데리러 간 것으로 전해진다. 헤라클레스가 살아있는 사람이라는 이유로 카론이 배에 태워주기를 거부하자, 헤라클레스는 카론의 노를 빼앗아 내리친다. 할 수 없이 카론은 헤라클레스를 태워 스틱스 강 건너편으로 태워다주는데, 나중에 카론은 이승의 사람을 저승에 들어가게 했다는 이유로 1년 동안 사슬에 묶이는 벌을 받았다.

로마시대 서정시인 베르길리우스의 〈아이네이스〉에 묘사된 카론은 턱에 백발이 무성하고, 눈은 불을 켠 듯이 노려보고 있다. 스틱스 강가에는 카론이 노 젓는 배에 타기 위해 많은 영혼이 몰려들어 서로 먼저 타려고 애쓴다. 카론은 그중에서 아무나 마음대로 골라서 강 건너로 데려다준다.

〈아이네이스〉에서 주인공 아이네아스는 예언녀 시빌의 안내로 저승을 방문하게 된다. 그때 카론은 아이네아스에게 "살아 있는 사람은 내 배를 탈 수 없다"고 말하며 배에 태워주기를 거부한다. 예언녀는 아이네아스가 세상을 떠난 아버지 안키세스의 영혼을 보러 가는 효성스러운 사람이라며 설득한다. 그러자 카론이 비로소 아이네아스를 배에 태워 스틱스 강 건너편으로 데려간다. 저승 입구에서 거대한 개 케르베로스가 요란하게 짖으며 막아서자 아이네아스는 수면제에 담갔던 꿀 케이크를 던져줘서 잠잠하게 만들었다.

단테 알리기에리의 〈신곡〉 '지옥'편에서는 주인공 단테가 스승 베르길리우스의 안내로 지옥에 들어가면서 카론과 마주친다. 이 장면에서도 카론은 단테가 살아있는 사람임을 알아차리고는 배에 태워주기를 거부한다. 이에 베르길리우스가 "전지전능하신 주님의 뜻"이라며 카론을 설득한다. 다만 〈신곡〉에서는 카론이 악한 영혼을 지옥으로 실어 나르는 역할만을 한다. 그래서 카론은 자신의 배에 올라타려는 영혼에 저주를 퍼붓는다.

너희 악당들의 영혼에 영원한 앙화 있으리라! 하늘을 우러를 수 있으리라고는 꿈에도 바라지 마라. 나는 너희를 강 건너 저쪽 영원한 어둠 속, 불길과 어둠 속으로 끌고 가리라.

― 단테 알리기에리 , 〈신곡〉 지옥편

아킬레우스에게 전쟁기술을 가르친 케이론

아킬레우스의 아버지 펠레우스는 아들을 켄타우로스 족의 일원인 케이론에게 데려가 교육을 맡겼다. 케이론은 다른 켄타우로스들과는 달리 상당히 현명한 자였다.

케이론은 아킬레우스에게 사자와 멧돼지의 내장과 곰의 골수를 먹여가며 용감한 사람으로 키웠다. 전쟁기술과 달리는 방법도 가르쳤다. 이에 따라 아킬레우스는 그리스인 가운데 가장 빠른 사람이 됐다. 호메로스도 〈일리아스〉에서 아킬레우스를 표현할 때 '빨리 달리는' 이라는 수식어를 흔히 붙였다. 아킬레우스가 트로이 전쟁에서 혁혁한 무공을 세운 것도 그의 무술실력 못지않게 빨리 달리는 능력에 힘입은 바 크다. 케이론은 펠리온 산의 물푸레나무로 크고 단단한 창을 만들어 아킬레우스의 아버지 펠레우스에게 주었다. 펠레우스는 트로이 전쟁에 출전하게 된 아킬레우스에게 그 창을 넘겨주었다. 창은 워낙 무거워서 오직 아킬레우스만이 들 수 있었다.

케이론은 아킬레우스에게 음악과 의술도 가르쳤다. 약도 지어줬다. 호메로스의 〈일리아스〉 4권을 보면, 케이론이 고통을 멎게 하는 약을 지어 아킬레우스의 아버지 펠레우스에게 준 것을 아킬레우스가 받아 가지고 있었다. 아킬레우스는 트로이 군의 화살에 맞은 메넬라오스에게 그 약을 발라주어 그를 치료

◆◆◆ 아킬레우스와 켄타우로스 족의 케이론 / 폼페오 바토니

한다.

트로이 전쟁이 배출한 그리스 군 최고의 영웅 아킬레우스는 여신 테티스와 인간 펠레우스가 낳은 아들이다. 아폴로도로스의 설명에 따르면, 처음에는 제우스 신과 포세이돈 신이 테티스 여신과 결혼하려고 했다. 그러나 이들은 테티스 여신이 낳을 아들이 하늘을 지배하게 될 것이라고 프로메테우스가 예언하자 테티스 여신과의 결혼을 포기했다. 제우스 신도 우라노스 신이나 크로노스 신처럼 쫓겨나는 운명에 처하고 싶지 않았던 것이다. 제우스 신은 대신 그녀를 사람과 결혼시켰다.

아킬레우스가 태어나자 어머니 테티스 여신은 그를 불멸의 존재로 만들어주려고 애썼다. 그래서 밤에는 아킬레우스를 불 속에 넣고, 낮에는 아킬레우스의 몸에 신들의 음식 암브로시아를 발라주었다. 그런데 밤에 아킬레우스가 불 속에서 몸부림치는 것을 본 아버지 펠레우스가 아킬레우스를 불에서 꺼냈다. 이 때문에 아킬레우스는 불멸의 존재가 되지 못했다고 한다.

소년 헤르마프로디토스와 한 몸이 된 요정 살마키스

소아시아 칼리아 지방의 한 연못에 요정 살마키스가 살고 있었다. 연못의 물은 수정처럼 맑았고, 가장자리에는 싱싱한 잔디와 푸른 풀이 자라고 있었다. 요정은 주로 연못에서 지내다가 간혹 바깥으로 나와 나뭇잎이나 꽃을 따곤 했다.

어느 날 살마키스는 연못 근처에 온 소년 헤르마프로디토스를 보고 한눈에 반했다. 요정은 소년에게 듣기 좋은 말을 건네며 유혹했다.

> 신으로 여겨지고도 남을 소년이여, 그대가 신이라면 아마도 쿠피도이겠지요. 그대가 혹시 인간이라면 그대를 낳아주신 이들은 복되고 그대의 형제는 행복하며, 그대에게 누이가 있다면 그 누이와 그대에게 젖을 물린 유모는 정말로 복을 받은 거예요.
> ―오비디우스, 〈변신〉 4권

요정은 소년에게 동침하고 싶다고 노골적으로 말했다. 그러나 소년은 얼굴만 빨개질 뿐 반응을 보이지 않았다. 요정은 소년에게 접근하더니 그의 목에 팔을 두르려고 했다. 소년은 놀라서 뿌리쳤다. 그러자 요정은 소년에게 연못을 줄 테니 마음대로 하라고 이르고는 숲으로 사라졌다. 요정은 숲 속에 몸을 숨기고 소년이 어떻게 하나 지켜봤다.

소년은 연못에 발을 담그더니 나중에는 옷을 다 벗고 놀았다. 이를 지켜보던 요정은 소년을 껴안고 싶어서 얼른 연못으로 돌아가서 옷을 벗어던졌다. 요정은 소년이 싫다는데도 달라붙어 입을 맞추었다. 나중에는 소년이 빠져나가지 못하도록 뱀처럼 소년을 칭칭 감았다. 소년은 요정이 요구하는 쾌락을 한사코 거절했지만, 요정은 소년을 놔주지 않았다.

이 바보! 아무리 발버둥 쳐도 그대는 내게서 도망치지 못해요. 신들이시여, 그대들은 명령을 내리시어 누구든 그 어느 날에도 나에게서 그를 떼어놓거나 그에게서 나를 떼어놓지 못하게 하소서!
— 오비디우스, 〈변신〉 4권

요정의 기도를 신들이 들어주었다. 요정과 소년은 꼭 껴안은 채 떨어지지 않았다. 그래서 이들은 '여자라고도 소년이라고도 할 수 없고, 둘 중 어느 쪽도 아니면서 둘 다인 것처럼 보이는' 한 몸이 됐다.

아르테미스 여신이 쏜 화살에 맞아 죽은 오리온

오리온은 크레타 미노스 왕의 딸 에우리알레와 포세이돈 신 사이에서 아들로 태어났다. 그는 자라나서 힘이 세고 키가 큰 사냥꾼이 됐다. 키가 워낙 커서 바다에서 걸어 다녀도 목이 수면 위로 드러났다고 한다.

오리온은 시데라는 여인과 결혼했다. 그러나 시데는 헤라 여신에게 아름다움을 겨루겠다고 도전했다가 죽임을 당했다. 그 뒤 오리온은 키오스 섬의 오이노피온에게 갔다가 그의 딸 메로페를 사랑하게 됐다. 오리온이 메로페를 겁탈하자 오이노피온이 그의 눈을 멀게 했다. 오리온은 케달리온이라는 소년을 안내자로 삼아 자기 어깨 위에 태우고 태양을 향해 동쪽으로 갔다. 그러자 오리온은 시력을 회복했다. 오리온은 키오스 섬으로 돌아가 오이노피온을 죽이려고 했다. 그러나 오이노피온은 헤파이스토스가 만들어준 지하의 방에 숨어 위험을 모면했다.

오리온은 크레타 섬으로 가서 아르테미스 여신과 함께 사냥을 하기도 했다. 그런데 새벽의 여신 에오스가 오리온을 사랑해 델로스 섬으로 데리고 갔다. 그러나 오리온은 아르테미스의 출생지인 그 섬에서 아르테미스 여신이 쏜 화살을 맞고 죽임을 당했다. 아르테미스 여신이 오리온을 죽인 이유에 대해서는 몇 가지 설이 있다. 오리온이 아르테미스 여신에게 원반 던지기 실력을 겨루자고 도전했기 때문이라는 이야기도 있고, 그가 아르테미스 여신을 겁탈하려고 시도했기 때문이라는 설도 있다. 또 아르테미스 여신의 시녀인 오피스를 겁탈하려 했기 때문이라는 해석도 있고, 아르테미스 여신이 에오스 여신에게 질투를 느꼈기 때문이라는 전설도 있다. 아르테미스 여신은 오리온에게 전갈을 보내 그의 발뒤꿈치를 물게 해서 죽였다고 한다.

아무튼 오리온이 죽자 에오스 여신은 그의 죽음을 슬퍼해 하늘의 별자리로 만들었다. 전갈도 아르테미스 여신 덕분에 별자리가 됐다.

◆◆◆ 아르테미스와 오리온이 있는 풍경 / 니콜라 푸생

남편을 오해하여 죽음을 맞은 프로크리스

케팔로스와 프로크리스는 금슬 좋은 부부였다. 케팔로스는 프로크리스와 결혼할 때 어떤 목표물이든 반드시 맞히는 창을 선물로 받았다. 창의 끝은 황금으로 되어 있었다. 케팔로스는 그 창을 들고 들과 산으로 사냥하러 다녔다.

어느 날 케팔로스는 사냥을 하다가 나무 밑에 누워서 서늘한 산들바람(아우라)을 맞으면서 쉬고 있었다. 산들바람이 너무나 시원했기 때문인지 케팔로스는 아우라에게 아첨하는 말을 읊조렸다.

> 그대는 나의 큰 낙이오. 그대는 내 원기를 돋워주고 나를 애무해주오. 그대 때문에 나는 숲과 한적한 곳을 사랑하는 것이오. 내 입술로 언제나 그대의 입김을 느낄 수 있었으면!
>
> ─오비디우스, 〈변신〉 7권

케팔로스가 읊는 말을 누군가가 듣고 프로크리스에게 찾아가 이야기했다. 남편 케팔로스가 아우라라는 요정과 정을 나누고 있다고. 물론 그것은 완전한 오해였다. 하지만 이 말을 들은 프로크리스는 충격을 받았다. 그녀는 자신의 눈과 귀로 직접 사실을 확인하려고 숲으로 찾아갔다. 프로크리스는 케팔로스가 풀밭에 누워 쉬고 있는 곳의 나무 뒤에 숨었다. 바로 그때 케팔로스는 또 이렇게 읊었다. "아우라여, 와서 내 노고를 진정시켜다오! 오라, 내 사랑이여!"

남편이 사랑이라고 부른 대상이 한갓 산들바람임을 알게 된 프로크리스는 기쁜 마음에 남편을 안아주려고 나무 뒤에서 뛰어나왔다. 그런데 그녀를 짐승으로 잘못 안 남편 케팔로스가 급히 쏜 화살을 맞고 말았다. 케팔로스는 서둘러 아내에게 달려갔다. 그러나 이미 늦었다. 그녀는 행복한 표정으로 죽어갔다.

◆◆◆ 케팔로스와 프로크리스 / 고트프리트 샬켄

아름다운 처녀 포모나에 대한 베르툼누스의 구애작전

이탈리아의 어느 왕국에 포모나라는 아름다운 처녀가 있었다. 포모나는 다른 것에는 전혀 관심을 보이지 않고 오로지 과일나무 키우는 데만 열중했다. 과일나무에 물을 주고 낫으로 불필요한 가지를 쳐주는 등 언제나 과일나무만 아끼고 사랑했다.

그녀는 남자의 접근은 일절 차단했다. 과수원의 문을 걸어 잠그고 아무도 과수원에 들어오지 못하게 했다. 그녀에게는 어떤 신도 접근할 수 없었다. 단한 사람만 그녀에게 접근할 수 있었다. 그는 베르툼누스라는 청년이었다.

그러나 베르툼누스도 온전한 제 모습으로는 그녀에게 접근하지 못했다. 다양한 모습으로 변장해야만 했다. 수확하는 사람, 소몰이꾼, 가지치기 일꾼 등의 모습으로 변신하여 포모나에게 접근했다. 심지어 지팡이를 짚고 다니는 노파로 변신하기도 했다.

노파로 변신해 포모나에게 접근한 베르툼누스는 포모나가 딴 과일을 한참 칭찬한 다음 "그렇지만 그대가 훨씬 더 예뻐요"라고 말하고 입맞춤을 하곤 했다. 그리고 포도덩굴과 느릅나무가 서로 엉켜 자라는 것을 보면서 이런 말을 한다.

만약 저 나무가 포도덩굴 없이 홀아비로 서 있다면 그것에게는 사람들이 찾을 만한 것은 잎사귀밖에 없을 거예요. 느릅나무와 결합하여 편히 쉬고 있는 저 포도덩굴도 결혼을 하지 않았다면 땅바닥에 누웠을 거예요.

— 오비디우스, 〈변신〉 14권

그러고는 포모나에게 결혼하는 것을 생각해보라고 점잖게 권유한다. 그녀가 결혼하겠다고 하면 메넬라오스의 아내 헬레네나 오디세우스의 아내 페넬로페보다도 훨씬 많은 구혼자에게 둘러싸일 것이며, 지금 이 순간에도 천 명의 남자와 많은 신과 반신들이 그녀를 원하고 있다고 노파는 말한다. 그러면서 자신이 보증을 서겠다며, 자신이 잘 아는 베르툼누스라는 청년과 결혼하라고 권고한다. 바로 자신과 결혼하자는 말이었다.

노파로 변신한 베르툼누스는 자신에 대한 소개를 좀 더 한다. 베르툼누스는 타고난 매력이라는 복을 받았으며 온갖 모습으로 변신할 수도 있어서 그녀가 요구하는 것은 무엇이든 다 해줄 수 있을 것이라고. 그리고 베르툼누스가 원하는 것은 그녀가 따는 과일도, 그녀의 정원에서 나오는 약초도 아니고 오직 그녀뿐이라고 강조한다. 베르툼누스는 그녀 외에는 아무것도 바라지 않는다고. 노파로 변신한 베르툼누스는 이렇게 여러 가지 이야기를 하면서 포모나의 마음을 움직이려고 애쓴다.

그렇지만 그 결과는 아무도 모른다. 이 이야기를 지어낸 오비디우스가 쓴 작품에도 그 결과에 대한 언급은 없다. 이 이야기에 나오는 포모나(Pomona)라는 이름은 과일을 뜻하는 라틴어 단어 pomum에서 나온 것이고, 베르툼누스(Vertumnus)라는 이름은 '변한다'라는 뜻을 가진 라틴어 단어 verto에 어원을 두고 있다. 그러므로 이런 단어들을 활용해 오비디우스가 나름대로 이 설화를 창작했을 것으로 여겨진다. 그렇다면 굳이 그 결과를 알려고 할 필요도 없다. 설화를 읽고 재미있게 느낀다면 그것으로 충분할 것이다.

3장
구약과 유대족의 고대사

신과 비슷한 모습으로 창조된 인간

우리에게 너무나 잘 알려진 하늘과 땅의 창조 설화가 있다. 성서의 제1권이라 할 수 있는 〈창세기〉의 1장부터 2장까지에 이 설화가 실려 있다. 설화에 따르면 하느님은 1주일 동안 천지만물을 창조했는데, 그중 마지막으로 창조한 것이 최초의 사람인 아담과 이브다. 첫날 하늘과 땅을 만든 것을 비롯해 종류별로 순차적으로 창조했다.

첫째 날에는 하늘과 땅.

둘째 날에는 빛.

셋째 날에는 마른 땅(뭍), 푸른 움과 풀, 과일나무.

넷째 날에는 해, 달 별, 물고기와 새.

다섯째 날에는 집짐승과 길짐승과 들짐승.

여섯째 날에는 사람(남자와 여자).

일곱째 날에는 휴식.

하느님이 천지만물을 창조할 때 창조된 것들의 모습은 하느님 자신이 보기에 '참 좋았다'고 한다. 그런데 하느님이 천지만물을 창조하기 전의 상태는

◆◆◆ 아담과 이브 / 알브레히트 뒤러

어떠했을까? 특별한 설명은 없다. 하느님은 하늘과 땅을 창조한 후 한 가지씩 순차적으로 만들어가면서 질서를 잡아갔다고 한다.

그리스로마 신화도 이와 비슷하다. 그리스로마 신화에는 태초에 '카오스' 가 있었다고 명확히 표현돼 있다(헤시오도스의 〈신통기〉). 오비디우스의 〈변신〉도 마찬가지다. 여기에도 태초의 상태가 '카오스' 였다고 설명돼 있다. '카오스' 의 의미에 대해서는 여러 가지 설명이 가능하겠지만 대체로 '혼돈' 으로 번역되고 이해된다. 카오스는 한마디로 모든 것이 뒤죽박죽인 상태라고 할 수 있겠다.

> 그것은 원래 그대로의 정돈되지 않은 무더기로, 생명 없는 무게이자 서로 어울리지 않는 사물들의 씨앗이 서로 다투며 한 곳에 쌓여있는 것에 지나지 않았다.
> — 오비디우스, 〈변신〉 1권

그 상태에서는 "그 어떤 것도 제 모양을 띠지 못했다." 그러므로 "모든 것이 서로 방해만 되는" 상태였다.

신이 순서에 따라 사물을 창조하고 사람을 맨 마지막에 만들어냈다고 이야기하는 것에서도 성서의 〈창세기〉와 오비디우스의 〈변신〉이 다르지 않다. 더욱이 사람이 신과 비슷한 모습으로 만들어지고 지상의 모든 생물을 다스릴 권능을 부여받았다는 설화도 대동소이하다.

> 하느님께서는 "우리 모습을 닮은 사람을 만들자! 그래서 바다의 고기와 공중의 새, 또 집짐승과 모든 들짐승과 땅 위를 기어 다니는 모든 길짐승을 다스리게 하자!" 하

시고, 당신의 모습대로 사람을 지어내셨다.

― 〈창세기〉 1장

만물의 창조자이자 세계의 더 나은 근원인 신이 자신의 신적인 씨앗으로 인간을 만들었을지도 모른다. …… 그 대지를 이아페투스의 아들 프로메테우스가 강물로 개어서는 만물을 다스리는 신들의 모습으로 인간을 빚었을지도 모른다.

― 오비디우스, 〈변신〉 1권

결국 사람이 신의 모습대로 창조되었고, 그래서 온갖 창조물 가운데 가장 가치 있고 소중한 존재라는 인식에서는 성서의 〈창세기〉와 그리스로마 신화가 비슷하다.

다만 성서의 천지창조 설화에 독특한 점이 하나 있다. 그것은 날짜 구분이 명확하다는 점이다. 조물주가 6일 동안 창조하는 일을 하고 나서 하루는 쉬었다고 하니까. 그리고 이런 날짜 구분 덕분에 안식일이 생겼다. 인류에게 다행스런 일이 아닐 수 없다. 이제는 일요일 하루만 쉬는 날이 아니다. 주2일 휴무가 보편화됐고, 주3일 쉬는 경우도 있다. 천지창조 설화가 인류에게 남겨준 최고의 은혜가 바로 이 '휴일' 개념이 아닐까.

낙원에서 추방된 아담과 이브

하느님 야훼가 천지창조를 마친 다음 흙을 빚어 아담이라는 사람을 만들어냈다. 그리고 아담을 위해 에덴에 동산까지 마련해주었다. 에덴 동산에는 온갖 나무와 열매가 가득했다. 지상낙원이었다. 그런데 낙원에 있는 나무 가운데는 선과 악을 분별하게 하는 나무도 있었다. 야훼는 아담에게 그 나무의 열매를 절대 먹지 말라고 엄명을 내렸다. 아담은 처음에는 그 명령을 잘 지켰다.

그런데 야훼가 아담에게 이브라는 여자를 만들어주자 상황이 달라졌다. 아담과 이브는 에덴 동산에서 즐겁고 행복하게 살아가고 있었다. 그런데 어느 날 뱀이 나타나 이브에게 선악과를 따먹어보라고 꼬드겼고, 이브는 넘어갔다. 이브는 선악과를 먼저 먹은 뒤 아담에게도 먹어보라고 유혹했고, 결국 아담도 그 열매를 먹고 말았다.

그 열매는 두 사람으로 하여금 '사리분별'을 갖게 했다. 자신들이 알몸이라는 사실을 비로소 깨닫고 몸을 가리기 시작했다. 그러나 야훼가 보기에는 아담과 이브의 행위는 계명과 약속을 어기는 짓일 따름이었다. 야훼는 뱀과 이브,

◆◆◆ 낙원에서의 추방 (〈천지창조〉의 일부분) / 미켈란젤로

아담을 차례로 불러 나무라면서 '저주'를 주었다. 아담에게는 그야말로 운명적인 저주를 내렸다.

흙에서 난 몸이니 흙으로 돌아가기까지 이마에 땀을 흘려야 낟알을 얻어먹으리라. 너는 먼지이니 먼지로 돌아가리라!
— 〈창세기〉 3장

야훼는 이렇게 야단치고 저주를 준 것으로 그치지 않았다. 아담과 이브를 아예 낙원에서 추방했다. 그 후 아담은 땅을 갈아 농사지어 먹고살게 됐다. 이렇듯 아담과 이브의 운명은 선악과를 따먹는 '원죄'를 지음으로써 근본적으

로 달라졌다. 일도 하지 않으면서 편하고 즐겁게 먹고 살기만 하던 에덴 동산에 다시는 돌아갈 수 없게 됐다. 인간의 운명은 그렇게 결정됐다. 인간은 이제 '일하는 인간(Homo Laborans)'이 된 것이다.

사실 자연의 질서 속에서 인간의 조건은 무척이나 열악하다. 힘과 재능 등 여러 가지 면에서 다른 동물들에 비해 생존하기 어렵게 돼 있다. 그럼에도 인간이 다른 동물들을 지배하고 지구에 문명을 건설하게 된 것은 일을 하기 때문이다. '일하는 인간'은 인간이 자연의 질서 속에서 생존하기 위해 터득한 방책이다.

그런데 성서의 설화에 따르면 '일하는 인간'은 인간이 하느님의 명을 거역했기 때문에 주어진 운명이다. 낙원에서의 추방에 관한 설화는 '일하는 존재로서의 인간'을 종교적으로 뒷받침하는 에피소드라고 볼 수 있겠다.

고대 그리스의 서사시인 헤시오도스가 남긴 〈노동과 나날〉에도 "불멸의 신들은 우리의 이마에서 땀이 흐르지 않으면 안 되도록 해놓았다"고 쓰여 있다. 열심히 일하는 사람만이 신들의 마음에 만족을 준다는 것이다. 결국 인간이 일하는 존재인 것은 신들에 의해 주어진 운명이라고 할 수 있겠다.

에덴 동산의 낙원과 그곳에서 살다 추방된 아담과 이브의 설화는 수많은 예술가들에게 창작의지를 고취하는 영감의 샘이었다. 17세기 영국의 존 밀턴이 쓴 서사시 〈실락원〉은 이 설화를 소재로 한 대표적인 명작이다.

동생을 죽이고 유랑자가 된 카인

카인과 아벨은 둘 다 아담과 이브의 아들이다. 카인은 농부가 되었고, 아벨은 양 치는 목자가 되었다. 그들은 야훼에게 예물을 봉헌했다. 카인은 재배해서 수확한 곡식을 바쳤고, 아벨은 양의 맏배의 기름기를 드렸다. 그런데 문제가 생겼다. 야훼가 아벨의 예물만 받아들이고 카인의 예물은 받기를 거부했다. 야훼는 카인을 야단치기까지 했다.

> 네가 잘했다면 왜 얼굴을 쳐들지 못하느냐? 마음을 잘못 먹었다면 죄가 네 문 앞에 도사리고 앉아 너를 노릴 것이다.
> ― 〈창세기〉 4장

카인은 의기소침해지고 화가 치밀었다. 그는 아벨을 들로 꾀어내어 쳐 죽이고 말았다. 카인은 말하자면 인류 최초의 살인자가 된 것이다. 그것도 자기 아우를 죽인 몹쓸 인간이 되고 말았다.

카인의 이런 행위를 지켜본 야훼는 카인에게 "네가 어찌 이런 짓을 저질렀느냐?"고 따져 물었다. 그러고는 "너는 저주받은 몸"이라며 카인을 세상을 떠돌아다니는 신세가 되게 만들었다. 이에 따라 카인은 인류 최초의 유랑자가 됐다. 다만 야훼는 카인에게 한 가지 은혜를 베풀었다. 누가 카인을 죽이려고 하지 못하도록 카인에게 표를 찍어준 것이다. 그리고 카인을 죽이는 사람에게는 일곱 배로 벌을 내리겠다고 다짐했다. 카인은 에덴의 동쪽에 있는 '놋'이라는 곳으로 가서 그곳에 정착했다.

카인이 저지른 죄는 분명히 처벌받아 마땅하다. 그러나 카인과 아벨이 바친 제물이 왜 차별을 받아야 했는지 얼른 납득하기 어렵다. 고대에 유대인이나 중동지방 민족들 사이에 신에게 육류를 바쳐야 하는 관습이 있었는지, 아니면 야훼에게는 원래 육류를 바쳐야 했는지 분명하지 않다. 전문가들이 연구해보면 뭔가 이유를 찾을 수 있겠지만, 일반적인 상식에 비춰서는 이해하기가 쉽지 않다. 그렇게 얼른 납득하기 어려운 이유로 차별을 받았으니 카인으로서는 이유 없이 뺨을 맞았다는 느낌이 들었을 것이다. 그 결과 동생에게 화풀이를 하게 된 것이리라.

그나마 야훼가 카인에게 죄를 추궁하면서도 무조건 그를 처벌하기만 하지 않은 것은 다행이다. 범죄가 나쁜 것이기는 하지만, 범죄자에 대한 최소한의 관용마저 없다면 또 다른 범죄를 낳기 쉽다. 카인에 대한 야훼의 관용은 단죄만이 능사는 아님을 일깨워준다.

◆◆◆카인과 아벨 / 티치아노

사람을 만든 것을 후회하는 창조주 야훼

아담의 자손 노아의 나이가 600살이 된 해의 2월 17일에 하늘이 뚫렸다. 그날 부터 40일 동안 쉴 새 없이 폭우가 쏟아졌다. 지상의 모든 땅이 물에 잠겼다. 물은 가장 높은 산보다 15자(尺) 더 높이 차 올랐다. 사람은 물론이요 집짐승과 들짐승, 새와 벌레 등 '마른 땅 위에서 코로 숨 쉬며 살던' 온갖 생물이 다 죽어갔다. 지상의 생물이 멸종될 위기에 몰렸다.

이 위기는 창조주 야훼가 타락한 인간을 벌하기 위해 일부러 일으킨 것이었다. 성서의 〈창세기〉 6장에 따르면 당시 세상 사람들 사이에 죄악이 가득차고 사람들 모두가 못된 생각만 일삼고 있었다. 완전한 무법천지였다. 마침내 야훼는 "공연히 사람을 만들었구나"하고 후회하면서 모두 쓸어버리겠다고 결심했다. 그렇게 하는 데 가장 효과적인 방법은 홍수였다. 그래서 야훼는 하늘과 땅의 모든 물길을 터버린 것이다.

야훼는 다만 노아와 그의 가족만은 구해주기로 했다. 노아는 다른 사람들과 달리 올바르고 흠 없는 사람이었기 때문이다. 야훼는 대홍수를 결행하기 전에 노아에게 그런 계획을 알려주고 물 위로 떠다닐 배를 하나 만들어두라고 일렀다. 노아가 만든 배에는 아들 셈과 함을 비롯한 가족과 각종 짐승과 새 등이 함께 들어갔다. 지구상에서 생물체가 완전히 없어지는 사태를 막기 위해 야훼가 배려한 것이었다. 이 배에 들어간 노아의 가족과 여러 짐승들은 대홍수에도 불구하고 목숨을 건졌다.

홍수가 끝나고 물이 빠지기 시작하자 노아의 배는 산마루에 올랐다. 비로소 노아와 그의 가족 및 짐승들이 배에서 나와 야훼에게 제사를 지냈다. 그러고는 지상에 새로운 세계를 건설하기 시작했다. 야훼도 다시는 그런 방식으로 인간을 벌하지 않겠다고 다짐했다.

사람은 어려서부터 악한 마음을 품게 마련, 다시는 사람 때문에 땅을 저주하지 않으리라. 모든 짐승을 없애지 않으리라. 땅이 있는 한 뿌리는 때와 거두는 때, 추위와 더위, 여름과 겨울, 밤과 낮이 쉬지 않고 오리라.

— 〈창세기〉 8장

야훼는 살아남은 노아에게 필요한 모든 것을 주었다. 살아 있는 모든 생물을 노아의 지배 아래 두고 사람의 양식으로 삼게 했다. 다만 중요한 계명을 남겼다. 피가 있는 고기를 그대로 먹지는 말라고 못 박았다. 피는 생명이기 때문이다. 또 사람끼리 서로 피를 흘리게 하지 말아야 한다고 일렀다.

사람은 하느님의 모습으로 만들어졌으니, 남의 피를 흘리는 사람은 제 피도 흘리게 되리라.

— 〈창세기〉 9장

이런 계명과 가르침을 주면서 동시에 자손을 마음껏 낳고 번성하라는 축복

◆◆◆ 노아의 방주 앞에서 / 조반니 베네데토 카스틸리오네

도 해주었다. 다시는 땅을 멸하지 않겠다고 노아에게 약속했다. 이는 야훼가 노아와 맺은 계약이었다. 그 계약의 표지는 무지개였다.

무지개는 말하자면 다시는 이 땅의 생명을 쓸어버리지 않겠다는 창조주의 약속을 상징하는 '신령한' 현상이다. 다시 말해 무지개가 뜨기만 하면 인류가 멸망할지도 모른다는 걱정은 하지 않아도 되는 셈이다.

이렇게 해서 인류가 멸종위기에서 벗어났다. 오늘날 이 세계에 사는 사람들은 결국 대홍수에서 살아남은 노아 가족의 후손인 셈이다.

대홍수와 노아의 생존에 관한 설화는 메소포타미아와 그리스의 신화에 나오는 설화와 너무나 비슷하다. 대홍수가 일어난 배경과 방식, 그리고 신이 나중에 후회하는 것까지 빼닮았다. 그리스 신화에서도 대홍수를 거치면서 데우칼리온과 피라만 살아남아 지구상에 인류의 명맥을 이어가게 된다.

야훼가 중단시킨 인간의 바벨탑 세우기

야훼가 세상을 징벌하기 위해 일으킨 대홍수 속에서도 살아남은 노아는 셈, 함, 야벳이라는 자식들을 남겼고, 이들로부터 이집트족, 가나안족, 시돈족, 롯족, 아람족 등의 후손이 이어졌다. 이들 후손은 다 같은 말을 쓰고 있었다. 그런데 언젠가 많은 사람들이 시날 지방의 들판에 모여 의논한 끝에 돌 대신 벽돌을 쓰고, 흙 대신 역청을 써서 도시를 세우기로 했다. 또한 꼭대기가 하늘에 닿도록 성을 쌓아서 자신들의 이름을 높이기로 했다.

사람들의 이런 행동은 야훼가 보기에는 자신에 대한 도전이었다. 야훼는 '사람들이 앞으로 하려고만 하면 못할 일이 없겠다'고 생각했다. 그래서 사람들이 쓰는 말을 뒤섞어 서로 알아듣지 못하게 하고 모두 흩어지게 만들었다. 그러자 도시를 세우는 일도, 성을 쌓는 작업도 중단되고 말았다.

오늘날 세계 각국의 언어가 서로 다르게 된 연원은 바로 이 바벨탑을 지을 때로 거슬러 올라가는 셈이다. 야훼는 인간들의 행위가 못마땅해서 언어를 엇갈리게 만들었는지 모르지만, 달리 보면 그렇게 해서 인간세계에 언어의 다양성이라는 선물을 안겨준 것이다. 나라와 민족에 따라 언어가 다르기 때문에 다양한 문화와 사상의 탄생이 가능했던 것이 아닐까.

오늘날 전 세계에서 벌어지는 고층건물 건설 경쟁을 보면 바벨탑 설화를 단

◆◆◆ 바벨탑 / 피터르 브뤼헐

순히 허구로만 봐서는 안 될 것 같다. 우리나라에서도 서울 잠실 등지에 100층 이상의 건물이 들어설 것이라고 한다. 이런 고층건물은 현대판 바벨탑이라고 해도 좋을 듯하다.

성서의 시각에서 보면 이런 고층건물은 바벨탑처럼 신에게 도전하는 것일 수도 있다. 아직까지는 이 정도로 높은 건물에서 큰 사고가 일어나지 않은 것을 보면 이 정도는 신에게 '도전'으로 간주되지 않는 모양이다. 그렇지만 바벨탑을 짓는 사람들의 행위를 보고 야훼가 응징을 했듯이, 오늘날의 고층건물 건설 경쟁도 모종의 '응징'을 당하지나 않을지 알 수 없는 일이다.

미국의 세계무역센터 건물은 테러에 의해 붕괴됐다. 두바이는 고층건물 건설에 열을 올리다가 과도한 부채로 인해 홍역을 치렀다. 서울 잠실에 대형 고층건물이 지어지면 그 지역은 심각한 교통체증과 환경파괴로 몸살을 앓게 될 가능성이 크다. 대형 고층건물의 부작용은 결국 바벨탑의 후유증과 비슷한 문제가 아닐까.

타락한 도시 소돔과 고모라에 내린 유황불

대홍수 이후 노아의 후손은 바벨탑 사건 같은 해프닝을 제외하고는 대체로 무난하게 살아가고 퍼져나갔다. 노아의 아들인 셈과 함, 야벳의 후손은 서로 다른 부족과 민족을 이루어 제각기 번창해갔다.

그런데 소돔과 고모라에서 문제가 발생했다. 주민들이 너무나 타락한 것이었다. 남녀간 관계가 무질서한 것은 물론이고 동성간 관계의 난잡함도 그칠 줄 몰랐다. 야훼는 두 도시를 응징하겠다고 아브라함에게 말했다. 그러자 아브라함은 무고한 사람까지 희생될 염려가 있다며 용서를 빌었다.

> 죄 없는 사람을 어찌 죄인과 똑같이 보시고 함께 죽이려고 하십니까? 온 세상을 다스리시는 이라면 공정해야 할 줄 압니다.
> — 〈창세기〉 18장

아브라함의 거듭된 간청에 야훼의 마음도 움직였다. 의인이 10명이라도 있다면 그들을 봐서 두 도시를 멸하지 않겠다고 야훼는 약속했다. 그러나 소돔과 고모라에는 10명의 의인도 없었다.

야훼의 천사 둘이 내려왔을 때에도 소돔과 고모라의 주민들은 난행을 멈추지 않았다. 두 천사가 사람의 모습을 하고 내려와 롯의 집에 도착했을 때였다. 선량한 롯은 두 천사를 정성껏 대접했다. 그런데 소돔 사람들이 몰려와서 "재미를 봐야겠다"며 손님을 내놓으라고 요구했다. 롯이 자신의 두 딸을 대신 내놓겠다면서 달랬는데도 소돔 사람들은 막무가내였다. 롯이 문밖으로 나가 소돔 사람들을 아무리 타일러도 소용이 없었다.

급기야 천사들이 나섰다. 천사들은 롯을 다시 집안으로 들여보내고는 그곳을 빨리 떠나라고 재촉했다. 롯이 망설이자 천사들이 직접 롯과 그의 가족을 데리고 성 밖으로 나갔다. 천사들은 롯과 그의 가족에게 살려거든 빨리 달아나

라고 다그쳤다. 그리고 절대 뒤를 돌아보지 말라고 경고했다. 롯과 그의 가족은 인근에 있는 작은 도시 소알로 갔다. 그들이 소알로 들어가자마자 하늘에서 소돔과 고모라로 유황불이 내리쳤다. 두 도시에서 사람은 물론 푸성귀까지 모두 타죽었다. 그 와중에 롯의 아내가 뒤를 돌아보지 말라는 천사의 경고를 어기고 뒤를 돌아보았다. 이로 인해 그녀는 소금기둥이 됐다.

오늘날에는 소돔과 고모라의 타락이 재연되는 상황을 상상하기가 쉽지 않다. 도시 전체가 그토록 완전무결하게 타락하는 것은 흔치 않은 일이다. 그렇지만 똑같은 종류의 타락은 아니더라도 광범위하게 집단적 타락이 일어나는 일은 오늘날이라고 해서 없으라는 법이 없다. 예컨대 어느 한 나라나 어느 한 도시가 집단적인 탐욕과 광기에 사로잡히는 경우가 있다. 근현대의 예를 들면 20세기에 대규모 전쟁을 일으킨 독일과 일본, 17~19세기에 아메리카 대륙에서 인디언 사냥에 열을 올린 스페인과 미국을 꼽을 수 있다. 다만 근현대에는 집단적 광기가 휩쓸더라도 그 광기에 사로잡히지 않은 채 냉정하게 생각하고 행동하는 사람들이 약간이나마 있었다는 것이 다를 뿐이다.

그러므로 소돔과 고모라의 설화가 공허한 이야기만은 아니라고 여겨진다. 인류의 역사에서 그런 일은 꽤 많이 벌어졌다. 그리고 대부분의 사람들은 스스로 의식하지 못하는 사이에 광기 어린 행동에 휩쓸린다. 일부 생각 깊은 사람들만이 이런 광기를 견제하거나 치유하려고 애쓴다. 그 덕분에 사람들이 집단적인 파멸로부터 간신히 구제되곤 한다. 결국 소돔과 고모라와 같은 파멸이 재연되지 않는 것은 이런 선량한 인간들 덕분이라고 할 수 있겠다.

◆◆◆ 딸과 함께 소돔을 탈출하는 롯 / 알브레히트 뒤러

가나안 땅을 약속받은 아브라함

아브라함은 노아의 세 아들 중 셈의 후손인 데라의 아들이다. 데라는 메소포타미아 지방의 우르에서 아들 아브라함과 아브라함의 아내인 사라, 그리고 죽은 아들 하란의 아들인 룻을 데리고 가나안 땅으로 옮겨가다가 중간에 자리 잡고 살고 있었다. 그때 야훼가 아브라함에게 나타나 "너희가 장차 큰 민족이 되게 하겠다"며 길을 떠나라고 명했다. 아브라함은 아내 사라와 조카 룻만 데리고 길을 떠나 가나안에 당도했다. 아브라함이 가나안 인근의 세겜 성소에 이르자 야훼가 다시 나타나 그 땅을 아브라함의 자손에게 주겠다고 약속했다. 아브라함은 제단을 쌓아 야훼에게 바쳤다.

그러나 가나안 지방에 흉년이 들자 아브라함은 다시 이집트로 옮겨갔다. 아브라함은 사라와 서로 오누이 사이인 것으로 하자고 약속했다. 자신이 남편이라는 사실이 알려지면 이집트 사람들이 자신을 죽이고 아내 사라를 차지하려고 할지 모른다는 이유에서였다.

아브라함이 이집트에 들어가자 이집트 왕은 사라를 왕궁으로 불러들이고 사실상 자신의 아내로 삼았다. 아브라함에게 양떼와 소떼, 낙타와 당나귀, 남녀 하인 등 많은 선물을 주었다. 그러자 야훼가 이집트 왕과 그 가족에게 여러 가지 재앙을 내렸다고 한다. 사라가 아브라함의 아내라는 사실을 뒤늦게 알게

◆◆◆ 롯의 가족과 작별하는 아브라함 / 얀 빅토르

된 왕은 사라를 아브라함에게 도로 내주었다. 그리고 갖고 있는 재산을 가지고 이집트를 떠나라고 요구했다. 결과적으로 아브라함은 아내 사라를 미끼로 막대한 재산을 챙겼다.

아브라함은 다시 가나안 지역으로 돌아갔다. 아브라함과 롯은 가진 재산이 너무 많았기에 살림을 나누고 근거지를 달리 하기로 했다. 서로 의논한 끝에 아브라함은 가나안 땅에 살고 롯은 요르단 분지에 살기로 했다. 롯은 다시 소돔으로 옮겨갔다. 아브라함이 롯과 작별한 뒤에 야훼가 아브라함에게 다시 나타나 인근의 모든 땅을 주겠다고 약속했다.

네 눈에 비치는 온 땅을 너와 네 자손에게 아주 주겠다. 나는 네 자손을 땅의 티끌만큼이나 불어나게 하리라. 땅의 티끌을 셀 수 없듯이 네 자손도 셀 수 없게 될 것이다. 어서 이 땅을 두루 돌아보아라. 내가 이 땅을 너에게 주리라.
— 〈창세기〉 13장

이로써 가나안은 아브라함과 그의 후손들에게 '약속의 땅'이 됐다. 이는 그곳에서 이미 살고 있던 민족을 살육하고 쫓아내는 구실이 됐다.

사라가 낳은 이사악과 하갈이 낳은 이스마엘

하갈의 운명은 기구했다. 아브라함의 이집트인 몸종인 하갈은 아기를 낳지 못하는 아브라함의 본처인 사라 대신 아브라함에게 아들 이스마엘을 낳아주었다. 아브라함의 나이 86세 때였다.

그런데 사라가 뒤늦게 아이 이사악을 낳았다. 아브라함의 나이 100살 때였다. 사라는 이미 아이를 낳지 못하는 나이가 됐는데, 하느님 야훼의 은혜로 뒤늦게 아이를 낳게 된 것이다. 그러자 사라는 본처의 '권리'를 행사하고 나섰다. 아브라함에게 하갈과 이스마엘을 쫓아내라고 요구했다. 아브라함에게는 이스마엘과 이사악 둘 다 소중한 자식이었다. 이스마엘을 하갈과 같이 쫓아내는 것은 차마 하지 못할 짓이었다. 고민 끝에 야훼에게 물으니 사라의 요구를 들어주라고 했다.

아브라함은 어쩔 수 없어 하갈과 이스마엘을 내보냈다. 약간의 먹을 양식과 물만 들려 내보냈다. 이스마엘은 가다가 물이 떨어지자 엉엉 울었다. 황량한 들판에서 이제 곧 죽을 것 같았다. 그러자 야훼가 천사를 보냈다. 가서 이스마엘을 일으켜주라고 지시했다. 천사는 야훼의 명령대로 이스마엘을 위로해주고 물을 마실 수 있도록 샘을 찾게 해주었다. 덕분에 이스마엘은 죽지 않고 살아남아 하갈과 함께 사막에서 사냥하며 살았다.

◆◆◆ 하갈과 이스마엘을 내보내는 아브라함 / 구에르치노

　이사악은 이스라엘 민족의 조상, 이스마엘은 아랍 민족의 조상이라고 한다. 두 민족은 요즘 반목과 갈등을 거듭하고 있다. 성서에 따르면 두 민족은 처음부터 상호 갈등의 요인을 갖고 있었던 셈이다.

아브라함의 믿음을 시험하는 야훼

야훼는 아브라함에게 이제 하나밖에 없는 아들 이사악을 번제물로 내놓으라고 요구했다. 아브라함의 믿음을 시험하기 위해서였다. 아브라함은 야훼의 요구를 두 말 않고 받아들였다. 아브라함은 이사악을 데리고 집을 나섰다. 목적지에 이르자 아브라함은 이사악을 묶고 장작더미 위에 올려놓았다. 그리고 칼을 들어 아들을 찌르려고 했다.

바로 그 순간, 야훼의 천사가 하늘에서 아브라함을 부르더니 이사악을 해치지 말라고 말했다. 야훼에 대한 아브라함의 믿음을 이미 확인했으니 그것으로 충분하다는 것이었다. 대신 그 근처로 숫양 한 마리를 보냈다. 아브라함은 그 양을 잡아 번제물로 바쳤다. 아브라함의 지극한 믿음을 확인한 야훼는 큰 보상을 내려주었다.

나는 너에게 더욱 큰 복을 주어 네 자손이 하늘의 별과 바닷가의 모래 같이 불어나게 하리라. 네 후손은 원수의 성문을 부수고 그 성을 점령할 것이다. 네가 이렇게 내 말을 들었기 때문에 세상 만민이 네 후손의 덕을 입을 것이다.

— 〈창세기〉 22장

390

번제는 중근동 지방에서 널리 행해지던 제사 방식이다. 대개 양이나 소 같은 가축을 제물로 사용했다. 그러나 사람을 제물로 사용하는 인신공양도 제법 많이 이루어졌던 것 같다. 아브라함이 이사악을 제물로 바치려고 했던 것도 그런 풍습에 따른 것이다. 성서에는 사람을 제물로 바치는 이야기가 여러 곳에 실려 있다.

사람을, 그것도 자식을 제물로 바친다는 것은 오늘날 인류의 일반적인 상식으로는 도저히 이해할 수 없는 일이다. 그러나 아브라함은 군소리 없이 야훼의 명에 따랐다. 믿음 가운데 그토록 극진한 믿음은 없을 것이다. 아버지의 도리까지 포기하는 아브라함을 보고 야훼가 만족하지 않을 수 없었다. 그리고 그 믿음에 대해 야훼가 큰 보상을 주었다는 것도 충분히 이해되는 일이다.

그런데 그 보상이 훗날 큰 불행의 씨앗이 된 것이 아닌가 생각된다. 아브라함의 자손들이 '원수의 성'을 점령하게 하겠다고 야훼가 약속했다는 것은 유대인이 가나안을 차지하는 과정에서 이웃 민족과 피비린내 나는 싸움을 벌이게 됨을 예고한 것이다.

야곱의 꿈에 나타난 야훼의 약속

야곱은 아브라함의 아들인 이사악의 둘째 아들이다. 야곱은 형인 에사우에게 팥죽 한 그릇을 주는 대신 장자상속권을 넘겨받은 데 이어 어머니 레베카와 공모해서 에사우가 받을 아버지의 축복마저 가로챘다. 인류 최초의 가족 내 사기죄를 저지른 셈이다. 형이 동생을 섬겨야 할 처지가 됐다. 아버지 이사악도 뒤늦게 진상을 알았지만 어찌할 도리가 없었다. 그래서 에사우에게 자력갱생하라고 일러주는 수밖에 없었다.

이쯤 되면 형제라도 더 이상 한 지붕 밑에서 살기 어렵다. 에사우는 적당한 때 동생 야곱을 처치하겠다고 마음먹었다. 이사악은 야곱을 처남 라반에게 보내기로 했다. 이사악은 하느님께서 복을 주어 후손을 번성하게 해줄 것이라는 말로 야곱을 격려했다.

야곱은 길을 떠났다. 라반에게 가던 도중에 돌베개를 베고 잠들었다가 꿈을 꾸었다. 꿈 속에 하늘에 닿는 사다리가 놓여 있는데 천사들이 그 사다리를 오르내리고 있었다. 그러더니 야훼가 나타나 야곱에게 그가 누워 있는 땅을 주겠

◆◆◆ 애곱을 축복하는 이사악 / 조아치노 아세레토

다고 말했다. 아울러 야곱을 끝까지 지켜주겠다고 약속했다.

내가 너와 함께 있어 네가 어디로 가든지 너를 지켜주다가 기어이 이리로 다시 데려오리라. 너에게 약속한 것을 다 이뤄줄 때까지 나는 네 곁을 떠나지 않으리라.
— 〈창세기〉 28장

야곱은 베고 자던 돌베개를 일으켜 세워 석상으로 삼고 거기에 기름을 붓고 그곳을 베델이라고 불렀다. 그러고는 야훼에게 서원했다. 자기에게 무엇을 주든지 그 10분의 1을 바치겠다고. 야곱은 그 길로 라반의 집으로 갔다.

수호신상을 훔쳐 갖고 떠나는 라헬

라헬은 야곱의 삼촌 라반의 둘째 딸이다. 야곱이 아버지의 뜻에 따라 라반의 집에 갔을 때 라반이 아내로 삼으라며 라헬을 야곱에게 주었다. 라반은 첫째 딸 레아도 야곱에게 주었지만, 야곱은 예쁘고 몸매가 좋은 라헬을 더 아꼈다.

야곱은 라반의 두 딸 레아와 라헬을 아내로 취한 다음 두 아내의 여종들과도 관계를 맺어 아들 11명과 딸 디나를 낳았다. 야곱은 재산도 크게 불어났고, 교묘한 수를 써서 튼튼한 양도 다수 확보했다. 라반의 아들들이 야곱을 질시하자 야곱은 라반이 일을 하러 나간 틈을 타서 자기 가족과 함께 떠났다.

야곱이 떠날 때 라헬은 아버지 라반의 집에 있던 수호신상까지 갖고 가버렸다. 라반은 야곱이 몰래 떠난 사실을 뒤늦게 알고 추격에 나서서 야곱의 일행을 따라잡았다. 그리고 야곱의 천막을 뒤졌다. 자기 재산 가운데서 야곱이 몰래 갖고 나간 것이 있는지 알아보기 위해서였다. 그렇지만 라반은 집에 있던 수호신상까지 몰래 가져갔으리라고는 꿈에도 생각하지 않았다. 야곱도 라반에게 "여기에 장인 댁의 수호신상을 감추고 있는 사람이 있다면 그를 죽여도 좋다"

◆◆◆ 수호신상을 찾기 위해 야곱의 짐을 뒤지는 라반 / 로랑 드 라 이르

고 자신 있게 말했다. 우리 말 속담으로 말한다면 '도둑이 제 발 저린' 나머지 한 말이었다.

라반은 수호신상을 찾아내지 못했다. 모든 천막을 다 뒤졌으나 수호신상을 발견하지 못했다. 라반은 마지막으로 라헬의 천막에 들어갔다. 라헬은 이럴 때를 대비해 수호신상을 낙타 안장 속에 넣어 두었다. 라헬은 그 안장에 올라 탔다. 그러고는 아버지에게 거짓말을 했다. 자기가 지금 월경 중이어서 낙타 에서 내리지 못 한다고. 라반은 끝내 수호신상을 찾아내지 못하고 돌아갔다.

결국 라헬은 아버지의 곁을 떠나는 것에 그치지 않고 아버지에 대한 배신까 지 저지른 셈이었다. 아버지가 집안의 안녕을 위해 들여놓은 수호신상까지 훔 쳐 달아났으니까.

부모와 자식의 사이는 자연이 만들어준 최고의 유대관계다. 그래서 그리스

신화에서는 아버지를 배신한 딸의 말로는 대체로 좋지 않았다. 콜키스의 왕 아이에테스의 딸 메데이아는 황금양 모피를 가져가려고 하는 이아손을 도와주었지만 나중에 이아손에게 배신당한다. 크레타의 미노스 왕은 메가라를 공격했을 때 메가라의 왕 니소스의 딸인 스킬라가 니소스를 배신한 덕택으로 승리했지만, 그 후 스킬라를 배의 고물에 묶어 익사하게 만들었다.

라헬은 그렇게까지 험악한 일은 당하지 않았다. 그러나 라헬은 남편 일행과 함께 가던 도중 아이를 낳다가 숨을 거둔다. 그리고 그녀가 낳은 아들 요셉은 나중에 형들에 의해 이집트로 팔려간다. 이런 것이 라헬의 행위에 대한 응보라고 하면 무리일까?

그렇지만 단테의 〈신곡〉에서는 라헬이 천국에서도 가장 높은 '정화천'에 올라 성모 마리아, 이브, 베아트리체 등과 함께 있다.

형들에 의해 팔려간 요셉

야곱은 가나안 땅에 정착해 살았다. 그의 슬하에 아들 12명이 있었다. 야곱은 11번째 아들 요셉을 가장 아꼈다. 게다가 요셉은 10명의 형들을 지배하게 될 것임을 시사하는 꿈을 꾸었다. 형제들이 밭에서 곡식단을 묶고 있는데, 형들이 묶은 곡식단이 요셉이 묶은 곡식단에 절하는 꿈이었다. 요셉은 이 꿈을 형들에게 이야기해 주었다. 그러자 형들은 기분이 언짢았다. 그들은 요셉에게 "네가 우리에게 왕 노릇을 할 셈이냐?"라고 따져 물었다.

형들은 요셉을 미워한 나머지 어느 날 합심해서 요셉을 죽이기로 작정했다. 어느 날 형들이 양떼에게 풀을 먹이려고 들판에 나갈 때 요셉이 뒤따라갔다. 이때 형들이 요셉의 옷을 벗기고 그를 구덩이에게 처넣었다. 그렇지만 막판에 피만은 흘리지 말자는 르우벤과 유다의 주장에 따라 요셉을 죽이지는 않고 그 지역을 지나던 상인들에게 팔아넘겼다. 그리고는 염소의 피를 요셉의 옷에 묻힌 다음 아버지 야곱에게 그 옷을 보여주며 "요셉이 들짐승에게 물려 죽었다"고 거짓으로 보고했다. 요셉을 사들인 상인들은 이집트에 가서 그를 팔아넘겼다.

요셉의 비보를 들은 야곱은 몇 달간 계속 울었다. 아들과 딸들이 위로해도 듣지 않고 울기만 했다. 요셉에 대한 아버지 야곱의 사랑이 그토록 깊었음을 형들은 미처 몰랐던 것이다.

◆◆◆ 요셉의 피 묻은 옷을 보는 야곱 / 벨라스케스

파라오의 꿈에 대한 요셉의 해몽

이집트에서 요셉을 사들인 사람은 이집트 왕의 경호대장 보디발이었다. 요셉은 보디발의 집에서 지내면서 그의 신임을 단단히 얻었다. 요셉은 보디발의 심복이 되어 집안의 온갖 일을 맡아서 처리했다.

그런데 보디발의 아내가 틈만 나면 요셉을 유혹했다. 요셉은 완강히 거절했다. 유혹에 넘어가는 것은 자신을 신임해주는 보디발을 배신하는 행위이니 틈을 보여서는 안 된다고 요셉은 생각했다.

그러나 이런 경우에 사건의 진행방향은 정해져 있다. 보디발의 아내는 요셉을 침실에까지 끌어들여 정을 통하고자 했으나, 요셉이 뿌리치고 뛰쳐나갔다. 그런데 요셉의 겉옷이 침실에 남았다. 보디발의 아내는 자신을 방어하기 위해 요셉이 자신을 욕보이려고 했다고 무고했다. 보디발은 그 말을 믿고 요셉을 감옥에 집어넣었다.

그러나 요셉에게 그것은 전혀 불행이 아니었다. 요셉은 간수들로부터 전폭적인 신뢰를 얻어 감옥 안의 모든 일을 주도적으로 처리했다. 같은 감옥에 갇힌 파라오의 시종장 2명에게 꿈을 정확하게 풀어줌으로써 신뢰를 얻기도 했다. 이 일을 계기로 나중에 요셉은 파라오의 꿈을 풀어줄 기회를 맞게 됐다.

파라오의 꿈은 살진 황소 7마리가 야윈 황소 7마리에게 잡아먹히고 잘 여문

이삭 7개가 제대로 여물지 않은 이삭 7개에 삼켜진다는 내용이었다. 이 꿈 이
야기를 듣고 요셉은 7년의 풍년 후 7년의 흉년이 닥칠 것이라고 풀어주었다.
아울러 풍년이 드는 동안 밀을 착실히 저장해 7년의 흉년에 대비하라고 했다.
파라오는 요셉의 권고를 받아들였을 뿐만 아니라 아예 요셉을 재상으로 발탁
했다. 요셉의 나이 30세 때였다. 재상이 된 요셉은 7년의 풍년 기간에 잉여곡
식을 잘 보관해 두었고, 그 덕분에 그 후 닥친 흉년 기간에 이집트는 아무 탈
없이 어려움을 넘겼다. 식량부족 사태를 겪지 않았을 뿐만 아니라 주변 국가
들로부터 식량지원 요청을 받기까지 했다.

요셉에게는 불운과 행운이 교대로 닥쳤다. 인간사에서 누구나 겪는 일이
다. 그런데 그는 '선택된' 사람이어서인지 거듭 행운이 불운을 이겨냈다. 이
는 오디세우스나 아이네아스의 경우와 비슷하다. 또한 그가 주인 아내의 유혹
을 뿌리쳤다가 무고를 당한 것은 테세우스의 아들로서 계모의 유혹을 뿌리쳤
다가 쫓겨난 히폴리토스와 유사하다. 그러나 히폴리토스는 그 결과로 생명까
지 잃었지만, 요셉은 단지 투옥되기만 했다. 더욱이 요셉은 재기의 기회까지
잡았다.

유대족 12지파의 기원이 된 야곱의 열두 아들

요셉이 재상으로 재직하면서 양곡 관리를 잘해 이집트에 곡식이 남아돈다는 소문이 돌았다. 가나안 땅에 있던 야곱이 막내 베냐민을 제외한 아들 10명에게 이집트로 가서 곡식을 사오라고 명했다. 형제들은 이집트로 갔다. 요셉은 자신이 그들의 아우라는 사실을 숨기고 그들에게 곡식을 내주었다. 다만 그들 중 시므온을 남겨두고 막내 베냐민을 데려오라고 요구했다. 야곱은 걱정되긴 했으나 베냐민을 이집트로 보내기로 했다. 기근이 계속되어 한 톨의 곡식이라도 아쉬운 처지였기 때문이다. 베냐민은 다시 이집트로 가는 형들을 따라갔다. 이리하여 형제 12명이 만났다.

요셉은 과거에 자신을 팔아넘긴 형들에게 아무런 원한도 품지 않았다. 도리어 베냐민을 포함한 형제를 모두 만나게 되자 자신의 정체를 밝히고 그들을 대접하며 울음을 터뜨렸다. 울음소리가 워낙 커서 이집트의 모든 사람이 들었고, 파라오도 들었다. 요셉은 형제들에게 아버지 야곱도 모셔오라고 당부했다. 파라오도 이들에게 많은 선물을 주면서 야곱을 이집트로 초청했다.

소식을 들은 야곱은 모든 가족을 거느리고 이집트로 가서 요셉을 다시 만났

◆◆◆ 이집트에서 아버지와 형제들을 환영하는 요셉 / 살로몬 드 브레이

다. 파라오도 만나 땅을 하사받고 그곳에 정착했다. 야곱은 여생을 그곳에서 살다가 세상을 떠났고, 요셉과 형제들도 모두 이집트 땅에서 죽었다. 야곱의 아들 12명은 유대인 12지파의 뿌리가 됐다.

이들의 후손은 이집트 땅에서 번성했다. 너무나 번성해서 이집트인의 질시를 받았다. 그러더니 파라오가 바뀌자 유대인에게 압박이 가해졌다. 유대인은 각종 노역장에서 힘든 노동을 하도록 강요받았다. 유대인의 이런 노예 신세는 훗날 모세가 등장할 때까지 계속 된다.

이집트의 공주가 살려내고 키운 모세

야곱과 함께 이집트로 건너간 유대인은 갈수록 번성했다. 그러자 이집트 왕과 이집트인이 유대인을 경계하기 시작했다. 자신들의 터전이 유대인에게 넘어갈지 모른다는 두려움 때문이었다. 당연한 일이었다.

그래서 이집트 왕이 유대인을 핍박하게 됐다. 처음에는 유대인을 벽돌 제작소 같은 곳에 보내 힘든 일을 시키는 정도였다. 그래도 유대인이 계속 늘어나자 유대인을 박멸하는 쪽으로 이집트 왕의 전략이 바뀌었다. 이집트 왕은 유대인이 자식을 낳으면 딸은 살려두되 사내아이는 모두 강물에 집어넣으라고 전국에 명을 내렸다. 유대인의 처지가 이렇게 어려워진 가운데 모세가 태어났다.

모세는 야곱의 아들 레위의 후손 집안에서 태어났다. 모세의 어머니는 처음에는 모세를 낳은 뒤 석 달 동안 숨겨서 키우다가 나중에는 그렇게 하기가 불가능하게 되자 왕골 상자에 넣어 강가의 갈대숲에 내다놓았다. 그곳에 이집트 왕의 딸이 목욕하러 나왔다가 상자를 발견했다. 공주가 상자를 열어보니 사내아이가 그 안에서 울고 있었다. 공주는 불쌍하다는 생각이 들어 그 아이가 유대인인 줄 알면서도 데려가 키웠다. 공주는 그 아이를 자신의 아들로 삼고, 이름을 '물에서 건져내어진 자'라는 뜻의 '모세'로 지었다. 공주는 아이를 위해

◆◆◆ 물에서 구출되는 모세 / 니콜라 푸생

유모도 유대인을 쓰기로 했는데, 운명의 작용인지 모세의 어머니가 유모 노릇을 하게 됐다.

공주는 순수한 연민의 정으로 모세를 키웠다. 그런데 나중에 모세는 이집트에 가장 골치 아픈 존재가 된다. 모세가 이집트인에게 위해를 가하려고 해서 그렇게 된 것은 아니다. 다만 유대인을 해방시키기 위해 이집트 왕에게 맞섰을 뿐이다.

모세의 탄생 설화는 그리스로마 신화에 나오는 영웅 페르세우스의 탄생 이야기와 유사하다. 아르고스의 왕 아크리시오스의 딸 다나에는 황금소나기로 변신한 제우스 신과 정을 통했고, 그 결과로 페르세우스라는 아들이 태어났다. 아크리시오스는 페르세우스가 자신의 딸과 제우스의 아들임을 믿지 않고, 딸과 손자를 상자에 넣어 바다에 던져 버렸다. 그런데 딕티스라는 사람이 그 상자를 건져내어 그 안에 들어있던 아이를 길렀다.

이집트 생활을 청산하고 떠나는 유대인들

모세는 강제노동 현장에서 이집트인 감독을 죽인 탓에 파라오의 노여움을 샀다. 이로 인해 모세는 미디안 땅으로 도주했다. 모세는 그곳 사제의 딸과 결혼하고 양 치는 목자가 됐다. 어느 날 야훼가 불타는 떨기나무 속의 불꽃 모양을 하고 모세에게 나타났다. 야훼는 모세에게 "거룩한 땅이니 신발을 벗으라"고 명한 다음 유대인을 이집트인의 손아귀에서 건져내어 '젖과 꿀이 흐르는 땅'으로 데려가겠다고 말했다. 아울러 유대인을 이집트에서 이끌어내라고 모세에게 명했다.

모세는 갑자기 받은 명령에 당황해서 어찌 자신이 그런 일을 할 수 있겠느냐고 반문했다. 그러자 야훼는 "내가 너에게 힘이 되어주겠다"고 약속했다. 야훼는 모세에게 기적을 행할 능력까지 부여했다.

모세는 곧바로 이집트로 돌아가서 파라오를 만나 유대인들을 데려가게 해달라고 요구했다. 파라오는 이 요구를 거절하고 유대인을 더욱 가혹하게 다뤘다. 모세는 다시 파라오에게 가서 하느님 야훼의 명이라며 유대인을 놓아달라고 거듭 요구했다. 파라오는 다시 거절했다. 모세는 몇 가지 기적을 행하면서 파라오에게 경고를 주었다. 나일 강물이 핏빛으로 변하는가 하면 모기떼가 사람과 짐승들을 습격하는 등 갖가지 변고가 일어났다. 그래도 파라오는 고집을 부렸다. 결국 야훼는 한 가지 일을 더 했다. 이집트의 모든 맏이를 죽음으로 몰아넣은 것이다. 파라오의 맏아들부터 짐승의 맏배까지 모두 죽어갔다.

그러나 유대인은 야훼가 미리 알려준 대로 어린 양을 잡은 뒤 그 피를 문설주에 발라 재난을 모면했다. 이집트인에게 이런 전무후무한 사변이 일어나던 날 유대인은 잡은 양의 고기를 구워 누룩 없는 빵, 쓴 나물과 함께 먹었다. 이렇게 재앙을 피한 날은 유대인에게 과월절(유월절이라고도 함)이라는 축제일이 됐다. 이집트인은 더 이상 버티지 못하고 유대인에게 떠나도록 허용했다. 파라오가 직접 모세와 그의 형 아론을 불러 다음과 같이 말했다.

> 너희 이스라엘 백성은 어서 내 백성에게서 떠나가거라. 너희가 말하던 대로 가서 야훼를 예배하여라. 너희가 요구한 대로 양도 소도 모두 끌고 가거라. 그리고 나를 위하여 복을 빌어다오.
> ─ 〈출애급기〉 12장

마침내 유대인은 이집트 생활을 청산하고 떠난다. 이때 떠난 유대인의 수는 꽤 많았다. 장정만도 60만 명에 달했다고 한다. 게다가 유대인은 친하게 지냈던 이집트인에게서 금붙이, 은붙이, 옷가지 등 여러 가지를 받아내어 가지고 떠났다. 이로써 유대인은 이집트에서 430년 만에 귀환 길에 오르게 됐다.

유대인이 떠난 뒤 파라오는 뒤늦게 추격에 나섰다. 유대인이 앞으로는 홍해

바다에 가로막히고 뒤로는 파라오 병사들의 추격을 받을 즈음 바다가 갈라져
모두 무사히 건너갔다. 이집트 병사들도 갈라진 바닷길로 들어섰지만 유대인
이 모두 건넌 다음 바닷길이 다시 물에 잠겼다. 이로 인해 추격하던 이집트 장
병들은 모두 수장됐다.

하늘이 내려준 음식 만나를 불평하는 유대인

유대인이 이집트에서 탈출해서 시나이 반도를 가로질러 갈 때 주로 먹은 음식은 만나였다. 〈민수기〉 11장에 보면, 밤에 이슬이 내릴 때 유대인의 진영 주변에 만나가 떨어지곤 했다. 유대인은 그 만나를 주워서 맷돌에 갈거나 절구에 빻아 빵으로 구워 먹었다. 그 맛은 기름에 튀겨낸 과자 같았다. 시나이 광야를 지나가는 동안 척박한 그 땅에서 음식을 구하기도 어려웠을 유대인에게 만나는 그야말로 하늘이 내려준 음식이었다.

그럼에도 유대인은 날마다 만나만 먹는다고 불평을 늘어놓았다. 고기를 먹고 싶다고도 했고, 이집트에서 노예생활을 할 때 공짜로 먹을 수 있었던 생선, 오이, 참외, 부추, 파, 마늘 등을 떠올리기도 했다. 이제 만나는 보기만 해도 지긋지긋하다고 투덜댔다. '배부른 노예시절'을 그리워하는 꼴이었다.

야훼는 역정을 냈다. 그렇지만 그런 이유로 유대인을 징벌할 수는 없었다. 대신 한달 동안 먹을 고기를 주었다. 바로 메추라기 고기였다. 유대인은 메추라기 고기를 주워 잔뜩 모아놓았다. 한 사람당 최소 열 섬 이상을 모으는 등 탐욕을 부렸다. 그런 모습을 보고 야훼는 다시 재앙을 보냈다. 특히 욕심을 많이 낸 사람들을 땅에 묻어버렸다.

◆◆◆ 만나의 기적 / 틴토레토

모세에게 물을 얻는 방법을 가르쳐주는 야훼

모세가 유대인을 거느리고 홍해를 건넌 뒤 가장 먼저 마주친 문제는 마실 물이 없다는 것이었다. 바다 건너 광야로 들어간 뒤로 사흘 동안 물을 만나지 못했다. 마라라는 곳에 이르러서는 물이 보이기는 했으나 그 물은 써서 마실 수가 없었다. 모세가 야훼에게 사정을 호소하자 야훼는 나무 한 그루를 보여주었다. 모세가 나무를 물에 던지니 그 물이 단물이 되어 마실 수 있었다. 이때 야훼는 모세를 통해 유대인이 지켜야 할 규칙을 주고 이에 순종하라고 단단히 일러두었다.

> 너희가 너희 하느님 야훼의 말을 들어 순종하고 그가 보기에 바르게 살며 그 명령을 귀에 담아 모든 규칙을 지키면, 이집트인에게 내렸던 어떤 병도 너희에게는 내리지 아니하리라. 나는 야훼, 너희를 치료하는 의사이다.
> ― 〈출애굽기〉 15장

유대인은 다시 광야를 가로질러 전진했는데, 또 다시 마실 물이 떨어졌다. 그러자 모세에게 먹을 물을 내놓으라고 요구했다. 그리고 왜 자신들을 이집트에서 데리고 나왔느냐고 불평을 터뜨렸다. 신변에 위협을 느낀 모세는 다시 야

◆◆◆ 바위에서 물이 나오게 하는 모세 / 틴토레토

훼에게 "어찌하면 좋겠습니까?"라고 호소했다. 야훼는 모세에게 이집트에서 나일 강을 쳐서 강물을 피가 되게 한 지팡이를 들고 나오라고 명했다. 유대인 장로들도 모세를 따라갔다. 모세는 야훼의 명대로 지팡이로 바위를 쳤다. 그러자 바위에서 물이 터져 나왔다.

이와 비슷한 설화가 아폴로니오스 로디오스의 〈아르고 호 이야기〉에도 나온다. 콜키스에서 황금양 모피를 획득하고 귀환하다가 표류하던 끝에 아프리카 땅에 들어간 그리스 용사들이 바위를 쳤더니 물이 나왔다는 것이다.

중동의 사막지대는 풀 한 포기 안 나는 땅이지만, 그 땅 밑에는 풍부한 양의 지하수가 흐른다. 그 지하수를 퍼올려 사막 한가운데서 농사를 짓는 사람들도 있다. 모세도 어쩌면 이런 사실을 어느 정도 알고 지하수가 흐르는 곳을 탐사한 끝에 물을 퍼올리게 된 것은 아닐까?

모세가 야훼로부터 받은 십계명

야훼의 도움으로 이집트 땅을 탈출한 유대인들은 석 달 만에 시나이 산에 도달했다. 그곳에서 모세는 백성을 대표하여 야훼로부터 십계명을 받았다.

다른 신을 섬기지 말라.

하느님 야훼의 이름을 함부로 부르지 말라.

안식일을 거룩하게 지켜라.

부모를 공경하라.

살인하지 말라.

간음하지 말라.

도둑질하지 말라.

거짓증언을 하지 말라.

이웃집을 탐내지 말라.

우상을 섬기지 말라.

야훼는 십계명을 돌판에 새겨 모세에게 주었다. 모세는 그 돌판을 받기 위해 시나이 산에 올라가 40일 동안 머물렀다. 그러는 사이에 유대인들은 엉뚱한 짓을 했다. 모세의 형 아론을 중심으로 금송아지를 만들어 숭배했다. 그들은 그 송아지상이 자신들을 이집트에서 탈출시켜준 신이라며 제물을 바쳤다.

이 모습을 본 야훼는 노여워했다. 유대인을 모조리 쓸어버리겠다고 경고했다. 모세는 노여움을 풀어달라고 간청하여 야훼를 겨우 진정시켰다. 그런 다음 산에서 내려와서 보니 참으로 가관이었다. 모두가 송아지상 주변에 모여 춤을 추고 있었다. 모세는 격분했다. 들고 있던 십계명판을 던져서 깨뜨렸다. 그러고는 송아지를 불에 태우고 빻아 가루를 만든 다음 물에 타서 유대인들에게 마시게 했다. 또 송아지 숭배에 가담한 백성 3천 명가량을 죽였다. 살육을 흔히 저지르던 유대인다운 해결방법이었다.

그 후 야훼는 모세를 다시 시나이 산으로 불러 십계명판을 다시 만들어 주었다. 이번에도 모세는 시나이 산에 40일 동안 머물렀다. 그러나 이번에는 그가 없는 동안에 우상숭배 소동이 일어나지 않았다.

십계명의 내용은 단순명료했다. 그러나 그것은 유대인이 국가를 아직 건설하지 못한 상태에서 함께 살아가기 위해 서로 지켜야 할 최소한의 규칙이었다.

모세가 받았다는 십계명은 고조선의 8조금법, 바빌로니아의 함무라비 법전, 로마의 12표법과 비슷한 수준의 계율이다. 단지 십계명에는 신이 개입한 반면 다른 법규들에는 신이 개입하지 않았다는 것이 다르다.

416

여리고 성을 점령하고 벌인 피의 잔치

모세가 세상을 떠난 후 유대인을 통솔할 권한은 여호수아가 물려받았다. 여호수아는 가나안 땅을 차지한다는 최후의 임무를 수행할 태세를 갖췄다. 그는 유대인을 데리고 요단강(요르단 강)을 건너 여리고 성 인근의 길갈 지역에 진을 쳤다. 그들이 요단강을 건널 때 또다시 기적이 일어났다. 강물이 흐름을 멈추고 유대인이 건너갈 길을 만들어주었다. 홍해 바다를 건널 때 있었던 일과 비슷한 기적이었다.

유대인은 여리고 성을 공격할 준비를 착착 진행시켰다. 특히 그들은 야훼의 명에 따라 날마다 성 주위를 한 바퀴씩 돌았다. 그런 의식을 6일 동안 계속했다. 7일째 되는 날에는 성 주위를 7차례 돈 다음에 사제들이 나팔을 불었다. 이와 동시에 유대인 백성이 일제히 고함을 질렀다. 그러자 성이 무너졌다. 유대인은 일제히 밀고 들어가 성을 점령해 버렸다. 곧바로 그들은 '피의 잔치'를 벌였다. 남녀노소 가리지 않고 모두 죽였다. 사람뿐 아니라 소, 양, 나귀 등 가축도 모조리 도륙했다. 다만 유대인 정탐꾼을 숨겨준 일이 있는 창녀 라합의 가족만은 죽음을 모면했다.

유대인은 여리고 성을 점령한 뒤 인근 성들도 공격하여 하나하나 점령해나갔다. 하나씩 점령할 때마다 그 성의 주민과 가축을 모두 살육했다. 아이 성에서 1만 2천 명을 죽인 데 이어, 아모리 족의 다섯 왕과 그 백성을 모조리 죽였다. 특히 기브온 땅에서 아모리 족을 도륙할 때에는 살육할 시간을 확보하기 위해 여호수아가 야훼에게 해와 달을 그곳에 머무르게 해달라고 간청했다.

해야, 기브온 위에 머물러라. 달아, 너도 아얄론 골짜기에 머물러라.
— 〈여호수아〉 10장

야훼는 그 간청을 받아들였다. 유대인이 살육을 마칠 때까지 꼬박 하루 동안 해가 중천에 떠 있었다. 여호수아는 가나안 일대의 여러 부족을 공격하여 '코로 숨 쉬는 모든 것'을 죽였다. 성과 마을은 모조리 불태우거나 허물어 폐허로 만들었다. 이처럼 피비린내 나는 정복전쟁을 완수하고 마침내 가나안 땅을 차지했다.

참으로 끔찍한 설화가 아닐 수 없다. 동서고금의 설화 가운데 이보다 더 피비린내 나는 이야기는 없을 것 같다. 더욱이 살육을 돕기 위해 하느님이 해와 달을 머무르게 해주었다니 믿어지지 않는다. 이는 '유대인만의 정복 설화'라고 해야 옳을 듯하다.

최근 우리나라의 일부 개신교 선교단체가 중동지역에 들어가 활동하면서 이슬람 사원 주변을 도는 경우가 더러 있다고 전해진다. 유대인이 여리고 성 주변을 돌아 그 성이 저절로 무너지게 했다는 성서의 설화를 재현시키기 위한 것이라고 한다. 참으로 위험한 발상이 아닐 수 없다. 중동지역 전체가 성서의 고장인데, 그런 곳에 가서 선교활동을 한다는 것부터가 우선 이해되지 않는다. 하물며 다른 종교의 사원이 무너지기를 바라는 것을 어떻게 이해할 수 있을

까? 가나안 땅 일대에서 대규모 살육을 벌인 성서 속 유대인의 행동이나 선교 활동을 하면서 다른 종교의 사원이 저절로 무너지기를 바라는 행태나 모두 종교와 신을 빙자한 '집단광기' 일 뿐이라고 생각된다.

적국의 미인계에 빠진 삼손

유대인은 이집트에서 탈출하고 가나안을 정복했지만 당장은 왕을 세우지 않았다. 대신 부족장과 비슷한 판관들이 유대인을 다스렸다. 판관들 가운데 삼손이라는 인물이 있었다.

삼손은 유대인 12지파 가운데 단지파 출신이었다. 아이를 낳지 못하던 그의 어머니는 천사의 지시를 받고 야훼에게 제물을 바치고서야 그를 낳을 수 있었다. 천사는 어머니에게 아이를 낳기 전에는 포도주 같은 술을 절대로 마시지 말고 부정한 것도 먹지 말라고 명했다. 또 아이를 낳은 다음에는 머리에 면도칼을 대지 말라고 했다. 태어날 아이는 유대인을 블레셋인으로부터 건져낼 것이라는 예언도 했다.

어머니는 천사의 요구대로 했다. 술을 일절 마시지 않았고, 삼손이 태어난 뒤에는 그의 머리를 결코 건드리지 않았다. 삼손은 힘이 좋았다. 머리카락이 그대로 있는 한 삼손의 힘은 무적이었다. 삼손은 커가면서 여러 가지 방식으로 자신의 힘을 드러내 보였다. 달려드는 사자를 잡아 죽였고, 여우 300마리를 잡은 뒤 블레셋인의 밭으로 내몰아 그 밭을 쑥대밭으로 만들었다. 자신을 묶었던 밧줄을 끊고 당나귀의 턱뼈를 휘둘러 블레셋인 1천 명을 살해하기도 했다.

그러나 삼손은 블레셋 여인 데릴라와 연애에 빠져 그녀에게 머리카락에 관한 자신의 비밀을 털어놓고 말았다. 블레셋 사람들은 삼손이 데릴라의 무릎을 베고 잠든 사이에 그의 머리카락 일곱 가닥을 잘라냈다. 이 때문에 삼손은 힘을 잃었다. 블레셋 사람들은 삼손의 눈까지 뽑아 그를 장님으로 만든 뒤 끌고 가 연자매를 돌리게 했다. 그런데 블레셋 사람들이 승리감에 도취된 사이에 삼손의 머리카락이 다시 자라났다.

어느 날 블레셋 사람들이 신전에서 잔치를 열고 삼손을 감옥에서 끌어내어 묶어놓았다. 잔치의 흥을 돋우기 위해 삼손을 놀림감으로 삼은 것이었다. 그 자리에는 블레셋인 3천 명가량이 모여 있었다. 삼손은 야훼에게 기도했다.

저를 기억해주십시오. 이번 한 번만 저에게 다시 힘을 주십시오.
― 〈판관기〉 16장

야훼는 그 기도를 들어주었다. 삼손은 되살아난 힘으로 기둥을 힘껏 밀었고, 그러자 신전이 무너졌다. 신전에서 잔치를 벌이던 블레셋인 3000명이 고스란히 죽었다. 이때 삼손도 함께 죽었다.

삼손은 힘이 세다는 점에서 그리스 신화의 헤라클레스와 비슷하다. 헤라클레스처럼 삼손도 사자를 잡았다. 헤라클레스가 나무 몽둥이를 휘둘러 힘을 과시했듯이 삼손은 당나귀 뼈를 휘둘렀다. 헤라클레스가 12가지 고역을 통해 인간을 불안하게 하던 괴물들을 퇴치했듯이 삼손은 블레셋인들을 죽이면서 유

◆◆◆ 눈을 뽑히는 삼손 / 렘브란트

대인의 안전을 지켰다. 죽음 앞에서 담대했던 것도 같다. 헤라클레스는 독이 섞인 피가 묻은 옷으로 인해 몸이 타들어가는 고통에 휩싸이게 되자 스스로 장작더미에 올라가 죽음을 받아들였고, 삼손은 적과 함께 죽음을 맞이했다. 둘 다 죽음에 이르기까지 영웅의 기개를 잃지 않은 것이다.

그러나 다른 점이 한 가지 있다. 헤라클레스는 인간세계 전체를 위해 힘을 쓴 반면에 삼손은 오직 유대인만을 위해 힘을 사용했다.

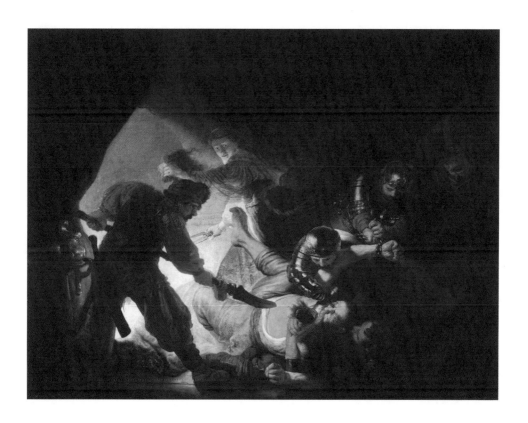

돌멩이 하나로 거인 골리앗을 쓰러뜨린 다윗

성서의 〈열왕기〉에 따르면 다윗은 베들레헴에 사는 이새라는 사람의 여덟 아들 가운데 막내였다. 다윗은 말을 잘하고 싸움도 잘했으며 악기 연주에도 능했다. 그는 어느 날 유대인의 신 야훼의 간택을 받았다. 유대인의 첫 왕 사울이 적에게 관용을 베풀었다가 야훼의 미움을 산 게 계기였다. 야훼는 사울을 대신할 왕으로 다윗을 찍은 것이다. 왜 다윗이 간택됐는지는 분명하지 않다. 이에 대해서는 성서에 간략하게만 언급돼있다.

> 사람들은 겉모양을 보지만, 야훼는 속마음을 들여다본다.
> ― 〈사무엘 상〉 16장

아마도 다윗은 남달리 믿음이 두텁고 지혜로웠던 것 같다. 어쨌든 다윗은 야훼의 사자 사무엘로부터 기름부음을 받아 장차 유대인의 왕이 될 운명을 부여받았다.

◆◆◆ 골리앗의 머리를 들고 있는 다윗 / 자롤라모 포라보스코

그 무렵 유대인은 블레셋인과 전쟁을 벌이고 있었다. 이새의 두 아들도 전쟁터에 나갔다. 다윗은 아버지의 심부름으로 전쟁터의 두 형에게 먹을 것을 갖다 주기 위해 유대인의 진중으로 들어갔다. 유대인 병사들은 블레셋인의 장수 골리앗의 위세에 눌려 벌벌 떨고 있었다. 골리앗은 워낙 덩치가 크고 힘이 세어서 유대인 병사들에게 공포의 대상이었다.

사울 왕은 골리앗을 죽이는 병사가 있다면 그를 부마로 삼고 가족을 모든 징발에서 면제해주겠다고 포고했다. 바로 그때 진중에서 다윗이 자원하고 나섰다. 다윗은 반신반의하는 사울 왕에게 "나는 양을 치면서 사자와 곰도 잡아본 적이 있다"고 말하고는 야훼께서 자신을 살려낼 것이라며 그를 설득했다.

마침내 사울 왕의 허락을 받은 다윗은 갑옷과 투구도 마다하고 막대기와 자갈 다섯 개만 가지고 나섰다. 다윗은 골리앗에게 돌을 던져 그의 이마를 맞혔다. 그러자 골리앗은 땅바닥에 쓰러졌다. 바로 그때 다윗이 골리앗의 칼을 빼앗아 그의 목을 쳤다. 그것으로 싸움은 끝났다. 장수를 잃은 블레셋 군은 더 이상 버티지 못하고 패주하고 말았다.

다윗은 동서고금의 전쟁사를 통틀어 가장 기적적인 승리를 거둔 인물일 것이다. 유대인의 적인 블레셋의 장수를 고작 돌팔매질 하나로 무찔렀으니 기적이 아닐 수 없다. 그리스 신화에 나오는 영웅 헤라클레스도 대개는 거대한 몽둥이를 무기로 사용해서 적을 퇴치했고, 사촌동생 이올라오스가 그를 거들어주었다. 그런데 다윗은 객관적으로 보아 도저히 맞서 겨룰 수 없는 적을 누구의 도움도 받지 않고 돌 하나로 무찔렀다.

유대인의 왕으로 추대된 망명자 다윗

다윗과 사울은 평생의 숙적이었다. 다윗이 골리앗을 처치한 덕분에 유대인의 군대가 승기를 잡기도 했지만, 그것은 다윗과 사울의 운명을 사실상 결정지은 사건이었다. 유대인 군대가 블레셋과의 전투에서 승리하고 개선하자 유대 여인들 사이에 이런 노래가 돌았다.

> 사울은 수천을 치시고 다윗은 수만을 치셨다네!
> — 〈사무엘 상〉 18장

요컨대 사울은 지는 해가 되고 다윗은 뜨는 해가 된 것이었다. 이 때문에 사울 왕은 다윗을 끊임없이 견제했다. 사울 왕은 딸을 다윗에게 아내로 주었으면서도 그에 대한 경계심을 결코 풀지 않았다. 틈만 나면 그를 살해하려고 시도했다.

다윗은 아무래도 사울의 휘하에 머물러 있기 어려워 몸을 피했다. 산과 들, 동굴 등을 전전했다. 사울은 블레셋의 공격을 막기 위해 동분서주하면서도 호시탐탐 다윗을 추적했다. 그러나 결정적인 기회를 잡지 못했다. 도리어 다윗의 '은혜'를 입기만 했다. 사울이 하루는 다윗이 숨어 있는 동굴에 들어갔다가 죽을 고비를 맞이했는데, 다윗은 사울의 옷자락만 잘라냈다. 다윗이 진을 친 사울의 군대 안으로 숨어들어갔을 때 고이 잠든 사울을 살해할 기회가 있었지만, 사울의 머리맡에 있는 창과 물병만 가지고 나왔다. "야훼께서 기름 부어 세우신 어른에게 손을 대는 죄를 짓지는 않겠다"고 마음먹었기 때문이었다. 이렇듯 다윗은 사울 왕에 대해서는 뛰어난 자제력을 발휘했다. 사울은 다윗에게 고마워하지 않을 수 없었다.

> 나는 너를 못살게 굴었는데도 너는 나에게 이렇게 잘해주었다. 오늘 야훼께서 나를 네 손에 넘겨주었는데도 너는 나를 죽이지 않고 나에게 이렇듯 한없는 은덕을 베풀었구나.
> ― 〈사무엘 상〉 24장

그럼에도 사울은 다윗의 목숨을 계속 노렸다. 다윗은 블레셋으로 망명했다. 블레셋의 왕은 다윗의 망명을 받아들이고 그에게 살 터전을 마련해주었다. 다윗은 그곳을 근거지로 삼아 다른 부족의 마을에 쳐들어가 약탈을 하며 살아갔다. 약탈할 때에는 자신의 행위를 증언하지 못하도록 마을 사람들을 모두 죽이곤 했다.

사울은 블레셋과의 싸움에서 장렬한 최후를 맞이했다. 블레셋의 공격으로 유대인이 패주했을 때 조나단을 비롯한 사울의 세 아들이 피살됐다. 이때 사울

◆◆◆ 다윗을 공격하는 사울 / 구에르치노

은 화살을 맞아 부상당했다. 그러나 사울은 적에게 포로로 잡혀 욕을 당할 수는 없었다. 게다가 야훼의 눈밖에 난 지 오래됐다. 그는 결국 자결했다. 왕에게 어울리는 위엄과 자존심을 잃지 않고 최후를 맞이한 것이다. 그렇지만 냉정하게 볼 때 그의 죽음은 다윗에 가한 핍박의 대가이기도 하다. 다윗이라는 맹장이 그의 위협을 견디지 못하고 떠남으로써 왕국을 지켜줄 방패가 사라진 결과였다.

블레셋은 유대인을 공격할 때 망명자 다윗을 배제했다. 블레셋의 장군들이 다윗의 배신을 염려하여 그와 함께 출전하기를 거부했다. 그러자 블레셋의 왕은 다윗에게 다른 곳으로 가라고 일렀다. 덕분에 다윗은 조국을 향해 배신의 칼날을 휘두르지 않아도 됐다.

그런데 다윗은 사울이 죽었다는 소식을 전해준 사람을 부당하게 죽였다. 이는 헤라클레스가 자기 아내 데이아네이라의 죽음을 알려준 리카이오스를 공중에 날려 죽인 것을 떠올리게 한다. 두 경우 다 힘과 권한을 부당하게 남용한 행위다.

사울 왕이 전사하자 유대인은 다윗을 왕으로 옹립한 유다 일파와 사울의 다른 아들을 왕으로 옹립한 일파로 나뉘었다. 양쪽은 한동안 내전을 치르다가 사울 왕의 아들이 피살당한 뒤 다시 통일되면서 다윗을 유대인 모두의 왕으로 세웠다.

아비가일 덕분에 도륙을 면한 나발 가문의 남자들

다윗이 휘하 장병들과 함께 사울의 핍박을 피해 광야를 떠돌다가 마온에 사는 나발의 목장 근처에 머무르고 있을 때였다. 나발은 양 3천 마리와 염소 1천 마리를 기르는 부자였다. 다윗과 장병들은 나발의 목장에 해를 끼치지 않도록 각별히 조심했다. 그러다가 다윗은 나발에게 떡과 고기 등 물자를 지원받고자 장병 몇 명을 그에게 보냈다.

그러나 나발은 이들을 문전박대하고 모욕을 주며 돌려보냈다. 이에 다윗은 나발을 응징하기 위해 장병 400명을 거느리고 길을 떠났다. 나발의 아내 아비가일이 상황을 전해 듣고 떡, 고기, 술, 건포도 등을 서둘러 마련해서 다윗을 맞이하러 나갔다. 남편 나발에게는 알리지 않았다.

아비가일은 가다가 다윗을 만났다. 다윗은 나발의 가족 가운데 사내는 모두 도륙하겠다고 작정하고 있었다. 아비가일은 다윗을 만나자마자 땅바닥에 엎드려 절하고 준비해온 선물을 내놓으며 사죄했다. 남편 나발은 미련한 사람이니 신경 쓰지 말고 용서해달라고 간청했다. 특히 다윗 자신의 손으로 원수를 갚으려고 하지 말라고 당부했다.

야훼께서 약속하신 온갖 복된 일을 이루시어 나리를 이스라엘의 수령으로 세우실

터인데, 이런 실수를 해서 두고두고 마음에 걸리는 일이 없도록 하십시오. 손수 원수를 갚느라고 공연히 피 흘리는 일은 없도록 하십시오.

— 〈사무엘 상〉 25장

그러자 다윗의 마음도 비로소 풀렸다. 다윗은 아비가일의 요청을 받아들이고 그녀를 돌려보냈다. 이로써 나발의 가문은 한숨을 돌렸다. 아비가일은 만사를 제치고 나서서 두 가지 성과를 동시에 거둔 셈이다. 하나는 나발을 비롯한 가족을 살린 것이고, 다른 하나는 다윗이 자신의 손에 살육의 피를 묻히지 않도록 한 것이다.

그러나 뒤늦게 아비가일로부터 그런 일이 있었다는 이야기를 들은 나발은 충격을 받고 쓰러져 세상을 떠났다. 그러자 다윗이 과부가 된 아비가일을 아내로 맞아들였다. 이로써 다윗의 아내는 2명이 됐다. 다윗으로서는 한때의 노여움을 스스로 억제한 결과로 뜻하지 않은 '선물'까지 받은 셈이다.

◆◆◆ 다윗과 아비가일의 만남 / 페테르 파울 루벤스

다윗과 의형제를 맺은 사울의 아들 요나단

요나단은 다윗을 미워한 사울 왕의 아들이다. 그렇지만 다윗에게는 더 없이 절친한 친구였다. 사울이 다윗을 미워할 때 언제나 다윗 편을 들어주었고, 사울이 다윗을 죽이려 할 때에도 다윗을 지켜주었다.

다윗이 골리앗을 제압하고 개선하자 사울 왕은 전투가 벌어질 때마다 그를 데리고 갔다. 다윗은 언제나 전투를 승리로 이끌었다. 공을 인정받은 다윗은 사울 왕의 군대를 지휘하는 사령관이 됐다. 사울의 아들 요나단은 다윗과 의형제를 맺고 그에게 칼과 활을 주었다.

그런데 유대인 백성 사이에 다윗의 인기가 높아지자 사울 왕은 초조해졌다. 그래서 틈만 나면 다윗을 죽이려고 시도했다. 사울은 자신의 속마음을 요나단에게 말해주었다. 그러자 요나단은 다윗에게 아버지의 계획을 몰래 귀띔해주는 한편 아버지 사울에게는 다윗을 옹호하는 말을 했다. 사울은 "야훼께서 살아계시는 한 다윗을 죽이지 않겠다"고 맹세했다.

그러나 사울 왕은 맹세를 지키지 않았다. 사울은 다윗을 죽이려는 음모를

◆◆◆ 다윗과 요나단 / 치마 다 코넬리아노

포기하지 않았다. 때문에 다윗은 아예 왕궁에서 멀리 떨어진 들판에 숨어 살다시피 했다. 요나단에게 왜 사울이 자신을 죽이려고 하는지 모르겠다고 하소연했다. 요나단은 친구의 호소를 듣고 함께 대책을 마련하면서 다윗을 지켜주기로 약속했다. 그리고 다윗에게 당부했다.

> 야훼께서 아버님과 함께 하셨듯이 자네와도 함께 하시기를 바라네. 그 대신 내 목숨이 붙어있는 동안 야훼 앞에서 맺은 우정을 저버리지 말아주게. 내가 죽은 다음에라도 내 집안과 의리를 끊지 말고 길이 지켜주게.
> ― 〈사무엘 상〉 20장

요나단은 약속대로 사울 왕의 또 다른 음모를 막아주었다. 요나단은 연회 자리에서 사울이 다윗을 비난하면서 살의를 드러내자 항의하다가 죽을 고비를 맞기도 했다. 요나단은 위험을 무릅쓰면서까지 다윗을 비호했고, 다윗의 은신처로 가서 아버지의 음모를 미리 알려주었다. 덕분에 다윗은 안전하게 피신 생활을 할 수 있었다.

이렇듯 요나단은 다윗에게 생명의 은인이나 다름없었다. 고비마다 다윗을 위험에서 구해주었기 때문이다. 둘 사이의 우정은 그만큼 각별했다. 다윗도 요나단의 당부를 잊지 않았다. 사울을 살해할 수 있는 기회가 몇 번 있었지만 그때마다 자제했다. 사울이 죽은 후 왕국이 갈라지고 사울의 아들이 부하에게 살해당하자 다윗이 그 부하를 응징했다. 또 훗날 기브온 사람들이 사울 왕 시절에 당한 핍박을 응징하기 위해 사울의 후손을 넘겨달라고 요청했을 때 다윗은 그들의 요청을 들어주면서도 요나단의 아들만은 보호해주었다.

요나단은 블레셋이 유대인을 공격할 때 아버지 사울 왕과 함께 전사했다. 다윗은 사울과 요나단의 죽음을 몹시 슬퍼하면서 손수 조시를 썼다.

아, 용사들이 싸움터에서 쓰러졌구나. 요나단이 산 위에서 죽었구나. 나의 형 요나

단, 형 생각에 가슴이 미어지오. 형은 나를 즐겁게 해주더니, 형의 그 남다른 사랑,

어느 여인의 사랑도 따를 수 없었는데, 아, 용사들은 쓰러지고, 무기는 사라졌구나.

— 〈사무엘 하〉 1장

다윗과 요나단의 우정은 서양사에서 가장 빛나는 우정으로 꼽힌다. 그리스 신화에 나오는 오레스테스와 필라테스, 아킬레우스와 파트로클로스의 관계와 비슷하다.

다윗과 밧세바의 사련(邪戀)

사울 왕이 죽은 뒤 통일된 유대 국가의 왕위에 오른 다윗은 이웃 민족들과 끊임없이 전쟁을 벌였다. 그런 가운데 '로맨스'를 꽃피우기도 했다.

어느 날 궁전 옥상을 거닐던 다윗은 냇가에서 목욕하고 있던 여인 밧세바를 보고 궁전 안으로 끌어들여 정을 통했다. 이로 인해 밧세바는 아이를 임신했다. 그런데 밧세바에게는 우리야라는 남편이 있었다. 장군인 우리야는 그야말로 군인정신에 투철했다. 다윗이 우리야를 궁전으로 초청해서 극진히 대접하고 돌려보냈을 때에도 그는 집으로 돌아가지 않고 다른 군인들과 함께 야영을 했다. 그렇게 자신의 임무에 충실한 것이 오히려 다윗에게는 우리야를 눈엣가시로 보게 한 것 같다.

다윗은 우리야의 상관 요압에게 우리야를 전투가 가장 격렬한 곳으로 보내어 죽게 하라고 명령했다. 요압은 다윗의 명령대로 했고, 그 결과로 우리야는 전사했다. 말하자면 다윗은 야비하게도 자신의 손에 피를 묻히지 않고 장군 한 사람을 죽인 것이다.

◆◆◆ 목욕하는 밧세바 / 세바스티아노 리치

439

요압은 우리야가 전사한 사실을 다윗에게 보고했다. 다윗은 담백하게 대답했다.

전장에서는 누구든지 죽을 수 있는 것이니, 이 일로 걱정하지 말고 힘을 다하여 성을 함락시켜라.
— 〈사무엘 하〉 11장 25절

눈엣가시가 제거됐으니 다윗이 눈치 볼 일이 없게 됐다. 다윗은 우리야의 미망인 밧세바를 아내로 삼았다. 그런데 다윗의 이런 비행을 야훼가 다 지켜보고 있었다. 야훼는 예언자 나단을 통해 다윗에게 경고했다.

네가 나를 얕보고 우리야의 아내를 네 아내로 삼았으니, 너의 집안에는 칼부림이 가실 날이 없으리라.
— 〈사무엘 하〉 12장 9~10절

야훼의 경고가 당장 실현되지는 않았다. 첫 아이가 죽은 뒤 다윗은 다시 밧세바를 통해 아들을 낳았다. 이 아들이 저 유명한 솔로몬 왕이다. 솔로몬 왕이 죽고 난 뒤에 유대 민족의 왕국은 분열되면서 평화가 깨졌다. 다윗에게 보낸 야훼의 경고가 그렇게 실현된 것이 아닐까 한다.

박식하고 지혜로웠던 솔로몬 왕

솔로몬은 다윗 왕이 저지른 불륜에 의해 태어나 왕이 됐다. 그래서인지 다윗은 임종하면서 솔로몬에게 하느님의 법도와 계명, 율례와 가르침을 지키라고 당부했다.

왕이 된 솔로몬은 야훼에게 "명석한 머리를 주시어 백성을 다스릴 수 있고 흑백을 잘 가려낼 수 있게 해달라"고 기도했다. 야훼는 이런 기도를 가상히 여겨 솔로몬을 슬기롭고 명석하게 해주었다. 뿐만 아니라 솔로몬이 청하지 않은 부귀와 명예도 주겠다고 약속했다.

어느 날 솔로몬 왕 앞에 나타난 두 여인이 아이 하나를 두고 다퉜다. 둘 다 그 아이가 자신의 아이라고 주장했다. 그러자 솔로몬 왕은 칼을 가져오게 한 뒤 그 칼로 아이를 둘로 갈라서 두 여인에게 절반씩 나누어 주라고 명했다. 그러자 한 여인은 아이를 죽이지 말고 상대방 여인에게 주라고 간청했고, 다른 한 여인은 솔로몬 왕의 말대로 아이를 둘로 나누어 갖자고 했다. 이로써 누가 진짜 어머니인지가 명확하게 드러났다. 진짜 어머니는 아이의 죽음을 원치 않았기에 차라리 상대방 여인에게 아이를 주라고 간청했고, 가짜 어머니는 어차피 자신의 아이가 아니었기에 아이가 죽어도 좋다는 태도를 취했다. 아이에 대한 모성애의 유무가 두 여인의 상반된 태도로 나타난 것이다. 솔로몬은 이런 이치를 잘 알고 있었기에 아이를 둘로 가르라는 명을 내리고 두 여인의 반응을 살폈던 것이다.

이 판결은 솔로몬의 지혜를 잘 보여준 '명판결'로 오늘날까지 인구에 회자되고 있다. 당시에도 솔로몬 왕에게 슬기가 있다는 소문이 널리 퍼졌다. 그의 지혜는 동방의 어떤 사람도 따를 수 없었고, 이집트의 누구도 따를 수 없었다고 한다. 그는 또한 박식하기도 했다.

그는 레바논에 있는 삼나무로부터 성벽에 자라는 우슬초에 이르기까지 모든 초목을 논할 수 있었으며, 야수나 날짐승이나 기는 짐승이나 물고기를 모두 논하였다.
— 〈열왕기 상〉 4장

솔로몬이 지혜로운 왕이라는 소문이 모든 나라에 퍼졌다. 이 때문에 다른 나라 왕들도 지혜를 구하러 솔로몬을 찾아왔다고 성서는 전한다.

그런데 솔로몬의 지혜를 상징한다고 알려진 '아이의 진짜 어머니 가리기' 판결이 과연 특별히 지혜로운 것일까? 의문의 여지가 있다.

19세기에 조선의 실학자 다산 정약용이 쓴 〈목민심서〉에도 비슷한 고사가 등장한다. 시대는 확실하지 않지만, 황패라는 사람이 중국의 영천 태수로 재직할 때의 일이다. 어느 부잣집에서 두 동서가 나란히 임신을 했는데, 맏동서는 유산하고 말았다. 맏동서는 아랫동서가 낳은 아이를 데려다 자신의 아들로 삼

◆◆◆ 솔로몬의 판결 / 니콜라 푸생

았다. 그러자 아랫동서가 관청에 고소해 소송이 벌어졌다. 재판은 3년이나 끌었다.

어느 날 황패 태수가 사람을 시켜 아이를 안고 뜰 안에 있게 했다. 두 동서가 서로 아이를 차지하려고 하는데 그 태도는 확연히 달랐다. 아랫동서는 아이가 다칠까봐 아이의 몸을 조심조심 끌어당겼다. 반면 맏동서는 아이를 거칠게 다뤘다. 아이가 다치든 말든 상관없다는 태도였다. 바로 여기서 누가 친어머니인지가 자연스럽게 드러났다. 황패 태수는 맏동서를 꾸짖었다.

너는 재산을 탐내서 이 아이를 얻으려고 하였으니, 어찌 아이가 다칠 것을 염려하겠느냐.

— 정약용, 〈목민심서〉 형전(刑典)

호화와 사치에 빠진 솔로몬 왕

솔로몬 왕은 재임 중 대규모 성전을 지었다. 또한 자신을 위한 궁전은 물론이고 이집트에서 데려온 부인을 위한 궁전까지 신축하고, 예루살렘 성을 비롯한 여러 성을 신축하거나 다시 지었다. 성전은 송백나무와 금으로 도배했다. 성전과 자신의 궁 안으로 들어가는 곳의 기둥과 기둥장식, 그리고 물독을 비롯한 각종 기구들은 윤이 나는 청동으로 제작됐다. 성전을 짓는 데 7년, 자신의 궁을 짓는 데 13년이 각각 소요됐다. 이런 일을 위해 근로소집령을 내려 3만 명을 동원했고, 짐 나르는 사람 7만 명과 돌 깨는 사람 8만 명도 추가로 투입했다.

성전을 완공한 뒤에는 황소 2만 2천 마리와 양 12만 마리를 야훼에게 제물로 바쳤다. 또 대형 방패 300개를 만들었고, 왕궁의 술잔과 각종 집기를 모두 순금으로 만들어 사용했다. 옥좌를 상아로 만들고 순금을 입혔다. 후궁을 700여 명이나 두었고, 그 밖에 수청 드는 여자도 300여 명에 이르렀다.

그야말로 호화와 사치의 극치라고 아니할 수 없다. 인류 역사 전체에서도 보기 드문 호화와 사치를 부린 것이다. 이로 인해 유대인과 주변 민족들은 노역 등 무거운 멍에를 짊어졌다. 그 멍에에 따른 반발은 솔로몬 왕의 위세 때문에 겉으로 드러나지 않다가 그의 치세 말기에야 표면화됐다. 신하 여로보암이 반란을 일으켰다가 이집트로 도주했다. 여로보암은 솔로몬의 사후에 귀국해서 새로 왕위에 오른 르호보암에게 솔로몬이 백성에게 지게 한 무거운 멍에를 가볍게 해달라고 간청했다. 그러나 르호보함 왕은 그의 간청을 무시했다.

선왕께서 너희에게 무거운 멍에를 메게 했다. 나는 그보다 더 무거운 멍에를 메게 해 주리라. 선왕께서는 너희를 가죽채찍으로 치셨으나, 나는 쇠채찍으로 다스리리라.
— 〈열왕기 상〉 12장

과연 그 아버지에 그 아들이라고 할 수 있겠다. 솔로몬 왕의 호화와 사치로 인한 폐해가 그 아들에 의해서도 치유되지 않음에 따라 왕국은 분열되고 말았다.

◆◆◆ 성전 건축 / 장 푸케

예루살렘을 방문한 세바의 여왕

솔로몬 왕이 현명하다는 소문이 인근 국가들로 퍼져나가던 중 세바(시바)라는 나라 여왕의 귀에 들어갔다. 세바의 여왕은 솔로몬을 시험해보려고 예루살렘을 방문했다. 그녀는 솔로몬을 만나서 여러 가지 어려운 문제를 물어보고 대답을 들었다. 그녀는 솔로몬의 지혜와 그가 다스리는 나라의 번영을 확인하고 감탄해마지 않았다.

> 당신의 지혜와 당신이 다스리는 나라의 번영은 내가 듣던 소문보다 훨씬 더 뛰어납니다. 당신을 모시는 부인들이야말로 행복한 여인들입니다. 언제나 당신 앞에 서서 당신의 지혜로운 말씀을 듣는 신하들이야말로 행복한 사람들입니다.
> ― 〈열왕기 상〉 10장

여왕은 솔로몬에게 많은 금과 보석, 향료를 선물로 주었다. 세바의 여왕뿐만 아니라 다른 나라의 많은 사람들이 솔로몬에게서 지혜를 얻어 가기 위해 방

◆◆◆ 솔로몬 앞에 선 세바의 여왕 / 니콜라우스 크뉘퍼

문했다. 그때마다 솔로몬에게 막대한 재산이 추가로 생겼다. 그것을 가지고 솔로몬은 황금방패 200개를 비롯해 순금을 입힌 대형 상아옥좌, 사자상 등을 만들고 술잔과 집기도 모두 순금으로 만들었다. 은으로 만든 것은 하나도 없었다. 호화찬란의 극치였다.

예언자 엘리야의 무서운 경고

솔로몬 왕이 세상을 떠난 뒤 유대인이 유다 왕국과 이스라엘 왕국으로 갈라졌다. 이스라엘 왕국에서 아합이 왕이 되어 통치할 때 야훼의 계명을 정면으로 어겼다. 그는 시돈의 공주 이세벨과 결혼한 후 바알 신전을 짓는 등 우상숭배에 열을 올렸다. 그러자 예언자 엘리야가 아합 왕을 찾아와 경고했다. 자신이 다시 입을 열기 전에는 몇 년 동안 비 한 방울, 이슬 한 방울 내리지 않을 것이라고.

엘리야는 요르단 강 동편의 개울가에 살면서 까마귀가 날라주는 떡과 고기를 먹으며 살았다. 이마저 떨어지자 엘리야는 야훼의 명에 따라 시돈 지방의 사렙다로 가서 한 과부의 집을 찾아갔다. 엘리야는 과부에게 물과 떡을 달라고 요청했다. 그러나 과부의 집에는 밀가루 한 줌과 기름 몇 방울만 남아있을 뿐이었다. 과부가 아들과 함께 마지막으로 먹고 죽으려고 남겨놓은 것이었다.

엘리야는 걱정하지 말고 음식을 만들되 자신에게 먼저 달라고 일렀고, 과

◆◆◆ 예언자 엘리야와 사렙다의 부부 / 베르나르도 스트로치

부는 그대로 했다. 그러자 과부의 집에서 다시는 밀가루가 떨어지거나 기름
이 동나는 일이 없었다. 또 과부의 아들이 갑자기 병들어 숨지자 엘리야는 아
이를 안고 다락방으로 올라가 야훼에게 기도했다. 아이의 몸에 다시 생명의
호흡이 돌아오게 해달라고. 야훼는 엘리야의 기도를 듣고 그대로 해주었다.
아이가 되살아났다. 이에 과부는 엘리야에게 "과연 하느님의 사람" 이라고 인
정했다고 한다.

나아만의 나병을 치료한 엘리사

나아만은 시리아의 군사령관이지만 나병 환자였다. 그는 유대인 소녀를 하녀로 데리고 있었다. 그녀는 나아만에게 예언자 엘리사를 만나보기만 해도 병이 나을 것이라고 했다. 나아만은 그녀의 권고에 따라 엘리사를 만나보기로 하고 왕에게 자신의 계획을 보고했다. 왕은 이스라엘 왕에게 보내는 친서를 나아만에게 건네주면서 가보라고 했다. 나아만은 왕의 친서를 들고 가서 이스라엘 왕을 만났으나 이스라엘 왕은 친서를 보자마자 그것을 찢어버렸다.

이런 이야기를 전해 들은 엘리사는 "이스라엘에 예언자가 있음을 보여주어야 한다"고 왕에게 충고했고, 나아만은 엘리사를 직접 찾아갔다. 엘리사는 나아만에게 "요르단 강에서 일곱 번 몸을 씻으라"고만 했다. 나아만은 엘리사의 처방이 기대에 미치지 못한다고 화를 내며 그냥 돌아가려고 했다. 그러나 동행한 장병들의 권유에 따라 요르단 강에 가서 일곱 번 몸을 씻었다. 그러자 그의 몸은 깨끗이 치유됐다.

나아만은 엘리사의 처방 덕분에 나병이 깨끗이 낫자 뭔가 사례를 하고자 했

◆◆◆ 나아만의 선물을 거절하는 엘리사 / 피에테르 데 그레베르

다. 그러나 엘리사는 나아만의 선물을 전혀 받지 않았다. 그러자 나아만은 앞으로 야훼 이외에는 어떤 신에게도 번제나 기타 희생제사를 올리지 않겠다고 다짐했다. 그러면서 한 가지만 용서해 달라고 요청했다. 자기는 직분상 왕을 따라 림몬 신전을 다니면서 왕을 부축하고 같이 예배를 올려야 하니 이것만은 양해해 달라는 것이었다. 유대인답지 않게 관대한 엘리사는 걱정하지 말라고 일렀다.

나아만이 흡족한 마음으로 귀환하는 데 엘리사의 시종 게하지가 따라붙었다. 게하지는 나아만에게 예언자 수련생을 위해 필요하다면서 은화 1달란트와 옷 2벌을 달라고 요구했다. 나아만은 요구받은 대로 내주었다. 게하지는 자신이 한 짓을 엘리사가 모를 줄 알고 그에게 숨겼지만, 엘리사는 다 알고 있었다. 엘리사는 게하지가 나병에 걸릴 것이라고 예언했다. 게하지는 실제로 나병에

걸려서 엘리사의 곁을 떠났다.

네가 그 돈으로 정원을 사서 올리브나무와 포도나무를 심고 양과 소를 사고 하인과
하녀를 거느릴 수야 있겠지만, 너와 네 자손은 나아만에게서 옮은 문둥병을 영원히
앓으리라.
— 〈열왕기 하〉 5장

엘리사는 그야말로 순수한 신앙에 입각해 자신의 초능력을 발휘했다. 따라
서 인사치레를 받기를 단호히 거부했다. 그러나 게하지는 스승의 권위를 등에
업고 자기 잇속을 챙겼다. 그 대가로 그는 불치병을 얻고 말았다.
게하지의 이야기를 읽다보면 오늘날의 대형 교회가 떠오른다. 하느님의 말
씀을 전하고 하느님의 가르침을 실천한다고 하면서 실제로는 잇속만 챙기고
있으니까. 이런 대형 교회는 '게하지 같은 교회' 라고 불러도 되지 않을까.

선한 유대인 토비트와 천사 라파엘

아시리아의 니네베로 끌려간 유대인 가운데 토비트라는 사람이 있었다. 그는 모세 이후 전해 내려온 유대인의 율법을 충실히 지켰다. 해마다 곡식의 첫 수확물과 가축의 맏배를 예루살렘의 성전에 바쳤고, 포도주와 올리브기름, 각종 과일의 10분의 1도 봉헌했다. 뿐만 아니라 자선도 적극적으로 베풀었다. 고아와 과부, 이방인들에게 자신의 수확물과 재산의 10분의 1을 내놓았다. 동족 가운데 죽은 사람이 길가에 버려져 있으면 즉시 시신을 수습해 땅에 묻어주었다.

토비트의 선행을 굽어본 야훼가 은혜를 베풀어 아시리아 왕 사르곤 2세의 눈에 들게 해주었다. 토비트는 메디아로 가서 왕에게 필요한 물품을 조달하는 벼슬을 맡게 됐다. 그가 메디아에 있을 때 친척 아들에게 돈자루를 맡겼다.

아시리아 왕 사르곤 2세가 죽고 새로 산헤립 왕이 등극하면서 아시리아의 정세가 어지러워져서, 토비트는 다시 메디아로 갈 수 없게 됐다. 산헤립 왕이 예루살렘을 침공했다가 퇴각한 후 유대인을 마구 죽인 일이 있었다. 이때 토비트는 길가에 버려진 유대인의 시체를 묻어준 일로 왕의 미움을 받아 재산을 몰수당하고 쫓겨났다. 산헤립 왕이 아들들에게 피살되고 새로운 왕(에살핫돈)이 등극하자 토비트는 재산을 되찾을 수 있었다. 새로운 왕의 행정 책임자로 토비트의 동생의 아들이 임명된 덕분이었다.

　어느날 밤 뜰에서 잠을 자는 토비트의 눈에 참새 똥이 떨어졌다. 이로 인해 토비트는 시력을 잃었다. 그 뒤 토비트는 메디아에 있는 친척의 아들에게 맡겨놓은 돈자루가 생각나서 아들 토비아에게 그것을 찾아오라고 했다. 토비아는 메디아를 향해 길을 떠났다. 이때 천사 라파엘이 자신의 신분을 숨기고 나타나 토비아를 안내했다. 메디아에 도착한 토비아는 친척집 딸 사라와 결혼하고 아버지의 돈자루도 되찾았다. 토비아는 다시 니네베로 돌아가서 천사 라파엘이 일러준 대로 물고기 쓸개를 아버지 눈에 발라주었다. 그 덕분에 토비트는 시력을 되찾았다.

　토비트는 토비아와 여행을 함께해준 라파엘 천사에게 품삯을 주려고 했다. 그러자 라파엘 천사가 비로소 자신의 정체를 밝혔다. 그때까지 벌어진 일은 모두 하느님이 토비트를 시험하기 위해 하신 일이었다는 이야기도 했다. 라파엘 천사는 토비트에게 그간의 선행에 대해 치하하는 동시에 앞으로도 선행을 계속 하라는 말을 남기고 하늘로 떠났다. 라파엘이 한 말 중 한 구절을 옮기면 다음과 같다.

　옳지 못한 방법으로 부자가 되는 것보다는 진실한 마음으로 기도 드리고 올바른 마음으로 자선을 행하는 것이 더 좋습니다. 황금을 쌓아두는 것보다는 자선을 행하는 것이 더 좋은 일입니다. 자선은 사람을 죽음에서 건져내고 모든 죄를 깨끗이 없애버립니다. 자선을 행하는 사람은 장수하게 될 것입니다. 죄를 짓고 옳지 않은 일을 행하는 사람은 자기 자신을 파멸시키는 사람입니다.

　― 〈토비트〉 12장

◆◆◆ 치료받는 토비트 / 베르나르도 스트로치

아시리아 군 총사령관을 살해한 과부 유디트

유디트는 아름다운 용모를 지녔다. 그렇지만 그녀는 경건한 과부였다. 남편이 세상을 떠난 후 3년 4개월 동안 베옷을 입고 절식을 하며 살았다.

그녀가 그렇게 과부생활을 할 때 유대 민족은 풍전등화의 위기에 직면했다. 아시리아의 느부갓네살이 대군을 일으켰다. 그는 보병 10만 명과 기병 1만 2천 명을 거느리고 중근동 일대를 휩쓸었다. 유대인 주변의 부족들은 차례로 항복했다. 그러나 유대인은 방비를 굳게 하면서 항복하기를 거부했다. 아시리아 군이 마침내 유대 민족의 땅으로 다가왔다. 그들의 총사령관은 홀로페르네스 장군이었다. 홀로페르네스는 대군을 몰고 유대인의 도시 베툴리아를 포위했다. 식수원까지 장악했다. 이제 유대인의 항복은 시간문제나 다름없었다.

바로 그때 유디트가 나섰다. 유디트는 유대인의 지도자에게 자신이 하고자 하는 일에 대해 알려고 하지 말라고 이르고, 하녀와 함께 아시리아 군의 진중으로 갔다. 가기 전에 하느님께 간절한 기도를 올렸다.

◆◆◆ 홀로페르네스의 목을 베는 유디트 / 카라바조

당신은 보잘것없는 사람들의 하느님이시고, 불쌍한 사람들을 도우시는 분이시며, 약한 자들을 붙들어주시는 분이시오, 버림 받은 사람들의 보호자이시며, 희망 없는 사람들의 구조자이십니다.

— 〈유디트〉 9장

유디트는 과부의 행색을 버리고 대신 화려한 옷차림과 장식을 한 뒤 아시리아 군의 진영에 들어가 총사령관 홀로페르네스를 만났다. 홀로페르네스는 물론이고 아시리아 군의 장병 모두가 유디트의 미모에 놀랐다. 홀로페르네스는 유디트를 후하게 대접하고 연회까지 베풀었다. 물론 유디트를 차지하려는 속

셈으로 그런 것이었다. 연회가 열린 날 홀로페르네스는 너무 기분이 좋은 나머지 술을 과도하게 마시고 잠에 곯아떨어졌다. 바로 그때 유디트가 홀로페르네스의 목을 잘라버렸다. 그녀는 그의 머리를 들고 유대인 진영으로 돌아와 보여주었다. 그러자 유대인의 사기가 다시 살아났다. 반면 총사령관을 잃은 아시리아 군은 무기력해졌다. 유대인은 아시리아 군을 격퇴했다.

유디트의 이 모험 이야기는 우리나라의 논개를 떠올리게 한다. 유디트의 경우와는 달리, 임진왜란 때 왜장을 끌어안고 진주 남강으로 몸을 던진 논개의 거사로 전세가 확 바뀐 것은 아니었다. 하지만 논개 역시 한 여성으로서 나라의 기개를 살리는 데 충분한 역할을 했다.

바로크 시대의 이탈리아 작곡가 비발디는 유디트의 이 모험을 소재로 오페라 〈유디트의 승리〉를 작곡했다. 우리나라에서도 논개의 고귀한 희생을 소재로 한 오페라 〈논개〉가 창작됐다.

하만에 대한 모르드개의 역전승

크세르크세스가 페르시아 왕국을 통치하던 때였다. 느부갓네살에 의해 바빌론에 끌려온 유대인 가운데 모르드개가 있었다. 그는 부모를 여읜 사촌 여동생 에스델을 양녀로 삼아 데리고 있었다. 에스델은 얼굴도 예쁘고 몸매도 아름다웠다.

크세르크세스 왕이 고분고분하지 않은 와스디 대신 새 왕후를 뽑을 때 에스델이 후보로 간택되어 궁궐에 들어갔다. 모르드개는 궁궐 대문에서 일하던 중 알게 된 수문장의 반역 음모를 에스델을 통해 왕에게 일러바쳐 공을 세웠다.

그런데 하만이라는 사람이 재상에 발탁됐고, 모든 신하는 하만에게 무릎을 꿇고 절해야 한다는 왕명이 떨어졌다. 모르드개는 거부했다. 그러자 하만은 모르드개를 비롯한 유대인을 모두 박멸하기로 결심했다. 그는 크세르크세스 왕에게 다음과 같이 말하고 왕의 윤허를 얻어냈다.

이 나라 백성들 가운데는 남과 섞이지 않는 한 민족이 각 지방에 흩어져 살고 있습니다. 그 민족은 다른 민족의 법과는 다른 법을 가지고 있을 뿐만 아니라 임금님의 법마저도 지키지 않으니 도저히 그대로 둘 수가 없습니다.

— 〈에스델〉 3장

　유대인을 몰살시킬 날짜가 11월 13일로 잡혔다. 모르드개는 베옷을 걸치고 재를 뒤집어 쓴 채 대궐문 앞에서 사실상 농성에 들어갔다. 왕후가 된 에스델에게도 손을 써보라고 요청했다. 에스델은 모르드개에게 유대인들로 하여금 수도 수사에 모여 사흘 동안 단식기도를 올리게 하라고 권고했다. 이어 에스델은 왕과 하만을 자신의 방에 초청해 만찬을 베풀고 자신과 자신의 민족이 멸종될 위기에 처했다며 살려달라고 간청했다. 그리고 모르드개가 일러바친 반역 음모는 하만이 꾸민 것이라고 이실직고했다.

　왕은 하만에게 책임을 묻기로 했다. 하만은 모르드개를 목매달아 죽이기 위해 큰 기둥을 세워두었는데, 도리어 자신이 그 기둥에 매달리게 됐다. 하만의 집은 에스델에게 주어졌다.

왕은 11월 13일에 유대인을 집단 처형하라고 했던 칙령도 취소했다. 뿐만 아니라 유대인이 뭉쳐서 자신들을 박해하는 이웃 민족과 백성을 처자까지 포함해 몰살해도 좋다고 허락했다. 유대인은 위기를 복수의 기회로 바꿨다. 하만이 결행일로 잡았던 바로 그날에 유대인은 하만의 아들 10명을 비롯해 페르시아 왕국 전역에서 모두 7만 5천 명을 살해했다. 유대인의 '살육본능'이 되살아났다고 해야 할까? 이때 유대인은 노략질은 하지 않았다고 성서는 전한다. 유대인은 그 다음날 대대적인 축제를 벌였다.

> 쓰라림이 기쁨으로 바뀐 달이요, 유대인들이 원수에게서 풀려난 날이라.
> — 〈에스텔〉 9장

모르드개는 이날을 '부림절'이라는 축일로 삼아 대대로 기념하라고 유대인들에게 일렀다. 이후 모르드개는 재상까지 올라 큰 권세를 누렸다.

거듭된 시험에도 믿음을 버리지 않는 욥

욥은 우스라는 곳에 살던 대재산가였다. 거느린 가축만 해도 양 7000마리, 낙타 3000마리, 겨릿소 500쌍, 암나귀 500마리에 이르렀다. 게다가 7명의 아들과 3명의 딸을 두었다. 그야말로 남부러울 것 없는 사람이었다. 욥은 신앙심도 두터웠다. 자식들과 함께 잔치를 지내고 나면 언제나 번제를 올렸다.

어느 날 하느님 야훼와 사탄이 한자리에 앉아 이야기를 나눴다. 야훼는 욥을 신앙심이 두텁고 진실하고 착한 사람이라고 극구 칭찬했다. 그러나 사탄은 욥의 소유물을 모두 빼앗으면 그가 하느님을 욕할 것이라고 반박했다. 야훼와 사탄은 논란 끝에 욥을 시험해보기로 했다.

욥의 집에 강도가 들기도 하고, 벼락이 떨어지기도 했다. 이로 인해 욥은 소와 양과 낙타를 모두 잃었다. 게다가 자녀들도 식사 도중에 집이 무너지는 바람에 몰살당했다. 그렇지만 욥은 야훼를 원망하기는커녕 계속 찬양했다.

벌거벗고 세상에 태어난 몸, 알몸으로 돌아가리라. 야훼께서 주셨던 것 야훼께서 도로 가져가시니, 다만 야훼의 이름을 찬양할지라.

― 〈욥기〉 1장

시험이 계속됐다. 욥의 온몸에 부스럼이 생겼다. 욥은 잿더미 위에 앉아 토기 조각으로 몸을 긁어댔다. 아내가 욥에게 "차라리 하느님을 욕하고 죽으라"고 나무랐다. 그래도 욥은 요지부동이었다.

우리가 하느님에게서 좋은 것을 받았는데 나쁜 것이라고 하여 어찌 거절할 수 있단 말이오.
— 〈욥기〉 2장

그 다음에는 친구 3명이 욥을 찾아와 문병하고 위로하면서 그와 대화를 나눈다. 친구들은 욥을 어르기도 하고 달래기도 한다. 충고도 해준다. 친구들이 교대로 욥과 나눈 대화는 철학적인 내용으로 가득하다. 이를테면 엘리바즈라는 친구는 이렇게 말한다.

터무니없는 것을 믿지 말게, 잡히는 것은 오직 바람일 뿐. 때도 아닌데 종려나무가 시들어 그 이파리에 물기가 다시 오르지 못하듯이, 익지도 않은 포도송이가 마구 떨어지고 올리브 꽃이 무더기로 지듯이 위선자의 무리는 그 씨가 마르고 뇌물을 좋아하는 자의 천막도 타버린다네. 불행의 씨를 배었으니 남을 것은 재난뿐, 뱃속에 든 것이란 다만 허황된 것이 아니겠는가?
— 〈욥기〉 15장

그러자 욥은 다음과 같이 답한다.

나의 생애는 끝났고 나의 계획은 물거품이 되었으며 실낱같은 희망마저 끊기었네.
밤은 낮으로 바뀌고 빛이 어둠을 밀어낸다지만, 저승에 집터를 마련하고 어둠 속에
자리를 까는 일 외에 내 무엇을 더 바라겠는가?

— 〈욥기〉 17장

마침내 야훼도 직접 나서서 욥에게 다음과 같이 이른다.

네가 나의 판결을 뒤집을 셈이냐? 너의 무죄함을 내세워 나를 죄인으로 몰 작정이
냐? 네 팔이 하느님의 팔만큼 힘이 있단 말이냐? 너의 목소리가 천둥소리와 같단 말
이냐? 그렇다면 권세와 위엄으로 단장하고 권위와 영화를 걸치고 너의 분노를 폭발
시켜보아라.

— 〈욥기〉 40장

그러자 욥은 자신의 잘못을 뉘우치고 다시 야훼에게 기도했다. 그제야 야훼
는 욥의 기도를 들어주었다. 욥의 재산을 종전의 두 배로 늘려주었고, 아들 7명
과 딸 3명을 주었다. 그 후 욥은 140년을 더 살았다고 한다.

◆◆◆ 욥의 생애 / 작자 미상

예레미야의 예언과 바빌론 유수

예레미야는 유대인의 왕국이 바빌론(바빌로니아)에 의해 멸망당할 것이라고 끊임없이 예언하다가 수난을 당한 예언자다. 예레미야가 살던 당시 유대인의 나라는 둘로 분열돼 있었을 뿐 아니라 둘 다 타락한 상태였다. 구약 〈예레미야〉는 당시 유대인의 왕국이 얼마나 타락하고 불의가 횡행했는지를 전해준다.

> 새장에 새를 가득히 채우듯이 남을 속여 약탈해온 재산을 제 집에 채워 벼락부자가 되고 세력을 휘두른다. 피둥피둥 개기름이 도는 것들, 못하는 짓이 없구나. 남의 권리 같은 것은 아랑곳없다는 듯 고아의 인권을 짓밟고 빈민들의 송사를 공정하게 재판해주지도 않는다.
> — 〈예레미야〉 5장

이는 예레미야 개인의 주관적 판단이 아니라 유대인의 하느님 야훼가 본 당시의 실상이었다. 그래서 야훼는 예레미야를 통해 이러한 타락상에 대한 실망

◆◆◆ 예루살렘의 파괴를 슬퍼하는 예레미야 / 렘브란트

과 분노를 유대인에게 전하고, 그런 상태를 개선하지 않으면 유대인의 왕국은 멸망할 것임을 끊임없이 경고한다. 다른 민족이 일어나 예루살렘 성을 무너뜨리고 유대인 백성은 바빌론에 포로로 끌려갈 것이라고 예언하기도 한다. 이런 현실진단과 경고, 예언이 〈예레미야〉 전체에 가득하다.

그러나 유대인들은 예레미야의 예언에 아랑곳하지 않는다. 오히려 예레미야를 박해한다. 그를 사형에 처하라는 요구도 많았다. 예언자를 자처하지만 거짓된 말을 하는 사람들에게만 귀를 기울인다. 다만 왕은 뭐가 두려워서인지 예레미야를 사형시키지는 않고 가둬두기만 한다.

예레미야의 예언대로 바빌론의 느부갓네살이 군대를 동원해 유대인의 왕국을 공격한다. 그는 예루살렘을 포위하고 공격한 끝에 결국 함락시킨다. 그러고는 유다 왕국의 왕 시드키아를 비롯해 유대인 4600명을 포로로 잡아간다. 그렇지만 바빌론 사람들은 가난한 사람들에게는 땅과 포도원을 주어 유대인의 땅에 머물러 살게 했다. 바빌론으로 끌려간 유대인들은 그곳에서 70년 동안 포로생활을 한 뒤 귀환한다. 이 70년이 바로 '바빌론 유수(幽囚)'라고 일컬어지는 기간이다.

유대인 왕국의 패망은 자업자득이요 자멸이었다. 왕국 안에서 정의와 우애를 실현하고 억울한 사람이 생기지 않게 했으면 안 당했을 운명을 스스로의 잘못으로 당하게 된 것이었다. 바빌론 왕국은 '야훼의 무기, 야훼의 망치'(〈예레미야〉 51장)였다. 그렇지만 바빌론 왕국은 그 후 페르시아에 멸망당하고 다시 일어서지 못한다. 당시 중동 지방에서는 여러 민족과 왕국이 명멸을 거듭했고, 바빌론 왕국도 그중 하나였다.

사제 에제키엘에게 나타난 야훼

유대인들이 바빌론에 포로로 잡혀간 지 30년째 되던 해의 4월 5일, 사제 에제키엘이 그발 강가에 있을 때 신비스런 일이 일어났다. 북쪽에서 폭풍과 구름이 밀려오는 가운데 번갯불이 번쩍였다. 네 마리의 짐승이 끄는 마차가 나타났다. 그 덮개 위에 옥좌가 있었고, 그 옥좌 위에 사람과 비슷한 모습이 보였다. 그 모습은 불처럼 환했고, 사방으로 무지개 같은 빛을 비췄다. 야훼였다. 에제키엘은 땅에 엎드렸다. 야훼가 발현한 것이었다.

야훼는 에제키엘을 일으켜 세운 뒤 자신의 말을 유대인에게 전하라면서 어떤 두루마리를 그의 입에 넣어주었다. 야훼는 유대인이 모여 사는 그발 강가의 텔아비브로 그를 데려갔다. 야훼는 그곳에서 에제키엘을 유대인의 파수꾼으로 세운다고 말했다. 에제키엘에게는 유대인을 그릇된 길에서 끌어내어 올바른 길로 인도하라고 명했다.

야훼는 에제키엘에게 유대인의 앞날에 대한 예언도 전했다. 야훼는 예루살렘이 완전히 정복되지 않은 상태이지만 머지않아 적에게 포위당해 멸망할 것이라고 말했다. 유대인의 지은 죄가 너무 많기 때문이라는 것이었다.

숲 속에서 자란 포도 덩굴을 땔감으로 불에 집어넣듯 예루살렘에 사는 자들을 나는

470

불에 집어넣으리라. …… 내가 그 땅을 쑥밭으로 만들리라.

— 〈에제키엘〉 15장

야훼는 또한 화려하던 티로 왕국은 멸망하고 이집트는 약해져서 다시는 뭇 민족 앞에서 우쭐대지 못할 것이라는 예언도 했다. 다만 야훼는 유대인들이 회개하면 새사람이 되도록 이끌어주겠다는 약속도 했다.

내가 몸소 내 양떼를 기를 것이요, 내가 몸소 내 양떼를 쉬게 하리라. … 헤매는 것은 찾아내고 길 잃은 것은 도로 데려오리라. 상처 입은 것은 싸매주고, 아픈 것은 힘이 나도록 잘 먹여주고, 기름지고 튼튼한 것은 지켜주리라.

— 〈에제키엘〉 34장

아울러 야훼는 둘로 나뉜 유대인의 왕국이 다시 하나로 통일되고, 붕괴된 예루살렘 성전도 다시 세워질 것이라고 예언했다. 요컨대 유대인이 정신만 똑바로 차리고 경건한 자세로 돌아선다면 새로운 나라와 성전을 만들어주겠다고 약속한 것이었다. 유대인에게는 정말로 참을성 있고 관대한 신이라고 할 수 있겠다.

◆◆◆ 에제키엘의 환시 / 리피엘로

바빌론 왕 벨사살과 유대인 예언자 다니엘

느부갓네살의 뒤를 이어 바빌론 왕국의 왕위에 오른 벨사살은 어느 날 대규모 잔치를 열었다. 신하들은 물론이고 왕비와 후궁까지 모두 참석하게 했다. 벨사살 왕은 자신의 권세를 자랑하기 위해 선왕 느부갓네살이 예루살렘에서 약탈해온 금잔과 은잔으로 술을 마셨다. 그 가운데는 예루살렘의 성전에서 빼앗아온 잔들도 있었다. 그러면서 금이나 은, 나무, 돌로 만든 신상을 찬양했다. 그런데 갑자기 사람의 손가락 하나가 나타나서 왕궁 벽에 붙어있는 판에 글자를 썼다. 소스라치게 놀란 왕은 그 글자를 해독할 사람을 수소문했다. 해독해내는 사람에게는 자주색 도포와 금목걸이는 물론이고 나라에서 세 번째로 높은 지위도 주겠다고 약속했다.

벨사살 왕은 왕비가 추천한 유대인 예언자 다니엘을 불러들였다. 왕 앞에 불려간 다니엘은 그 글자의 뜻을 풀어주었다. 다니엘은 먼저 왕이 하느님의 뜻을 거슬러 성전에서 쓰이던 잔으로 술을 마시고 우상을 받들었다는 사실을 냉정하게 지적했다. 이어 '므네 므네 드켈 브라신' 이라고 쓰인 그 글자는 하

◆◆◆ 벨사살의 향연 / 안드레아 첼레스티

느님이 왕의 나라를 마감시키고 페르시아에 넘겨줄 것이라는 뜻이라고 설명했다.

다니엘이 해독을 마치자 벨사살 왕은 그에게 자신이 약속한 선물을 주었다. 그런데 벨사살 왕은 바로 그날 밤에 살해됐고, 바빌론 왕국은 페르시아에 의해 멸망당했다.

사자 우리 속에서도 멀쩡하게 살아난 다니엘

다니엘은 바빌론으로 끌려간 유대인 중 한 사람이었다. 그런데 바빌론 왕 느부 갓네살의 지시에 따라 다른 세 명의 유대인 젊은이와 함께 궁중으로 들어갔다. 다니엘은 궁중에서 느부갓네살 왕의 꿈을 풀어주는 등 남다른 능력을 발휘해 왕의 돈독한 신임을 받았다. 다니엘은 후임 왕 벨사살의 신임도 받았다. 이어 바빌론을 멸망시키고 패권을 장악한 메디아의 다리우스 왕으로부터도 각별한 신임을 받았다.

다니엘은 정승 자리까지 올랐다. 그러자 다른 정승과 지방장관들이 그를 질시했다. 그들은 다니엘의 약점을 잡기 위해 호시탐탐 기회를 노렸다. 그들은 마침내 한 가지 빌미를 찾아냈다. 다니엘이 나라에서 섬기라는 왕은 섬기지 않고 자신의 신을 섬긴다는 것이 그것이었다. 실제로 다니엘은 집에서 날마다 하루 세 차례씩 예루살렘을 향해 무릎을 꿇고 야훼에게 기도를 드렸다. 정승과 지방장관들은 다니엘의 이런 행위를 임금에게 일러바치고, 법령에 씌어있는 대로 그를 사자 우리에 집어넣을 것을 요청했다.

◆◆◆ 사자 우리 속의 다니엘/ 페테르 파울 루벤스

다리우스 왕은 이 요청을 차마 거부하지 못해 다니엘을 사자 우리에 집어넣었다. 그렇지만 다니엘에 대한 왕의 신임이 워낙 두터웠다. 왕은 다니엘을 사자 우리에 집어넣기 전에 "그대의 신이 그대를 구해주기를 바란다"고 말하기까지 했다. 뿐만 아니라 그를 사자 우리에 집어넣은 날 뜬눈으로 밤을 새우면서 그의 안위를 걱정했다.

다음날 왕이 사자 우리에 가보니, 다니엘은 멀쩡하게 살아있었다. 천사들이 사자들의 입을 막아 다니엘을 해치는 것을 막아준 덕분이었다. 이런 기적을 본 왕은 다니엘을 참소한 자들을 모두 처자식과 함께 사자 우리에 집어넣어 사자밥으로 만들었다. 그리고 온 나라에 포고를 내려 "다니엘의 하느님을 공경하라"고 명했다. 다니엘은 다리우스 왕에 이어 페르시아의 키로스 왕이 다스릴 때에도 명성을 날렸다고 한다.

동화 같은 이야기이지만, 구약 〈다니엘〉에 실려 있는 에피소드다. 유대인은

메디아 왕국과 그 뒤를 이은 페르시아 왕국에서도 우대를 받았음을 알 수 있다. 바빌론에 포로로 끌려갔던 유대인들이 나중에 귀환할 수 있었던 것도 바로 페르시아 덕분이었다.

참으로 묘한 일은, 오늘날 유대인의 나라 이스라엘과 페르시아 왕국의 후예 이란은 적대적인 관계에 있다. 그 옛날에는 서로 우호적이었고, 유대인들은 페르시아 덕분에 예루살렘으로 돌아갈 수 있었다. 그런데 오늘날에는 서로를 타도의 대상으로 보고 있다. 구약성서에 나와 있는 이런 고사를 돌이켜보면, 이스라엘은 이란에 좀 더 우호적으로 접근해야 한다는 생각도 든다.

수산나에게 흑심을 품었던 두 노인의 죽음

유대인들이 바빌론에 잡혀가 살고 있을 때였다. 유대인인 요아킴이 아름답고 정숙한 아내 수산나와 살고 있었다. 이들의 집에는 유대인 친지들이 자주 방문했다. 그중 재판관을 맡고 있는 노인 두 사람이 정원에서 산책하는 수산나를 보고 나쁜 마음을 품었다.

두 노인은 기회를 노리다가 어느 날 수산나의 집에 잠입하여 그녀를 욕보이려고 했다. 그러나 그녀의 비명 소리를 들은 하인들과 이웃집 사람들이 달려온 탓에 두 노인의 시도는 무산됐다. 그러자 두 노인은 거짓말을 했다. 수산나가 어느 청년과 정을 통하는 장면을 보고 달려왔는데, 청년은 도망쳤다고 둘러댄 것이었다. 유대인들은 두 노인의 말을 믿고 재판을 열어 수산나에게 사형 선고를 내렸다. 수산나는 하늘에 대고 큰 소리로 자신의 무고함을 호소했다.

> 영원하신 하느님, 당신은 모든 비밀을 다 아시며, 무슨 일이 일어나기 전에 다 아십니다. 당신은 이들이 저에 대하여 한 증언이 거짓이라는 것을 알고 계십니다. 그들이 악의로 저를 고발하여 저는 지금 죽습니다마는, 저들이 조작해낸 모든 죄는 저와 상관없습니다.
>
> ─ 〈다니엘〉 13장

수산나의 호소를 들은 야훼는 다니엘을 움직였다. 다니엘은 유대인 원로들에게 심문도 제대로 하지 않고 확증도 없이 어떻게 사형시킬 수 있느냐고 물었다. 그리고 원로들의 허가를 얻어 직접 심문을 벌여서 두 노인이 거짓증언을 했음을 밝혀냈다. 이에 따라 두 노인이 도리어 사형을 당하고, 수산나는 누명을 벗게 됐다.

유대교 사제 오니아스와 재상 헬리오도로스

알렉산드로스 왕이 죽고 그의 왕국이 여러 개로 분열된 뒤에 시리아와 페니키아 및 유대인의 땅은 셀레우코스 왕이 지배하고 있었다. 예루살렘에서는 유대인이 독자적인 종교생활을 하고 있었다. 당시 유대교의 대사제는 오니아스였고, 페니키아 일대는 총독 아폴로니우스가 관할하고 있었다.

대사제 오니아스와 경리담당 시몬 사이에 알력이 생겼다. 시몬은 아폴로니우스 총독에게 찾아가서 예루살렘 성전의 금고에 돈이 많이 있는데 그 돈은 제사용이 아니므로 왕이 마음대로 가져가도 된다고 말했다. 아폴로니우스 총독은 즉시 왕에게 이 사실을 보고했고, 왕은 재상 헬리오도로스를 파견했다. 그가 파견된 목적은 단 한 가지, 예루살렘 성전에 있는 돈을 국고로 환수하는 것이었다.

헬리오도로스는 대사제 오니아스에게 찾아가서 자신이 찾아온 이유를 설명했다. 오니아스는 그 돈은 고아와 과부를 위해서 쓸 것이고 성전은 신성불가침이라고 강조하며 내주기를 완곡하게 거부했다. 헬리오도로스는 예루살렘 성

◆◆◆ 성전에서 쫓겨나는 헬리오도로스 / 라파엘로

전에 직접 찾아가 저장돼 있는 금화와 은화를 조사하려고 했다. 그러자 유대인들은 대사제와 사제, 백성이 모두 성전의 돈을 지켜달라고 울며 기도했다.

헬리오도로스는 호위병과 함께 금고에 다가섰다. 그때 변고가 일어났다. 황금갑옷을 입은 기사와 두 젊은 장사가 나타나 헬리오도로스에게 덤벼들었다. 헬리오도로스는 그 자리에서 쓰러졌고, 두 장사가 쓰러진 그를 사정없이 채찍질했다. 헬리오도로스는 들것에 실려 나갔고, 생명이 위태로워졌다. 마지막 순간에 유대교 대사제가 헬리오도로스를 회생시켜 달라고 기도했다. 덕분에 헬리오도로스는 목숨을 구했다.

헬리오도로스는 성전의 돈을 환수하려던 계획을 포기하고 돌아갔다. 그는 왕에게 예루살렘 성전은 하느님의 특별한 힘이 보호하고 있다면서 그곳에 다

른 사람을 보내지 말라고 진언했다. 굳이 보내려면 왕권을 노리는 자를 보내라고 권고했다.

헬리오도로스가 당한 봉변은 헬레니즘 문명과 유대 문명의 충돌을 상징하는 사건이라고 볼 수 있다. 자신들의 종교적 신조를 굳건히 지키려는 유대인과 이 지역의 패권을 장악한 그리스인 사이에 충돌이 끊임없이 빚어졌다. 돼지고기를 먹을 것인지, 할례를 할 것인지, 안식일을 지킬 것인지 등을 둘러싼 대립이 끊임없이 벌어졌다. 그 과정에서 유대교의 계율을 지키려는 유대인이 적잖이 희생됐다. 그러나 유대인은 자신들의 종교적 계율을 끝까지 지켰다.

4장

신약과 예수의 삶

하느님의 아들을 잉태한 마리아

마리아는 청년 요셉과 약혼은 했지만 아직 결혼하지는 않았다. 그런 마리아에게 어느 날 천사 가브리엘이 찾아와 "주께서 너와 함께 계신다"며 임신했다는 사실을 알려주었다. 가브리엘은 마리아에게 앞으로 태어날 아기의 이름을 '예수'로 하라고 일렀다. 마리아는 처녀인 자신이 어떻게 아기를 낳을 수 있느냐고 물었다. 그러자 가브리엘은 "성령이 내려오실 것"이라면서 "태어날 아기를 하느님의 아들이라 부르게 될 것"이라고 대답했다.

마리아는 임신 후 6개월 됐을 때 엘리사벳을 찾아갔다. 엘리사벳은 유대교 사제 즈가리야의 아내였다. 부부는 늙도록 아이를 갖지 못하다가 뒤늦게 하느님의 도움으로 아이를 임신한 상태였다. 마리아의 방문을 받은 엘리사벳은 마리아를 축복해주었다. "모든 여자들 가운데 가장 복되고 태중의 아들 역시 복되다"고.

마리아는 진상을 정확히 알아차렸다. 그래서 "내 영혼이 주님을 찬양하며, 내 구세주 하느님을 생각하는 기쁨에 이 마음이 설레입니다"라고 화답했다.

◆◆◆ 수태 고지 / 레오나르도 다 빈치

마리아는 계속하여 하느님을 찬양하는 노래를 불렀다.

주님은 전능하신 팔을 펼치시어 마음이 교만한 자들을 흩으셨습니다. 권세 있는 자들을 그 자리에서 내치시고, 보잘것없는 이들을 높이셨으며, 배고픈 사람은 좋은 것으로 배불리시고, 부유한 사람은 빈손으로 돌려보내셨습니다.
— 〈루가복음〉 1장

마리아는 엘리사벳의 집에 3개월가량 머물다가 집으로 돌아갔다. 엘리사벳은 때가 되어 아들을 낳았으니, 그 아들이 바로 세례자 요한이었다.

별의 안내를 받아 베들레헴에 간 동방 박사들

예수가 태어날 무렵 동방의 박사 3인이 별을 따라 유대의 땅으로 갔다. 박사들은 유대의 왕 헤롯을 만나본 다음 베들레헴으로 갔다. 그들이 베들레헴으로 갈 때에도 별이 안내를 해주었다. 박사들은 베들레헴에서 아기 예수와 어머니 마리아를 보고는 엎드려 절한 뒤 황금과 유향과 몰약을 예물로 주었다.

동방의 박사들을 통해 예수가 탄생했다는 사실을 알게 된 헤롯 왕은 소스라치게 놀랐다. 다음과 같은 구약 예언서의 내용 때문이었다.

유다의 땅 베들레헴아, 너는 유다의 땅에서 가장 작은 고을이 아니다. 내 백성 이스라엘의 목자가 될 영도자가 너에게서 나리라!

― 〈마태복음〉 2장

◆◆◆ 동방 박사들의 경배 / 아브라함 블로이메르트

아기 예수를 데리고 이집트로 피신한 요셉과 마리아

유대인의 왕이 베들레헴에서 태어났다는 소식을 들은 헤롯 왕은 그 아기가 자라서 자신의 왕위를 빼앗을 것이라는 두려움에 사로잡혔다.그래서 그는 베들레헴 주변의 두 살 이하 아이들을 모두 죽이라고 명령했다.

　그렇지만 예수는 죽임을 당할 위기를 모면했다. 천사가 요셉의 꿈에 나타나서 헤롯 왕의 사악한 결심을 미리 알려준 덕분이었다. 천사는 요셉에게 이집트로 피신하고, 별도의 기별이 있을 때까지 그곳에 머물러 있으라고 일러주었다. 요셉은 당장 그날 밤 예수와 마리아를 데리고 길을 떠나 이집트로 갔다. 요셉과 마리아, 그리고 예수는 헤롯 왕이 세상을 떠날 때까지 이집트에서 살다가 천사가 돌아가라고 일러주자 비로소 유대 땅으로 귀환했다. 그러나 베들레헴으로 가지는 않고, 갈릴레아 지방의 나사렛이라는 마을에 가서 정착했다. 구약시대 예언자가 "그를 나사렛 사람이라고 부르리라"(판관기)고 예언한 대로 된 것이다.

◆◆◆ 이집트로 피신하던 중의 휴식 / 주세페 체사리

요한에게 세례를 받는 예수

즈가리야와 엘리사벳의 아들 요한은 어느 정도 성장하자 광야로 나가서 유대인들을 향해 "회개하고 세례를 받으라"고 외쳤다. 그는 낙타털옷을 입고, 가죽띠를 두르고, 메뚜기와 들꿀을 먹으며 살았다. 그는 많은 사람들로부터 죄의 고백을 듣고 그들에게 세례를 베풀었다. 그는 사람들에게 "진실로 회개하라"고 가르치면서 구체적인 행동지침도 주었다.

> 속옷 두 벌이 있는 사람은 한 벌을 없는 사람에게 주고, 먹을 것이 있는 사람도 이와 같이 남과 나누어 먹어야 한다.
> ― 〈루가복음〉 3장

요한은 세리들에게는 "정한 대로만 받고, 그 이상은 받지 말라"고 가르쳤고, 군인들에게는 "협박하거나 속임수를 써서 남의 물건을 착취하지 말라"고 요구했다. 당시의 주류 세력인 바리사이파와 사두가이파에 속하는 사람들이

◆◆◆ 세례 받는 그리스도 / 바르톨로메 에스테반 무리요

491

세례를 받으려고 다가오면 냉담하게 대했다. 회개했다는 증거를 행실로 보이라고 요구했다. 그리고 이렇게 경고했다.

> 도끼가 이미 나무의 뿌리에 닿았으니, 좋은 열매를 맺지 못하는 나무는 불 속에 던져질 것이다.
> — 〈마태복음〉 3장

그런 요한이 예수 그리스도 앞에서는 무척 겸손했다. 자신은 "예수의 신발 끈을 풀어줄 자격도 없다"고 했다. 그럼에도 예수에게 세례를 주었다. 처음에는 자신이 세례를 받아야 한다며 세례 주기를 마다했다. 그렇지만 그렇게 해야만 하느님이 원하는 모든 일이 이뤄진다는 예수의 말을 듣고 그대로 따랐다. 요한이 예수에게 세례를 베풀자 하늘이 열리고 성령이 비둘기 모양으로 내려왔다고 한다.

세례자 요한의 죽음

세례자 요한은 용감했다. 헤롯 왕이 동생의 아내를 처로 삼는 등 무리한 짓을 저지르자 주저하지 않고 그를 꾸짖었다. 이 때문에 요한은 헤롯 왕의 미움을 받고 옥에 갇혔다. 헤롯 왕은 요한을 가두기는 했지만 처형하지는 않았다. 그를 예언자로 믿는 민중이 두려웠기 때문이다.

그러던 어느 날 헤롯 왕의 생일 파티가 열렸다. 왕비 헤로디아의 딸이 춤을 추고 난 뒤 헤롯 왕이 그 딸에게 말했다. "원하는 것을 다 들어줄 테니 소원을 말해보라"고. 어머니의 사주를 받은 딸은 "요한의 머리를 달라"고 요구했다. 헤롯 왕은 다 들어주기로 해놓고 뒤늦게 거절을 할 수가 없었다. 헤롯 왕은 경비병을 보내 요한을 처형하고 그의 목을 가져오게 했다.

설교를 통해 많은 사람들을 감화시킨 세례자 요한은 이렇게 최후를 맞이했다. 예수는 요한을 예언자 엘리야에 비유하여 "엘리야가 왔지만, 사람들이 그를 알아보지 못하고 함부로 다뤘다"며 안타까워했다.

헤로디아의 딸의 이름은 성서에 나오지 않지만 '살로메'로 알려져 있다. 20세기에 오스트리아의 작곡가 요한 슈트라우스는 이 이야기를 바탕으로 오페라를 작곡했다.

세례자 요한의 최후는 토머스 모어의 최후를 떠올리게 한다. 모어는 영국의

◆◆◆ 세례자 요한의 머리를 들고 있는 살로메 / 안드레아 솔라리오

국왕 헨리 8세가 이혼하려고 하자 이에 반대하여 감옥에 갇혔다가 끝내 처형 당했다. 둘 다 인류에 비추어 삼가야 할 것을 삼가라고 왕에게 소신껏 진언했 다가 최후를 맞이했다.

예수의 부름을 받은 세리 마태오

예수가 많은 기적을 행하면서 제자들과 함께 전도를 위해 길을 가다가 세관에 앉아 있는 마태오를 보고 "나를 따라 오라"고 불렀다. 마태오는 즉시 예수를 따라 나섰다. 예수는 마태오의 집에 가서 식사를 했다. 그 자리에는 예수의 제자뿐만 아니라 세리와 죄인들도 함께 있었다. 바리사이파 사람들은 예수에게 어째서 그런 사람들과 어울려 식사를 하느냐고 따져 물었다. 그러자 예수는 "건강한 사람에게는 의사가 필요 없지만, 병자에게는 의사가 필요하다"고 분명하게 대답하고는 다음과 같이 말했다.

> 너희는 가서 '내가 바라는 것은 동물을 잡아 나에게 바치는 제사가 아니라 이웃에게 베푸는 자선이다' 하는 말이 무슨 뜻인지 배워라. 나는 선한 사람을 부르러 온 것이 아니라 죄인을 부르러 왔다.
>
> — 〈마태복음〉 9장

◆◆◆ 부름을 받는 마태오 / 카라바조

예수가 행한 기적의 의미

세례자 요한이 붙잡혀 간 무렵부터 예수는 전도여행을 시작했다. 예수는 많은 사람들에게 '사랑'과 '자선'에 관한 가르침을 전파했다. 아울러 전도 과정에서 많은 기적을 행했다. 호수 위의 배 안에서 제자들이 폭풍이 무서워 떨고 있을 때 그 폭풍을 잠재웠고, 물 위를 걸어 다니기도 했다. 나병 환자와 중풍 환자의 병을 고쳐주었고, 벙어리를 말할 수 있게, 장님을 눈뜰 수 있게 해주었다. 심지어는 죽은 사람도 살려냈다. 로마군 백인대장의 병든 자식은 예수의 한마디 말로 나았고, 하혈병을 앓던 여자는 예수의 옷자락을 만진 것만으로 나았다.

그런데 예수는 안식일에도 환자의 병을 고쳐주어 유대인들의 미움을 샀다. 유대인의 율법에 따르면 안식일에는 무조건 아무것도 하지 말아야 하는데, 이런 규정을 어겼기 때문이었다. 바리사이파 등이 예수에게 기적을 행해보라고 예수에게 요구했다. 다분히 악의가 섞인 요구였다. 예수는 "악하고 절개 없는 세대가 기적을 요구한다"며 그 요구를 들어주지 않았다.

예수가 갈릴레아 지방의 가나안에서 열린 혼인잔치에 참석하러 갔다. 그 자리에는 예수의 어머니 마리아도 있었다. 잔치 도중에 포도주가 다 떨어졌다. 마리아가 예수에게 그 사실을 알렸다. 그러나 예수는 "아직 저의 때가 오지 않았습니다"라고 냉랭하게 말했다. 그럼에도 마리아는 그 집 하인들에게 예수가 시키는 대로 하라고 일렀다.

결국 예수가 나섰다. 6개의 항아리에 물을 가득 부으라고 하인들에게 지시했다. 물이 가득 차자 예수는 그것을 퍼서 사람들에게 가져다주라고 시켰다. 하인들이 보니 물이 이미 포도주로 변해 있었다. 잔칫집 주인은 포도주가 만들어진 경위를 전혀 모르고 있었다. 다만 좋은 포도주가 끊어지지 않고 나오는 것을 보고 감탄만 했다. 손님들도 마찬가지였다.

이 일화는 그리스 신화의 필레몬과 바우키스의 설화와 유사하다. 그 설화에서도 농부의 항아리에 담긴 포도주가 떨어지지 않도록 제우스 신이 '기적'을 행한다.

예수가 어느 날 제자들과 함께 티베리아 호수 건너편으로 가자 수많은 사람들이 몰려들었다. 남자만 해도 약 5천 명에 이르렀다. 그들이 모두 식사를 하려면 많은 빵이 필요했다.

바로 그때 제자 안드레아가 어떤 아이가 빵 5개와 작은 물고기 2마리를 가지고 있는 것을 보았다고 예수에게 보고했다. 예수는 즉시 사람들을 자리에 앉게 하고는 그 아이의 빵을 자기 손에 들고 기도를 올린 다음 나눠주었다. 물고기도 같은 방식으로 나눠주었다. 그랬더니 사람들이 모두 배불리 먹을 수 있었다. 예수는 제자들에게 먹고 남은 부스러기를 다 거둬들이라고 명했다. 제자들이 그 말대로 한 결과 부스러기가 무려 광주리 12개를 가득 채웠다.

엄청난 기적을 행한 것이었다. 그것도 수많은 군중 앞에서. 그 자리에 있던 사람들은 예수야말로 세상에 오기로 돼있는 예언자라고 말했다. 그러자 예수는 얼른 자리를 피해 산으로 올라갔다. 군중이 자신을 왕으로 옹립하려고 하는

◆◆◆ 가나안의 혼인잔치 / 틴토레토

낌새를 알아챘기 때문이었다.

이것이 흔히 '오병이어(五餠二魚)의 기적'으로 불리는 에피소드다. 예수가 전도여행 중 행한 그 어느 기적보다도 오병이어의 기적이 당시의 일반 백성에 게는 깊은 인상을 주었을 것으로 생각된다. 당장 배고픔을 해결해 주었으니 까.

더욱이 그동안 예수가 행한 다른 기적은 직접 목격한 소수만이 알았고, 그 영향력도 제한적이었다. 그러나 오병이어의 기적은 수천 명의 군중 앞에서 행 해졌으니, 그 파급효과가 엄청났을 것이다. 그러니 예수가 군중의 분위기를 알 아채고 산으로 피한 것은 지극히 당연한 일이었다. 가르침을 계속 평화롭게 전 파하기 위해서는 공연한 분란을 일으키는 것은 피해야 마땅하니까.

예수는 기적에 대한 올바른 인식을 사람들에게 요구한 것 같다. 원칙적으로 인간사에 기적이란 있을 수 없다. 영국 철학자 데이비드 흄의 지적처럼, 기적 은 자연법칙에 어긋나는 것이기 때문이다. 신에게 기원하거나 요구한다고 해 서 기적이 일어나는 것도 아니다. 그런 요구에 앞서 인간의 노력과 정성이 있 어야 기적 비슷한 것이라도 일어난다. 인간의 노력이 없는데도 일어난 기적에 관한 이야기는 모두 누군가가 지어낸 설화일 가능성이 크다.

성서에 나오는 많은 기적도 그 이면에 인간의 피와 땀과 눈물이 있었을 것이 라고 나는 믿는다. 그런 인간의 노력과 정성에 대한 언급이 없을 뿐일 것이다. 오늘날에도 인간의 노력과 정성이 있다면 기적은 일어날 수 있다. 오랫동안 병 상에서 식물인간으로 누워 있던 사람이 어느 날 갑자기 의식을 회복한다든가, 광산이 무너져 60일 넘게 지하에 갇혀 있던 사람이 구출되는 등의 '기적 같은 일'은 심심찮게 일어난다.

임진왜란 때 충무공 이순신 장군이 일본 수군과 23차례 싸워 모두 이긴 것도 '기적에 가까운 일'이었다. 그것은 이순신 장군과 휘하 장병들의 초인간적인 노고와 희생이 있었기에 가능했을 것이다. 우리나라의 경제발전을 가리키는 '한강의 기적'이란 것도 만사를 제쳐놓고 경제개발을 최우선으로 삼던 정부의 정책과 함께 국민 모두의 피와 땀과 눈물이 있었기에 성취된 것이다. 이런 '기적 같은 일'들은 결국 인간의 한결같은 노력이 있었기에 가능했다. 하늘은 스스로 돕는 자를 돕는 것이다.

　　반면에 이치에 맞지 않는 요구나 기도로 신을 시험하려고 하는 것은 통할 리가 없다. 이치에 맞는 경우라 하더라도 스스로의 노력이 없다면 '기적'이 일어날 리 없다.

　　요한 에커만은 괴테에게 보낸 편지에 "인간은 생각하고 신은 인도한다"고 썼다. 그렇지만 내가 보기에 인간이 생각만 하는 것으로는 신의 인도를 받을 수 없다. 행동하고 움직여야 신의 반응이 나온다. 그래야 기적도 가능하다. 그러니 에커만의 말을 이렇게 고쳐보면 어떨까. "인간은 행동하고 신은 인도한다."

잃었던 자식을 되찾은 기쁨

〈루가복음〉에 '돌아온 탕아'에 관한 이야기가 나온다. 어떤 사람의 두 아들 가운데 작은아들이 나눠받은 재산을 갖고 먼 고장으로 떠나갔다. 그는 타향에 가서 흥청망청 지낸 끝에 알거지가 되어 어느 농장에 돼지 치는 머슴으로 들어갔다. 그는 돼지치기가 된 뒤 식사도 제대로 못하고 비참하게 살다가 뒤늦게 각성을 하게 됐다. 집에 있을 때는 풍족하게 잘 먹고 살다가 타향에서 재산을 다 날리고 굶어죽을 처지로 전락한 자신을 되돌아보았다. 그는 새로운 삶을 살고 싶었다. 그래서 그는 집으로 돌아가 아버지에게 진심으로 용서를 빌었다.

작은아들을 잃었다고 생각하고 있던 아버지는 그 아들이 돌아오자 한없이 기뻤다. 그 아들에게 좋은 옷을 입히고 돼지와 송아지를 잡아 큰 잔치를 열었다.

먹고 즐기자! 죽었던 내 아들이 다시 살아 왔다. 잃었던 아들을 다시 찾았다!
— 〈루가복음〉 15장

이 모습을 보고 큰아들은 몹시 못마땅했다. 자신은 줄곧 아버지 곁에 남아 종처럼 일하면서 아버지에게 순명했는데도 아버지는 자신에게 염소새끼 한

마리 잡아주지 않았다. 그런데 아버지 곁을 떠나 방탕한 생활을 하다가 재산을 다 날려버린 작은아들이 돌아왔다고 송아지까지 잡아주다니 기막힌 일이었다. 그래서 큰아들은 아버지에게 어찌 그럴 수 있느냐고 따져 물었다. 그러자 아버지는 다음과 같은 말로 큰아들을 달랬다.

너는 늘 나와 함께 있어 왔으니 내 것이 모두 네 것이 아니냐? 그런데 네 동생은 죽었다가 다시 살아 왔으니 잃었던 사람을 되찾은 셈이다. 그러니 이 기쁜 날을 어떻게 즐기지 않겠느냐?

　이 비유는 잃었던 양 한 마리를 되찾을 때의 기쁨을 이야기한 또 다른 비유와 비슷한 메시지를 담고 있다. 자식이나 피보호자가 한때 수렁에 빠졌더라도 회심할 경우 부모나 보호자가 누리는 기쁨은 한이 없다는 것이다.

　이런 사례는 인간세상에서 너무나 흔한 일이다. 어떤 것을 잃었을 때의 슬픔이나 아픔이 클수록 그것을 되찾을 때의 기쁨이나 즐거움은 더 크다. 특히 자식에게 사랑을 베푸는 부모에게 그런 즐거움은 그 무엇과도 바꿀 수 없는 것이다.

실행의 중요성을 강조한 예수의 가르침

예수가 갈릴레아에서 첫 전도여행을 하면서 많은 병자들을 고쳐주자 수많은 사람들이 따르게 됐다. 예수는 그들을 이끌고 산으로 올라가 앉아서 중요한 가르침을 내렸다. 우선 '참된 행복'이 무엇인지를 이야기했다.

마음이 가난한 사람은 행복하다, 하늘나라가 그들의 것이니.

슬퍼하는 사람은 행복하다, 그들은 위로를 받을 것이니.

온유한 사람은 행복하다, 그들은 땅을 차지할 것이니.

옳은 일에 주리고 목마른 사람은 행복하다, 그들은 만족할 것이니.

자비를 베푸는 사람은 행복하다, 그들은 자비를 입을 것이니.

마음이 깨끗한 사람은 행복하다, 그들은 하느님을 뵙게 될 것이니.

평화를 위하여 일하는 사람은 행복하다, 그들은 하느님의 아들이 될 것이니.

옳은 일을 하다가 박해 받는 사람은 행복하다, 하늘나라가 그들의 것이니.

— 〈마태복음〉 6장

◆◆◆ 산상 설교 / 코시모 로셀리

예수는 이 밖에도 소중한 교훈을 많이 내렸다. "맹세하지 말라", "보복하지 말라", "원수를 사랑하라" 등 이 세상 모든 사람들이 유의해야 할 덕목을 분명하게 제시했다.

뿐만 아니라 오늘날 '주기도문'으로 불리는 기도문을 가르쳐주고, 지상에 재물을 쌓지 말고 하늘나라에 재물을 쌓으라고 일러주었다. 또한 남을 함부로 판단하지 말라고 가르쳤다. 남을 저울질하면 자신이 먼저 저울질 당할 것이니, 자신의 눈에서 들보를 빼내는 것이 먼저라는 가르침이다.

예수의 가르침은 모두 금과옥조 같은 것이었다. 그 전에 누구로부터도 듣기 힘든 가르침이었을 것이다. 그렇기에 예수의 말을 경청한 군중은 모두 놀랐다고 한다. 아니, 놀란 정도가 아니라 충격을 받았을지도 모르겠다.

예수의 가르침 중에서 특히 실행의 중요성을 강조한 부분이 눈길을 끈다. 사실 아무리 훌륭한 생각을 하고 백번 좋은 말을 들어도 실행하지 않으면 소용 없는 일이다. 그렇기에 예수는 사람들에게 실행에 힘쓸 것을 당부했다.

그러므로 지금 내가 한 말을 듣고 그대로 실행하는 사람은 반석 위에 집을 짓는 슬 기로운 사람과 같다. 비가 내려 큰물이 밀려오고 또 바람이 불어 들이쳐도 그 집은 반석 위에 세워졌기 때문에 무너지지 않는다.

— 〈마태복음〉 7장

사마리아 여인에게 물을 달라고 하는 예수

예수 그리스도가 유대 땅을 떠나 갈릴레아로 가던 도중에 사마리아를 지나가고 있었다. 예수는 다소 지쳐서 야곱의 우물가에 가서 앉았다. 예수는 물을 길러 나온 사마리아 여인을 보고 물을 달라고 요청했다. 유대인과 사마리아인은 상종하지 않아왔다. 그러니 사마리아 여인이 놀랐을 것이다. 그 여인은 어찌 자신에게 물을 달라고 하느냐고 물었다. 그러자 예수는 "내가 누구인지 알았다면 그대가 먼저 나한테 물을 달라고 했을 것"이라고 대답했다. 여인은 의아해 하는 표정으로 예수에게 두레박도 없으면서 어떻게 물을 떠올릴 수 있겠느냐고 물었다. 예수는 다음과 같이 대답했다.

이 우물물을 마시는 사람은 다시 목마르겠지만 내가 주는 물을 마시는 사람은 영원히 목마르지 아니할 것이다. 내가 주는 물은 그 사람 속에서 샘물처럼 솟아올라 영원히 살게 할 것이다.
— 〈요한복음〉 4장

그러자 사마리아 여인은 앞으로는 물 길러 나올 필요가 없도록 자신에게 그 물을 달라고 예수에게 간청했다. 예수는 그 여인에게 남편을 불러오라고 말했다. 그 여인은 남편이 없다고 답했다. 예수는 그 여자의 '남성편력'을 알고 있었다. 그 여인에게는 남편이 다섯이나 있었고, 지금 함께 사는 남자는 남편이 아니라는 것을.

예수는 또 사마리아 여인에게 하느님에게 예배할 때 굳이 장소를 따지지 말고 그저 진실한 마음 하나로 예배하게 될 때가 온다고 했는데 지금이 바로 그때라고 일렀다. 그 여인이 언젠가 그리스도라고 하는 메시아가 올 것임을 알고 있다고 말하자 자신이 바로 그 메시아라고 대답했다.

사마리아 여인은 예수와 이런 대화를 나누고 동네로 돌아가서 사람들에게 자초지종을 설명한 다음 "그분이 그리스도인지도 모르겠다"고 말했다. 그러자 동네 사람들이 예수를 찾아가서 말씀을 듣고는 그가 구세주임을 믿게

됐다.

이야기는 길지만, 이 장면의 메시지는 명료한 것 같다. 사람이 살아가는 데는 육신의 양식도 필요하지만 영혼의 양식도 필요하다는 것이다. 육신의 양식은 날마다 또는 끼니마다 새로워야 하지만, 영혼의 양식은 한번만 제대로 받아들이면 평생 동안 떠나지 않을 것이니까.

◆◆◆ 우물가의 그리스도와 사마리아 여인 / 구에르치노

예수가 이야기한 착한 사마리아인의 고사

〈루가복음〉 10장을 보면 율법 교사가 예수에게 영원한 생명을 얻을 수 있는 방법이 무엇인지를 묻는다. 예수가 율법서에 어떻게 적혀 있느냐고 되묻자 그 교사는 구약에 있는 내용을 들어 대답했다.

네 마음을 다하고, 네 목숨을 다하고, 네 힘을 다하고, 네 생각을 다하여 주님이신 네 하느님을 사랑하여라. 그리고 네 이웃을 네 몸같이 사랑하여라.

〈신명기〉 6장과 〈레위기〉 19장에 있는 말을 거의 그대로 읊은 것이다. "네 이웃을 네 몸같이 사랑하라"는 가르침을 유대인들이 잘 지켰는지는 모르겠지만, 아무튼 그렇게 적혀 있다.

예수는 율법 교사의 이런 답변을 듣고는 그대로 하면 될 것이라고 말했다. 그러자 율법 교사는 다시 "누가 저의 이웃입니까?"라고 물었다. 이에 예수가 착한 사마리아인의 고사를 이야기해주었다. 그것은 다음과 같다.

◆◆◆ 착한 사마리아인 / 얀 반 베이넌츠

어떤 사람이 노상강도를 만나 가진 것을 모조리 빼앗기고 몸까지 심하게 다쳐 쓰러져 있었는데, 그 곁을 지나는 사람들이 모두 그냥 지나쳤다. 사제도 마찬가지였다. 그런데 오직 사마리아 사람 하나가 지나다가 멈추어 그 사람의 상처를 싸매주고 그 사람을 자신의 나귀에 태워 근처 여관으로 데려갔다. 그 사

마리아 사람은 여관 주인에게 여관비를 지불하면서 상처받은 사람을 잘 보살 펴달라고 당부했다. 여관비가 더 필요하면 더 내겠다는 말까지 했다.

하느님이 가르치는 '사랑' 의 덕을 온전하게 실천한 것이다.

예수는 이 고사를 이야기하면서 율법 교사에게 "가서 그렇게 하라"고 말했다. 오늘날 널리 회자되는 '착한 사마리아인' 이라는 말은 여기서 생겨난 것이다.

이 가르침에 대해 이의를 제기할 사람은 아무도 없다. 또 누구나 자신도 그런 상황에 부닥치면 그 사마리아인처럼 행동하겠다고 생각한다. 그렇지만 그것이 쉽지만은 않다. 불량배를 만나 위험에 처한 사람을 도우려고 나섰다가 도리어 피살당하거나 심한 상처와 피해를 입는 사람들이 적지 않다. 더욱이 그런 의사상자에 대한 국가의 부조가 빈약하니 제3자로서는 자신의 몸을 먼저 생각할 수밖에 없는 것이다.

유럽의 일부 국가에서는 형법이 국민에게 '착한 사마리아인' 처럼 행동할 것을 요구하고, 그렇게 하지 않을 경우에는 처벌하는 규정을 두고 있다고 한다. 그렇지만 그런 나라들의 법도 본인이 피해를 입지 않는 상황을 전제로 한다. 본인이 피해를 당할 우려가 있을 경우에는 그런 법도 적용하기 어렵다는 이야기다.

더욱이 이 세상에는 빅토르 위고의 〈레미제라블〉에서 장발장의 휴머니즘이나 팡틴의 모성애를 이용해 더 많은 이익을 챙기려한 테나르디에 같은 사람들이 너무 많다. 그러니 '착한 사마리아인' 이 되기도 쉬운 일은 아닌 듯하다.

죄 없는 사람이 먼저 저 여자를 돌로 쳐라

예수가 성전에 가서 군중에게 가르침을 주고 있을 때 유대교의 율법학자들과 바리사이파 사람들이 간음하다가 붙잡힌 여자를 데리고 왔다. 그들은 간음을 한 여자는 율법에 따라 돌로 쳐 죽여야 한다며 예수의 생각을 물었다. 그러자 예수는 한마디로 대답했다.

> 너희 중에 누구든지 죄 없는 사람이 먼저 저 여자를 돌로 쳐라.
> ― 〈요한복음〉 8장

그러자 그 여자를 데려왔던 유대인들이 하나둘 슬금슬금 사라졌다. 마지막에는 그 여자 한 사람만 예수 앞에 남았다. 예수는 "다시는 죄를 짓지 말라"고 타이르고 돌려보냈다.

이 대목은 여러 가지를 생각하게 한다. 아전인수식으로 해석하기에도 좋은 구절이다. 사실 이 세상에 사는 인간 가운데 진실로 지은 죄가 하나도 없는 사람이 누가 있을까? 증류수 같은 사람이 아닌 한 그것은 불가능에 가깝다. 삶의 과정 자체가 본의든 아니든 자그마한 죄라도 짓지 않고는 이어나가기가 어렵다. 예수의 지적은 이런 엄연한 이치를 다시 상기시켜주는 듯하다. 물론 죄에 경중의 차이는 있다.

하지만 아무리 무거운 죄라 하더라도 한 번 저지른 것을 가지고 무조건 곧바로 처형하는 것은 반인간적이다. 예수의 말도 여인에게 죄 자체가 없다는 것이 아니라, 그것이 죄임을 알고 다시는 그런 행동을 하지 말라는 것이다. 더욱이 투석형이라니, 잔인한 방법이다. 저지른 행위에 비해 너무 가혹한 벌이다. 죄와 벌은 균형이 맞아야 하는데, 이 경우 균형이 맞지 않는다. 예수가 보기에도 그런 불합리가 있기에 여자를 감싸지 않았을까 추측해보기도 한다.

반대로 예수의 말을 왜곡해서 당연히 책임을 물어야 할 일도 묻지 않는 방

향으로 사람들을 유도하는 경우도 있다. 이를테면 친일 행위자에 대한 처벌 문제가 있다. 그냥 사는 데 급급하다보니 결과적으로 일제에 협조하게 된 사람과 적극적인 친일행위를 통해서 출세나 치부를 한 사람은 분명히 경우가 다르다. 전자의 행위는 '생존해야 한다'는 인간의 원초적 조건에서 비롯된 것인 반면에 후자의 행위는 그런 조건을 넘어서 자신의 영달을 꾀한 경우이기 때문이다. 더욱이 적극적인 친일 행위자들이 영화를 누린 대가로 대다수 민족 구성원들이 온갖 핍박과 고통을 겪었다. 그들의 행위는 큰 범죄라고 아니할 수 없다.

◆◆◆ 간음한 여자와 그리스도 / 루카스 크라나흐

거룩하게 변모한 예수를 바라보는 베드로

예수가 제자들과 함께 전도여행을 다니다가 어느 산에 올라갔다. 제자 요한과 베드로, 야고보도 데리고 갔다. 예수가 산에 올라가서 기도하는 동안 그의 모습이 거룩하게 바뀌고 옷도 눈부시게 빛났다. 또 모세와 예언자 엘리야가 나타나 예수와 이야기를 나누었다.

그 사이 잠들어있던 베드로를 비롯한 제자들이 잠에서 깨어나 예수의 영광스러운 모습과 함께 서 있는 모세와 엘리야 두 사람을 보았다.

그때 베드로는 초막집을 세 채 지어서 예수와 모세, 엘리야에게 한 채씩 드리고 싶다고 말했다. 그러는 사이 구름이 베드로를 덮었고, "이는 내 아들, 내가 택한 아들이니 그의 말을 들어라!"라고 말하는 소리가 들려왔다. 그 소리가 그친 후 그 자리에는 예수밖에 남아있지 않았다. 제자들은 이 일을 입 밖에 내지 않았다.

◆◆◆ 예수의 거룩한 변모 / 라파엘로

518

시장바닥 같던 성전을 정화하는 예수

예수 그리스도가 이곳저곳을 다니며 전교를 하고 기적을 행한 후 예루살렘에 들어가 성전을 방문했다. 그런데 성전은 마치 시장바닥 같았다. 이에 예수는 상인들을 모두 내쫓고, 그들의 매대와 의자를 둘러엎었다.

> 성서에 '내 집은 기도하는 집이라고 불리리라'고 했는데, 너희는 이 집을 '강도의 소굴'로 만들었다.
> ― 〈마태복음〉 20장

그때 성전의 뜰 안에는 맹인과 다리 저는 사람 등 장애인들이 많이 있었다. 예수는 그들을 모두 고쳐주었다.

당시의 성직자들에게는 그 장애인들이 눈에 보이지 않았던 것 같다. 오늘날에도 겉으로는 성전이지만 속으로는 장사꾼의 소굴 같은 교회가 많다. 그런 교회의 성직자들에게도 장애인들의 삶이 눈에 보일 것 같지 않다. 예수가 지금이 땅에 내려와 그런 교회를 방문한다면 또다시 같은 태도를 보여주지 않을까?

◆◆◆ 성전에서 상인들을 추방하는 그리스도 / 야콥 요르단스

'눈먼 인도자'들의 위선을 꾸짖는 예수

예수가 성전에 들어가서 장사하는 사람들을 내쫓는 다소 '과격한' 행동을 하자 유대교 사제들과 율법학자들은 못마땅해 했다. 그러나 예수는 그 뒤에도 성전을 드나들며 여러 사람들을 상대로 설교를 계속했다.

예수는 많은 비유를 들어가며 대사제와 장로, 율법학자들과 율법에 대한 토론도 하고 하느님의 참된 가르침을 설명하기도 했다. 그러면서 '네 이웃을 네 몸같이 사랑하라'는 계명을 거듭 가르쳤다.

> 너희는 박하와 회향과 근채에 대해서는 10분의 1을 바치라는 율법을 지키면서 정의와 자비와 신의 같은 아주 준엄한 율법은 대수롭지 않게 여긴다. 10분의 1세를 바치는 일도 소홀히 해서는 안 되겠지만 정의와 자비와 신의도 실천해야 하지 않겠느냐?
> — 〈마태복음〉 23장

아울러 예수는 그들을 '눈먼 인도자'라고 계속 비판했다. 예수의 비판은 참

◆◆◆ 그리스도와 율법학자들 / 알브레히트 뒤러

으로 준엄했다.

너희는 잔과 접시의 겉은 깨끗이 닦아놓지만, 그 속에는 착취와 탐욕이 가득 차있다. 먼저 잔 속을 깨끗이 닦아라. 그래야 겉도 깨끗해질 것이다.
— 〈마태복음〉 23장

예수는 특히 그들의 위선을 통렬히 공박했다. 그들의 그럴 듯한 행위는 남에게 보이기 위한 것이라고 꾸짖었다.

너희는 겉은 그럴싸해 보이지만 그 속에는 죽은 사람의 뼈와 썩은 것이 가득 차있는

'회칠한 무덤' 같다. 이와 같이 너희도 겉으로는 옳은 사람처럼 보이지만 속은 위선과 불법으로 가득 차있다.

— 〈마태복음〉 23장

예수는 심지어 성전이 모두 무너지고 말 것이라고 예언했다. 이토록 추상같은 비판을 들은 유대교 사제들과 율법학자들에게 예수는 눈엣가시가 됐다. 그래서 그들은 예수를 잡아 없애버릴 궁리만 하면서 때를 노리기 시작했다.

죽은 라자로를 되살려내는 예수

예루살렘에서 5리 정도 떨어진 베다니아라는 마을에 마리아와 마르타라는 자매가 라자로라는 오빠와 함께 살고 있었다. 그런데 어느 날 라자로가 병에 걸렸다. 두 자매는 오빠의 병이 걱정되어 예수에게 와달라는 전갈을 보냈지만, 예수는 바로 가지 못했다.

예수가 이틀 후에 갔을 때 라자로는 이미 죽어서 동굴무덤에 들어가 있었다. 예수가 마리아와 마르타의 집에 가보니 자매는 오빠의 죽음 때문에 슬픔에 잠겨 있었음에도 예수를 반갑게 맞이했다. 자매는 예수에게 "지금이라도 다 이뤄주실 것"이라고 기대하며 오빠를 살려달라고 간청했다. 그러자 예수가 이렇게 대답했다.

> 나는 부활이요 생명이니 나를 믿는 사람은 죽더라도 살겠고, 또 살아서 믿는 사람은 영원히 죽지 않을 것이다.
> ─ 〈요한복음〉 11장

예수는 마리아와 마르타 자매는 물론 문상객들이 모두 슬퍼하는 모습을 보고 함께 눈물을 흘렸다. 예수는 라자로가 잠들어 있는 동굴무덤에 가서 무덤을 막아놓은 돌을 치우게 하고는 "라자로야 나오너라" 하고 큰 소리로 외쳤다. 그러자 라자로가 정말로 다시 살아나서 동굴무덤 바깥으로 나왔다. 그 뒤 라자로는 예수가 예루살렘에 갔다가 베다니아 마을에 다시 왔을 때 예수를 영접하는 만찬회 자리에 참석해 예수와 함께 식사했다.

그때 라자로의 여동생 마리아가 예수의 발을 자신의 머리카락으로 닦고 향유를 부어주었다. 사람들은 이 일을 계기로 예수를 더욱 따르게 된 반면, 유대교 사제들은 예수를 제거해야겠다는 결의를 더욱 다졌다.

◆◆◆ 죽은 라자로를 일으켜 세움 / 카라바조

예수와 제자들의 마지막 저녁식사

예수 그리스도가 예루살렘에 들어가 설교를 하거나 유대교 사제 및 율법학자들과 토론을 하는 동안 유대교 사제들은 예수를 처단하기 위한 음모를 착착 진행시켰다. 예수의 제자 유다로부터 예수를 체포하는 데 필요한 협조도 약속받았다.

예수는 이런 상황을 알고 제자들과 마지막 저녁식사를 하기로 했다. 예약해놓은 집에 12명의 제자를 모두 모아놓고 빵과 포도주를 나누어 먹었다. 그러면서 그들 가운데 한 사람이 배신할 것이며 그 배신자는 화를 입을 것이라고 예언했다. 또한 "그 배신자는 차라리 세상에 태어나지 않았더라면 더 좋았을 것"이라며 안타까운 마음을 드러냈다. 바로 유다를 두고 한 말이었다.

예수는 제자들에게 빵을 나눠주면서 "받아먹어라, 이는 내 몸이다"라고 말했다. 또 포도주를 제자들에게 돌릴 때 "이는 나의 피다. 죄를 용서해주려고 많은 사람을 위해 내가 흘리는 계약의 피다"라고 말했다. 예수의 이 말은 당시

◆◆◆ 최후의 만찬 / 페테르 파울 루벤스

중근동 지방에 남아있던 인신공양의 풍습을 반영한 것이라는 해석도 있다. 이 날 예수가 제자들에게 빵과 포도주를 나누어준 것은 오늘날 가톨릭 미사의 핵심 전례가 됐다. 바로 '성찬의 전례' 다.

예수가 제자들의 발을 씻어준 뜻

예수는 제자들과 마지막 식사를 하기 위해 그들을 한 자리에 모아놓고 대야에 물을 붓고는 제자들 하나하나의 발을 씻어주기 시작했다. 씻은 다음에는 수건으로 물을 닦아주기까지 했다.

베드로의 차례가 됐을 때였다. 베드로는 예수가 자신의 발을 닦아주는 것이 송구스러웠기에 안 된다고 했다. 그러자 예수는 자신이 발을 씻어주지 않으면 서로 간에 인연이 끊어지게 될 것이라고 '으름장'을 놓고는 결국 씻어주었다.

예수는 제자들의 발을 모두 씻어준 다음 식탁으로 돌아가 앉고는 제자들에게 당부의 말을 했다.

스승이며 주인 내가 너희의 발을 씻어주었으니 너희도 서로 발을 씻어주어야 한다. 내가 너희에게 한 일을 너희도 그대로 하라고 본을 보여준 것이다.
— 〈요한복음〉 13장

◆◆◆ 제자의 발을 씻어주는 그리스도 / 틴토레토

예수가 제자들의 발을 씻어준 것은 그들에 대한 지극한 사랑을 보여준 것이다. 이와 마찬가지로 제자들끼리도 서로 아끼고 사랑하라고 예수가 간곡히 당부한 것이었다.

　　예수는 자신이 수난과 부활을 거쳐 승천한 뒤에 제자들이 자신의 가르침을 세상에 전하는 과정에서 여러 가지로 시달림을 받을 것임을 예감했을 것이다. 그렇기에 최후의 만찬에서 제자들을 격려해주려고 발을 씻어주었을 것으로 생각된다. 제자들에게 세상에 나아가서 시달리고 어려움을 겪을수록 서로 반목하지 말고 우애를 더 굳게 지키라고 당부한 것이다.

운명을 받아들이기로 결심한 '사람의 아들'

예수는 제자들과 최후의 만찬을 갖고 나서 겟세마네 동산으로 갔다. 자신이 곧 유대인들에게 잡혀가서 죽을 몸이라는 것을 알고 신변정리도 마친 상태였다. 하지만 여러 가지 생각이 밀려드니 마지막으로 조용한 장소를 찾아간 것이다.

예수는 베드로를 비롯한 제자 셋만 데리고 동산에 올라갔다. 예수는 동산에 오르기 전에 제자들에게 "지금 내 마음이 괴로워 죽을 지경이니 너희는 여기 남아서 나와 같이 깨어 있으라"고 당부했다. 동산에 올라가서는 "이 잔을 거두어주소서"라고 기도했다. 그렇지만 그것은 이미 돌이킬 수 없는 것임을 잘 알고 있었다. 그래서 다시 기도했다.

이것이 제가 마시지 않고는 치워질 수 없는 잔이라면 아버지 뜻대로 하소서.
—〈마태복음〉 26장

◆◆◆ 겟세마네 동산에서의 고뇌 / 조반니 벨리니

결국 모든 것을 감수하겠다는 것이었다. 예수가 비록 신이기는 하지만 '사람의 아들'로서 겪어야 할 고뇌와 고통을 모두 겪고 나서 마침내 주어진 '운명'을 받아들이기로 결심한 셈이다.

　그 사이 제자들은 동산 아래에서 예수를 기다리다가 지쳐서 잠들었다. 예수가 두 번이나 내려와 봤는데 제자들은 여전히 잠만 자고 있었다. 그래서 세 번째로 동산에 올라가서 같은 기도를 올리고 내려와 "때가 왔다"며 제자들을 깨웠다. 그러고 나서 예수는 배반한 제자 유다를 앞세우고 온 유대교 사제들과 원로들에게 붙잡혔다.

예수에게 배신의 입맞춤을 한 제자 유다

유다는 예수의 열두 제자 가운데 한 사람이다. 그렇지만 그는 유대교 집단에 예수를 넘긴 '배신자'가 됐다.

최후의 만찬 자리에 참석했다가 미리 자리를 뜬 유다는 그 길로 사제들을 찾아가서 미리 약속했다. 자신이 입맞춤하는 사람이 바로 예수이니 그 사람을 잡아가면 된다고. 약속대로 유다는 동산에서 기도를 마치고 내려온 예수에게 다가가 입맞춤을 했다. 그러면서 예수에게 "선생님 안녕하십니까?"라며 다정한 인사까지 건넸다. 예수는 올 것이 왔음을 알고는 점잖게 타일렀다. "어서 네가 할 일이나 하라"고.

그때 유다와 함께 온 유대인 무리가 달려들어 예수를 붙잡았다. 그 과정에서 예수와 함께 있던 한 사람이 울분을 참지 못하고 대사제의 종을 칼로 쳐서 귀를 베어버렸다. 예수는 그런 그의 행동을 나무라고는 칼집에 칼을 다시 꽂아 넣으라고 명했다.

◆◆◆ 붙잡혀가는 그리스도 / 카라바조

칼을 쓰는 사람은 칼로 망하는 법이다.

— 〈마태복음〉 26장

　예수를 배반하고 유대인들에게 팔아넘긴 유다는 뒤늦게 후회했다. 자신이 믿고 따랐던 예수가 붙잡혀 가는 것을 봤으니 마음이 편할 리가 없었을 것이다. 예수를 팔아넘기고 받은 은전 서른 닢이 몹시도 원망스러웠다. 그래서 유다는 그 은전을 유대인들에게 돌려주었다. 그러면서 "죄 없는 사람을 배반하

여 피를 흘리게 했으니 나는 죄인"이라고 괴로운 심경을 밝혔다. 그리고 스스로 목을 매달아 삶을 마감했다. 그런데 유다의 이 말에 대한 유대인들의 대답이 참으로 '걸작'이었다.

우리가 알 바 아니다. 그대가 알아서 처리하라.
— 〈마태복음〉 27장

참으로 냉혈한다운 대답이 아닐 수 없다. 그들은 유다가 돌려준 은전이 피의 값이요 배신의 대가라는 것을 잘 알고 있었다. 그들은 그 은전으로 밭을 사서 나그네의 묘지로 사용하기로 했다. 그래서 그 밭은 '피의 밭'으로 불리게 됐다고 〈마태복음〉에 적혀 있다.

유다는 배반자의 전형으로 꼽힌다. 다른 사람도 아니고 자신이 믿고 따르던 스승을 팔아넘겼으니 더욱 지탄의 대상이 될 수밖에 없었다. 중세의 '시성' 단테 알리기에리는 〈신곡〉에서 유다가 지옥의 가장 깊은 곳에 갇혀 있다고 썼다. 하느님의 사랑을 받았으면서도 배반하고 도전했던 '전직' 천사 루치페르 다음 가는 자리에 유다가 있다.

예수를 세 번 부인하고 오열하는 베드로

베드로는 예수의 수제자였다. 그런데 베드로에게 뼈아프게 후회할 일이 생겼다. 세 번이나 예수를 모른다고 거짓말을 하게 된 것이다.

예수의 수난을 앞두고 열린 최후의 만찬 때 예수가 베드로에게 그날 밤 닭이 울기 전에 세 번 자신을 모른다고 할 것이라고 예언했다. 베드로가 "비록 모든 사람이 주님을 버릴지라도 저는 결코 주님을 버리지 않을 것"이라고 큰소리치자 예수가 이렇게 예언한 것이었다. 그러자 베드로는 "비록 주님과 함께 죽는 한이 있더라도 결코 주님을 모른다고 하지 않겠습니다"라고 다시 다짐했다.

그런데 그날 밤 예수가 유대인들에게 붙잡혀 대사제 가야파의 집으로 끌려갔다. 예수가 대사제로부터 심문을 당하고 있을 때 베드로는 대사제의 집 바깥뜰에 앉아 있었다. 그때 대사제의 여종이 베드로를 지목하며 "예수와 함께 다니던 사람"이라고 말했다. 이에 베드로는 "무슨 소린지 모르겠다"며 부인했다. 이어 다른 여종이 같은 말을 하자 베드로는 "그 사람을 알지 못한다"며 맹세까지 했다. 또 다른 사람이 베드로에게 "당신도 그들과 한패"라고 말했다. 이번에도 베드로가 거짓말이라면 천벌이라도 받겠다고 맹세하면서 재차 "나는 그 사람을 알지 못한다"고 잡아뗐다. 베드로는 결국 세 번이나 예수를 모른다고 거짓말을 했다. 바로 그때 닭이 우는 소리가 들렸다. 예수의 예언이 그대

로 실현된 것이었다. 베드로는 뒤늦게 예수의 말씀이 떠올라 바깥으로 나가 몹시 울었다고 복음서는 전한다.

　베드로로서는 세 번이나 자신이 예수를 모른다고 한 것이 스스로 생각하기에 너무나 큰 오점이었을 것이다. 부지불식간에 그런 잘못을 저질렀지만, 뒤늦게 후회가 되어 슬프게 운 것은 당연한 일이었다. 그렇지만 그것은 사건의 흐름상 자연스러운 결과였다고 볼 수도 있다. 예수를 잡아간 유대인들의 서슬이 시퍼런데도 베드로는 그들의 심장부인 대사제의 집에까지 들어갔다. 예수의 안위가 걱정되어 그랬는데, 그것만 해도 베드로는 큰 용기를 발휘한 것이었다. 베드로는 유대인들의 날카로운 칼을 피하면서 예수를 지켜줄 수 있는 방법을 모색하고 싶었을 것이다. 그렇기에 자신의 신분이 드러나는 것을 어쨌든 피하려 했을 것으로 추측된다.

그런데 갑자기 자신의 정체가 탄로 날 위험에 처하게 됐으니, 일단 무조건 부인하지 않을 수 없었을 것이다. 이렇게 본다면, 베드로가 자신이 예수의 제자임을 부인한 것은 전략적인 거짓말을 한 것이었거나 그런 상황에서는 누구라도 보여줄 생존본능의 발로였을 것으로 여겨진다. 그것은 '인간의 조건'이기도 하다.

그러나 본의든 아니든 잘못을 저지른 것은 틀림없는 일이다. 이를 베드로는 뒤늦게 깨달았다. 더욱이 절대 배반하지 않을 것이라고 예수에게 큰소리친 직후 아닌가? 그러니 베드로는 자신의 행위에 대해 스스로 부끄럽고 죄스러운 마음에 울지 않을 수 없었을 것이다. 이 또한 지극히 자연스러운 인간의 모습이다.

그런 잘못을 저질렀기에 예수에 대한 베드로의 믿음이 더욱 굳건해졌다고 생각된다. 한 인간으로서 무심코 저지른 잘못에 대한 그의 반성은 깊고 진지했을 것이다. 그 뒤로 베드로는 인간으로서의 조건과 한계를 넘어 온 마음으로 예수를 기리고 예수의 가르침을 전도했다. 그리고 마침내 순교의 순간이 오자 기꺼이 그것을 받아들였다. 그렇기에 베드로가 세 번이나 예수를 모른다고 한 것은 너무 탓하기만 할 일은 아니라고 생각된다. 그것은 오히려 그로 하여금 그 뒤로 더욱 진실한 믿음을 갖고 포교활동을 하게 한 결정적 계기였다고 해도 좋을 듯하다.

인류 최악의 포퓰리즘에 희생당한 예수

예수는 유대교 대사제에게 끌려갔다가 묶인 몸으로 로마 총독 빌라도에게 넘겨졌다. 유대인들이 백성을 선동한다며 그를 고발한 것이었다. 빌라도는 예수를 재판했지만 아무런 죄도 찾아내지 못했다. 사제들이 예수를 시기한 나머지 자신에게 끌고 왔다는 것도 알고 있었다. 그래서 예수를 매질이나 해서 놓아줄 생각이라고 유대인 군중에게 말했다.

　그러나 유대인들은 막무가내였다. 예수를 사형에 처하라고 고함쳤다. 마침 명절을 맞이했기에 예수와 바라바, 두 죄수 가운데 한 명을 석방할 권한이 빌라도에게 있었다. 빌라도는 예수가 아닌 바라바를 풀어주었다. 군중이 무조건 예수를 십자가에 못 박으라고 요구했기 때문이었다. 빌라도는 예수의 잘못이 무엇이냐고 사람들에게 다시 물어보았지만 아무 소용이 없었다. 빌라도가 아무리 합리적으로 판단하여 처리하려고 해도 그것은 불가능했다. 빌라도는 할 수 없이 손을 털었다.

　"너희가 맡아서 처리하여라. 나는 이 사람의 피에 대해서는 책임이 없

◆◆◆ 이 사람을 보라 / 안토니오 치세리

다."(빌라도 총독)

"그 피에 대한 책임은 우리와 우리 자손들이 지겠다."(유대인 군중)

빌라도는 예수를 십자가형에 처하기로 결정했다. 예수의 신병을 넘겨받은 로마 군사들은 예수에게 주홍색 옷을 입힌 뒤 가시관을 만들어 그의 머리에 씌웠다. 예수를 때리고 예수에게 침을 뱉기도 했다. 그러고 나서 십자가형 집행에 들어갔다.

예수가 처형 직전에 군사들로부터 받은 모욕은 새로운 것이 아니었다. 예수는 유대교 대사제 앞에 끌려갔을 때부터 그런 대우를 받았다. 예수가 대사제 앞에 세워지자 유대인 군중은 "사형에 처해야 한다"고 외치면서 예수에게 침을 뱉고 뺨을 때렸다. 요즘 유행하는 말로 '포퓰리즘'에 의해 예수가 희생된 것이라고 할 수도 있다. 소크라테스에 대한 아테네인들의 재판과 더불어 예수에 대한 유대인 군중의 처형 요구는 인류 역사상 최악의 포퓰리즘을 보여준 사건이라고 할 수 있다. 예수를 눈엣가시 같이 여기던 유대인들이 군중심리를 이용하고 로마제국의 공권력을 빌려 그를 제거한다는 목적을 달성한 셈이다.

십자가에 매달려서도 용서와 관용을 가르친 예수

예수에 대한 유대인들의 질시와 박해는 십자가형으로 절정에 이르렀다. 유대인들은 로마제국이 파견한 빌라도 총독으로부터 사형 선고를 얻어냈고, 그 집행에까지 로마인의 힘을 이용했다.

예수는 십자가형 판결을 받고는 곧바로 골고다 산으로 옮겨져 십자가에 못 박혔다. 예수의 양 옆에서 일반 죄수 둘도 함께 십자가형을 당했다. 예수를 매단 십자가에는 '유대인의 왕 나사렛 예수(IRNI)'라고 적힌 팻말이 붙여졌다. 유대인 대사제와 율법학자들은 "남을 살리면서 자기는 살리지 못한다"며 "십자가에서 내려와보라"고 예수를 조롱했다. 사형당하는 사람에게 이렇게 조롱한 것은 역사상 유례가 없을 듯하다. 아무리 미운 사람이라도 죽임을 당하는 순간에는 위로의 말을 건네는 것이 최소한의 예의임을 유대인 사제와 율법학자들은 몰랐던 것일까?

아침 9시에 십자가에 못 박힌 예수는 오후 3시쯤 숨을 거뒀다. 예수가 숨을 거둘 때 온 땅이 어둠에 덮이고 성전의 휘장이 찢어졌다. 또 땅이 흔들리고 무덤이 열려 잠들었던 성인들이 다시 살아났다. 예수의 십자가형을 집행하고 감독한 로마군 백인대장과 병사들은 이런 모습을 보고는 "이 사람이야말로 정말로 하느님의 아들이로구나" 하며 두려워했다고 복음서는 전한다. 그들은 예수가 숨을 거둔 뒤에 그의 옆구리를 창으로 찔러 죽음을 확인하기도 했다.

십자가에 매달린 예수는 마지막으로 몇 마디를 남겼다. 그중에서 가장 중요한 한마디가 있다.

아버지, 저들을 용서하여 주십시오! 그들은 자기가 하는 일을 모르고 있습니다.
— 〈루가복음〉 23장

자신을 박해한 사람들에 대한 관용의 말이다. "원수를 사랑하고 보복하지 말라"고 한 평소 자신의 가르침을 최악의 상황에서 몸소 실천한 것이다. 자신들의 행위가 어떤 결과를 낳을지도 모르면서 맹목적으로 날뛰는 사람들에 대한 동정과 연민을 나타낸 말이기도 하다.

예수의 가르침 가운데 이 가르침이 핵심이라고 필자는 생각한다. 인간을 위해 예수가 남겨놓은 거룩한 메시지는 많다. 하지만 이 관용과 용서의 메시지가 가장 거룩하게 들린다.

◆◆◆ 십자가형 / 알론소 카노

예수의 어머니 마리아의 고통과 슬픔

예수가 십자가에 못 박혀 죽을 때 그 현장에 어머니 마리아가 있었다. 마리아는 모든 과정을 지켜보았다. 예수는 숨을 거두기 직전에 마리아를 보고 "어머니, 이 사람이 어머니의 아들입니다"라고 말했다. 현장에 함께 있던 제자에게는 "이 분이 내 어머니다"라고 이야기했다. 그 제자는 마리아를 자기 집으로 모셨다고 〈요한복음〉은 전한다.

예수가 숨을 거둔 뒤에 그 시신은 부자이면서 예수의 제자였던 요셉이 수습했다. 요셉은 예수의 시신을 십자가에서 내린 뒤 니고데모라는 사람과 함께 향료를 바르고 고운 베로 감아 땅에 묻었다.

성서에 명시적인 언급은 없으나, 이런 과정은 어머니 마리아가 지켜보는 가운데 진행됐을 것이다. 그리고 마리아는 '아들' 예수의 시신을 보고 헤아릴 수 없는 슬픔에 잠겼을 것이다. 굳이 긴 말이 필요 없다.

예수의 시신을 접한 마리아의 고통과 슬픔은 화가들에게는 물론이고 음악

◆◆◆ 죽은 예수에 대한 비탄 / 산드로 보티첼리

가들에게도 중요한 작품 소재가 됐다. 이탈리아의 로시니와 페르골레시, 바로크 시대의 안토니오 비발디, 19세기 말에 활약한 안톤 드보르작을 비롯한 여러 작곡가들이 이 소재를 가지고 칸타타 〈애수의 성모(Stabat Mater)〉를 작곡했다. 필자는 그중에서도 로시니의 작품을 특히 좋아한다.

부활한 예수를 가장 먼저 본 막달라 마리아

예수가 십자가형으로 죽임을 당하고 무덤에 묻힌 뒤 안식일(토요일)도 지났다. 예수 덕분에 마귀로부터 해방됐던 막달라 마리아를 비롯한 몇몇 여자들이 일요일 아침에 예수의 무덤을 찾아갔다. 그런데 무덤 입구에 있던 바위는 이미 치워져 있었고, 무덤 안에 있어야 할 예수의 주검은 없었다. 대신 천사가 무덤을 지키고 있다가 여자들에게 예수가 되살아났음을 알려주었다.

부활한 예수는 막달라 마리아에게 가장 먼저 나타났다. 마리아가 예수를 알아보고 다가가자 예수는 "나를 만지지 말라"고 말한다. 마리아는 제자들이 모여 있는 곳을 찾아가 예수가 부활했고, 자신이 예수를 만났다는 사실을 알려주었다. 하지만 제자들은 마리아의 말을 믿으려 하지 않았다.

이후 제자들이 예루살렘에 모여 예수의 부활에 대해 이야기를 나눌 때 예수가 그들 앞에 나타났다. 예수는 "너희에게 평화를!"이라며 그들을 축복해주었다. 그래도 믿지 못하는 제자들에게는 십자가에 못 박힌 자국이 남아 있는 손과 발을 보여주었다. 그제야 제자들이 모두 예수가 부활했음을 확인하고 믿게됐다. 그런 그들에게 예수는 중요한 말을 남겼다.

누구의 죄이든지 너희가 용서해주면 그들의 죄는 용서받을 것이고, 용서해주지 않

◆◆◆ 나를 만지지 말라 / 안토니오 다 코레조

으면 용서받지 못한 채 남아 있을 것이다.

— 〈요한복음〉 20장

이 세상을 사는 사람들에게 부활은 신비 그 자체다. 인간에게는 부활이란 게 없기 때문이다. 그런데 우리는 살아가면서 부활의 신비를 끊임없이 체험한다. 인간은 이 세상을 살면서 패배와 좌절의 쓰라림을 맛보고 낙담했다가도 어느 순간 다시 힘을 내곤 한다. 그것이 바로 부활의 신비 아닐까? 바로 그런 신비가 있기에 인간은 오늘도 힘겨운 가운데서도 스러지지 않고 살아가며 무언가를 일구어간다.

엠마우스에서 예수와 함께 한 저녁식사

예수가 매장되는 것을 지켜본 여자들은 동굴무덤에 가서 그의 주검이 없어졌음을 확인했지만, 천사들로부터 예수가 부활했다는 이야기를 들었다. 여자들은 11명의 제자와 그 밖의 다른 사람들이 모여 있는 곳으로 가서 자신들이 보고 들은 것을 전했다.

그 자리에 있던 사람들 가운데 2명이 예루살렘에서 30리쯤 떨어진 엠마우스로 가면서 그간의 여러 가지 일들에 대해 이야기를 나눴다. 예수도 그 모습을 보고 함께 걸어갔다. 그러나 그들은 예수를 알아보지 못했다. 그들은 자신들이 보고 들은 모든 것을 예수에게 이야기하면서도 예수의 부활에 대해서는 믿지 못하겠다는 표정을 지었다. 그러자 예수는 직접 성서의 예언 등을 근거로 모든 것을 설명해주었다. 그러면서 한마디 했다.

너희는 어리석기도 하다! 예언자들이 말한 모든 것을 그렇게도 믿기가 어려우냐? 그리스도는 영광을 얻기 전에 그런 고난을 겪어야 하는 것이 아니냐?
— 〈루가복음〉 24장

그들은 예수에게 그날 밤 자기네 마을에서 묵고 가라고 청했다. 이에 예수는 그들의 집으로 가서 함께 식탁에 앉았다. 예수는 빵을 들어 감사의 기도를 한 다음 그것을 그들에게 나누어주었다. 그러자 그들은 비로소 그가 예수임을 알아보았다. 그렇지만 바로 그 순간 예수는 이미 어디론가 가버리고 보이지 않았다.

그들은 다음날 제자들이 모여 있는 예루살렘으로 돌아가서 자신들이 목격한 것을 이야기해주었다. 그러고 있을 때 예수가 그 자리에 나타났다. 예수는 그들에게 이렇게 말했다.

너희에게 평화를!
— 〈루가복음〉 24장

◆◆◆ 엠마우스에서의 식사 / 틴토레토

553

하늘나라의 열쇠를 받게 되는 베드로

부활한 예수는 제자들과 함께 식사를 했다. 그런 다음 예수는 베드로와 이런 대화를 나누었다.

> "네가 이 사람들이 나를 사랑하는 것보다 더 나를 사랑하느냐?"
> "예, 주님, 아시는 바와 같이 저는 주님을 사랑합니다."
> "내 어린 양들을 잘 돌보아라."
> — 〈요한복음〉 21장

　예수와 베드로는 이런 물음과 대답을 세 차례 거듭했다. 예수는 이렇게 베드로의 믿음을 확인한 후 "나를 따르라"고 명했다. 예수는 또한 베드로가 겪게 될 수난에 대한 암시도 덧붙였다. 또 〈마태복음〉 16장에 따르면 예수는 베드로에게 하늘나라의 열쇠를 주겠다는 이야기도 했다. 요컨대 예수의 승천 이

◆◆◆ 베드로에게 하늘나라의 열쇠를 주는 그리스도 / 조반니 바티스타 카스텔로

후 이 세상에 복음을 선포하고 전도를 할 책임이 베드로에게 맡겨진 것이다.

예수의 승천 이후 베드로는 다른 제자들과 함께 전도를 시작했다. 우선 세계 각국에서 온 유대인들을 상대로 예수의 죽음과 부활에 관한 이야기를 전하고 복음을 전파했다. 그러자 개종하는 사람들이 나타나기 시작했다.

예수의 옆구리에 손을 넣어 보는 도마

예수의 열두 제자 가운데 한 사람인 도마는 부활한 예수가 제자들에게 처음 나타났을 때 그 자리에 함께 있지 않았다. 그래서 다른 제자들이 부활한 예수를 만났다고 아무리 얘기해주어도 도무지 믿으려고 하지 않았다. 예수의 손에 있는 못 자국을 보고 창에 찔린 옆구리에 손을 넣어보기 전에는 믿을 수 없다고 버텼다.

며칠 후 제자들이 한 자리에 모여 있을 때 예수가 다시 나타났다. 예수는 도마에게 자신의 손과 옆구리에 나 있는 구멍을 만져보게 하면서 믿으라고 했다. 그제야 도마는 "나의 주님, 나의 하느님!"이라고 대답했다. 그러자 예수는 "나를 보고야 믿느냐? 나를 보지 않고도 믿는 사람은 행복하다"고 말했다.

◆◆◆ 의심하는 도마 / 카라바조

제자와 신도들 사이로 강림하는 성령

예수가 부활하고 50일째 되는 날에 예수의 제자와 신도들이 한자리에 모여 있었다. 그때 갑자기 세찬 바람이 부는 소리가 들리더니 혀 같은 것들이 나타나 불길처럼 갈라지면서 모든 사람 위에 내렸다. 사람들에게 성령이 내려온 것이었다.

그 자리에 있던 사람들 가운데는 유대인 외에 인근의 다른 나라에서 온 사람들도 많이 있었다. 파르티아, 메데아, 이집트, 프리기아, 리비아, 아라비아에서는 물론이고 로마에서 온 사람들도 있었다. 예수의 제자들이 하는 말이 그들의 귀에는 제각각의 모국어로 들렸다. 사도들은 분명히 유대의 말로 이야기했는데 외국인들에게는 각기 자기 나라 말로 들렸으니 신기한 일이었다. 모두가 놀라서 어찌된 영문인지 궁금해 했고, 일부는 "사도들이 술에 취했다"며 빈정거리기도 했다. 그때 예수의 수제자 베드로가 다른 사도들과 함께 일어나 사람들에게 말했다. 그는 예언자가 말한 대로 성령이 내려온 것이라고 강조했다.

◆◆◆ 성령강림 / 장 르스투

하느님께서 말씀하신다. 마지막 날에 나는 모든 사람에게 나의 성령을 부어주리니 너희 아들딸들은 예언을 하고, 젊은이들은 계시의 영광을 보며, 늙은이들은 꿈을 꾸리라.

— 〈사도행전〉 2장

베드로는 계속해서 군중에게 예수가 행한 기적과 그의 죽음, 부활 및 승천에 관해 이야기하면서 설교했다. 하느님이 예수를 하늘로 올린 다음에 이미 약속한 대로 성령을 보내줬다고 했다. 그러자 군중이 어떻게 해야 하는지를 물었고, 베드로는 회개하고 세례를 받으라고 권유했다.

회개하시오. 그리고 여러분은 한 사람도 빠짐없이 예수 그리스도의 이름으로 세례

를 받고 여러분의 죄를 용서받으시오. 그리하면 성령을 선물로 받게 될 것입니다.

— 〈사도행전〉 2장

이날 베드로의 설교를 듣고 3천 명이 새로 신도가 됐다. 신도들은 함께 지내고 함께 먹으면서 서로 돕고 기도했다. 모든 재산을 공동소유로 내놓고 함께 나누었다. 그러자 주변 사람들이 신도들을 우러러 보고 새로이 신도가 됐다.

성령강림의 순간에 대한 이 묘사는 로마의 서사시인 베르길리우스의 〈아이네이스〉의 한 대목과 유사하다. 〈아이네이스〉 2권을 보면, 트로이가 그리스 군의 야간 기습공격으로 멸망할 때 아이네아스가 집으로 갔다가 그리스 군과 싸우려고 다시 나갈 찰나에 경이로운 기적이 일어났다. 아내 크레우사가 먼저 집부터 지키라며 그를 붙잡고 온 집안이 울부짖음으로 가득 찼을 때였다. 아들 이울루스(혹은 아스카니우스)의 머리 위로 '불의 혀'가 나타났다.

바로 그때 말하기도 어려운 경이로운 기적이 일어났습니다. 보십시오. 양친의 손과 슬픈 얼굴들 사이에 있는 이울루스의 정수리에서 가벼운 불의 혀가 빛을 쏟고 있고, 만져도 다치지 않는 화염으로 그의 부드러운 머리털을 핥으며, 그의 관자놀이 주위로 어른거리는 것이 보였던 것입니다.

— 베르길리우스, 〈아이네이스〉 2권

아이네아스의 가족은 아이의 머리카락에 붙은 불을 서둘러 물로 끄려고 했다. 그러나 아이네아스의 아버지 안키세스는 도리어 기뻐하면서 하늘을 향해

560

두 손을 들고 "전능하신 유피테르시여, 우리를 굽어 살피소서"라고 기도했다.

혹시 성령강림을 묘사한 성서의 저자가 베르길리우스의 작품을 읽고 이 대목을 참고한 것은 아닌지 모르겠다. 또는 성서의 저자가 나름대로 문학적인 상상력을 발휘해서 성령강림의 순간을 묘사했는데, 본의는 아니었지만 묘하게도 비슷한 분위기를 풍긴 것일지도 모른다. 어느 쪽이 맞는지는 모르지만, 양쪽의 서술을 비교해가며 읽다보면 놀랍고 재미있다.

개종한 사도 바울의 전도여행

사울아, 사울아, 네가 왜 나를 박해하느냐?

— 〈사도행전〉 9장

　　유대인의 한 사람으로 그리스도교 신도들를 박해하는 데 앞장서던 사울에게 어느 날 이런 목소리가 들려왔다. 그리스도교 신도들을 잡으러 다마스쿠스로 가던 길이었다. 갑자기 하늘에서 빛이 번쩍이며 그의 둘레를 환히 비추었다. 사울은 누구냐고 물었다. 그러자 목소리는 "네가 박해하는 예수다"라며 "시내로 들어가면 할 일을 일러줄 사람이 있을 것"이라고 말했다. 사울은 앞을 볼 수가 없게 되어 다른 사람들이 그를 이끌고 다마스쿠스로 데리고 갔다.

　　사울은 아무것도 보지 못하고 먹지도 못한 채 사흘을 보냈다. 그러자 아나니아라는 사람이 사울을 찾아왔다. 아나니아는 예수의 말을 듣고 찾아온 것이었다. 예수는 사울에 대해 아나니아에게 이렇게 말했다.

　　그 사람은 내가 뽑은 인재로서 내 이름을 이방인과 제왕들과 이스라엘 백성에게 널리 전파할 사람이다.

— 〈사도행전〉 9장

◆◆◆ 사울의 눈을 뜨게 해주는 아나니아 / 장 르스투

아나니아는 예수의 명에 따라 사울을 찾아와 그의 눈을 뜨게 하고 세례를 주었다. 그리스도교의 '원흉'이던 사울은 마침내 개종해 사도가 됐다.

개종한 사울은 신도들과 함께 유대교 회당으로 갔다. 그는 회당에서 예수가 하느님의 아들이라고 전도하기 시작했다. 모두가 어리둥절해 했다. 그도 그럴 것이, 사울은 며칠 전까지만 해도 대사제가 부여한 권한에 따라 그리스도교 신도들을 잡아들이는 데 앞장서던 사람이었다. 유대인이 예수의 제자 스테파노를 죽이는 데도 찬동했다. 그러던 사울이 완전히 바뀌었다.

사울은 그 뒤로 곳곳을 다니며 예수 그리스도의 교리를 본격적으로 전파하기 시작했다. 이름도 바울로 바꿨다. 바울의 전도여행은 예루살렘 인근은 물론 리디아, 에페소스, 아테네 등으로 확장됐고, 마침내 그는 로마에까지 들어갔다. 바울은 전도여행을 다니면서 틈틈이 신도들에게 편지를 써서 보냈다. 그 편지는 〈로마서〉 〈고린도서〉 〈에페소서〉 등 서간문 형식의 성서로 남았다. 바울은 로마 시민권을 갖고 있었기에 다른 사도들보다 수월하게 돌아다니며 포교활동을 할 수 있었다. 행동반경도 그만큼 넓었다. 당시 로마제국의 영토 가운데 동쪽 지역 전체가 사실상 바울의 전도여행 대상이었다.

유대인의 종교로 출발한 그리스도교가 세계적인 종교로 성장한 것은 바울의 전도여행에 크게 힘입었다. 이런 의미에서 사울의 개종은 세계사에서 결정적인 사건 중 하나다. 수백 년에 걸쳐 세계사에 두고두고 영향을 끼친 사건들이 역사상 많이 있었지만, 사울의 개종은 그 중에서도 첫손가락에 꼽히는 '대사건'이었다고 할 수 있다.

바울로 인해 에페소스에서 일어난 소동

사도 바울은 개종 이후 베드로 등 다른 사도들과 함께 그리스도의 가르침을 전도하기 위해 정력적으로 활동했다. 바울은 아테네, 코린토스, 마케도니아, 트로이 등 유서 깊은 그리스 문명권의 주요 지역들도 빠짐없이 다녔다. 사도 바울이 간 곳 중에는 에페소스도 있었다. 에페소스는 일찍이 만물은 항상 변화하고 대립과 투쟁이 세상만사의 본질이라고 주장한 고대 그리스 철학자 헤라클레이토스가 태어나고 활동한 무대였다. 또 달의 여신 아르테미스를 수호신으로 모시는 이교도의 도시였다.

사도 바울은 코린토스에서 전도 활동을 한 뒤 에페소스로 옮겨갔다. 그는 그곳 사람들에게 예수의 이름으로 세례를 주고 성령을 내려주었다. 그리고 유대교 회당을 열심히 드나들며 '하느님 나라'에 대해 증언하고 토론도 하면서 전도활동을 해나갔다. 여러 가지 기적도 행했다. 바울의 몸에 닿았던 수건이나 앞치마를 병자에게 갖다 대면 병이 나았다.

바울 때문에 에페소스에서 소동이 일어나기도 했다. 바울이 전도활동을 한 결과로 그곳의 많은 사람들이 아르테미스 여신에게 등을 돌리고 그리스도에게 귀의한 탓이었다. 아르테미스 신전의 모형을 은으로 만들어 팔아 돈을 벌던 은장이 데메트리오의 선동으로 시민들이 들고일어나 극장으로 몰려들었다. 그들은 무작정 "에페소스의 여신 아르테미스 만세!"라고 외쳤다. 에페소스 시장이 나서서 "불법적인 소동을 벌이지 말고, 문제가 있으면 합법적인 집회를 통해서 해결하라"고 설득해서 그들을 해산시켰다.

소동이 해결된 뒤에 바울은 트로야와 미틸레네 등을 거쳐 밀레토스로 갔다. 밀레토스는 최초의 자연철학자로서 "만물의 근원은 물"이라고 주장한 탈레스가 활동한 곳이다. 사도 바울은 밀레토스에서 에페소스의 교회 원로들을 불러오게 해서 작별 연설을 했다. 바울은 연설에서 자신은 어디로 가든 투옥과 고통이 기다리고 있다면서, 그럼에도 사명을 완수하기 위해 목숨을 아끼지 않겠다고 다짐했다. 또 그들에게 앞으로 다시는 자신을 보지 못할 터이니 늘 스스로를 살피며 성령이 맡겨준 양떼를 잘 돌보라고 부탁했다.

내가 떠나가면 사나운 이리떼가 여러분 가운데 들어와 양떼를 마구 해칠 것이며, 여러분 가운데서도 진리를 그르치는 말을 하며 신도들을 이탈시켜 자기를 따르라고 할 사람들이 생겨날 것이 분명합니다. 그러므로 여러분은 언제나 깨어 있으십시오.
— 〈사도행전〉 20장

바울은 끝으로 자신과 자신의 일행에게 필요한 것은 모두 직접 만들어 장만했다면서 에페소스의 교회 원로들에게도 그렇게 하라고 당부했다. 그러면서

◆◆◆ 에페소스에서 설교하는 사도 바울 / 외스타슈 르 수외르

"주는 것이 받는 것보다 행복하다"는 예수의 말씀을 명심하라고 말했다.

바울이 이처럼 정력적으로 포교활동을 벌이자 에페소스를 비롯한 유서 깊은 도시들에서 숭배 받던 고대 그리스의 신들은 점차 설 자리를 잃게 됐다. 그 대신 '하느님'이 새로운 숭배 대상이 됐다.

처형되기 전날 밤 감옥에서 구출되는 베드로

예수가 승천한 뒤에 제자들은 예수의 가르침을 전교하러 곳곳을 다녔다. 유대인에게는 그 제자들이 눈엣가시였다. 그래서 유대인의 왕 헤롯은 야고보를 잡아 죽인 뒤 베드로를 잡아 가뒀다. 베드로가 갇힌 감옥은 각각 4명으로 구성된 4개의 경비조가 지켰다. 헤롯 왕은 베드로도 야고보처럼 끌어내 죽이려고 작정하고 있었다.

헤롯 왕이 베드로를 감옥에서 끌어내기로 한 날의 전날 밤이었다. 베드로는 2개의 사슬에 묶인 채 경비병 2명 사이에서 자고 있었다. 감옥 문 밖에서도 경비병이 지키고 있었다. 그때 천사가 베드로 앞에 나타났다. 천사는 베드로를 깨우고 그의 몸에서 쇠사슬을 벗겨냈다. 천사는 베드로에게 자신을 따라 나오라고 하고는 감옥 밖으로 데리고 나갔다. 베드로가 두 개의 초소를 지나 거리에 나오자 천사는 사라졌다.

베드로는 하느님이 그 천사를 보내 자신을 구해준 것임을 깨달았다. 베드로

◆◆◆ 구출되는 베드로 / 마티아 프레티

는 그 길로 많은 사람들이 모여 있는 요한의 어머니 마리아의 집으로 갔다. 사람들은 처음에는 그가 베드로임을 믿지 못하다가 사실인 것을 알고는 놀라워했다. 베드로는 자신이 풀려난 경위를 설명하고, 다른 신도들에게도 자신이 풀려났음을 알리라고 당부했다.

감옥에서는 베드로가 없어진 사실을 알고 샅샅이 뒤졌으나 끝내 그를 찾아내지 못했다. 이로 인해 베드로를 지키던 경비병들은 처형당했다.

열두 사도 중 첫 순교자가 되는 스테파노

예수가 승천한 뒤 전도 활동에 본격적으로 나선 사도들은 신도들과 함께 공동 생활을 했다. 그들은 우선 예루살렘을 비롯한 유대 땅에서 예수의 가르침을 널리 알리기 위해 힘썼다. 때로는 직접 기적을 행하기도 했다. 그들에게는 유대교 사제들의 박해가 계속 가해졌다. 그럼에도 사도들은 포교활동을 게을리하기는커녕 더욱 부지런히 움직였다. 그러던 차에 마침내 사도들 가운데서 첫 희생자가 나왔다. 예수의 열두 제자 가운데 한 사람인 스테파노였다.

스테파노는 어느 날 백성 앞에서 설교를 하고 기적을 행하다가 일부 유대교도들과 논쟁을 벌이게 됐다. 논쟁은 성령의 도움을 받은 스테파노가 압도했다. 그러나 유대인들이 스테파노를 체포하여 유대교 의회 회의장으로 끌고 갔다. 스테파노는 그곳에서도 소신껏 설교를 했다. 뿐만 아니라 유대교에 대한 비판도 서슴지 않았다.

당신들의 조상들이 박해하지 않은 예언자가 한 사람이나 있었습니까? …… 당신들

◆◆◆ 스테파노의 순교 / 렘브란트

은 천사들에게서 하느님의 율법을 받고도 그 규례를 지키지 않습니다.

— 〈사도행전〉 7장

유대교 사제들이 발끈했다. 그들은 스테파노를 밖으로 끌어내어 돌로 쳐 죽였다. 스테파노는 박해자들을 용서하는 말을 마지막으로 남기고 숨을 거뒀다.

이 죄를 저 사람들에게 지우지 말아주십시오.

— 〈사도행전〉 7장

사도들의 잇따른 순교

감옥에서 탈출한 베드로는 안티오키아로 가서 7년가량 전교활동을 벌인 뒤 로마로 건너갔다. 베드로는 25년 동안 로마와 그 인근 지역에서 전교활동을 벌였다. 그러다가 네로 황제가 그리스도교 신도들을 대대적으로 박해할 때 체포되어 순교했다.

베드로의 순교와 관련된 유명한 전설이 있다. 베드로가 신자들의 권고에 따라 박해를 피해 로마를 떠나 다른 도시로 가다가 '아피아 가도(街道)'에서 큰 십자가를 지고 창백하게 걸어오는 사람을 만났다. 예수 그리스도였다. 베드로는 "주여 어디로 가시나이까(쿠오 바디스 도미네)?"라고 물었다. 예수는 베드로를 보면서 대답했다. "그대가 신자들을 버리고 피하려고 하기 때문에 나는 다시 십자가에 못박히려고 로마에 들어가는 길이네." 이 말을 들은 베드로는 다시 로마로 들어가 순교를 감수했다. 그는 십자가에 거꾸로 매달려 순교한 것으로 전해진다. 그의 유해는 지금의 바티칸 성당에 안치돼 있다고 한다.

사도 바울은 개종 후 여러 차례 전교여행을 다니며 그리스도교를 지중해 연

◆◆◆ (위) 사도 마태오의 순교 / 카라바조
◆◆◆ (아래) 사도 베드로의 순교 / 미켈란젤로

안 세계에 확산시키는 데 지대한 공헌을 했다. 그는 한때 체포되어 감옥에 갇혔지만, 로마 시민권을 갖고 있었기에 황제에게 상소해서 풀려나 로마로 가게 됐다. 황제로부터 무죄 판결을 받은 바울은 이후 로마 인근에서 전교활동을 하다가 네로 황제의 그리스도교 박해 때 참수형으로 순교했다. 바울이 참수된 자리에는 오늘날 성 바울 성당이 서 있다.

바르톨로메오는 인도, 알렉산드리아, 소아시아의 프리기아 등지에서 전교 활동을 활발하게 하다가 아르메니아에서 순교했다. 그는 아르메니아에서도 몇 년 동안 전교활동을 벌였고, 왕과 왕비도 개종시키는 성과를 거두었다. 그런데 왕이 바뀌자 그의 운명도 바뀌었다. 그는 이교로 기울어진 왕의 명령에 따라 전신의 가죽이 벗겨진 채 십자가에 못 박히고 머리를 잘리는 등의 혹형을 당하며 순교했다.

〈마태복음〉을 쓴 마태오는 에티오피아로 가서 전교활동을 벌였고, 왕자를 치유해 병에서 낫게 하는 기적을 행하기도 했다. 그 결과로 왕과 왕비를 개종 시키는 데 성공했다. 그러나 마태오도 왕이 바뀌면서 수난을 당하게 됐다. 새로 등극한 왕이 동정녀로 남겠다고 맹세한 공주를 왕비로 삼으려 하자 이에 반대하다가 왕의 노여움을 산 것이었다. 마태오는 갖은 고문을 당한 끝에 땅바닥에 못 박혀 순교했다.

이 밖에도 야고보, 필립보, 안드레아, 도마, 루가, 시몬 등 예수의 제자들 대부분이 곳곳에서 전교하다가 순교했다. 다만 〈요한복음〉의 저자인 요한은 끓는 물에 던져졌는데도 살아나 100세 이상 살았던 것으로 전해진다. 그는 섬으로 유배당하기도 했지만, 유배 기간을 활용해 〈요한계시록〉을 저술했다.

고대도시 바빌론을 건설한 세미라미스 여왕

바빌론은 고대 세계의 강력한 왕국 아시리아의 중심 도시였다. 이 도시는 광대한 평야의 한가운데 정사각형으로 자리 잡고 있었다. 각 변의 길이가 22.5 킬로미터인 성벽이 도시를 둘렀고, 성벽 밖으로는 깊고 넓은 해자가 둘러쳐졌다. 성벽 전체에는 청동으로 만들어진 문 100개가 설치됐다. 도시 한가운데로 유프라테스 강이 흘렀고, 성 안의 도로는 모두 반듯반듯하게 닦여졌다. 강을 따라 담이 세워졌고, 그 담에는 강으로 통하는 작은 청동 문이 설치됐다.

유프라테스 강에 의해 나뉘는 도시의 양쪽 구역 중 한쪽에 왕궁이 있었고, 다른 한쪽은 신의 구역이었다. 신의 구역에는 가로와 세로의 길이가 각각 1스타디온에 이르는 8층 높이의 견고한 탑이 서 있었다. 바로 '공중정원'이라고 불리는 것이다. 탑의 꼭대기에 신전이 있었고, 그 안에는 화려한 침상과 황금 탁자가 놓여 있었다. 신전 안에 신상은 전혀 없었고, 칼데아인 여자 사제 외에는 밤에 신전에 머무를 수 없었다.

이 신전 외에 또 하나의 신전이 바빌론에 있었다. 그 신전에는 황금받침대

◆◆◆ 군사 동원을 요청받는 세미라미스 / 구에르치노

576

위에 황금좌상이 놓여 있었고, 탁자와 의자도 모두 황금으로 만들어져 있었다. 그리고 신전의 바깥에 황금제단이 놓여 있었다. 이밖에 높이가 4.6m에 이르는 순금상도 있었다고 헤로도토스는 전한다. 이런 황금 시설물과 장식물을 설치하는 데 모두 800탈란톤(22톤)의 황금이 사용됐다고 한다.

바빌론의 이런 규모와 짜임새는 당시 다른 어느 도시도 흉내 내기 어려운 것이었다. 바빌론을 이런 도시로 만드는 데 결정적인 역할을 한 인물은 세미라미스 여왕이다. 세미라미스 여왕은 바빌론 평야를 만들기 위한 제방도 쌓았다. 이 제방 덕분에 유프라테스 강이 범람하지 않게 됐다고 전해진다. 세미라미스 여왕은 말하자면 고대 메소포타미아 문명 건설에 가장 크게 기여한 왕이었다고 할 수 있겠다.

왕비의 알몸을 보고 왕위를 찬탈한 기게스

오늘날 터키가 자리 잡고 있는 소아시아에는 고대에 리디아 왕국이 있었다. 헤로도토스의 〈역사〉 1권에 따르면, 리디아 왕국은 헤라클레스의 후예들이 통치했다.

리디아 왕국의 칸다울레스 왕은 아내를 무척 사랑했다. 아내가 세상에서 가장 아름다운 여자라고 믿었다. 칸다울레스 왕은 시종인 기게스에게 아내의 미모를 자랑하면서 직접 확인해보라고 권했다. 왕비의 나체를 직접 보라는 말이었다. 기겁한 기게스는 '자기 자신의 것만 보라'는 옛 속담을 인용하며 거절했다. 그러나 칸다울레스 왕은 기게스에게 계속해서 권했다. 왕비가 알아차리지 못하도록 왕인 자기와 함께 침실에 먼저 들어가서 열려 있는 문 뒤에 숨어 있다가 나중에 왕비가 침실에 들어와 옷을 벗을 때 몰래 보라고 방법까지 알려 줬다. 기게스는 마지못해 동의했다.

기게스는 왕이 시킨 대로 문 뒤에 숨어 있다가 왕비가 들어와 옷을 벗는 모

◆◆◆ 기게스에게 아내의 나체를 보여주는 칸타울레스 왕 / 윌리엄 에티

습을 보고는 조용히 밖으로 나갔다. 그런데 왕비가 침실을 나가는 기게스의 뒷모습을 보게 됐다. 왕비는 기게스의 그런 행위가 왕이 시킨 것임을 알아차렸지만 즉각 반응하지 않고 일단 참았다. 다음날 왕비는 기게스를 불러 양자택일을 요구했다. 자기와 함께 칸다울레스 왕을 죽이든지, 기게스 자신이 죽든지 하라는 것이었다. 기게스 자신이 죽을 수는 없었다. 그래서 그는 왕비의 요구대로 칸다울레스 왕을 죽이고 스스로 왕이 되기로 했다. 그는 전날처럼 침실 문 뒤에 숨었다가 왕이 잠든 뒤에 해치우기로 했다. 그는 그날 밤 왕을 살해하고 왕비와 결혼해서 왕이 됐다. 이로써 헤라클레스 후예의 왕가 계보는 끊어졌다.

기게스의 행위는 왕위를 찬탈한 것이었다. 그런 행위가 백성에게 좋게 보일 리가 없었다. 백성이 그의 왕위 찬탈에 항의하고 봉기를 하는 등 소동이 벌어진 끝에 기게스와 백성이 델포이의 아폴론 신전에서 신탁을 받기로 합의했다. 신탁은 기게스의 왕위 등극을 인정했다. 이로써 기게스의 왕위는 확고해졌다. 다만 기게스의 5대손에 이르면 왕위가 헤라클레스가로 돌아가게 될 것이라고 신탁은 덧붙였다.

그러나 인간에게 그런 먼 훗날의 일은 대개 무의미하다. 당장 눈앞에서 벌어지는 일이 더 중요하다. 기게스는 정식으로 왕위에 오른 뒤 곧바로 신전에 대규모 봉납물을 바쳤다. 봉납물은 모두 황금과 은으로 만들어진 것이었다. 그리스의 이방인 가운데 아폴론 신전에 봉납물을 바친 것은 미다스 이후 기게스가 처음이었다고 헤로도토스는 전한다.

솔론이 말하는 '가장 행복한 사람'

리디아 왕국의 수도는 사르디스였다. 리디아의 왕 크로이소스는 아테네의 입법자이자 현인으로 불리는 솔론의 방문을 받았다.

당시는 솔론이 도시국가 아테네를 위해 많은 법률을 만든 직후였다. 아테네 시민들은 향후 10년 동안 그 법률을 굳게 지키고, 솔론이 없으면 어떠한 법률도 폐기하지 않겠다고 서약했다. 그러자 솔론은 아테네 시민들이 법률에 손댈 가능성을 원천적으로 봉쇄하기 위해 아예 아테네를 떠나 여러 나라를 순방했다.

솔론은 먼저 이집트를 들른 다음 리디아 왕국에 도착해 크로이소스 왕을 만났다. 크로이소스 왕은 엄청나게 많은 재산을 갖고 있었다. 크로이소스는 솔론에게 그 재산을 모두 보여주면서 자랑했다. 그러고는 물었다. "세상에서 가장 행복한 사람이 누구라고 생각하느냐?"고. 크로이소스 왕은 물론 자신이 가장 행복한 사람이라고 솔론이 대답해주기를 기대했다.

솔론의 대답은 그의 기대와 완전히 달랐다. "첫째로 행복한 사람은 아테네 사람 텔로스, 둘째로 행복한 사람은 아르고스 태생의 클레비오스와 비톤 형제"라는 게 솔론의 대답이었다.

텔로스는 훌륭한 자식을 두고 유복한 생활을 했으며, 아테네가 이웃 나라와 전쟁을 벌일 때 참전하여 적을 물리치는 공을 세우고 장렬하게 전사한 인물이었다. 클레비오스와 비톤 형제는 체력이 좋아 체육경기 대회에서 우승했고, 생활이 윤택했다. 뿐만 아니라 이 형제는 헤라 여신을 위한 제전 행사에 모시고 가려고 어머니를 우마차에 태우고 소 대신 스스로 멍에를 쓰고 행사장으로 달려갔다. 어머니는 사람들로부터 훌륭한 아들 형제를 두었다는 칭찬을 들었다. 이후 형제는 신전에 들어가 조용히 세상을 떠났다. 아르고스 사람들은 두 형제의 행위를 높이 평가하고 그들의 입상을 만들어 델포이 신전에 봉납했다.

이런 인물들을 가장 행복한 사람이라고 이야기한 솔론의 취지는 분명하다.

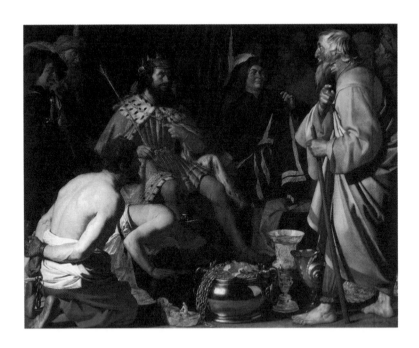

삶보다 죽음이 더 중요하다는 것이다. 건강하고 유복하게 사는 것은 물론 행운이지만, 그에 더해 훌륭한 죽음을 맞이해야만 정말로 행복하다는 것을 솔론이 강조한 것이다.

> 한 사람이 죽기 전에는 그를 행운이 있는 사람이라고 부를 수는 있어도 행복한 사람이라고 부를 수는 없습니다.
> — 헤로도토스, 〈역사〉 1권

게다가 행복을 잠간만 맛보고는 파멸하는 인간이 적지 않다. 그러므로 어떤 사람도 최후까지 지켜보는 것이 그의 인생에 대한 판단을 할 때 중요하다고 솔론은 이야기한 것이다. 이런 솔론의 행복론 내지 인생론은 당시 그리스 사회의 보편적인 생각이었던 것 같다. 고대 그리스의 철학, 문학, 신화 등에서 이런 취지의 문언이 많이 발견된다.

그러나 크로이소스 왕은 솔론의 '충고'를 진지하게 받아들이지 않았다. 도리어 기분 나빠 했다. 그는 솔론을 어리석은 자로 생각하고 냉대했다.

훗날 크로이소스 왕은 페르시아의 키로스 왕과 전쟁을 벌였다가 패배하여 포로가 된다. 크로이소스는 장작더미 위에서 화형 당할 처지에 놓이게 되자 솔론의 이름을 세 차례 불렀다고 한다. 솔론이 말한 행복론의 의미를 그때서야 깨달았기 때문일 것이다. 다행히 키로스 왕이 그 모습을 지켜봤다. 키로스

◆◆◆ 솔론과 크로이소스 / 헤리드 만 혼트호르스트

왕은 크로이소스에게 연유를 물어 솔론의 이야기를 듣고는 그를 살려줬다고 한다.

솔론의 말대로 한때의 행복이 진정한 행복은 아니며, 살아있는 동안에는 누구도 진정으로 행복한 삶을 산다고 말할 수 없다. 행복했던 크로이소스는 마지막에 불운을 만났다. 다행히 그는 키로스 왕의 사면을 받아 목숨을 구했고, 그 뒤에도 키로스 왕의 참모가 되어 비교적 순탄하게 살았다. 불운을 만난 상황에서 요행히 행운을 만났던 것이다.

인류 역사를 돌아보면, 살아있는 동안에는 행운을 누리다가 최후에 서글프거나 괴로운 불운을 겪은 인물이 무수히 많았다. 이 세상을 살아가면서 행운을 누리고 있다고 해서 최후까지 행운이 계속되리라고 믿는 것은 어리석은 생각이다.

스파르타의 기틀을 잡은 입법자 리쿠르고스

아테네에 솔론이 있었다면, 스파르타에는 리쿠르고스가 있었다. 리쿠르고스는 스파르타의 입법자로서 스파르타라는 도시국가의 기틀을 잡았다. 리쿠르고스의 노력 덕분에 스파르타는 아테네와 더불어 그리스의 대표적인 도시국가로 도약할 수 있었다.

리쿠르고스는 고결한 인품의 소유자였다. 왕족으로서 왕이 될 기회도 있었지만 욕심을 내지 않았다. 왕이었던 그의 형이 세상을 떠나자 왕의 자리를 잠시 떠맡기는 했지만, 형의 유복자가 태어나자 곧바로 왕위를 넘겨주었다.

리쿠르고스는 크레타, 소아시아, 이집트 등지를 여행하면서 각국의 장단점을 탐구한 뒤 스파르타로 귀국해서 법제를 만드는 일에 착수했다. 그는 아폴론 신전에서 받은 신탁을 바탕으로 〈레트라〉라는 대법전을 만들었다.

스파르타는 이 대법전에 따라 28명으로 구성되는 원로원을 설치했고, 왕의 권력을 제한했다. 재산의 불평등을 막기 위해 부자들로 하여금 돈과 재산을 포기하고 오로지 용기와 덕으로 평가받도록 했다. 금화와 은화를 모두 없애고 쇠로 만든 동전을 사용하게 했다. 사치스러운 예술은 금지됐다. 대신 스파르타 사람들은 주로 책상, 의자, 컵처럼 일상생활에 긴요한 물건을 잘 만드는 일에서 재능을 발휘했다. 왕을 포함해 모든 사람이 공동식당에 모여 간소한 음식으로 함께 식사를 했다. 아기스 왕이 왕비와 따로 식사하기 위해 자신의 몫을 보내달라고 요구했다가 거절당하기도 했다. 이처럼 사치와 낭비는 철저히 배격됐다.

그런데 리쿠르고스는 이런 것들을 일일이 다 법령으로 성문화하지는 않았다. 그보다는 교육을 통해 이런 것들을 젊은 사람들의 마음속에 심어주는 것이 더 확실한 길이라고 판단했기 때문이다. 법률의 목적을 완전하게 실현해주는 것은 교육이라고 리쿠르고스는 믿었다.

리쿠르고스가 만든 양육 및 교육의 체계에 따라 스파르타에서 태어난 모든 아기는 건강하고 강인하게 성장할 수 있는지에 대한 심사를 원로들로부터 받아야 했다. 심사 결과 허약하다고 판정된 아기는 산의 바위에서 버림을 받았다. 심사를 통과한 아이가 7세가 되면 나라에서 조직한 단체에 들어가 엄격한 교육을 받았다. 함께 살고 놀면서 규율과 용기, 담대함을 배워나갔다. 읽기와 쓰기에 관한 교육도 받았다. 올바른 판단과 심사숙고를 하는 생활을 체득시키는 교육과 날카로우면서도 우아한 말을 재치 있게 할 줄 아는 능력을 갖추게 하는 교육이 실시됐다.

시와 음악에 대한 교육도 중시됐다. 음악과 용기는 동맹관계라고 스파르타 인들은 생각했다. 노래는 젊은이의 정열을 끓어오르게 하는 생명력을 지녔다고 그들은 보았다. 시는 주로 용기를 찬미하고 비겁한 행동을 비난하는 것이어야 한다고 가르쳤다. 그 효과로 스파르타는 '시민들이 용감하면서도 음악을

◆◆◆ 교육의 효과를 설명하는 리쿠르고스 / 카이사르 반 에베르딩겐

즐기는 나라' 라는 평판을 듣게 됐다.

　　단단하고 날카로운 강철이 하프 연주와 조화를 이룬다.
　　― 플루타르코스, 〈영웅전〉 '리쿠르고스' 편

　　스파르타는 금과 은이 사라졌으므로 탐욕이 존재할 여지가 없었고, 가난도
있을 수 없었다. 법적인 소송도 없어졌다. 오로지 각자 자기 자신을 잊고 나라
를 위해 헌신하는 태도만 있었다. 시민 개인이 자기 마음대로 살아갈 수 없었

고, 도시 전체가 일종의 군부대 같았다. 외국의 '나쁜 습관'이 유입되는 것을 막기 위해 시민이 외국에 마음대로 나갈 수 없도록 통제했다.

요컨대 스파르타는 엄격한 규율과 모범적 도덕을 갖춘 나라였지만, 동시에 군대와 같은 나라였다. 그런 나라에서 성장한 스파르타 시민은 그리스인의 스승이기도 했다고 플루타르코스는 전한다. 그런 나라를 제도적으로 실현시킨 입법자가 바로 리쿠르고스다.

리쿠르고스는 법률을 제정한 뒤 시민들로부터 자신의 부재 중에는 법률개정 시도를 하지 않겠다는 맹세를 받았다. 그런 다음 리쿠르고스는 스파르타를 떠나 아폴론 신전이 있는 델포이로 갔다. 그는 스파르타 시민들이 법을 고치려는 마음을 아예 갖지 않게 하려고 귀국하지 않고 스스로 음식을 끊어 삶을 마감했다. 플루타르코스는 리쿠르고스가 명예로운 삶에 어울리는 방식으로 죽음으로써 행복의 절정을 스스로 이루었다고 평가했다.

스파르타는 이후 그리스의 여러 도시국가들에 크나큰 영향을 끼쳤다. 아테네와 함께 그리스 도시국가들의 맹주 역할을 했고, 아테네와 30년 가까이 벌인 펠로폰네소스 전쟁에서 승리했다. 아울러 플라톤을 비롯한 당대의 많은 철학자들에게 '이상국가'의 표본으로 간주됐다.

플라톤의 〈프로타고라스〉에는 스파르타가 크레타와 함께 '지혜 사랑'이 가장 풍부한 나라라고 적혀 있다. 이 작품에 대화자로 나오는 소크라테스가 그런 말을 했다. 스파르타는 자신들의 지혜 연마와 지혜 사랑이 다른 도시국가들에 노출되지 않게 하기 위해 전투와 용기만 우월한 것처럼 위장했다고 소크라테스는 말했다.

스파르타의 국가체제와 교육방식은 그 후 오랫동안 전체주의 국가의 한 전범으로 간주됐다. 아니, 오늘날까지도 그 영향이 남아 있다. 옛 소련이나 북한을 비롯해 현대사에 등장한 '병영국가' 들의 연원은 스파르타까지 거슬러 올라간다고 할 수 있겠다.

페르시아를 물리친 맛사겟타이 족의 토미리스 여왕

토미리스는 맛사겟타이 족의 영특한 여왕이었다. 헤로도토스의 〈역사〉를 보면, 맛사겟타이 족은 대략 카스피 해 부근의 중앙아시아 평원지역을 누비는 유목민족이었던 것 같다.

페르시아의 키로스 왕은 메소포타미아 일대를 차지하고 난 다음 바로 맛사겟타이 족으로 눈길을 돌렸다. 키로스 왕은 우선 맛사겟타이 족의 여왕 토미리스에게 결혼하자고 제안했다. 토미리스 여왕은 키로스 왕이 노리는 게 자기가 아니라 왕위와 영토임을 알아차리고 즉시 거절했다. 그러자 키로스 왕은 맛사겟타이 족과 경계를 이루는 강까지 군대를 이끌고 가서 공격할 준비를 서둘렀다. 그때 토미리스 여왕은 키로스 왕에게 편지를 보내 점잖게 타일렀다.

지금 하고 있는 일을 중지하는 게 좋을 것이오. 그것이 자신을 위한 것인지 아닌지를 그대는 잘 판단하지 못하고 있소. 당신 자신의 영토만을 다스리고, 내가 내 나라

◆◆◆토미리스 여왕의 복수 / 미셸 반 콕시에

를 다스리는 것에는 마음 쓰지 마시오.

— 헤로도토스, 〈역사〉 1권

아울러 토미리스 여왕은 중대한 제안을 했다. 강을 기준으로 전투를 맞사 겟타이 족 쪽에서 할 것인지, 페르시아 쪽에서 할 것인지 선택하라는 것이었

다. 맛사겟타이 족 쪽에서 전투를 하겠다면 자신의 군대가 사흘간 퇴각해 있을 것이라고 선언하면서, 반대로 페르시아 쪽에서 전투를 하고 싶다면 페르시아 군대가 사흘간 물러나 있으라고 요구했다. 현명하고도 대담한 제안이었다. 키로스 왕은 이 제안을 놓고 참모들과 논의했다. 리디아의 왕이었다가 패전한 뒤 자신의 휘하에 들어와 있는 크로이소스에게도 의견을 물었다. 크로이소스는 적을 끌어들이는 것은 위험하니 강을 건너가는 것이 좋겠다는 의견을 제시했다. 적을 끌어들였다가 패배한다면 키로스 왕 자신만 위험한 게 아니라 나라 전체도 망할 수 있다는 논리였다. 그러면서 그는 다음과 같이 말했다.

> 인간의 운명은 수레바퀴와 같은 것이어서 돌고 돌아 같은 사람에게 계속해서 행운을 베풀지는 않는다는 것을 말씀드리고 싶습니다.
> — 헤로도토스, 〈역사〉 1권

키로스 왕은 크로이소스의 의견에 따라 군대를 강 건너편으로 이동시켰다. 맛사겟타이 족과 페르시아는 서로 기습작전을 통해 약간의 전과를 올렸다. 특히 페르시아는 토미리스 여왕의 아들을 생포해 기세가 오르기도 했다. 토미리스 여왕과 키로스 왕은 마지막으로 휘하의 모든 병력을 동원해 대회전을 벌였다. 이 전쟁은 그 시대의 전투 중에서 가장 격렬한 것이었다고 헤로도토스는 전한다. 이 전쟁에서 맛사겟타이 족이 승리를 거두었다. 키로스 왕은 재위 29년 만에 이 전쟁에서 최후를 맞이했다.

페르시아의 잔인무도한 폭군 캄비세스

페르시아를 세운 키로스 왕이 죽은 뒤 그의 아들 캄비세스가 왕위에 올랐다. 캄비세스는 이집트를 정복한 다음 에티오피아를 정벌하려고 군대를 보냈다. 그러나 사전준비 없이 진격하던 군대가 식량 부족으로 인해 퇴각하게 됐고, 그중 일부 부대는 사막의 모래 속에 생매장됐다. 완전한 실패로 끝난 것이다.

그런데 캄비세스가 이집트의 도시 멤피스로 가니 그곳의 이집트인들이 '거룩한 소' 아피스가 출현했다면서 축제를 벌이고 있었다. 캄비세스는 그 모습을 보고 패전한 자신을 이집트인들이 조롱하는 것이라고 생각하고 이집트 관리들을 불러 모았다. 이집트 관리들이 그것은 그런 의도가 없는 축제일 뿐이라고 말하고 그 의미를 설명했다. 하지만 캄비세스는 그들이 거짓말을 한다면서 모조리 사형에 처했다. 그러고는 다시 이집트의 사제들을 불러서 물어보니 그들도 같은 대답을 했다. 캄비세스는 화가 나서 '거룩한 소'를 끌고 오게 해서 칼을 휘둘러 넓적다리를 찌르고 사제들에게 채찍형을 가했다.

이 일을 계기로 캄비세스는 더욱 잔인해졌다. 본국 페르시아로 돌려보낸 자기 동생을 질투한 나머지 사자를 보내 암살했고, 임신 중인 아내이자 여동생인 왕비마저 살해했다. 또 가신 프렉사스페스의 아들에게 활을 쏘아 그를 쓰러뜨린 후 해부하게 했다. 이렇게 끔찍한 짓을 저지르면서도 캄비세스는 껄껄 웃었다. 또 죄 없는 페르시아 사람 12명을 잡아다가 거꾸로 생매장하기도 했다.

이처럼 잔인무도한 짓이 계속되자, 리디아의 왕이었다가 페르시아의 포로가 된 후 캄비세스 왕의 고문 역할을 하던 크로이소스가 한마디 했다.

> 오! 대왕이시여. 부디 자신을 혈기와 한때의 충동에 완전히 맡기지는 마십시오. 자신을 다스리고 억제하십시오. 지각 있는 사람은 결과를 내다보고, 진정한 지혜는 선경지명에 있습니다.
> — 헤로도토스, 〈역사〉 3권

요컨대 잔혹한 행동을 계속하다가는 모반을 당해 왕위를 빼앗길 수도 있다고 경고한 것이었다. 캄비세스 왕은 화가 나서 크로이소스를 향해 활을 쏘았지만, 크로이소스는 피신했다. 캄비세스 왕은 가신들에게 크로이소스를 찾아내어 죽이라고 지시했지만, 가신들은 일단 그를 숨겨주었다. 캄비세스 왕은 나중에 후회하면서 크로이소스를 다시 찾았지만, 그를 숨겨주었던 사람들은 사형에 처했다.

캄비세스는 이집트의 신전에 들어가 그곳의 신을 조롱하기도 했다. 신전을 아예 태워버리는 폭거까지 저질렀다. 이렇듯 폭군 노릇을 하던 캄비세스는 결국 마고스(페르시아의 성직자 계급)인 형제들에게 모반을 당해 쫓겨났다. 캄비세스는 뒤늦게 자기 동생을 이유 없이 죽인 일을 후회하고 슬퍼했다. 그렇지만 이미 늦었다. 그는 결국 실의에 빠진 채 죽어갔다.

◆◆◆ 캄비세스의 재판 / 제라르 다비드

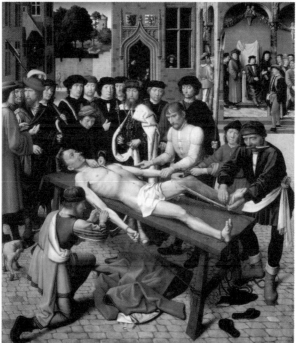

아테네와 페르시아의 마라톤 전투

기원전 6~5세기의 강대국 페르시아의 다레이오스 왕은 그리스의 여러 도시국가들에 '땅과 물'을 내놓으라고 요구했다. 아이기나를 비롯한 일부 도시국가들은 요구에 따랐지만, 아테네와 스파르타 등 대부분의 도시국가들은 거부했다. 그러자 다레이오스는 군사를 일으켰다.

페르시아 군은 에게 해의 여러 섬나라와 그리스의 허약한 도시국가들을 차례로 정복한 다음 마라톤에 이르렀다. 지휘관은 메디아 출신의 다티스와 다레이오스 왕의 사촌동생의 아들인 아르타프레네스, 두 사람이었다. 페르시아 군을 마라톤으로 안내한 사람은 아테네 참주의 아들이지만 추방되어 페르시아에 몸을 의탁하고 살던 히피아스였다. 그는 페르시아의 군사력을 빌려 아테네에 대한 지배권을 되찾고 싶었다. 그는 마라톤에 도착한 페르시아 군의 배치를 주도했다.

페르시아 군에 맞선 아테네 군은 10명의 대장이 지휘했다. 이들은 하루씩 교대로 전군을 지휘하기로 돼있었다. 그런데 아테네에서는 페르시아를 상대

◆◆◆ 밀티아데스의 최후 / 장 프랑수아 피에르 페롱

596

로 전투를 해야 한다는 주장과 하지 말아야 한다는 주장이 맞섰다. 그러다가
아테네의 군사장관 칼리마코스가 주전론의 편을 듦으로써 결론이 내려졌다.
전투는 밀티아데스가 지휘를 하는 날에 벌어졌다. 그는 아테네 군을 중앙부는
약하게, 양 날개를 두텁게 배치했다. 왼쪽 끝에는 동맹국 플라타이아에서 온
지원병력이 배치됐다.

아테네 군은 병력이 상대적으로 훨씬 적은데다가 기병과 궁병도 없었다. 아
테네 군은 페르시아 군을 향해 구보로 진격했다. 페르시아 군은 초라한 형색의
아테네 군을 얕보았다. 그러나 아테네 군은 조금도 두려워하지 않고 페르시아
군을 공격했다. 헤로도토스는 〈역사〉에서 페르시아 풍의 복장을 한 사람들을
보고 조금도 두려워하지 않은 것은 아테네인들이 처음이었다고 썼다.

중앙부는 아테네 군이 열세였지만 양 측면에서는 아테네 군이 승기를 잡았다. 아테네 군은 양 측면에서 패주하는 적을 내버려두고 중앙부의 페르시아 군을 협공해 격파했다. 아테네 군의 완전한 승리가 확실해졌다. 아테테 군은 페르시아 군을 추격했고, 페르시아 군은 해안에 놔두었던 배를 타고 간신히 도망쳤다.

이 전투에서 아테네의 군사장관 칼리마코스가 전사했다. 그러나 전체적으로 보면, 아테네 군의 전사자는 192명에 불과한 반면 페르시아 군의 전사자는 6400명에 이르렀다고 헤로도토스는 전한다. 페르시아 군은 전함 7척도 아테네 군에게 빼앗겼다.

배를 타고 탈출한 페르시아 군은 곧바로 아테네를 공격하기 위해 아테네 쪽으로 배를 몰았다. 아테네 군도 마라톤 전투가 끝나자마자 곧바로 아테네로 달려갔다. 그 결과 페르시아 군보다 먼저 아테네에 도착했다. 그야말로 마라톤 경주 하듯이 뛰어간 것으로 추정된다. 아테네 군의 초인적인 분투에 밀린 페르시아 군은 아테네 점령을 포기하고 그 외항에 잠시 머물다가 돌아갔다. 결국 아테네를 정복하려던 페르시아의 야망은 물거품이 되고 말았다.

이 전투가 끝나자 아테네 군의 한 전령이 아테네로 뛰어가서 승전 소식을 전달하고 죽었다는 전설이 생겨났고, 이것이 마라톤 경기의 기원으로 알려졌다. 그렇지만 그 문헌적 근거는 확실하지 않다. 헤로도토스의 〈역사〉에는 아테네가 스파르타에 도움을 요청하기 위해 페이피데스라는 잘 달리는 병사를 보냈다는 사실만 기록돼 있다. 그럼에도 그리스 사람들은 그 전설을 사실이라고 생각했던 모양이다. 그리고 그 전설에서 특별한 자부심도 느꼈던 것 같다. 그랬기에 근대 올림픽에도 1896년 아테네에서 열린 첫 대회부터 마라톤 경기가 포함몰됐을 것이다.

페르시아가 그리스를 침공해서 중요한 전투가 벌어질 때마다 그리스 측에서 뛰어난 지휘관이 등장했다. 크세르크세스가 페르시아의 대군을 이끌고 다시 침공했을 때는 스파르타의 레오니다스 왕이 테르모필라이에서 영웅적으로 싸우다 장렬히 전사했다. 아테네의 앞바다에서 벌어진 살라미스 해전에서는 테미토클레스가 지휘하는 아테네의 해군이 페르시아에 통렬한 승리를 거뒀다. 적의 침략에 결연히 맞서겠다는 결의가 있는 나라에서는 뛰어난 영웅이 등장하는 법인가 보다.

테르모필라이를 간신히 돌파한 크세르크세스

페르시아의 왕 크세르크세스가 200만 대군을 이끌고 그리스를 침공했을 때 그리스 도시국가 연합군은 테살리아에 포진했다가 후퇴했다. 그 바람에 테살리아인은 어쩔 수 없이 페르시아 쪽으로 붙어버렸다. 사태는 더욱 그리스에 불리하게 전개됐다.

그리스 연합군은 숙고 끝에 테르모필라이에 1차 저지선을 폈다. 테르모필라이의 지형적 이점을 이용하려고 한 것이었다. 헤로도토스의 〈역사〉에 따르면, 테르모필라이는 앞뒤로 수레 1대가 겨우 통과할 수 있을 정도로 좁은 길 외에는 다른 길이 없었고, 서쪽으로는 험준한 산이 있었다. 게다가 동쪽은 바다와 가깝고 소택지 일색이었다. 그러므로 이 지역 근방에서는 대부대를 움직일 수도 없었고, 기병대를 이용할 수도 없었다. 제아무리 페르시아의 대군일지라도 그 위력을 전혀 발휘할 수 없는 지형이었다.

페르시아 군은 테르모필라이까지 아무런 병력 손실 없이 파죽지세로 진격

◆◆◆ 테르모필라이의 레오니다스 / 자크-루이 다비드

했다. 테르모필라이를 지키는 그리스 연합군은 페르시아 군에 비해 병력이 훨씬 적었다. 그리스 연합군의 병력은 스파르타에서 보낸 중무장병 300명을 포함해 고작 4000명 정도에 지나지 않았다. 그리스의 여러 도시국가들에서 선발대로 보낸 병력이었다. 도시국가들은 대부분 국내에서 연례 제전을 열고 있었기 때문에 우선 선발대만 보낸 것이었다.

그렇지만 그리스 연합군은 파상적으로 공격해오는 페르시아 군에 맞서서 잘 싸웠다. 페르시아 군은 며칠에 걸쳐 정예부대를 투입하며 공격을 거듭했으

나, 그리스 군에 의해 번번이 격퇴당했다. 크세르크세스 왕은 "병력은 많지만 참된 병사는 극히 적다"고 통탄했다.

돌파구를 찾지 못하고 있는 그에게 구원자가 나타났다. 에피알테스라는 그리스인이었다. 그는 크세르크세스 왕에게 산 속으로 우회하는 길을 가르쳐주었다. 크세르크세스는 그 우회로를 이용해 테르모필라이를 공략했다. 이에 스파르타의 레오니다스 왕이 스파르타 군 300명 및 테스피아이인과 테바이인 병력 약간만 남기고 다른 군사는 모두 철수시켰다. 연합군의 군사들 대부분이 끝까지 생사를 같이 할 의사가 없음을 알고 일단 돌려보낸 것이다. 레오니다스 왕 자신은 명예를 지키기로 하고 스파르타 군과 함께 끝까지 남았다. 이렇게 남은 소수의 병력은 최후까지 분전했다. 마지막에는 무기도 다 떨어져 손과 이빨로 싸웠다고 한다. 결국 레오니다스 왕은 스파르타 군 병사 전원과 함께 전사했다. 헤로도토스는 〈역사〉에서 이들의 무덤에 세워진 묘비에 다음과 같은 글이 새겨졌다고 전했다.

길손들이여, 스파르타에 가서 전해주오. 조국의 명을 받들어 이곳에 우리가 누워 있노라고.
— 헤로도토스, 〈역사〉 7권

페르시아 군 측에서도 유능한 장병 다수가 희생됐다. 어쨌든 힘겨운 싸움을 치른 끝에 크세르크세스는 큰 장해물이었던 테르모필라이를 돌파했다. 크세르크세스는 장렬하게 전사한 레오니다스 왕의 시신을 명예롭게 처리하지 않았다. 그는 레오니다스 왕의 목을 잘라 말뚝에 매달게 했다. 그동안 페르시아인은 적이라도 용감하게 싸우다가 전사한 장병의 시신은 정중하게 처리했다. 그런데 유독 레오니다스 왕의 시신에 대해서는 이렇게 모욕을 가한 것이었다. 이는 크세르크세스의 노여움이 워낙 컸기 때문이라고 헤로도토스는 풀이했다.

2007년에 개봉된 영화 〈300〉은 바로 이 전투를 소재로 제작된 것이다.

역사의 물줄기를 가른 살라미스 해전

침공해온 페르시아 군에 맞선 그리스 연합군 가운데 해군은 아르테미시온에서 1차 승리를 거둔 다음 살라미스에 재집결했다. 지휘자는 스파르타인인 에우리비아데스였다. 많은 도시국가에서 살라미스에 함대를 보내왔다. 아테네가 보낸 180척을 비롯해 모두 380척의 함선이 살라미스에 모였다. 그 사이 크세르크세스가 지휘하는 페르시아 군은 그리스 동쪽 지역을 유린한 끝에 아테네를 점령하고 아크로폴리스를 불태웠다. 크세르크세스는 아크로폴리스를 불태운 뒤 뭔가 마음에 가책이 되었던지 아테네인 망명자들로 하여금 아크로폴리스를 위한 희생제를 치르게 했다.

살라미스에 집결한 그리스 연합군 진영에서 작전협의를 위한 지휘관 회의가 열렸다. 살라미스보다는 펠로폰네소스 반도의 코린토스 지협 쪽으로 방어선을 후퇴시키자는 주장이 우세했고, 결론도 그렇게 내려졌다. 밤이 되어 회의가 일단락되자 지휘관들은 각자 자신의 배로 돌아갔다.

이때 아테네 군의 지휘자는 테미스토클레스였다. 그날 밤 므네시필로스라는 사람이 테미스토클레스를 찾아와 작전을 번복하라고 설득했다. 살라미스를 떠나면 그리스 도시국가들의 해군이 흩어져버리고 그리스는 결국 멸망하게 될 것이라고 그는 말했다. 테미스토클레스는 그의 의견에 공감하여 총사령관 에우리비아데스를 찾아가 지휘관 회의를 다시 소집하게 했다. 다시 열린 지휘관 회의에서 테미스토클레스는 페르시아의 대규모 해군에 맞서 싸우는 데는 넓은 바다보다 좁은 수역이 유리할 것이라고 주장했다. 또한 해상 방어선을 펠로폰네소스 반도로 후퇴시킬 경우 페르시아를 펠로폰네소스까지 끌어들이게 될 위험도 있다고 지적했다. 그러므로 살라미스에서 싸워 이기는 것이 적을 퇴각시키는 데 유리하다는 것이었다. 그러면서 그는 다음과 같이 강조했다.

인간은 이치에 맞는 계획을 수립하면 대개의 경우 성공하오. 반면 이치에 어긋나는 계획을 수립하면 신께서도 인간의 생각에 동조하시지 않게 마련이오.
— 헤로도토스, 〈역사〉 8권

그러면서 그는 "모든 것은 해상부대에 달려 있다"고 되풀이 강조했다. 아울러 자신의 주장이 받아들여지지 않을 경우 가족을 데리고 이탈리아로 이민 가버리겠다고 겁주기도 했다. 결국 그의 의견이 받아들여졌다. 총사령관 에우리비아데스는 살라미스에서 결전을 치르기로 결심했다.

페르시아 군 진영에서도 크세르크세스의 주재 아래 작전회의가 열렸다. 대다수가 살라미스에서 그리스 해군을 격파하자는 데 동의했다. 다만 헤로도토스의 모국 할리카르낫소스의 여왕 아르테미시아는 신중론을 폈다. 그녀는 굳이 해전을 벌였다가 패하면 지상군에도 화가 미칠 것이라면서 자제할 것을 권유했다. 그렇지만 크세르크세스는 다수 의견에 따라 살라미스에서 그리스와 해전을 벌이기로 했다. 그리고 자신이 친히 해전을 '관전'하기로 했다.

그런데 그리스 군 진영에서는 여전히 '결전'에 대한 회의론이 강해서 작전회의가 다시 열렸다. 이때 테미스토클레스가 기지를 발휘했다. 자신의 노예 하나를 페르시아 군에 몰래 들여보내 그리스 군의 퇴로를 봉쇄하게 만들었다. 결전을 망설이는 그리스 연합군의 일부를 참전하도록 유도하기 위해서였다. 이 작전은 성공했다.

페르시아 군은 그리스 연합해군을 포위했다. 이제 그리스 해군에는 싸워서 이길 것인가, 아니면 패배해서 죽을 것인가의 선택만 남아있게 됐다. 결국 그리스 군과 페르시아 군은 정면으로 맞붙었다. 전투는 치열하게 전개됐다. 해군이 다소 약한 페르시아 군도 용감하게 싸웠다. 크세르크세스 왕이 살라미스 해협이 내려다보이는 산기슭에서 전투상황을 지켜보고 있었기에 페르시아 해군은 더욱 열심히 싸웠다. 그러나 전세는 그리스 군 쪽으로 점점 더 기울었다. 결국 페르시아 군은 막대한 손실을 입고 패주했다.

살라미스 해전의 패배를 지켜본 크세르크세스는 그리스로부터 철군하기로 했다. 기세가 오른 그리스 군이 헬레스폰토스에 설치된 다리를 끊어버릴까봐 걱정됐기 때문이었다. 그리스 군도 철수하는 페르시아 군을 더 이상 추격하지 않고 전후복구에 집중했다. 이로써 제2차 페르시아 전쟁은 끝났다.

앞서 크세르크세스가 아테네를 점령했다는 소식을 페르시아의 수도인 수사에 보냈을 때 페르시아인들은 거리마다 도금양 가지를 뿌리고 향을 피우면서 먹고 마시며 즐겼다. 그러나 살라미스 해전에서 패전했다는 소식이 전해진 뒤에는 모두 옷을 벗고 통곡하면서 전쟁을 부추긴 마르도니오스를 비난했다.

이상이 헤로도토스가 전한 살라미스 해전의 전후 과정이다. 살라미스 해전은 역사상 가장 중요한 해전 중 하나다. 이 전투에서 페르시아가 승리했다면 그 뒤 유럽의 역사는 완전히 달라졌을 것이다. 살라미스 해전의 이런 의미는 우리에게 충무공 이순신 장군이 한산도 해전에서 왜군을 격파한 것이 얼마나 중요한 역사적 사건이었는지를 새삼 일깨워준다.

살라미스 해전의 최고 영웅은 아테네의 테미스토클레스였다. 그러나 그는 그 뒤에 아테네 시민들에 의해 도편추방을 당했다. 전비조달을 핑계로 다른 도시국가들로부터 돈을 뜯어내 사복을 채운 사실이 드러났기 때문이었다. 쫓겨난 테미스토클레스는 페르시아로 망명했다. 페르시아는 테미스토클레스가 비록 적장이었지만 그를 극진히 대우했다. 인간 운명의 극적인 변전을 보여주는 사례라고 할 수 있겠다.

◈◈◈ 살라미스 해전 / 빌헬름 폰 카울바흐

아테네 시민들의 과오로 처형당한 포키온

아테네를 포함하여 고대 그리스 세계가 통일되지 못하고 도시국가들끼리 아웅다웅하며 다투는 사이에 북쪽에서 마케도니아가 강대국으로 등장했다. 마케도니아는 알렉산드로스 대왕 시대에 페르시아를 멸망시키고 중동지방을 석권한 데 이어 인더스 강까지 진출했다. 아테네는 바람 앞의 등불 신세가 됐다.

이때 장군으로서 아테네의 실질적인 지도자 위치에 있던 포키온은 아테네가 마케도니아의 적수가 되지 않는다는 사실을 정확하게 간파했다. 그래서 그는 마케도니아의 알렉산드로스 대왕 및 그 뒤를 이은 안티파테르 왕과 교섭하여 아테네의 독립을 지키기 위한 타협책을 끊임없이 모색했다. 형식적인 독립이든 실질적인 독립이든, 마케도니아의 말발굽이 아테네를 짓밟는 것을 막아 아테네의 독립을 유지해보려고 한 것이었다. 그의 노력은 어느 정도 성공했다. 마케도니아의 왕들은 아테네의 우수한 문명을 존중했고, 아테네가 특별히 적대적인 행동을 하지 않는 한 아테네를 해치지 않았다.

알렉산드로스 대왕이 세상을 떠난 후에는 그리스의 상황이 어려워졌다. 안티파테르가 마케도니아 왕위에 올라 전군을 이끌고 아테네로 진군해오자 포키온은 아테네의 대표로 나가 협상을 벌였다. 이때 철학자 크세노크라테스도 동행했다. 그러나 아테네의 완전한 항복을 요구하는 마케도니아와의 협상에는 한계가 있었다. 포키온은 하는 수 없이 마케도니아 군이 외곽에만 주둔하고 아테네가 전쟁배상금을 지불한다는 절충안을 도출해 아테네가 유린당하는 것을 막는 데 만족할 수밖에 없었다.

그 뒤 마케도니아의 안티파테르 왕이 죽게 되자 아테네 시민들이 아테네 외곽에 있는 마케도니아의 주둔군 사령관을 잡아들이라고 요구했지만, 포키온은 이를 받아들이지 않았다. 그렇게 하면 마케도니아와 전면적인 충돌이 일어나게 되어 결과적으로 아테네가 철저하게 파괴될 수 있다는 우려 때문이었다.

포키온은 아카데미아에서 철학을 공부했다. 고대 철학자들의 열전을 쓴 디오게네스 라에르티오스가 전하는 바에 따르면, 포키온은 '성실한 사람'으로 정평이 난 인물로서 당시에 활동한 철학자 디오게네스의 강의도 들었다고 한다. 그는 청빈하고 강직한 장군이었고, 어떠한 뇌물도 받지 않았다. 역량이 워낙 출중했기에 아테네 시민들에 의해 장군으로 선출된 것만 수십 차례였다. 아테네 군의 해외원정도 여러 차례 이끄는 등 산전수전을 다 겪었다. 그럼에도 마케도니아의 침공이라는 엄청난 태풍 앞에서는 신중하게 행동하지 않을 수 없었다.

그런데 포키온의 이런 신중함이 아테네 시민들의 분노를 샀다. 결국 정적들이 그를 시민들의 재판에 넘겼다. 정적들은 그를 전체주의자이며 시민의 자유에 대한 적이라고 주장하며 시민들을 선동했다. 포키온은 사형 선고를 받고 독약을 마셨다. 그는 독약을 마시기 직전에 아들에게 고귀한 유언을 남겼다.

절대로 아테네 시민들에게 원한을 품지 말라.
— 플루타르코스, 〈영웅전〉 '포키온' 편

반면에 정적들은 포키온의 시체를 매장하는 일조차 금지했다. 그의 가족은 어쩔 수 없이 아테네의 외곽 지역인 메가라로 그의 시체를 옮겨 간신히 화장했다. 그의 아내는 그의 뼈를 치마폭에 거둬서 밤에 몰래 집으로 갖고 돌아왔다고 한다. 그러고는 화롯가에 그의 뼈를 임시로 묻고 나서 이렇게 말했다.

신성한 화로여! 선하고 용감한 사람의 유해를 그대에게 맡기니, 잘 지켜주었다가 언젠가 아테네 시민들이 제 정신으로 돌아왔을 때 조상들의 무덤으로 고이 보내다오.
— 플루타르코스, 〈영웅전〉 '포키온' 편

얼마 지나지 않아 아테네 시민들의 흥분이 가라앉았다. 그들 사이에서 자신

들이 저지른 일에 대한 반성이 일어났다. 그들은 포키온이 정의로우면서도 절제할 줄 아는 수호자였음을 뒤늦게 깨달았다. 그들은 포키온의 처형을 주도한 그의 정적들을 잡아다가 사형에 처했다. 그리고 포키온을 명예롭게 다시 매장하고 그의 동상도 세웠다.

플루타르코스는 포키온의 죽음이 아테네 시민들에게 소크라테스의 죽음을 상기시켰다고 전한다. 두 사람 다 아테네 시민들의 과오로 인해 불행한 최후를 맞이했다.

◆◆◆ 매장되는 포키온 / 니콜라 푸생

이겨도 이긴 게 아닌 피로스의 승리

고대 그리스 북부에 있었던 에페이로스의 아이아키데스 왕은 폭군이었다. 그는 몰로시아인들의 반란으로 인해 가족 및 지지자들과 함께 처형당했다. 아이아키데스의 아들 가운데 젖먹이 피로스가 있었다. 피로스도 처형 대상이었지만, 왕의 측근들에 의해 빼돌려져 살아났다. 피로스를 데리고 떠난 청년들은 마케도니아 쪽으로 방향을 잡았다. 청년들이 목적지에 거의 도달했을 때 눈앞에 강이 나타났다. 강물이 불어나 걸어서는 건널 수 없었고, 뒤로는 추격자들이 다가오고 있었다. 때마침 강 건너에 사람들이 있는 게 보여 도와달라고 외쳤지만, 그들은 아무런 반응도 보이지 않았다. 외치는 소리가 그들에게 들리지 않는 게 분명했다. 청년들은 근처에 있는 떡갈나무에서 벗겨낸 껍질에 자신들의 위태로운 상황을 알리는 글을 적어 넣은 뒤 돌에 매달아 강 건너로 던졌다. 그 글을 읽은 강 건너 사람들이 급히 뗏목을 만들어 타고 건너와 피로스와 청년들을 구조해주었다.

청년들은 일리리아로 가서 그곳 왕에게 피로스를 보호해달라고 간청하여 간신히 동의를 얻어냈다. 일리리아의 왕은 피로스를 맡아서 그가 열두 살이 될 때까지 키운 뒤 에페이로스에 쳐들어가 피로스를 왕위에 앉혔다. 그 뒤 피로스는 잠시 나라를 비운 사이에 일어난 반란으로 왕위를 빼앗겼지만, 이집트에 가서 결혼을 한 뒤 에페이로스로 돌아가 왕위를 되찾았다. 이때부터 피로스는 군사적 재능을 발휘하기 시작했다. 전쟁터에 나가면 언제나 앞장서서 싸우며 발군의 실력을 과시했다. 그가 알렉산드로스 대왕을 연상시킨다는 이야기도 나왔다. 그는 그리스 주변국들 사이에서 점차 두각을 나타냈다. 게다가 그는 잠시도 가만히 머물러 있지 못하고 끊임없이 전쟁터를 찾아다녔다.

피로스는 로마와 전쟁을 벌이던 타렌툼으로부터 군대를 대신 지휘해달라는 요청을 받고는 즉시 달려갔다. 그는 타렌툼 사람들을 이끌고 로마군과 전투를 벌여 상당한 전과를 올렸다. 피로스가 지휘하는 군대는 로마에서 60킬로미터 떨어진 지점까지 진격했다. 이때 그는 로마로부터 강화를 맺자는 제의가 올 것으로 기대했다. 그렇지만 그의 기대는 어긋났다. 로마는 그런 나라가 아니었다. 전투에서 한 번 패배했다고 휴전이나 강화조약을 맺는 유약한 나라가 아니었다.

도리어 로마는 전투를 하게 되면 집정관과 원로원이 힘을 합치고 장군과 병사, 시민들이 용기를 발휘하여 적을 제압해나가는 나라였다. 패전한 장군이라고 해서 처벌하지 않았다. 그러기보다 패전의 요인을 파악하고 새로운 전략과 전술을 개발해서 적을 격파하거나 적의 힘을 빼놓았다. 로마는 피로스와 강화를 맺을 뜻이 전혀 없었다.

전투에서 승리한 피로스가 오히려 로마의 요인들에게 휴전을 하자고 설득하기 위해 사절을 보내야 했다. 피로스의 사절은 로마의 원로원에 가서 휴전을 위한 연설도 했다. 그렇지만 로마는 꿈쩍도 하지 않았다. 한때 휴전 제의를 수락하려는 움직임이 일어나기는 했다. 그런데 그때 은퇴한 원로 영웅 아피우스 클라우디우스가 나타났다. 나이가 들어 눈까지 먼 클라우디우스는 불편한 몸을 이끌고 원로원 회의장에 와서 휴전을 하면 안 된다고 역설했다.

그자와 휴전하면 일이 잘될 것이라고 생각해서는 안 됩니다. 그랬다가는 오히려
다른 침략자까지 우리나라로 불러들이는 결과가 될 것입니다. 그런 모욕을 당하고
도 피로스를 그냥 돌려보낸다면, 로마를 경멸하고 저마다 건드리려고 덤벼들 것입
니다.

― 플루타르코스, 〈영웅전〉 '피로스' 편

실명한 영웅이 원로원에 나와 휴전을 반대하는 연설을 하자 분위기가 바뀌

었다. 로마인들은 피로스의 휴전 제의를 받아들이지 않았다. 피로스가 로마의 요인과 사절에게 선물을 주고 포로를 조건 없이 석방하는 등 아무리 선의를 보여도 로마는 휴전 제의에 응하지 않았다. 피로스에게 군대를 철수시킬 것만을 요구했다. 휴전에 대한 피로스의 기대는 완전히 무산됐다. 피로스의 군대는 아스쿨룸에서 로마군과 다시 전투를 벌여야 했다. 표면상으로는 피로스의 군대가 이긴 듯했다. 당시에 전차 노릇을 한 코끼리까지 동원해 얻은 승리였다. 그러나 피로스도 막대한 피해를 입었다. 그는 로마군과 더 이상 싸울 수 없음을 깨달았다.

> 이런 싸움을 로마군과 다시 하다간 우리가 완전히 망하고 말 것이오.
> ─ 플루타르코스, 〈영웅전〉 '피로스' 편

　정확한 전세 평가였다. 로마군과의 전투가 거듭될수록 피로스가 동원한 군대의 전력은 더욱더 약화될 따름이었다. 피로스는 로마를 상대로 벌인 전쟁에서 아무것도 얻은 것이 없었다. 피로스는 로마와 전쟁을 계속하기를 포기하고 시칠리아 섬으로 건너갔다. 그 섬을 정복하겠다는 생각으로 건너갔지만, 그 꿈도 무산됐다. 피로스는 다시 이탈리아로 건너가 로마군과 맞붙었으나 이번에는 완패하고 말았다. 피로스는 이런 식으로 6년을 허비했다. 그 사이 그가 이룩한 것은 아무것도 없었다. 이탈리아와 시칠리아를 지배하려던 야망은 완전

◆◆◆ 구출되는 어린 피로스 / 니콜라 푸생

히 깨지고 말았다.

　그런 다음에도 피로스는 새로운 전쟁을 벌이려고 움직였다. 그는 전쟁 없이는 살 수 없는 사람이었다. 전쟁만이 그의 존재이유였다. 피로스는 그리스로 건너가 마케도니아, 스파르타 등과 연이어 전쟁을 치렀다. 그렇지만 이번에도 이룩한 것은 아무것도 없었다. 초반에는 이기는 듯하다가도 막판에 가서는 그동안 얻은 것을 모두 잃고 말았다. 마지막으로 아르고스에 가서 전쟁을 벌였는데, 성벽을 넘어 도심으로 진입했다가 후퇴하는 과정에서 군사의 대부분을 잃고 말았다. 이때 그 자신도 어느 노파가 던진 기왓장을 맞아 말에서 굴러 떨어졌고, 결국 피살됐다. 한평생 전쟁을 즐기던 피로스의 허무한 종말이었다.

　서양의 고사성어 가운데 '피로스식 승리(Pyrrhic victory)'라는 말이 있다. 싸워서 이기기는 하지만 성과가 없고 도리어 스스로 약해지는 경우를 두고 하는 말이다. 바로 피로스의 전쟁편력에서 유래한 말이다. 피로스는 평생 많은 전쟁을 벌였고 승리도 거두곤 했지만 그 자신을 위해서나, 나라를 위해서나, 문명의 발전을 위해서나 아무것도 성취한 것이 없었다. 참으로 허무한 인생이었다고 하겠다. 그럴 바에야 차라리 애초에 강을 건너지 못해 죽음의 위기에 처했을 때 구출되지 않았더라면 좋았을 것을!

전쟁터에서도 호메로스의 작품을 읽은 알렉산드로스

알렉산드로스 대왕은 학문과 독서를 좋아했다. 어릴 때부터 철학자 아리스토텔레스로부터 가르침을 받았으니 당연히 그랬을 것이다. 그는 의학, 천문, 역사 등의 학문과 함께 그리스 비극작가 아이스킬로스와 소포클레스, 에우리피데스의 작품을 좋아했다. 그가 특히 좋아하여 즐겨 읽은 작품은 호메로스의 〈일리아스〉였다. 그는 〈일리아스〉를 늘 휴대하고 다니면서 단검과 함께 베개 밑에 두고 잤다고 한다.

알렉산드로스는 동방 원정을 위해 헬레스폰토스 해협을 건넜을 때 가장 먼저 트로이로 들어갔다. 트로이에서 그는 아테나 여신과 아킬레우스를 비롯해 트로이 전쟁에서 전사한 영웅들에게 향유와 화환 등을 바쳤다. 그러면서 그는 "아킬레우스는 자신의 업적을 찬양해줄 시인을 가졌다는 것이 참으로 다행스런 일이었다"고 말했다고 플루타르코스는 전하고 있다. 그 시인은 바로 호메로스다.

알렉산드로스가 〈일리아스〉를 그토록 소중히 여겼다니 아킬레우스의 묘소를 방문한 것은 당연한 일이었다. 〈일리아스〉의 주인공은 아킬레우스라고 할 수 있기 때문이다. 알렉산드로스는 본격적인 원정을 앞두고 영웅의 묘소를 방문하는 것을 통해 결의를 다졌을 것으로 짐작된다. 실제로 알렉산드로스는 그 뒤 곧바로 그라니쿠스 강을 건너가서 페르시아 군과 전투를 벌여 대승을 거두었다. 플루타르코스가 전하는 바에 따르면, 페르시아 군의 전사자는 보병 2만 명, 기병 2500명에 이른 반면에 알렉산드로스의 군대에서는 고작 34명만 전사했다고 한다. 이 전투에서 위험을 무릅쓰고 가장 앞장선 군인은 알렉산드로스 대왕 자신이었다.

◆◆◆아킬레우스의 무덤 앞에 선 알렉산드로스 / 조반니 파올로 파니니

내분으로 갈라진 알렉산드로스의 대제국

고대 그리스의 문화가 한창 꽃을 피운 기원전 5세기가 지나간 뒤 고대 그리스의 도시국가와 문화는 퇴조하는 경향을 보이기 시작한 반면, 변방에 머물러 있던 마케도니아는 강력한 군주가 이어지면서 힘을 급속히 키워갔다. 마케도니아의 필리포스 왕이 세력을 차츰 확대해 가다가 어느 날 갑자기 세상을 떠나자 그 뒤를 이은 인물이 바로 알렉산드로스 대왕이다.

알렉산드로스는 왕위에 오른 뒤 그리스 공략을 본격화하여 아테네와 테바이의 연합군을 제압했다. 이로써 그리스는 완전히 알렉산드로스 대왕의 지배를 받게 됐다. 알렉산드로스는 승리하고 나서 테바이의 주민들을 노예로 팔아 버렸다. 알렉산드로스는 그리스 지역을 평정한 다음 동방 원정에 나섰다. 그리스에서 소아시아로 건너간 알렉산드로스는 당시 패권국가였던 페르시아와 크고 작은 전투를 여러 차례 벌여 모두 승리했다.

특히 알렉산드로스는 시리아 북쪽에 있는 잇수스에서 페르시아 군과 큰 전투를 치러 대승을 거뒀다. 이 전투에 페르시아는 60만 명가량을 동원했고, 다리우스 왕도 출전했다. 그러나 좁은 골짜기에서 전투를 벌인 탓에 페르시아는 대군의 이점을 제대로 살려보지도 못하고 패주했다. 이 전투에서 알렉산드로스 대왕은 페르시아의 다리우스 왕을 잡는 데는 성공하지 못했지만, 페르시아의 11만 대군을 무너뜨렸다. 이로써 사실상 페르시아에 대한 군사적 우위를 확립했다.

이어 알렉산드로스는 해안을 따라 행군하여 페니키아와 팔레스티나를 거쳐 이집트로 진출했다. 이집트에서는 알렉산드리아를 비롯한 여러 도시들을 건설했다. 알렉산드로스는 이집트 평정을 마친 다음 메소포타미아 지역으로 군대를 이끌고 갔다.

티그리스 강 동쪽에 있는 가우가멜라에서 벌어진 전투에서 알렉산드로스는 페르시아를 상대로 최종적인 승리를 거뒀다. 이 전투에서 패배한 페르시아의 다리우스 3세 대왕은 도망했다가 부하 장군의 배신으로 비참하게 피살됐다. 알렉산드로스는 피살된 대왕의 장례를 정중하게 치러준 반면 배신한 장군은 사지절단형에 처했다.

이로써 한때 중근동 일대를 호령하던 페르시아 제국은 멸망했다. 바빌론도 항복했다. 알렉산드로스는 "모든 전제정치는 소멸했다"고 선포했다. 그러나 알렉산드로스는 여기서 멈추지 않았다. 그는 계속해서 동방으로 진출해 인도의 서부에 도달했다.

알렉산드로스는 인도의 일부 지방을 정복했지만, 그것은 인도 전체에서 극히 작은 일부분에 지나지 않았다. 도리어 인도에서 행군하는 동안에 알렉산드로스의 군대는 더위와 폭우, 갈증과 굶주림, 각종 전염병 등 온갖 난관을 겪어야 했다. 그런 악조건은 사실 병사들에게 전투보다 더 견디기 어려운 것이었다. 그 과정에서 알렉산드로스는 많은 병력을 잃었다.

그럼에도 불구하고 알렉산드로스는 갠지스 강을 건너 정복전쟁을 계속하려고 했다. 그런데 휘하 장병들이 이에 극력 반대했다. 알렉산드로스는 이틀 동안 자신의 막사에 침거하면서 숙고한 끝에 인도에서 정복전쟁을 더 하려던 계획을 포기하고 철수하기로 했다. 알렉산드로스는 병력을 일단 철수하여 페르시아의 수도인 수사를 거쳐 바빌론으로 갔다. 알렉산드로스는 아직 정복하지 못한 아라비아 지역에 대한 원정을 준비하다가 병에 걸려 갑자기 세상을 떠났다. 당시 그의 나이는 32살이었다.

알렉산드로스는 전투 현장에서는 언제나 아끼는 말 '부케팔로스'를 타고 앞장을 섰다. 최고사령관이 앞장을 서는 것은 위험천만한 일이었고, 실제로 알렉산드로스는 그로 인해 죽을 고비를 여러 번 넘겼다. 그렇지만 이는 장병들을 고무하는 데 가장 큰 효과를 낸 요인이었다. 플루타르코스가 전하는 바에 따르

면, 알렉산드로스가 애초 동방 원정을 시작할 때 동원한 병력은 보병 3만~4만 명, 기병 3천~4천 명이었다고 한다. 그렇게 큰 규모의 병력은 아니었다. 이런 정도의 병력을 데리고 정복전쟁을 벌여 그렇게 큰 나라를 만들어낸 것은 솔선수범하는 알렉산드로스 자신의 태도가 장병들의 사기를 크게 고취한 결과라고 할 수 있겠다.

알렉산드로스는 철학의 세례를 받은 군주답게 정복지에서 전리품에 욕심을 내지 않고 그 대부분을 휘하 장병들에게 나눠주었다. 또 정복한 나라의 왕족과 주민들을 비교적 관대하게 대우했다. 페르시아의 왕 다리우스 3세의 왕비와 공주들이 포로로 잡히자 그들 모두를 안전하게 보호해주었고, 왕비가 사망하자 신분에 걸맞은 장례의식을 치러주기도 했다.

그러나 알렉산드로스 휘하의 고위 관리와 장군들, 그리고 마케도니아의 귀족들은 부패와 탐욕에 젖어 있었다. 게다가 그들은 서로 화합하지 못하고 암투를 벌였다. 결국 알렉산드로스는 대제국을 건설했지만 내부를 다스리는 데는 실패한 셈이다. 이 때문에 알렉산드로스가 갑자기 사망한 뒤에 그가 건설한 대제국이 4개의 나라로 분열되고 말았다.

◆◆◆ 알렉산드로스 대왕 앞에 끌려나온 다리우스 3세의 가족 / 샤를 르 브룅

마케도니아 병사와 페르시아 여인 1만 쌍의 합동결혼식

20살에 왕위에 오른 알렉산드로스는 32살에 죽기 직전까지 불과 12년 만에 그리스에서 소아시아, 이집트, 페르시아에 이르는 대제국을 건설했다. 이로써 그리스 문명과 오리엔트 문명이 처음으로 통일됐다.

알렉산드로스 스스로도 두 문명을 융합시키기 위해 나름대로 애썼다. 그는 정복지 주민들의 생활양식을 최대한 존중하는 동시에 현지 주민들에게 마케도니아의 풍습을 따르도록 유도했다. 힘보다는 호의로 정복지 주민을 다스렸고, 정복지 어린이들에게 그리스어를 가르쳤다.

페르시아의 수도 수사에서 마케도니아 병사와 페르시아 여인 1만 쌍의 합동결혼식을 치른 것은 알렉산드로스의 이런 노력을 상징하는 이벤트였다. 이것은 각각 동방과 서방의 우수한 민족인 페르시아인과 그리스인 사이의 교류협력을 증진하기 위한 것이라고 알렉산드로스는 강조했다.

알렉산드로스 자신도 록사나라는 페르시아 여인과 결혼했다. 알렉산드로스는 주연 자리에서 록사나가 춤추는 것을 보고 반해 그녀와 결혼했지만, 여기에

◆◆◆ 알렉산드로스와 록사나 / 피에트로 안토니오 로타리

는 정치적인 고려도 없지 않았다고 플루타르코스는 전한다.

알렉산드로스의 정복전쟁과 통치를 통해 그리스어와 그리스 문명은 자연스럽게 오리엔트 지역으로 퍼져나갔다. 그 결과로 오늘날 '헬레니즘 시대'라고 불리는 문명시대가 열렸다. 또한 간다라 미술이라는 새로운 미술양식이 탄생했다.

늑대의 젖을 먹고 자란 로물루스와 레무스 형제

로물루스와 레무스는 형제였다. 여러 설화들에 따르면 이 형제는 탄생부터 기구했다.

패망하는 트로이 성을 떠나 유랑하던 끝에 이탈리아 반도에 상륙한 아이네아스는 후손으로 알바 왕가를 남겼다. 알바 왕가는 이후 대를 이어가다가 누미토르와 아물리우스 형제의 대에 이르렀다. 이 형제 가운데 궁극적으로 왕국의 실권을 차지한 사람은 아물리우스였다. 아물리우스는 누미토르의 딸이 장차 아들을 낳을 것을 두려워하여 그녀를 베스타 신전의 사제로 만들었다. 그러나 그녀는 이미 아이를 임신한 상태였고, 마침내 쌍둥이 형제를 낳았다. 이 쌍둥이 형제가 바로 로물루스와 레무스다.

아물리우스는 쌍둥이 형제를 내다버리라고 명령했고, 그 일을 맡은 신하는 두 아이를 바구니에 넣어 강독에 버렸다. 바구니는 강물 위로 흘러 내려가다 어느 지점에 이르러 나무 밑에 멈췄다. 바구니에 들어 있던 쌍둥이 형제에게

◆◆◆ 로물루스와 레무스 / 페테르 파울 루벤스

626

늑대가 와서 젖을 먹여주었고, 딱따구리가 먹을 것을 날라다주었다. 이 짐승들은 군신 마르스가 변신한 것이었다는 이야기도 전해진다. 나중에는 아물리우스의 돼지치기인 파우스툴루스가 쌍둥이 형제를 거두어 몰래 키웠다.

쌍둥이 형제는 자라면서 글쓰기와 교양을 배웠고, 사냥이나 달리기 등도 수련했다. 특히 도둑을 잡는 데 발군의 실력을 발휘했고, 억울한 일을 당하는 사람을 도와주면서 동료들의 신망을 얻어갔다. 어느 날 누미토르의 소를 치는 사

람들과 아물리우스의 소를 치는 사람들 사이에 싸움이 벌어졌다. 그때 레무스가 누미토르에게 붙잡혀 갔다가 자신의 출생에 관한 비밀을 알게 됐다. 로물루스도 자신을 따르는 무리와 함께 레무스를 뒤따라갔다. 두 형제는 누미토르의 후원을 받으며 힘을 합쳐 아물리우스에게 반기를 들어 성공했다.

그 후 로물루스와 레무스 형제는 누미토르의 휘하에서 독립해 새로운 도시를 세웠다. 그들을 따르던 목동과 도망자, 범법자 등도 새로운 도시 건설에 참여했다. 형제는 그 새로운 도시에 도망자를 위한 피난처를 만들어 놓고 도망친 노예와 채무자, 살인자 등을 모두 받아들였다. 도시는 성장을 거듭했다. 그러나 형제는 도시를 건설하는 과정에서 불화가 생겨 싸움을 벌였다. 그 결과로 레무스는 죽고 로물루스만 남아 도시 건설을 이끌었다. 그 도시가 바로 훗날 제국으로 성장하는 로마의 기원이다.

로물루스와 레무스 형제가 바구니에 실려 강물에 떠내려가다가 구출됐다는 이야기는 구약성서에 나오는 아기 모세의 구출 이야기와 비슷하다. 로물루스와 레무스의 설화 전체는 우리나라의 단군 신화처럼 한 나라와 민족의 기원을 상상 속에서 설명해주는 의미가 있다. 나라와 민족마다 재미있는 기원설화가 있는데, 이는 모두 고대인의 집단적 상상력이 만들어낸 것으로 추측된다. 그리고 오랜 세월에 걸쳐 전해 내려오면서 그 나라, 그 민족의 후손에게 동질성을 확인시켜 주는 정신적, 문화적 자산이 됐다.

로마인들에게 납치된 사비니 여인들

로물루스가 로마를 창건하자 그곳에 모여든 사람들은 목동이나 도둑 등 신분이 낮고 뜨내기 같은 사람들이 대부분이었다. 그리고 대부분 남자였다. 그래서 종족을 번식하고 국가의 힘을 오래도록 이어나가기 위해 여자들이 필요했다. 로물루스는 바로 이웃에 있는 사비니 족의 여자들을 납치하기로 했다.

로마인들은 이를 위해 대규모 축제를 열었다. 이 축제에 사비니 사람들도 와서 관람하거나 직접 참여했다. 바로 그때 로마인들이 신호에 따라 일제히 칼을 뽑고 사비니 처녀들을 납치했다. 사비니 사람들은 도망치기에 급급했다. 이때 납치된 사비니 여인의 수에 대해 30명이라는 설에서부터 527명설, 673명설, 800명설 등이 있다. 어쨌든 이때 납치된 사비니 여인들은 1명만 빼고 모두 처녀였다. 이 여인들은 모두 로마인에게 겁탈 당한 뒤 결혼하여 가정을 이루고 자식을 낳았다. 로마인의 이런 행위에 대해 플루타르코스는 정욕에서 비롯된 것이 아니고 단지 강력하고도 확실한 결합을 통해 이웃 부족과 동맹을 맺으려는 순수한 동기에서였다고 설명한다.

뒤늦게 사태를 알아차린 사비니인들은 로마인을 응징하고 싶었지만, 그럴 방법이 없었다. 자신의 딸들이 로마인에게 붙잡혀 있기 때문이었다. 경거망동을 했다가는 딸들이 희생될 것이 명약관화한 일이었다. 그래서 사비니인은 로마인에게 사비니 여자들을 돌려보내주고 서로 평화롭게 지내자고 제의했다. 그러나 로마인은 사비니 여자들을 돌려보낼 수는 없으나 동맹관계는 맺자는 역제안을 내놓았다.

그러자 사비니인 가운에 일부 용감한 사람들이 나서서 로마인에게 싸움을 걸어 전쟁이 벌어졌다. 그러나 사비니인은 로마인에게 연이어 패배했다. 마지막으로 타티우스가 장군으로 추대되어 그의 지휘 아래 로마를 공격했다. 몇 차례 소규모 전투가 벌어진 뒤 다시 큰 전투가 벌어질 찰나였다. 사비니 여인들이 달려 나와 싸움을 하지 못하게 막았다. 사비니 여인들은 눈물 젖은 얼굴로 양쪽 군대를 향해 더 이상 전쟁을 하지 말라고 간곡히 호소했다. 특히 로물루스의 아내가 된 헤르실리아가 사비니 사람들을 향해 설득력 있게 호소

했다.

　한때는 죽이고 싶을 정도로 증오했던 그 사람들에게 가장 가까운 인연으로 결합돼 있는 지금, 우리가 또다시 그 사람들이 위험에 빠지고 죽는 것을 보면서 두려워하고 울부짖어야 하나요? 우리가 처녀로 있을 때에는 구출하러 오지도 않더니, 이제 와서 아내와 어머니가 된 우리를 남편과 자식들로부터 떼어내려는 건가요? …… 우리를 진정으로 생각해준다면 여러분의 사위와 손자가 된 사람들에게 손대지 마세요. …… 또다시 우리를 납치해 가지는 마세요.
　— 플루타르코스, 〈영웅전〉 '로물루스' 편

　아무리 야수 같은 사람이라도 여자로부터 이런 눈물 어린 호소를 듣고 나서도 싸움을 계속하기란 어려웠을 것이다. 결국 양군은 전투를 끝냈다. 사비니 여인들은 각기 남편과 자식들을 아버지와 형제에게 소개했고, 사비니인은 그녀들이 사는 집을 방문했다. 그들은 사비니 여자들이 로마인과 함께 행복한 가정생활을 하고 있음을 확인했다. 두 민족은 휴전협정을 맺었다. 사비니인은 로마에 머물러 살고 싶은 사비니 여자는 그대로 살게 했고, 로마인은 실을 잣는 일 외에는 사비니 여자에게 집안일을 시키지 않기로 했다. 또한 로마인과 사비니인은 시내에서 한데 어울려 살기로 했다.

◆◆◆ 납치당하는 사비니 여인들 / 피에트로 다 코르토나

사비니 여자들을 납치한 사건은 로마에 새로운 풍습을 남겼다. 결혼식이 끝난 뒤 신부가 신랑 집에 들어갈 때 제 발로 걸어서 들어가지 않고 신랑에게 안겨서 들어가는 풍습이다. 이는 애초에 사비니 여자들이 로마인의 집에 스스로 원해서 들어간 간 것이 아니라 납치되어 강제로 끌려 들어갔던 일을 기억하기 위해서였다고 한다.

우정과 평화를 사랑한 '철인왕' 누마

누마 폼필리우스는 로마의 창건자 로물루스의 뒤를 이은 로마의 2대 왕이다. 로물루스가 갑자기 세상을 뜨자 본래의 로마인과 나중에 로마 왕국에 합병되어 그 세력 강화에 한몫을 담당한 사비니족 사이에 논란이 빚어졌다. 두 부족이 서로 자기 부족에서 왕을 내야 한다고 주장했기 때문이었다. 한때는 두 부족이 원로 150명씩을 선출해 그들로 하여금 6시간씩 돌아가며 통치하게 하는 재미있는 체제를 채택하기도 했다. 그러다가 결국 사비니 부족 사람인 누마 폼필리우스를 왕으로 선출했다. 그는 로마인과 사비니 부족이 함께 지지한 유일한 인물이었다. 그때 누마의 나이는 마흔 살이었다.

누마는 고결한 인격과 덕성을 갖춘 인물이었다. 천성적으로 온화한데다 교육과 엄격한 생활을 통해 고결한 덕을 함양했다. 진정한 용기란 이성으로 감정을 다스릴 줄 아는 것이라는 지론을 가지고 있었고, 그것을 실천했다. 사치와 쾌락을 철저히 배격했고, 한적한 곳에서 신과 자연에 대해 사색하기를 즐겼다. 그야말로 평화롭고 조용하게 살아가는 인물이었다.

그래서 그는 왕위에 올라 달라는 요청을 받았을 때 거부했다. 갑자기 생활방식을 바꾸는 것은 매우 위험한 일이고, 자신의 성품은 좋은 왕이 되기에 적당하지 않다며 사양했다.

그러나 로마인과 사비니족이 거듭 간청했고, 그의 아버지도 거들었다. 그의 아버지는 백성을 다스리는 일은 곧 신에게 봉사하는 일이며, 중용을 지키는 사람이 왕권을 잡으면 사나운 백성의 마음을 돌릴 수 있을 것이라고 설득했다. 결국 누마는 왕위를 수락했고, 백성도 누마를 왕으로 옹립하는 데 만장일치로 동의했다.

누마 왕은 즉위하자마자 자신을 믿고 따르는 사람들을 의심하고 싶지 않을 뿐더러 자신을 불신하는 백성이라면 다스리고 싶지 않다면서 300명의 경호대를 해산시켰다. 이어 여러 신들을 섬기는 사제와 제사장 자리를 만들었다. 대제사장 직제도 생겨났다. 대제사장은 신성한 의식을 주관하고 공적인 의식을 감독했다. 누마 왕은 또한 갖가지 종교행사를 열고 로마 시민의 참여를 독려했다. 이 모든 조치는 로마인에게 종교적인 심성을 심어주고 강철이나 맹수와 같은 로마인의 기질을 온순하게 바꾸기 위한 것이었다. 누마 왕은 토지를 시민들에게 나눠주고 경작을 장려했다. 시민들로 하여금 직업에 따라 조합에 가입하고 직업별로 수호신을 받들게 했다. 이에 따라 로마인과 사비니족의 구분이 없어지면서 직업을 축으로 두 부족 사람들이 화학적으로 결합하게 됐다.

누마 왕은 달력 제도도 바꾸었다. 그 전에는 1년을 10개월로 나눈 달력이 사용됐지만, 누마 왕이 1년 중 첫 번째 달이었던 군신 마르스(Mars)의 달 마르티우스(Martius)를 세 번째로 미루고 그 앞에 야누아리우스(Januarius)와 페브루아리우스(Februarius)를 추가해 1년이 12개월로 바뀌었다. 오늘날 사용되는 1

◆◆◆ 누마 왕과 요정 아이게리아 / 니콜라 푸생

634

년 12개월 달력이 이때 확립된 것이다.

누마 왕의 재임기간에는 로마 시민들에게 평화와 정의를 사랑하는 마음이 차고 넘쳤다. 주변 부족들에도 이런 로마인의 마음이 전달됐다. 이에 따라 로마와 주변국들 사이에 서로 우정을 나누고 평화롭게 방문하면서 명절과 축제를 함께 즐기는 미덕이 널리 퍼졌다. 야누스 신전의 문은 전쟁이 벌어지면 열

리고 평화가 찾아오면 닫혔는데, 누마 왕이 재임한 기간에는 단 한 번도 이 문이 열린 적이 없었다. 당시의 이런 평화와 친선은 누마 왕이라는 '지혜의 샘'에서 솟아나온 것이라고 플루타르코스는 전한다. 한 시인은 당시 로마와 그 주변의 상황을 다음과 같이 시로 표현했다.

날카롭던 창과 양날의 칼에는 녹이 슬고 놋쇠로 만든 나팔에서 나는 소리는 더 이상 들리지 않으니, 달콤한 잠을 빼앗아갈 자가 더는 없노라.
— 플루타르코스, 〈영웅전〉 '누마 폼필리우스' 편

그야말로 플라톤이 말한 '철인왕이 다스리는 나라'의 모습이라고 할만 했다. '철인왕' 누마는 숲 속에 사는 요정 아이게리아와 대화를 나눈다고 당시 사람들은 알고 있었다. 문예를 애호하는 무사 여신들과도 대화를 나눈다고 했다. 당시 로마의 시민들은 그렇게 믿었다.

그런데 누마 왕의 죽음과 함께 세상이 바뀌었다. 누마 왕의 뒤를 이은 로마의 왕들은 전쟁을 일삼았다. 누마 왕 이후 로마의 왕들 가운데 평화롭게 다스리다가 평화롭게 삶을 마감한 이는 별로 없다. 그러다 보니 야누스 신전의 문이 닫힐 날이 없었다.

공화정으로 이행하는 로마

섹스투스 타르퀴니우스는 로마의 7대 왕 타르퀴니우스 수페르부스의 세 아들 가운데 막내였다. 섹스투스는 어느 날 친척인 콜라티누스의 집에 갔다. 콜라티누스는 전쟁터에 나가 집에 없었으나, 그의 가족이 섹스투스를 따뜻하게 환대했다. 그러나 그는 그날 밤 단검을 들고 콜라티누스의 아내 루크레티아의 방에 몰래 들어가 그녀를 욕보였다.

루크레티아는 전쟁터에 나가 있는 남편과 아버지에게 집으로 돌아오라는 전갈을 보냈다. 남편과 아버지가 돌아오자 그녀는 자신이 당한 일을 모두 이야기한 뒤 자결했다. 죽으면서 그녀는 남편과 아버지에게 꼭 복수해달라고 당부했다. 그 자리에는 콜라티누스의 친구 유니우스 브루투스도 함께 있었다.

루크레티아의 유해는 로마 시내 한복판에 있는 '포로 로마노'로 옮겨졌다. 시민들은 사연을 듣고 모두 분노했다. 그때 브루투스가 연단에 올라가 시민들에게 연설했다. 정숙하고 올바른 로마의 여인들이 그런 만행에 더 이상 희생되어서는 안 된다고. 그리고 섹스투스의 아버지 타르퀴니우스 왕이 선왕인 세르비우스를 부당하게 죽이고 왕위를 찬탈했던 사실도 시민들에게 상기시켰다. 시민들은 즉시 들고일어났다. 전쟁터에 나가 있던 타르퀴니우스 왕은 서둘러 로마로 돌아왔으나 성 안으로 들어가지는 못했다. 시민들이 성문을 열어주지 않았던 것이다. 타르퀴니우스 왕은 결국 추방됐고, 왕비와 그의 아들 셋은 달아났다. 사건을 일으킨 장본인 섹스투스는 도망간 도시에서 그에게 원한을 품고 있던 사람에게 피살됐다. 인과응보였다.

　이 사건을 계기로 로마의 왕정은 끝났다. 선왕 세르비우스를 무도하게 살해하고 권력을 잡은 타르퀴니우스 왕은 원로원도 민회도 무시하고 일방적으로 폭정을 자행했기에 '타르퀴니우스 수페르부스(Tarquinius Superbus, 거만한

타르퀴니우스)' 라고 불렸다. 그가 쫓겨난 후 로마 시민들은 더 이상 왕을 세우지 않았다. 대신 공화정으로 이행했다. 루크레티아는 불행하게 희생됐지만, 로마의 변혁에 불씨를 당기는 역할을 한 셈이다.

◆◆◆ 타르퀴니우스와 루크레티아 / 티치아노

반역 모의에 가담한 브루투스의 두 아들

폭군 타르퀴니우스를 쫓아내는 과정에서 주역으로 활약한 브루투스는 로마의 국가체제를 공화정으로 바꿨다. 왕 대신 임기 1년의 집정관 2명이 다스리는 체제로 변혁시킨 것이다. 아울러 원로원 의원을 300명으로 늘렸고, 새로 로마에 편입된 신흥세력에게도 원로원의 문호를 개방했다. 기원전 509년의 일이었다. 이때부터 로마는 원로원이 국가의 중심을 이루는 체제가 됐다. 집정관의 임기가 1년밖에 안 되는데다가 2명의 집정관이 합의해야 의사결정이 가능한 체제여서 불안함이 있었지만, 원로원이 있기에 그게 큰 문제가 되지는 않았다. 초대 집정관에는 브루투스와 능욕당하고 자결한 루크레티아의 남편 콜라티누스가 선출됐다.

그런데 일부 젊은이들이 모여 반역을 획책했다. 그들은 추방된 타르퀴니우스를 다시 불러들여 왕정을 복구하기로 모의했다. 이 모의는 한 노예의 밀고로 들통 났다. 그들이 모였던 집은 공교롭게도 집정관 콜라티누스의 친척 집이었다.

모의에 가담한 젊은이들은 일망타진됐다. 그들은 민회에 끌려와 반역죄로

◆◆◆ 브루투스에게 아들의 주검을 건네주는 법무관 / 자크-루이 다비드

재판을 받았다. 그 결과 모든 진실이 드러났다. 재판정에는 2명의 집정관도 나와 자리를 지켰다. 그런데 브루투스 집정관의 두 아들도 이 사건으로 붙잡혀와 있었다. 브루투스는 그 자리에서는 아버지가 아닌 집정관이었다. 그는 두 아들에게 "왜 스스로를 지키려고 하지 않는가"라고 세 차례 물었다. 아무 대답이 없었다. 그러자 그는 두 아들을 병사들에게 내맡겼다.

병사들은 브루투스의 두 아들에 대한 형을 곧바로 집행했다. 쓰러질 때까지

채찍질하고 마침내 도끼로 목을 잘랐다. 브루투스는 그 모든 과정을 지켜보았다. 아버지로서 피눈물 나는 일이었지만, 집정관으로서 책임을 완수했다. 그러고 나서 자리를 떴다. 참으로 불행한 아버지였다.

음모 사건이 이렇게 막을 내리자 나라 밖으로 도주한 타르퀴니우스 왕은 직접 군사를 일으켜 공화국 로마를 타도하려고 했다. 집정관 브루투스는 새로 선출된 집정관 발레리우스와 함께 출정했다. 브루투스는 타르퀴니우스의 아들과 일대일 대결까지 벌인 끝에 장렬하게 전사했다. 뒤이어 양군 사이에 대격전이 벌어졌고, 결국 타르퀴니우스의 군대가 퇴각했다.

로마군은 브루투스의 유해를 수습하여 로마로 귀환했다. '로마 공화정의 아버지' 브루투스의 장례는 국장으로 거행됐다. 로마의 여인들은 1년 동안 상복을 입었다고 한다.

브루투스는 역사상 가장 비정한 아버지일 것이다. 그렇게 하고 싶어서 한 것은 물론 아니었을 것이다. 브루투스라고 왜 아버지의 정이 없었겠는가? 그렇지만 아버지의 정으로도 달리 어찌할 수 없었던 것이다. 그 자신도 최후까지 책임을 다하다가 삶을 마감했다. 공화국 로마가 강대국이 된 것은 바로 이런 정신이 있었기 때문일 것이다.

알프스 산맥을 넘은 한니발

기원전 218년 이베리아 반도의 카르타헤나에 머물러 있던 카르타고의 한니발 장군이 군대를 이끌고 로마와 동맹관계를 맺고 있던 사군토를 공략했다. 사군토는 이베리아 반도의 동부에 있는 항구도시였다. 한니발은 이어 오늘날 스페인과 프랑스의 경계선을 이루는 피레네 산맥을 넘었다. 그가 데리고 간 병력은 보병 5만 명, 기병 9천 명과 코끼리 37마리였다. 아버지 하밀카르가 스페인 지역의 총독으로 있을 때 로마와 벌인 제1차 포에니 전쟁에서 패배한 것에 대한 앙갚음을 하기 위해 절치부심한 끝에 마침내 행동에 나선 것이었다. 당시 한니발은 나이 29세의 청년이었다.

한니발은 프랑스 지역으로 들어가서 론 강을 건너 알프스 산맥으로 진입했다. 때는 9월이었다. 겨울이 다가오고 있었지만 한니발은 알프스 산맥을 넘어가는 것을 강행했다. 악전고투의 연속이었다. 병사도 코끼리도 모두 기진맥진했다. 알프스 고갯마루에 올라서자 한니발은 멀리 희미하게 보이는 이탈리아를 가리키며 병사들을 독려했다.

저곳이 이탈리아다. 이탈리아에 들어가기만 하면, 로마 성문 앞에 선 거나 마찬가지다. 여기서부터는 이제 내리막길뿐이다. 알프스를 다 넘은 뒤에 한두 번만 전투를

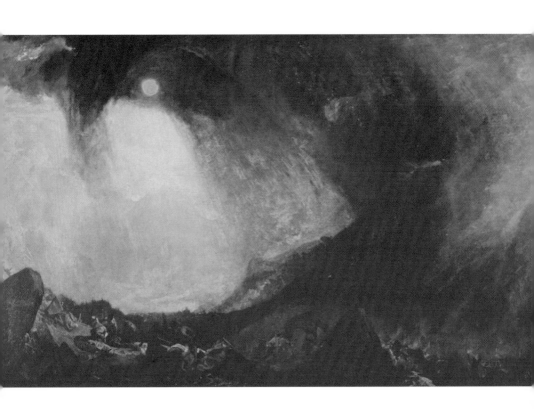

644

치르면 우리는 이탈리아 전체의 주인이 될 수 있다.

— 시오노 나나미, 〈로마인 이야기〉

한니발은 보름 만에 알프스 산맥을 넘는 데 성공해 이탈리아 북부지역에 당도했다. 그렇지만 희생이 컸다. 병력은 보병 2만 명, 기병 6천 명, 합계 2만 6천 명으로 줄어들었다. 피레네 산맥을 넘기 시작할 때에 비하면 3만 3천 명이나 희생됐다. 희생된 병력이 살아남은 병력보다 더 많았다.

한니발은 남은 병력을 이끌고 로마에 대한 공략을 본격적으로 시작했다. 로마로부터 압박을 받아온 갈리아인이 합류했다. 덕분에 카르타고 군의 사기는 올라갔다. 카르타고 군은 여세를 몰아 티치노, 트레비아, 트라시메노, 칸나에에서 벌어진 로마군과의 전투에서 모두 승리했다. 특히 칸나에 회전에서는 완승을 거뒀다. 로마군에서는 7만 명이나 전사한 데 비해 카르타고 군에서는 희생자가 5500명에 불과했다.

한니발이 어떤 경로로 알프스 산맥을 넘었는지는 아직도 확실하게 파악되지 않는다고 한다. 어쨌든 그의 알프스 횡단은 전례 없는 모험이었다. 그 후 로마의 장군 율리우스 카이사르는 알프스 산맥을 반대방향으로 넘어 갈리아(오늘날의 프랑스)로 들어섰고, 19세기에는 프랑스의 나폴레옹이 알프스 산맥을 넘었다. 한니발은 이 두 영웅의 선구자가 된 것이다.

◆◆◆ 눈폭풍 속에 알프스를 넘어가는 한니발과 그의 병사들 / 윌리엄 터너

점령지 주민에게 관대했던 스키피오 장군

카르타고의 한니발 장군이 알프스 산맥을 넘어 로마를 불시에 기습하자 로마인들은 소스라치게 놀랐다. 뿐만 아니라 칸나에 회전을 비롯한 주요 전투들에서 로마는 연전연패했다. 로마는 건국 이후 최대의 위기를 맞았다.

로마는 카르타고 군과 힘겨운 싸움을 계속하면서 전열을 정비해 나갔다. 원로원이 중심이 되어 마르켈루스, 파비아누스 등의 장군을 전선에 투입해 한니발 군대에 맞서 싸웠다. 이탈리아 반도 본토에서 이런 연부역강한 장군들이 방어에 전념하는 동안 스페인 전선에는 푸블리우스 코르넬리우스 스키피오라는 25세 청년이 사령관으로 파견됐다.

스키피오는 바로 그 전선에서 카르타고 군과 싸우다 전사한 같은 이름의 아버지의 아들이었다. 로마는 동원할 수 있는 장군들을 모두 동원한 상태에서 스페인 전선에 투입할 장군을 새로 찾고 있었다. 바로 그때 스키피오가 자원하고 나섰다. 로마 원로원은 신중하게 논의한 끝에 청년 스키피오를 스페인 전선에 파견되는 군단의 총사령관에 임명했다.

◆◆◆스키피오의 자제 / 조슈아 레이놀즈

스키피오가 스페인 전선에 부임했을 때 그곳의 로마군 병력은 그 자신이 이끌고 간 1만 1천 명을 포함해 2만 8천 명밖에 없었다. 이에 비해 카르타고는 약 7만 명의 병력을 거느리고 있었다. 그런데 카르타고군은 3개 군단으로 분산 배치돼 있었다. 스키피오는 바로 이 점을 노렸다.

그는 카르타고의 제1군이 주둔하고 있는 카르타헤나를 곧바로 공략해 단 하

루 만에 함락시켰다. 그야말로 전격적인 작전을 통해 카르타고의 거점을 장악한 것이었다. 스키피오는 카르타헤나의 주민과 카르타고 군의 패잔병을 관대하게 대우했다. 주민의 재산을 일부 빼앗아 로마 군사들에게 나눠준 것을 제외하고는 그곳 주민이나 항복한 적병에게 아무런 위해도 가하지 않았다. 노약자와 여자, 아이들은 모두 집으로 보내고 건장한 청년들만 남겨 로마군의 노잡이로 삼았다. 카르타고의 기능공들은 로마군의 공병에 배속시켰다. 그 누구도 살해하거나 노예로 삼지 않았다.

현지 주민들이 스키피오의 관대한 조치를 보고 감동한 나머지 그에게 예쁜 처녀를 선물로 주었으나, 스키피오는 그 처녀를 돌려보냈다. 이를 보고 카르타헤나의 주민들은 모두 마음을 놓고 스키피오 편이 됐다. 덕분에 카르타헤나에서는 로마군 병사가 무기를 휴대하지 않고도 길거리를 활보할 수 있게 됐다.

스키피오의 관대한 정책의 효과로, 카르타헤나를 수비하는 데 로마군을 많이 배치할 필요가 없게 됐다. 이에 따라 카르타고와의 전투에 보다 많은 병력을 투입할 수 있었다. 스키피오는 한니발의 동생 하스드루발이 지휘하는 군대와 새로이 전투를 벌여 대승을 거두었다.

이 전투에서 잡은 1만 2천 명의 포로 가운데 스페인 현지인 출신들은 모두 석방했다. 카르타고 군의 소년병 1명도 돌려보냈다. 그 소년병은 카르타고 군을 구성하는 누미디아 부족의 기병대장 마시니사의 조카였다. 덕분에 스키피오는 나중에 아프리카로 건너가 카르타고를 직접 공격할 때 누미디아 기병의 협조를 얻을 수 있었다. 그리고 북아프리카의 자마에서 한니발이 지휘하는 카르타고 군과의 마지막 회전을 승리로 이끌어 긴 전쟁에 종지부를 찍었다.

카르타고의 멸망과 코린토스의 파괴

기원전 3~2세기의 지중해 세계에서는 로마와 카르타고가 맞수였다. 양쪽은 지중해 세계의 패권을 놓고 두 차례나 큰 전쟁을 치렀다. 바로 1차, 2차 포에니 전쟁이었다. 그 결과로 패권은 로마로 넘어갔다. 2차 포에니 전쟁 후 카르타고는 로마의 패권에 복종해야 했고, 다른 민족이나 나라와 전쟁을 일으킬 권리를 상실했다. 전쟁을 벌이려면 먼저 로마의 승인을 받아야 했다.

그런데도 카르타고는 이웃나라 누미디아의 세력 확장에 위협을 느끼고 누미디아를 상대로 전쟁을 일으켰다. 누미디아는 로마의 동맹국이었기에 카르타고의 이런 행동은 로마인들을 격분하게 만들었다. 2차 포에니 전쟁의 결과로 맺은 강화조약을 어긴 것이기 때문이었다. 이를 계기로 로마에서는 강경파가 힘을 얻었다. 평소에 "카르타고는 멸망돼야 한다(Carthago delenda est)"고 주장하던 카토를 비롯한 강경파 원로원 의원들은 카르타고와 다시 전쟁을 벌이자고 선동했다. 결국 로마는 카르타고에 선전포고하기로 결정했다.

카르타고는 로마에 진사사절을 보내는 등 사태 악화를 방지하기 위한 노력을 기울였다. 300명의 로마인 인질을 돌려보내기도 했다. 하지만 별로 큰 효과를 거두지 못했다. 마침내 로마 원로원은 카르타고에 최후통첩을 보냈다. "수도 카르타고를 완전히 파괴하고 바다에서 15km 떨어진 내륙으로 전원 옮겨가라"고.

이는 분명히 과도한 요구였다. 카르타고인으로서는 참으로 받아들이기 어려운 굴욕적인 조건이었다. 때문에 카르타고는 스키피오 아이밀리아누스가 이끄는 로마군과 최후의 일전을 벌이기로 했다. 병력충원을 위해 죄수와 노예까지 풀어주면서 수도를 방위하기 위한 전투에 대비했다. 그러나 카르타고는 로마와 1주일 동안 시가전까지 벌인 끝에 패배했다. 카르타고는 마침내 완전히 멸망했다.

로마는 카르타고의 성을 완전히 파괴하고 성이 있던 자리에 소금을 뿌렸다. 또 카르타고 시민 5만 명을 노예로 팔았다. 디도 여왕이 세운 카르타고 왕국은 이렇게 로마인에 의해 철저히 파괴됐다. 시오노 나나미의 〈로마인 이야기〉에

따르면 로마군 총사령관 스키피오 아이밀리아누스도 카르타고의 패망을 지켜보면서 눈물을 흘리며 비애감에 젖었다. 그는 함께 있던 역사가 폴리비오스에게 이런 말을 한 것으로 전해진다.

폴리비오스, 지금 우리는 과거에 영화를 자랑했던 제국의 멸망이라는 거대한 순간을 목격하고 있네. 하지만 지금 이 순간 내 가슴을 차지하고 있는 것은 승리의 기쁨이 아니라, 언젠가는 우리 로마도 이와 똑같은 순간을 맞이할 거라는 비애감이라네.

카르타고가 멸망한 바로 그 해에 그리스의 유서 깊은 도시 중 하나인 코린토스도 똑같은 운명을 겪었다. 로마제국의 패권 아래 있던 코린토스는 그곳을 방문한 로마의 원로원 의원들을 모욕했다가 로마에 의해 도시가 파괴되고 주민들이 노예로 팔려나가는 비운을 당했다. 로마는 그로부터 13년 뒤에 에스파냐의 누만티아도 똑같이 처리했다. 누만티아를 파괴할 때의 지휘관도 역시 스키피오 아이밀리아누스였다. 카르타고를 멸망시킬 때 눈물을 흘리던 장군이 어찌 똑같은 일을 다시 감행할 수 있었는지 궁금하다. 카르타고가 파괴될 때 그가 했다고 전해진 말의 진실성에 의문을 갖게 된다.

카르타고는 지리적으로 기후가 아주 좋은 곳에 위치해 있었다. 때문에 로마의 아우구스투스 황제에 의해 재건됐다. 이 도시에서는 그 후 서기 4세기에 그

◆◆◆ 카르타고 왕국의 몰락 / 윌리엄 터너

리스도교로 개종하고 〈고백록〉과 〈신의 나라〉 등을 쓴 '성인' 아우구스티누스가 배출됐다.

추정하건대, 로마가 카르타고를 공격할 때의 분위기는 몇 년 전 미국이 이라크를 공격했을 때의 분위기와 비슷했을 것 같다. 공격하는 나라에서 어떤 이유에서든 전쟁을 선동하고 실행하는 인물이 지도적 위치에 있으면 공격당하는 나라에서 아무리 유화적인 몸짓을 해도 소용이 없는 법이다.

귀족주의 로마 공화정에 반발하여 일어난 변란

기원전 1세기에 로마 공화정을 요동치게 한 큰 사건이 일어났다. '카틸리나 사건'이었다. 요즘말로 하면 '국가변란'을 기도한 사건이었다. 카틸리나는 렌툴루스, 케테구스, 만리누스 등과 짜고 원로원 의원들을 암살하고 권력을 장악하려는 음모를 꾸몄다. 그들은 로마를 군주제로 바꾸려고 했다. 음모자들은 대장군 폼페이우스가 동방원정을 떠나 로마에 없는 동안에 거사할 계획이었다.

카틸리나의 변란 모의는 사전에 발각됐다. 카틸리나는 로마를 탈출해 북부 에트루리아로 가서 그곳에 있던 만리누스와 합류했다. 로마에는 렌툴루스와 케테구스가 남아서 음모를 계속 진행시켰다. 카틸리나는 여건이 성숙하면 군대를 이끌고 로마로 진군할 예정이었다. 그런데 집정관을 맡고 있던 키케로가 그들의 음모에 관한 정보를 입수하고 주모자들의 일거수일투족을 감시하다가 일망타진했다. 키케로는 렌툴루스와 케테구스를 감금하고 원로원에 카틸리나 사건을 보고했다.

원로원에서 그들에 대한 처리를 둘러싸고 논란이 벌어졌다. 실라누스가 가장 먼저 나서서 사건 주모자들을 극형에 처해야 한다고 주장했다. 율리우스 카이사르는 온건론을 제기했다. 적법한 재판을 거치지 않은 채 사형에 처할 수는 없으니 우선 감옥으로 보내자고 했다. 원로원 의원들 가운데 카이사르에게 공감하는 의원이 꽤 많았다. 그러자 이번에는 카토와 카툴루스가 나서서 반대했다. 특히 카토는 카이사르를 적극적으로 반박했다. 카이사르에 대해 "듣기 좋은 말과 선동적인 연설로 공화정을 파괴할 인물"이라고 비난했다. 카토의 비판은 카이사르의 연설로 동요하던 원로원의 분위기를 바꿔놓았다. 그 결과로 렌툴루스와 케테구스가 처형됐다.

카이사르도 위험한 상황에 빠졌다. 원로원에서 나오는 카이사르를 키케로의 경호원들이 포위하고 살해하려고 했다. 그러나 그때 원로원 의원 쿠리오가 카이사르를 보호해주고 키케로도 경호원들에게 그만두라고 지시하여 카이사르는 살아났다.

키케로는 음모 사건을 큰 혼란과 동요 없이 확실하게 처리함으로써 원로원 의원과 시민들로부터 극찬을 받았다. 키케로는 로마 역사상 처음으로 '국부'라는 칭호를 받았다. 키케로 자신도 음모 사건을 잘 처리한 것을 두고두고 자랑으로 여겼다. 〈의무론〉을 비롯한 그의 저작에는 그가 이 사건을 적발해낸 것을 스스로 얼마나 큰 치적으로 생각했는지가 잘 드러난다.

키케로는 이 무렵 전문적인 서기를 고용해 자신의 연설을 짧은 기호로 줄여서 기록하게 했다. 이것이 속기술의 시초라고 플루타르코스는 전한다.

카틸리나 사건은 당시 여러 가지로 불리한 처지에 있던 로마 공화국 빈민들의 불만이 표출된 사건이었다. 원로원 중심으로 운영되던 귀족적인 공화정 로마에 대한 체제변혁 운동이 고개를 들기 시작한 것이었다. 그런 흐름을 타고 세를 얻은 인물이 바로 율리우스 카이사르였다. 카이사르는 폼페이우스와 키케로 등을 중심으로 한 원로원 중심 체제를 무력으로 제압하고 패권을 장악했다.

◆◆◆ 카틸리나를 탄핵하는 키케로 / 체사레 마카리

마지막까지 책임을 다하고 자결한 카토

나를 위해서는 절대로 어떠한 것도 카이사르에게 요청하지 마십시오. 자신의 목숨을 구걸하는 것은 정복당한 자나 할 일이며, 용서를 비는 것은 죄인이나 할 짓입니다. 그런데 나 자신은 일생을 통해서 다른 사람에게 정복당한 일이 없습니다. 지금도 명예와 정의성에 있어서 내가 카이사르를 정복했으므로 나는 승자입니다.

— 플루타르코스, 〈영웅전〉 '소카토' 편

로마 시대를 통틀어 가장 청렴강직한 정치인 혹은 지식인이라 할 수 있는 카토는 스스로 삶을 마감하기 직전에 이런 말을 했다. 피신해 있던 아프리카 북단의 도시 우티카에서 카이사르에게 항복하기로 결의한 원로들에게 한 말이다.

카토는 율리우스 카이사르가 반란을 일으켜 로마를 점령할 때 그리스로 몸을 피한 폼페이우스를 따라갔다. 그런데 폼페이우스가 파르살리아 전투에서 카이사르에게 패배하고 이집트로 탈출했다가 피살당하자 카토는 남은 군대를 이끌고 우티카로 옮겨갔다. 카이사르의 군대가 추격해 오면 거기서 최후의 저항을 할 작정이었다. 그러나 매사가 뜻대로 되지 않았고, 카이사르의 군대가 시시각각 다가오자 그는 우티카에서 더 이상 버티기가 어려웠다. 상황이 불리해지자 그 도시의 원로들도 변해갔다. 처음에는 카토와 함께 카이사르의 군대에 맞서겠다고 다짐했던 그들이 점점 더 현실적인 타산을 했다. 카토에게 모든 것이 불리해졌다. 아니, 그는 절망적인 처지가 됐다.

카토는 모든 상황을 파악한 다음 마지막으로 모든 것을 질서정연하게 처리했다. 자신의 안위를 돌보지 않고 오로지 공명정대한 자세로 시민들의 안전을 위해 전력을 다했다. 우티카 시에 있던 로마의 원로원 의원들이 무사히 탈출하도록 도와주었고, 원로들이 카이사르에게 항복하겠다고 했을 때 그들을 말리지 않았다. 로마의 군사들이 시민들을 약탈하지 못하게 하려고 애썼다. 이 마지막 나날에 카토는 최고의 덕을 발휘했다. 자신의 운명을 담대하게 받아들이면서, 구차하게 연명하지 않겠다는 결심 아래 마지막까지 자신의 의무를 다했다.

해야 할 일을 마지막으로 처리한 날 밤에 카토는 자신의 방에 홀로 앉아 플라톤의 명저 〈파이돈〉을 읽으면서 '영혼의 불멸'을 생각했다. 그러고 나서 칼로 자신을 찔렀다. 그의 친구와 아들, 하인들이 급히 달려와 그의 몸 밖으로 나온 창자를 다시 집어넣어 주었으나, 그는 스스로 그것을 다시 꺼내 멀리 던져버렸다. 이어 자신의 상처를 스스로 더 크게 찢고 숨을 거뒀다. 공명정대한 정신으로 산 공화국 로마의 마지막 보루는 이렇게 세상을 하직했다.

그 직후에 카이사르가 우티카에 입성해서 카토가 자살했다는 소식을 들었다. 카이사르는 그의 죽음을 몹시 아쉬워하며 아래와 같이 말했다고 한다. 아마도 자신의 관대함을 과시할 기회를 놓쳤다고 생각했기 때문일 것이다.

오 카토, 그대는 내가 그대의 목숨을 보존해주는 것을 싫어했지만, 나도 그대가 죽어버린 것이 그만큼 싫소!

— 플루타르코스, 〈영웅전〉 '소카토' 편

플루타르코스는 카토의 일생에 대해 "한 편의 연극과 같다"고 평했다. 사실 카토가 산 시대는 내란과 반목이 심했던 로마 공화정 말기의 혼란기였다. 그런 시대에도 카토는 소박하고 엄격한 생활을 견지했다. 공직에 있는 동안 들어오는 선물을 철저히 배격했다. 누가 집에 갖다 놓은 선물은 돌려보냈다. 그는 그리스의 철인 소크라테스처럼 맨발로 다니기를 좋아했고, 먼 거리도 대체로 걸어서 다녔다.

카토는 사사로운 감정에 흔들리지 않고 확고부동하게 정의를 실천하는 것이 가장 중요하다고 언제나 생각했다. 또한 타락해가는 당시의 풍속과 관습을 반드시 고쳐야겠다고 마음먹었다. 그렇기에 원로원 의원으로서도 가장 먼저 등원하고 가장 늦게까지 남아 모범을 보였다. 원로원 회의가 열리는 날에는 로마 시를 절대로 떠나지 않았다.

카토의 기개와 정의감은 그가 흔들리는 공화정을 수호하기 위해 헌신적으로 노력하는 과정에서 여실히 드러났다. 이를테면 폼페이우스와 크라수스가 결탁하고 카이사르를 끌어들여 구축한 1차 삼두정치를 통렬하게 비판했다. 그것은 공화정에 암운을 드리우는 행위라고 정확하게 인식했기 때문이었다.

삼두정치의 주역들이 로마의 법질서와 자유를 흔드는 법을 만들려고 할 때

◆◆◆ 카토의 자살 / 작자 미상

마다 카토는 언제나 감연히 맞섰다. 폼페이우스든 카이사르든 공화국 로마의 법질서와 자유를 위협한다고 판단되면 자신의 안전을 돌보지 않고 비판했다. 원로원 회의 때 그런 법안에 홀로 반대하다가 감옥에 갇히기도 했다. 카이사르가 게르마니아를 침공해 많은 게르만인들을 살해했을 때에도 소신을 굽히지 않았다. 모두가 카이사르의 전공을 입이 마르도록 칭찬할 때 카토는 "이웃나라와의 협약을 깨는 행위"라고 비판했다. 카이사르의 신병을 게르만인들에게 넘겨줘야 한다고 주장하기도 했다. 폼페이우스와 카이사르는 이런 대쪽 같은 성품을 가진 카토를 미워하면서도 두려워했다. 아울러 둘 다 카토가 자기편이

돼주기를 은근히 기대했다.

카이사르가 루비콘 강을 건너 반란을 일으키고 로마를 유린할 때 카토는 주저 없이 폼페이우스 편에 섰다. 폼페이우스가 공화정 로마를 지켜주리라고 기대했던 것이다. 그런데 폼페이우스가 패전하여 이집트로 갔다가 피살당하자 그가 기댈 언덕이 더 이상 없었다. 로마 공화정도 끝났으니, 그가 더 살아야 할 이유도 희망도 없어진 셈이었다. 카토가 스스로 삶을 마감한 것은 어쩌면 불가피한 선택이었다고 해야 할지도 모르겠다.

카토는 자살하기 직전에 "이제야 내가 내 자신의 주인이 됐다"고 말했다고 한다. 그렇게 '자신의 주인'이 된 카토는 공명정대한 공화정의 최후 보루요 고상한 덕의 실천자로서 불멸의 이름을 남겼다. 중세의 시성 단테 알리기에리가 〈신곡〉에서 카토에게 연옥의 문지기를 맡긴 것도 바로 이런 이유에서였을 것이다.

카이사르 살해에 가담한 브루투스

기원전 44년에 로마는 내전을 일으킨 카이사르가 원로원 중심의 공화정을 지키려고 하던 일파를 몰아내고 실권을 장악하고 있었다. 그는 황제나 왕이라는 칭호를 쓰지는 않았지만 '독재관(dictator)'이라는 칭호를 원로원으로부터 받아 사실상 왕이나 다름없는 위치에 올라 있었다.

카이사르가 어느날 원로원에 나타났다. 그는 전날 밤에 악몽을 꾼 아내가 만류하여 원로원에 출석하지 않으려다가 다소 늦게 등원했다. 카이사르가 원로원 안으로 들어가 자리에 앉자 브루투스를 비롯한 음모자들이 그를 둘러쌌다. 그들은 카이사르에게 무언가를 청탁하는 척하면서 그를 에워싼 뒤 칼로 찔렀다. 이때 그들 속에 함께 있는 마르쿠스 브루투스의 모습이 카이사르의 눈에 비쳤다. 그러자 카이사르는 더 이상 저항하지 않고 옷으로 얼굴을 가린 채 음모자들의 칼을 순순히 받았다.

이 음모에서 핵심적인 역할을 한 인물은 카시우스였다. 많은 사람들이 음모에 가담한 것은 그의 노력 덕분이었다. 그들은 모두 유력한 가문에 속한 사람들이었다. 그런데 그들은 한결같이 브루투스가 앞장서는 것을 조건으로 참여했다. 그만큼 브루투스에 대한 그들의 신망이 두터웠다. 카시우스는 브루투스와 사이가 나빴지만, 사감을 버리고 그를 찾아가 동의를 얻어냈다.

마르쿠스 브루투스는 과거에 왕정을 타도하고 공화정을 수립하는 데 앞장선 유니우스 브루투스의 후손이었다. 카이사르가 내전을 일으켰을 때 그는 공화정을 지키려는 폼페이우스 편에 섰다. 과거에 브루투스의 아버지가 처형당한 일에 관여한 적이 있는 폼페이우스는 브루투스 개인에게는 원수나 다름없었다. 하지만 브루투스는 공화정을 지켜야 한다는 신념에 따라 개인적인 원한을 잊고 폼페이우스를 따랐다. 브루투스는 폼페이우스가 파르살리아에서 카이사르와 대회전을 벌일 때도 그와 함께 있었다. 이 전투에서 폼페이우스가 패배하여 도주하자 브루투스는 피신했다가 나중에 카이사르에게 투항했다.

카이사르는 브루투스의 인품이 어떤지를 잘 알고 있었다. 그렇기에 파르살리아 전투를 앞두고 병사들에게 절대로 브루투스는 죽이지 말라고 단단히 일러두었다. 카이사르는 브루투스를 신임했고, 사실상 2인자의 자리에 두었다. 플루타르코스는 만약 브루투스가 2인자의 위치에서 조금 더 참고 기다렸다면 카이사르의 뒤를 이어 최고권력자가 됐을 것이라고 지적했다. 그럼에도 불구하고 브루투스는 '독재 반대'라는 대의를 위해 카이사르 살해에 가담했다. 그 무렵 익명의 시민들이 브루투스에게 다음과 같은 구절이 포함된 메모지를 보내어 로마의 자유를 위해 용감하게 행동할 것을 은근히 촉구했다고 한다.

브루투스여! 그대는 자고 있는가?
— 플루타르코스, 〈영웅전〉 '마르쿠스 브루투스' 편

◆◆◆ 율리우스 카이사르의 죽음 / 빈센초 카무치니

브루투스와 카시우스는 카이사르를 살해하는 데는 성공했지만 뒤처리를 소홀히 했다. 군주제를 옹호하는 안토니우스도 죽여야 한다는 일부 음모 가담자들의 주장에도 불구하고 그를 살려줬다. 게다가 안토니우스가 카이사르의 피묻은 옷과 상처투성이 시신을 시민들에게 보여주는 것을 방치했다. 그러자 시민들 사이에 카이사르 살해자들에 대한 적개심이 일어나, 브루투스와 카시우스는 로마를 탈출해야 했다.

브루투스와 카시우스는 그리스 쪽으로 건너가 군사를 모았고, 그들을 토벌하러 온 안토니우스와 필리피에서 일전을 벌였다. 그러나 이 전투에서 패배하자 그들은 스스로 목숨을 끊었다. 브루투스는 마지막 순간에 주위에 있던 전우

에게 길이 남을 말을 남겼다.

나 자신에 관해서는 과거뿐만 아니라 지금 현재도 승리를 차지한 사람들보다 더 행복하다고 확신하오. 승리자들이 온갖 무기와 재력을 가지고서도 도저히 얻을 수 없는 미덕과 명성을 남겨놓을 수 있기 때문이오.

브루투스는 마지막으로 로마 공화정을 지키기 위해 목숨을 바친 인물이었다. 그가 죽은 뒤에 카이사르의 조카 옥타비아누스가 안토니우스와 권력투쟁을 벌인 끝에 승리를 거두고 황제가 됐다. 로마는 공화정을 끝내고 제정으로 넘어갔다.

비극으로 끝난 안토니우스와 클레오파트라의 사랑

로마 세계를 한동안 석권했던 율리우스 카이사르가 브루투스와 카시우스 등에 의해 피살되자 안토니우스는 카이사르의 조카 옥타비아누스와 함께 이들을 토벌하러 나섰다. 그들은 필리피 전투에서 브루투스와 카시우스의 군대를 격파함으로써 카이사르의 죽음에 대한 복수를 마무리했다. 이후 안토니우스는 사실상의 1인자로 떠올랐다. 그렇지만 혼돈 상태의 로마를 안정시키기 위해 로마의 영토를 동과 서로 나누어 서쪽은 옥타비아누스에게 맡기고 동쪽은 안토니우스 자신이 맡기로 했다.

안토니우스는 동방으로 군대를 이끌고 가다가 오늘날 터키의 남부지역에 해당하는 킬리키아의 중심 도시 타르수스에서 잠시 여장을 풀었다. 그러고는 이집트의 여왕 클레오파트라를 그곳으로 불렀다. 클레오파트라는 절세의 미인으로 소문난 여자였고, 수완도 좋았다. 이집트를 원정한 율리우스 카이사르도 그녀의 미모와 꾀에 완전히 넘어간 적이 있었다. 클레오파트라는 안토니우스를 만나러 갔고, 그를 완전히 자신의 남자로 만들어버렸다. 안토니우스와 클레오파트라는 쌍둥이 남매도 낳았다.

그럼에도 안토니우스는 옥타비아누스의 누나 옥타비아와 결혼했다. 그런 뒤에 안토니우스는 옥타비아가 둘째 아이를 가진 상태에서 파르티아로 원정

665

을 떠났다. 그때 안토니우스는 먼저 안티오키아로 가서 클레오파트라를 다시 만나 또 결혼했다. 두 여자와 결혼하는 것은 로마법에 어긋나는 일이었지만, 안토니우스는 자신의 권세를 믿고 '불법결혼'을 감행했다. 게다가 유대 지방을 제외한 나머지 오리엔트 지방에 대한 통치권을 클레오파트라에게 '결혼선물'로 주었다.

안토니우스는 10만 명이 넘는 군사를 이끌고 파르티아 공격에 나섰으나 8개월 만에 참담한 패배를 맛보았다. 안토니우스는 안티오키아로 돌아가 클레오파트라를 다시 만났다. 그러고서는 아르메니아 원정을 다녀와 알렉산드리아에서 개선식을 거행했다. 안토니우스는 다시 한 발 더 나아갔다. 옥타비아와 이혼하겠다고 선언하고는 로마를 동서로 양분할 것을 옥타비아누스에게 요구했다. 안토니우스의 이런 행동은 옥타비아누스와 원로원의 공분을 샀다. 더 나아가 옥타비아누스로 하여금 안토니우스와 결전을 벌이기로 결심하게 하는 빌미가 됐다.

옥타비아누스와 안토니우스는 오늘날의 터키 서부 해역에 있는 악티움에서 해전을 벌였다. 이때 클레오파트라는 안토니우스의 작전회의에 계속 참석하더니 자원하여 참전해 지휘까지 맡았다. 그러나 클레오파트라는 중요한 고비에서 싸움을 포기하고 도주했다. 안토니우스는 최고지휘관이라는 신분을 잊고 클레오파트라의 배를 뒤따라갔다. 그는 가다가 멈추기는 했지만 이미 전의를 상실한 상태였다. 옥타비아누스와 안토니우스의 승부는 그것으로 끝났다.

◆◆◆ 클레오파트라의 죽음 / 귀도 카냐치

안토니우스는 클레오파트라가 기다리고 있는 알렉산드리아로 갔다.

안토니우스는 알렉산드리아 인근 바다에서 옥타비아누스의 군대와 최후의
결전을 시도했으나 실패하자 스스로 목숨을 끊었다. 클레오파트라도 알렉산

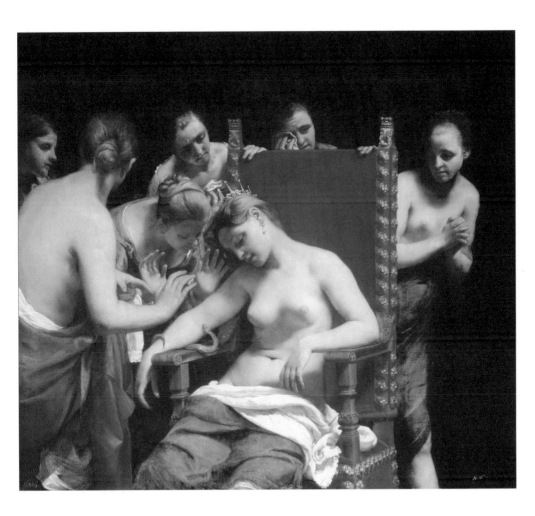

드리아가 함락된 후 얼마 지나지 않아 독사를 풀어 놓는 방법으로 자살했다. 그녀의 유언대로 유해는 안토니우스와 함께 묻혔다. 안토니우스와 클레오파트라의 사랑은 이렇게 비극으로 끝났다. 옥타비아누스의 승리와 함께 로마의 오랜 내전과 혼돈도 막을 내렸다.

클레오파트라는 당시 패권을 쥐고 있던 카이사르와 안토니우스를 상대로 잇달아 로맨스를 벌이며 왕국을 유지하려고 했다. 패권국가 로마의 위세 앞에서 왕국의 생존을 도모하기 위한 게임을 시도한 것으로 볼 수 있겠다. 그렇지만 그런 클레오파트라의 시도는 성공하지 못했다. 클레오파트라가 죽은 뒤 이집트는 옥타비아누스의 영지로 전락했다. 이집트는 이후 오랫동안 로마제국에 밀을 공급하는 기지 역할을 했다.

어머니와 아내를 죽인 패륜 황제 네로

로마가 제국으로 바뀌고 나서 등극한 황제들 가운데 용렬하거나 악명 높은 황제가 몇몇 있었다. 아마도 그 대표적인 인물은 네로 황제일 것이다.

네로 황제는 전임 클라우디우스 황제의 네 번째 처 아그리피나가 낳은 아들이었다. 클라우디우스 황제와 아그리피나는 숙부와 질녀의 관계였지만, 적당한 이유를 둘러대고 결혼했다. 아그리피나는 황제의 아내가 되자 아들 네로를 궁중에 데리고 들어갔다. 당시 네로의 나이는 12세였다. 네로의 이름은 원래 도미티우스 아헤노바르부스였지만, 궁중에 들어가면서 네로 클라우디우스로 바뀌었다.

아그리피나는 아들 네로를 차기 황제 자리에 앉히기 위한 준비를 하나하나 진행시켰다. 우선 네로의 교육에 각별한 관심을 쏟았다. 네로의 스승으로 철학자 세네카와 무관 부루스를 선정해 인문교육과 무예지도를 맡겼다. 이어 부루스를 클라우디우스 황제에게 추천해 근위대장에 임명하게 했다.

네로는 어머니 아그리피나의 의견에 따라 클라우디우스 황제의 전처가 낳은 딸 옥타비아와 결혼했다. 같은 집안이니 원래는 용인될 수 없는 일이었지만, 권력을 장악하는 데 도움이 될 것으로 판단했기 때문이다. 네로에게는 '젊은 제1인자(프린켑스 유벤투스)'라는 칭호까지 주어졌다. 이리하여 네로가 황제에 오르는 데 필요한 모든 조건이 갖춰졌다.

서기 54년의 어느 날 클라우디우스 황제가 식사 후 갑자기 세상을 떠났다. 네로는 부루스가 지휘하는 근위대 병사들에 의해 황제로 추대됐다. 뒤이어 원로원도 네로에게 전권을 부여하기로 결정했다. 마침내 네로가 17세의 나이에 대권을 잡았다. 이 모두가 어머니 아그리피나의 '작품'이었다.

네로가 황제에 등극한 후 어머니 아그리피나는 여러 모로 국정과 네로의 사생활에 개입했다. 아그리피나는 원로원 의원들의 발언을 듣기 위해 회의를 의사당이 아닌 황궁에서 열게 했고, 화폐에 자신과 네로 황제의 얼굴을 나란히 새겨 넣기도 했다. 그렇지만 점차 아들 네로 황제와 충돌을 빚게 됐다. 네로 황제가 해방노예 여성을 사랑하게 되자 어머니 아그리피나는 노발대발했다. 아그리피나는 황제 네로를 미워한 나머지 일부 군대를 자신의 편으로 끌어들이려고 하는 등 은근히 '공작'을 벌이기 시작했다. 그러자 네로는 어머니에게 부여된 여러 가지 특권을 철회하는 방식으로 맞섰다. 어머니 아그리피나는 결국 아들과 국정에 대한 영향력을 모두 잃게 됐다.

그럼에도 네로가 기존의 황비 옥타비아와 이혼하고 새로운 여자를 황비로 데려오려고 하자 아그리피나는 단호하게 반대했다. 그러자 네로는 해서는 안 될 일을 저질렀다. 해방노예 아니케토스에게 어머니를 살해하라는 지시를 내렸다. 나폴리 근처의 별장에서 잔치를 열고 어머니를 참석하게 한 뒤 배에 태워 물속에 빠뜨리는 방법이 동원됐다. 이 시도는 실패했다. 그렇지만 기왕 시

작한 일을 그만둘 수도 없었다. 결국 아니케토스는 자객들을 별장으로 보내 아그리피나를 살해했다. 아그리피나는 배를 이용한 살해 시도가 미수에 그쳤을 때 네로의 음모를 알아차리고 이미 체념했기에 자객들의 칼을 의연하게 받았다.

네로 황제는 어머니를 죽인 것에 대한 죄책감에 시달렸다. 시민들의 반응이 두렵기도 했다. 한동안 망령에 시달려 잠을 이루지 못했다. 그러면서도 네로는 몇 년 후 아내 옥타비아와 이혼하고 새 애인과 결혼했다. 뿐만 아니라 이혼한 아내 옥타비아를 섬으로 보내 죽였다. 이로써 네로는 어머니와 아내를 모두 죽인 '패륜' 황제가 되고 말았다.

유대인의 디아스포라가 시작된 연유

네로 황제가 축출된 후 내전이 거듭되며 로마의 황제가 연이어 바뀌는 동안 로마제국의 동부에 있는 유대왕국에서 유대인의 반란이 일어났다. 로마제국은 내전으로 인해 힘을 모을 수 없었기에 유대인의 반란에 효과적으로 대응할 수 없었다.

유대인의 반란은 네로 황제가 재임 중이던 서기 66년에 일어났다. 당시 로마제국의 플로루스 유대 총독이 밀린 속주세를 받아내기 위해 예루살렘 신전에서 금화를 가져간 것이 발단이었다. 아무리 속주세가 밀렸다지만 유대인이 가장 소중히 여기는 신전에서 로마의 총독이 금화를 빼내어 가지고 간 것은 지나친 행위였다. 이에 유대인이 들고일어났다. 플로루스 총독은 강경하게 유대인의 폭동을 진압하려 했고, 유대인도 더욱 격렬하게 맞섰다. 유대인은 그 지역에 주둔해 있던 로마군 병사들을 모두 살해했을 뿐 아니라 온건한 대응을 주문하던 대사제마저 죽였다. 로마군 수비대가 지키고 있던 요새도 점령해버렸다.

그러자 로마는 시리아에 있던 속주장관을 앞세우고 1개 군단을 투입했다. 하지만 이 군단은 예루살렘 공략에 실패하여 퇴각했는데, 그 과정에서 유대인의 습격을 받아 5천 명 이상이 전사했다. 이처럼 유대인의 반란이 거칠어지자 네로 황제는 베스파시아누스를 진압군 사령관으로 임명하여 파견했다. 베스파시아누스는 3개 군단을 이끌고 유대왕국으로 향했다. 이 군단 외에 유대왕국 인근에서 동원한 군사를 합쳐 모두 6만 명이 투입됐다.

베스파시아누스가 출정할 때 그의 아들 티투스도 동행했다. 베스파시아누스는 착실하게 유대왕국을 공략해 들어가 마지막으로 예루살렘만 남겨두게 됐다. 그런데 네로 황제가 사망함에 따라 진압작전이 일시 중지됐다. 네로가 죽은 뒤 1년 새 황제가 3번이나 바뀌고 그 과정에서 내란이 벌어진 탓에 로마와 유대왕국 사이의 휴전 상태가 1년 이상 계속됐다. 그러다가 베스파시아누스가 황제로 추대된 뒤 유대인 반란 진압작전이 재개됐다. 이때에는 진압군의 지휘를 베스파시아누스 황제의 아들 티투스가 맡았다. 병력도 증강됐다. 로마군은 먼저 유대인에게 항복을 권했으나, 유대인은 이를 받아들이지 않았다. 도리어 급진파가 나서서 항복을 주장하는 온건파 인사들을 살해했다.

결국 티투스가 지휘하는 로마군이 예루살렘 성을 공략하기 시작해 5개월 만에 함락했다. 급진파 유대인들이 모여있던 마사다 요새는 3년이나 더 버텼다. 예루살렘 성이 로마군의 공격을 받고 함락되는 과정에서 60만~110만 명의 유대인이 사망했다고 한다. 또 상당히 많은 유대인이 로마군의 포로가 된 뒤 노예로 전락했다고 전해진다. 로마군은 예루살렘의 대신전을 불태우고 유대인의 대제사장 직위도 없애버렸다. 유대인이 신전에 바치던 봉납금은 그 대신 로마의 유피테르 신전에 바치게 했다. 예루살렘에는 새로 1개 군단을 주둔시켰다. 그동안 유대인을 관용으로 대해 오던 정책을 폐기하고 로마가 직접 지배하기로 한 것이었다.

티투스는 예루살렘을 함락한 뒤 로마로 돌아갔다. 티투스는 나중에 베스파시아누스의 뒤를 이어 황제에 오르게 된다. 티투스는 예루살렘 함락 성공을 기념하는 티투스 개선문을 세웠다. 이 개선문은 지금도 로마 시의 포로 로마노에 남아 있다.

로마는 유대인의 반란을 진압한 후 유대교의 총본산이라는 예루살렘의 특수한 지위를 인정하지 않았다. 그러나 유대인의 특수한 신앙은 인정했다. 유대인이 예루살렘에서 계속 사는 것도 허용했다. 그러나 이런 관용정책도 서기 130년에 다시 일어난 유대인의 반란을 계기로 폐기됐다. 당시 로마 황제 하드리아누스는 유대인의 반란을 진압한 다음 모든 유대인을 예루살렘에서 추방했고, 이후 유대교도가 예루살렘에 들어가 사는 것을 금지했다. 이로 인해 유대인이 살 터전이 없어지자 유대인은 전 세계로 흩어져 살게 됐다. 이른바 '디아스포라(Diaspora)'는 이때 시작된 것이다.

그런데 중세 말기의 시성 단테 알리기에리는 〈신곡〉 천국편에서 티투스의 예루살렘 함락에 대해 색다른 해석을 내린다. 그것은 예수를 죽인 유대인에 대한 '정의의 복수'라는 것이다. 그리스도교의 입장에서는 이런 해석이 나올 만하다. 그러나 이후 이슬람 세력의 예루살렘 점령과 나치 독일의 유대인 학살도 그런 시각에서 봐야하는지 의문이 생긴다.

◆◆◆ 티투스의 예루살렘 성전 파괴 / 니콜라 푸생

기번이 혹평한 콘스탄티누스 개선문

콘스탄티누스 황제는 인류의 정신사를 근본적으로 뒤바꾼 로마 황제다. 콘스탄티누스는 로마의 패권을 차지하기까지 그야말로 험난한 과정을 거쳤다. 아버지 콘스탄티우스 황제가 오늘날의 영국에 있었던 브리타니아의 황궁에서 갑자기 세상을 떠나자 그의 휘하에 있던 군대에 의해 콘스탄티누스가 부황제로 추대됐다. 당시 로마제국은 디오클레티아누스 황제 때 도입된 동서양분 체제가 유지되고 있었다. 콘스탄티누스는 선황 콘스탄티우스가 보여준 현명한 통치의 후광에 힘입어 서쪽의 부황제가 됐다. 그때 콘스탄티누스는 제국의 동쪽을 통치하던 갈레리우스 황제의 휘하 군대에서 복무하고 있었다.

그러나 동서분할 통치체제는 동서간에 영역과 권위에 대한 야심을 불러일으키고 다툼을 야기할 소지를 안고 있었다. 디오클레티아누스 황제 때처럼 서로 협조가 잘 되던 시대에는 문제가 없었지만, 콘스탄티누스가 부황제로 추대됐을 때에는 상황이 달랐다. 제국의 동쪽과 서쪽을 나눠맡고 있던 황제와 부황제들이 저마다 제국 전체를 장악하고자 기회를 엿보았다. 더욱이 황제 또는 부황제를 참칭하는 인물들까지 등장하는 바람에 한때는 모두 6명이 황제 또는 부황제에 올라 있었다.

콘스탄티누스는 서두르지 않았다. 그러나 때가 무르익자 기민한 군사행동과 적절한 전략전술을 구사해 경쟁자들을 하나씩 제거해나갔다. 서쪽의 경쟁자들을 차례로 없애는 데 성공한 콘스탄티누스는 로마 시를 차지하고 있던 막센티우스의 군대와 로마 시에서 14킬로미터 떨어진 평원에서 결전을 벌여 승리했다. 막센티우스의 근위대는 이 전투에서 전원 전사했다. 막센티우스 자신도 티베르 강의 밀비우스 다리를 건너 로마 시내로 돌아가려다 무질서하게 후퇴하는 병사들에 밀려서 물에 빠져 사망했다.

이로써 로마제국의 서쪽 영역을 완전히 장악하는 데 성공한 콘스탄티누스는 로마에 개선문을 세웠다. 콘스탄티누스의 개선문에는 이미 있던 트라야누스 황제의 개선문에서 뛰어난 부조작품들을 떼어내어 가져다 붙여놓았다. 이렇게 세워진 콘스탄티누스의 개선문은 지금도 남아있다. 거기에는 콘스탄티누스가 직접 조우한 적도 없는 파르티아인이 황제의 발 앞에 엎드려 있는 모습이 부조되어 있는가 하면, 트라야누스 황제의 머리까지 보인다. 이처럼 콘스탄티누스 황제의 개선문은 조잡하기 그지없다고 에드워드 기번은 〈로마제국 쇠망사〉에서 꼬집었다. 이렇게 수준 이하의 개선문이 만들어진 것은 트라야누스 황제 시대와 달리 콘스탄티누스 시대에는 훌륭한 조각가가 없었기 때문이다.

콘스탄티누스의 개선문은 예술의 퇴행을 상징하는 우울한 증거이면서 동시에 가장 비열한 허영의 기묘한 증언이기도 하다.
— 에드워드 기번, 〈로마제국 쇠망사〉 14장

콘스탄티누스는 로마제국의 서쪽을 평정한 지 몇 년 후에는 아직 남아 있던 '제국 동쪽'의 리키니우스 황제마저 타도하는 데 성공했다. 그리하여 마침내

로마제국의 단독 황제가 됐다.

　그 사이에 벌어진 내전으로 말미암아 엄청나게 많은 사람들이 피를 흘리고 막대한 재산이 낭비됐으며, 조세부담과 군사비마저 급증했다. 그 결과 제국의 쇠망이 더욱 촉진됐다고 기번은 지적했다.

　콘스탄티누스는 단독 황제가 된 뒤 비잔티움에 '새로운 로마', 즉 콘스탄티노플을 건설하고 그리스도교를 공인했다. 콘스탄티노플은 1453년까지 동로마

◆◆◆ 밀비우스 다리의 전투 / 라파엘로

제국의 수도로 유지되다가 오스만투르크제국에 의해 점령당해 이스탄불로 이름이 바뀌게 된다.

그리스도교에 '자유'를 준 밀라노 칙령

흔히 '대제'로 불리는 콘스탄티누스 황제는 그리스도교를 공인한 인물로 유명하다. 로마제국에서 여러 차례 박해를 받았던 그리스도교는 콘스탄티누스 황제 때 비로소 '자유'를 얻었다.

콘스탄티누스는 313년 '제국 동쪽'의 황제 리키니우스와 함께 발표한 '밀라노 칙령'을 통해 그리스도교를 공인했다. 밀라노 칙령에는 "그리스도교든 어떤 종교든 관계없이 각자 원하는 종교를 믿고 제의에 참가할 자유를 완전히 인정받는다"고 명시됐다. 뿐만 아니라 박해받을 때 몰수당한 교회재산을 보상받을 수도 있도록 길을 터줬다. 몰수된 뒤 경매에 부쳐진 교회재산을 소유하고 있는 자가 그것을 반환하면 국가로부터 정당한 값으로 보상을 받을 수 있도록 한 것이다. 이로써 그리스도교는 그 전에 빼앗긴 교회를 되찾을 수 있게 됐다.

콘스탄티누스 황제는 여기서 그치지 않고 자신의 사유재산을 그리스도교의 교회에 기증하기까지 했다. 나아가 성직자가 다른 일에 매달리지 않고 오로지 '성스러운 임무'에 전념할 수 있도록 군무와 세금을 면제해주었다. 덕분에 그

◆◆◆ 콘스탄티누스 황제의 세례 / 라파엘로

리스도교의 성직자가 되려는 사람들이 크게 늘어났다.

콘스탄티누스 황제는 아직 신도가 아닌 상태인데도 서기 325년 니케아 종교회의를 소집했다.

이 종교회의에서 아타나시우스파와 아리우스파 사이의 종교논쟁이 매듭지어졌다. 즉 '하느님은 성부와 성자와 성령의 3위로 나뉘면서 하나'라는 아타나시우스파의 삼위일체론이 승리했고, 그 반대편에 섰던 아리우스파는 추방됐다. 이로써 오늘날까지 전해 내려오는 가톨릭 교리의 중요한 뼈대 하나가 완성됐다.

이렇듯 그리스도교를 적극적으로 후원한 콘스탄티누스 황제가 세례는 뒤늦

게 받았다. 서기 337년 페르시아가 로마에 전쟁을 걸어오자 콘스탄티누스 황제는 군대를 이끌고 출정했다. 62세의 노구를 이끌고 소아시아로 건너간 그는 갑자기 병석에 눕게 됐고, 끝내 세상을 떠났다. 그는 임종 직전에야 그리스도교 주교로부터 세례를 받았다. 그에게 세례를 준 주교는 아타나시우스파가 아니라 아리우스파였다고 한다.

하지만 콘스탄티누스 황제가 언제 누구로부터 세례를 받았는지는 그리 중요하지 않다. 중요한 것은 그가 그리스도교에 대해 당시로서는 그야말로 파격적인 지원을 해줬다는 사실이다. 오늘날의 그리스도교는 바로 이 무렵에 기반이 다져졌다고 해도 과언이 아닐 것이다. 말하자면 오늘날 유럽 세계를 떠받치는 정신적 기둥 가운데 하나가 이때 확립된 셈이다. 그 덕분에 그리스도교가 이후 유럽을 석권한 데 이어 세계적인 종교로 성장할 수 있었다. 만일 콘스탄티누스 황제가 그렇게 하지 않았다면 그리스도교는 어떻게 됐을까? 이에 대해 일본인 역사작가 시오노 나나미는 〈로마인 이야기〉에서 한 연구자의 다음과 같은 말을 전한다.

콘스탄티누스가 존재하지 않았다면 그리스도 교회는 교리해석을 둘러싸고 거듭되는 논쟁과 그 결과인 분열로 다른 수많은 고대 종교와 마찬가지로 사라져버렸을 것이다.

테살로니카의 학살을 고행으로 속죄한 테오도시우스 황제

테오도시우스는 그리스도교를 로마제국의 국교로 인정한 황제다. 테오도시우스는 종교적인 측면에서만이 아니라 전반적인 국가통치라는 측면에서도 현명한 군주였다고 평가된다.

테오도시우스는 한때 황제를 참칭한 막시무스의 반란을 진압하고 그를 처형했지만, 그의 노모와 딸에게는 부양과 교육상의 지원을 아끼지 않았다. 휘하 신하와 백성을 온화하게 대하고 그들의 재능을 아꼈다. 그래서 테오도시우스는 "로마인의 행복과 위엄의 가장 충실한 수호자"라는 칭송을 받았다고 에드워드 기번은 〈로마제국 쇠망사〉에서 전한다.

그런데 그에게도 결정적인 오점이 있었다. 폭동을 일으킨 테살로니카의 시민들을 대규모로 학살한 사건이 그것이었다. 그 도시의 경비대 사령관이 시민들과 사소한 다툼을 벌이던 끝에 살해당하자 테오도시우스 황제가 폭도들을 강경하게 진압하라는 명령을 내렸다. 그는 뒤늦게 명령의 집행을 정지하라는 새로운 명령을 내렸지만, 한발 늦었다. 테살로니카에서는 이미 끔찍한 학살극이 벌어진 뒤였다. 황제의 명령을 받은 시 당국이 속임수로 시민들을 큰 경기장에 모이게 한 뒤 경기장에 배치한 군사들을 시켜 그들을 마구 살해했다. 죄의 유무와 남녀노소를 가리지 않고 닥치는 대로 살육했다. 이날 피살된 시민은 적게는 7000명, 많게는 1만 5천명에 달했다고 한다.

테살로니카는 한때 테오도시우스 황제가 머물렀던 도시였다. 때문에 이 도시에서 저질러진 참극은 황제 자신에게 크나큰 가책을 주었다. 당시 밀라노의 대주교였던 암브로시우스는 테오도시우스의 면담 요청을 거절했다. 더 나아가 그는 황제에게 성당에 접근하거나 성체성사를 하지 말고 밀실에서 기도로 속죄하라고 요구했다. 황제는 대주교가 요구한 대로 하다가 어느 날 밀라노 대성당으로 갔다. 그러나 암브로시우스 대주교는 현관에서 테오도시우스 황제의 입장을 막았다. 대주교는 황제에게 사적인 반성만으로는 부족하다고 지적했다. 황제는 "다윗도 살인뿐 아니라 간음까지 저질렀다"고 항변했다. 그러자 대주교는 "다윗의 죄를 본받았으면 회개하는 일도 다윗을 본받으라"고 요구했다. 황제는 대주교의 이런 요구를 받아들여 고행으로써 공개적인 회개를 했다. 한동안 황제의 표장을 달지 않고 밀라노 대성당의 한복판에서 눈물과 한숨으로 용서를 빌었다고 한다.

암브로시우스 대주교는 황제의 이런 모습을 보고 그만하면 속죄가 된 것이라며 고행의 의무를 감면시켜주었다. 테오도시우스 황제는 사형 판결과 집행 사이에 30일의 시간적 여유를 둔다는 칙령을 공포했다. 이는 당시로서는 인권 보호의 측면에서 중요한 진전이었다.

이 일은 훗날 에라스무스와 몽테스키외가 지적한 대로 성직자들이 전제군주의 횡포와 잔인한 통치를 억제할 수 있는 가장 유력한 집단임을 증명해준 사

◆◆◆ 테오도시우스 황제를 가로막는 암브로시우스 / 카밀로 프로카치니

례였다. 에드워드 기번도 이 점을 강조했다.

테오도시우스 대제가 보여준 이 사례는 인간의 손에 의한 처벌로부터 초월한 존재
인 제왕이라고 해도 '보이지 않는 심판자' 의 법과 그 심판자는 싫어도 존중해야 한
다는 대원칙을 훌륭하게 입증한 것이 아닐까.
— 에드워드 기번, 〈로마제국 쇠망사〉 27장

교황과 담판하고 철수한 훈노족 아틸라 왕

서기 5세기에 서유럽 세계는 공포에 떨었다. 동방의 유목민족인 훈노족(훈족)이 로마제국의 동쪽 변방으로 밀려왔기 때문이었다. 훈노족은 당시 판노니아로 불리던 동유럽 헝가리 일대에 자리 잡고는 수시로 다뉴브 강을 건너 로마 영내로 침투했다. 로마 영내로 진입한 다음에는 대규모 살상과 약탈, 방화를 일삼고 주민을 납치해갔다. 때로는 로마 황제로부터 거액의 황금을 받고 철수하기도 했다.

또 훈노족의 이동으로 인해 로마의 변경에서 밀려난 '야만족'이 로마 영내로 진입하는 바람에 로마인들이 많은 어려움을 겪었다. 주로 게르만족인 이들 야만족은 오늘날의 프랑스, 이탈리아, 스페인 등에 해당하는 지역들로 들어가 약탈을 저지르거나 아예 터를 잡고 독자적인 왕국을 세웠다. 로마제국은 더 이상 옛날의 로마제국이 아니었다. 스스로 야만족의 침입과 약탈을 막을 실력이 없었다. 게다가 로마제국은 동로마와 서로마로 나뉘어 야만족에 효과적으로 대처할 수 없었다.

야만족에게 시달릴 대로 시달리던 로마제국에 이제 훈노족까지 쳐들어오니 그야말로 설상가상이었다. 이미 힘을 잃은 로마제국은 서유럽에 정착한 게르만의 여러 부족들을 동원해 훈노족을 막아야 했다. 훈노족이 갈리아 지역까지 밀고 들어왔을 때에는 서고트족 왕국의 힘을 빌려 그들을 밀어냈다. 로마제국은 부르군트인, 프랑크인, 색슨인 등 여러 게르만 부족 출신 전사들로 구성된 군대를 투입했다. 서고트족 왕국에서도 '동맹군'을 보내왔다. 이 연합군은 오늘날의 독일을 거쳐 프랑스 땅으로 물밀듯이 밀려오는 훈노족의 군대를 맞아 카탈루냐에서 전투를 벌여 간신히 승리했다. 물론 훈노족의 군대에도 온갖 민족이 섞여 있었다. 카탈루냐 전투에서 로마제국과 훈노족 양쪽을 더해 무려 16만 5천 명의 전사자가 발생했다고 한다.

훈노족의 우두머리는 아틸라 왕이었다. 서유럽 사람들이 훈노족을 워낙 두려워했기에 서유럽에서 아틸라는 '신의 채찍'으로 불리기도 했다. 아틸라 왕은 카탈루냐 전투가 끝나자 헝가리 땅으로 돌아갔다가 이번에는 이탈리아 땅을 침입했다. 아틸라는 가는 길에 아킬레이아라는 도시를 철저하게 파괴했다. 그런 다음에 이탈리아 북부지방으로 밀고 들어가 여러 도시들을 차례로 함락했다. 기세등등한 훈노족을 막아낼 능력이 없는 로마제국은 전전긍긍했다. 발렌티아누스 황제는 당시 사실상의 수도였던 라벤나를 버리고 로마로 달아났다. 이탈리아 북부를 사실상 포기한 것이었다. 로마 시도 훈노족의 위세 앞에 안전을 확신할 수 없었다. 바로 이런 절체절명의 위기에서 교황 레오 1세가 나섰다.

패트릭 하워스의 저작에 따르면, 레오 1세는 현명한 교회행정으로 많은 사람들로부터 존경을 받고 있었다. 오늘날에도 그는 가톨릭교회에서 '역대 위대한 교황' 중 한 사람으로 꼽힌다. 로마제국은 레오 1세 교황에게 아틸라를 만나줄 것을 요청했다. 레오 1세는 수행원 몇 명과 함께 아틸라를 만났다. 평소 자신의 말발굽이 밟고 지나간 곳에는 풀 한 포기 자라지 않는다고 호언하던 아틸라도 자신의 막사로 안내된 교황을 정중하게 대했다. 교황과 아틸라는 담판을 벌였고, 그 결과로 아틸라가 철수했다. 아틸라가 철수를 결심하게 된 데는 교황과의 담판 외에 아틸라 휘하의 군대가 당시 처해 있던 상황도 한 원인이 됐을 것으로 에드워드 기번은 추정했다. 혹독한 조건에서 생활하던 아틸라의 군대가 이탈리아의 따뜻한 기후와 풍족한 음식 속에서 나태해지고 방종으로 흐른데다가 전염병도 돌았다는 것이다. 게다가 아틸라는 서고트의 알라릭이 로마를 점령한 지 얼마 안 되어 세상을 떠난 일을 생각하여 자제하라는 말을 여러 사람들에게서 듣고 있었다. 결국 아틸라는 어느 정도 보상을 받는 대신 이탈리아 반도 점령을 중단하고 물러가기로 교황과 합의하고 돌아갔다.

기번은 레오 1세 교황이 아틸라를 만났을 때의 상황에 관한 전설 하나를 전해준다. 두 사람이 담판을 벌이고 있을 때 예수의 사도인 베드로와 바오로가 나타나서 아틸라에게 자신들의 후계자인 레오 1세의 청을 들어주지 않으면 곧 죽게 될 것이라고 겁을 주었다는 것이다. 현재 바티칸의 성베드로 성당에는 17세기의 조각가 알가르디가 교황과 아틸라의 회견 모습을 새긴 대형 대리석 부조 작품이 걸려 있다.

한편 흉노족의 본거지로 돌아간 아틸라는 백인 여자와 결혼식을 올리고는 첫날밤에 갑자기 숨졌다. 아틸라가 죽은 뒤로 훈족은 사실상 역사의 무대에서 사라졌다.

◆◆◆ 교황 레오 1세와 아틸라의 회담 / 프란체스코 솔리메나

로마에 반기를 든 바타비아족의 키빌리스

바타비아족은 고대에 라인 강 어귀에 살았던 게르만계 부족이다. 오늘날의 프랑스와 독일 사이, 그러니까 네덜란드에 해당하는 지역에 살았다고 보면 될 듯하다. 이 부족은 완전한 독립국가를 이룬 것도 아니었지만, 로마제국에 완전히 흡수되지도 않았다. 독립된 부족으로서 로마와 동맹관계를 맺고 있었다. 바타비아족 남자들이 로마군의 일원으로 복무하는 대신 로마는 이 부족의 안전을 보장해주는 방식이었다. 바타비아족 남자들이 로마군의 일원이 됐다고 해서 정규군에 편입된 것은 아니었고, 정규군을 뒷받침하는 보조병력으로 복무했다.

그런데 바타비아족 부대를 이끌던 율리우스 키빌리스가 로마에 반기를 들었다. 서기 70년 무렵이었다. 그때 로마제국 내부는 혼란스러웠다. 네로 황제가 축출되고 사망한 이후 내란이 이어지면서 황제가 몇 차례 바뀌었다. 라인 강을 따라 제국을 방위하던 로마의 군사들도 내전에 휩쓸려 들어가게 됐고, 이에 따라 라인 강 일대의 방어선이 약해졌다. 바로 이때 율리우스 키빌리스가 바타비아족 병사들을 이끌고 로마에 도전했다.

바타비아족 병사들은 8천여 명 밖에 안 되어 수가 부족했다. 그러나 율리우스 키빌리스는 인근 부족들까지 규합해 제법 군사력을 갖추게 됐다. 각 부족의 대표들이 한 자리에 모여 로마에 대한 반란에 힘을 모으기로 했다. 나아가 갈리아까지 포괄하는 '갈리아제국'을 건설한다는 데도 합의했다. 그럼으로써 로마군을 다시 알프스 남쪽으로 몰아낸다는 대담한 계획이었다.

이들은 결집된 힘으로 로마군을 공격해 대단한 전과를 올렸다. 라인 강 연안에 주둔하고 있던 로마군의 7개 군단 가운데 6개 군단으로부터 항복을 받아냈다. 로마군 군단장들이 다수 살해됐다. 이로써 로마의 라인 강 방어선이 사실상 붕괴됐다. 이를 두고 로마의 역사가 타키투스는 〈역사〉 4권에서 "한 번도 경험한 적이 없는 수치스런 사태"라고 개탄했다.

이때 로마제국에서는 내전이 마무리되고 베스파시아누스 황제가 대세를 장악했고, 곧바로 반란군에 대한 반격작전을 벌였다. 켈리아리스 장군의 지휘 아래 5개 군단을 전선에 투입했다. 이들은 반란에 가담한 트레베리족의 본거지인 트리어를 우선 탈환했다. 트리어에 들어간 켈리아리스 장군은 반란에 참여한 갈리아 부족의 유력인사들을 모아놓고 설득을 시도했다. 갈리아 부족이 바타비아인을 비롯한 게르만족과 손을 잡고 로마에 반기를 들어봤자 게르만족의 지배를 받게 되어 파멸할 것이 틀림없다는 것이 그 요지였다. 그러느니 차라리 로마제국의 일원으로 남아 로마인들과 공존공영하라는 것이었다.

로마는 무려 800년이라는 긴 세월 동안 행운을 활용하는 동시에 자신에게 확고한 규율을 부과하고 이를 파괴하려는 자를 타도함으로써 자신과 남을 위한 평화를 쌓아왔다. 만약 이 평화가 무너진다면 가장 먼저 피해를 볼 사람은 당신네 갈리아인이다. 그러니 잘 생각하고 결단을 내려주기 바란다.

— 시오노 나나미, 〈로마인 이야기〉 8권

켈리아리스가 설득력 있는 말로 설득하자 갈리아 부족 요인들의 마음이 움직였다. 이에 따라 갈리아 부족들은 반란에서 이탈했고, 평화와 질서가 회복되어갔다.

로마군은 바타비아족을 비롯한 게르만계 부족들을 마저 제압하기 위해 공격을 재개해 마침내 그들을 평정했다. 반란을 주도한 율리우스 키빌리스는 막판에 로마의 켈리아리스 장군과 직접 담판했다. 그 결과 더 이상의 전투 없이 반란은 종결됐다. 로마는 반란자 중 극소수를 제외하고는 아무도 처벌하지 않고 관용을 베풀었다. 반란에 가담했던 모든 부족에 대해 '아무 일도 없었던' 것처럼 적대관계를 종결시켰다. 다만 반란군 우두머리 율리우스 키빌리스에게 '예언녀' 역할을 해준 점쟁이 벨렌다는 이탈리아로 압송됐다. 그렇지만 그녀 역시 이탈리아에서 점집을 개업해 여유 있게 살았던 것으로 전해진다.

◆◆◆ 바타비아족의 음모 / 렘브란트

동로마제국 전성기의 장군 벨리사리우스

벨리사리우스는 동로마제국의 전성기에 해당하는 유스티니아누스 황제 시대를 빛낸 장군이다. 발칸 지방 출신으로 27세에 장군이 됐다. 그 뒤로는 인생의 대부분을 전쟁터에서 보냈다. 유스티니아누스 황제는 〈로마법 대전〉을 만든 인물로 잘 알려져 있다. 그에게는 흔히 '대제'라는 칭호가 붙는다.

유스티니아누스 황제는 옛 로마제국의 영토를 회복하고 싶은 열망이 간절했다. 서로마제국이 5세기에 멸망한 후 이탈리아 반도는 동고트족의 왕국이 차지하고 있었다. 이베리아 반도는 서고트족의 왕국이 됐고, 갈리아에는 게르만 부족들이 세운 몇 개의 왕국이 있었다. 브리타니아도 다른 나라가 돼버렸고, 북아프리카의 옛 카르타고 땅에는 반달족이 진출해 왕국을 세운 상태였다.

이런 잃어버린 땅들을 되찾는 일을 맡기기에 가장 적합하고 믿을 만한 장군은 벨리사리우스였다. 유스티니아누스 황제는 북아프리카 공략부터 시작했다. 황제의 명을 받은 벨리사리우스 장군은 동방의 사산조 페르시아와 벌인 전쟁에서 공을 세운 뒤 북아프리카의 반달족 왕국을 공격해 멸망시켰다. 서기 533년 1만 5천 명의 병력을 이끌고 북아프리카에 상륙해 2차례 전투에서 연이어 승리하고 보름 만에 반달족 왕국을 무너뜨렸다. 그 결과로 동로마제국은 사르데냐 섬과 지브롤터 해협 일대도 함께 획득했다.

벨리사리우스는 반달왕국 공략에 성공함으로써 '3대 아프리카누스'라는 칭호를 역사가 에드워드 기번으로부터 받았다. 이는 제2차 포에니 전쟁 때 카르타고를 함락한 스키피오 장군과 제3차 포에니 전쟁 때 카르타고를 최종적으로 멸망시킨 소(小)스키피오에 이어 3번째로 카르타고를 정벌한 영웅이라는 뜻이다. 벨리사리우스는 반달왕국 정벌을 마치고 수도 콘스탄티누스로 귀환해 화려한 개선행진을 했다.

유스티니아누스 황제는 이어 동고트 왕국을 밀어내고 이탈리아 반도를 되찾고 싶었다. 그에게는 '이단'인 아리우스파 그리스도교를 신봉하는 동고트 왕국으로부터 '정통' 가톨릭교를 믿는 신도들을 해방시켜야 한다는 '사명감'이 있었다. 그의 이런 뜻에 따라 벨리사리우스가 동고트 왕국 정벌에 나섰다.

벨리사리우스는 7500명이라는 적은 병력만을 데리고 이탈리아 반도에 상륙해 목표를 일단 달성했다. 로마를 되찾았을 뿐 아니라 동고트 왕국의 사실상 수도였던 라벤나도 함락했다. 그렇지만 벨리사리우스는 이때 사산조 페르시아 전선에 투입되어 이탈리아 반도를 떠났다. 그러자 동고트족이 토틸라 왕의 지휘 아래 반격에 나서 이탈리아 반도의 대부분을 되차지했다. 유스티니아누스 황제는 페르시아 전선에 가 있던 벨리사리우스를 다시 불러들여 이탈리아에 투입했지만, 이번에는 일이 쉽게 풀리지 않았다.

동고트족이 로마를 점령했다가 철수하고 북부 이탈리아로 물러간 사이에 벨리사리우스의 군대가 로마에 입성했지만, 동고트족이 다시 공격해왔다. 벨리사리우스의 군대는 악전고투 끝에 사실상 로마를 포기했고, 이후 로마는 황폐해졌다. 동고트족 군대는 다시 로마에 입성해 약탈한 뒤 원로원 의원들을 끌고 떠났다. 벨리사리우스는 로마를 재건해보려고 했지만, 황제의 명에 따라 남부 이탈리아로 옮겨가서 남아있던 동고트족을 몰아내기 위한 작전을 벌여야 했다.

임무를 마친 벨리사리우스는 유스티니아누스 대제의 명에 따라 수도 비잔티움으로 소환되어 별다른 일 없이 시간을 보냈다. 다만 몇 차례 발칸지방에 파견되어 불가르족과 전투를 치렀을 뿐이다. 그는 말년에 황제 암살 음모나 횡령 등의 혐의로 소추되는 등 황제의 의심에 시달리다가 삶을 마감했다. 40년 동안 그를 믿기도 하고 의심하기도 했던 유스티니아누스 황제도 8개월 후에

세상을 하직한다. 이로써 동로마제국의 빛나던 시절도 끝난다. 이후 동로마제국은 점차 쇠락하게 된다.

유스티니아누스 황제가 벨리사리우스를 두 차례나 보내면서 되찾으려 했던 이탈리아 반도는 후임으로 파견된 환관 출신 장군 나르세스가 완전히 평정했다. 하지만 18년을 끈 전쟁의 후유증으로 이탈리아 반도는 황폐한 땅이 되고 말았다.

벨리사리우스는 유스티니아누스 황제의 재임기간에 둘도 없는 충신이자 군인정신과 미덕을 겸비한 탁월한 장군이었다. 전쟁터에서 병사들에게 약탈을 금지했고, 황제의 부당한 지시에도 한마디 불평 없이 깨끗이 복종했다. 수도 콘스탄티노플의 황궁 주변에서 그에 대한 질시가 고개를 들고 일어났고, 이 때문에 유스티니아누스 황제의 판단도 흐려지곤 했다. 결정적인 시기에 벨리사리우스에 내려진 부당한 전보조치는 다분히 황궁 주변의 이런 분위기 때문이었다. 벨리사리우스 장군도 이를 잘 알고 있었지만, 언제나 깨끗이 황명에 승복했다. 역사가 에드워드 기번은 특히 이 점에서 벨리사리우스에 대한 찬사를 아끼지 않았다.

무질서와 불복종이 보편적인 병폐였던 시대에 오직 벨리사리우스만 명령하는 재능과 복종하는 미덕을 갖추고 있었다.
— 에드워드 기번, 〈로마제국 쇠망사〉 41장

◆◆◆ 동냥을 하는 벨리사리우스 / 자크-루이 다비드

가톨릭으로 개종한 프랑크 왕국의 클로비스 왕

서로마제국이 쇠망해 가던 서기 5세기에 갈리아 지방에서는 프랑크족이 점차 세력을 팽창해갔다. 게르만족의 한 부족인 프랑크족은 라인강 하류 지역에서 갈리아로 진출했다. 프랑크족의 수장으로서 프랑크 왕국을 세우고 메로빙거 왕조의 시조가 된 클로비스는 알라마니족과의 싸움에서 승리한 후 갈리아 지역의 패권을 장악했다.

클로비스 왕은 왕비의 영향으로 가톨릭으로 개종했다. 따라서 클로비스는 인근 지역의 가톨릭 주교와 주민들의 지지를 얻을 수 있었다. 이는 클로비스가 통치하는 프랑크 왕국이 갈리아 일대에서 성공적으로 자리 잡은 가장 큰 요인으로 꼽힌다. 로마 가톨릭교 역시 클로비스의 개종으로 날개를 달았다. 가톨릭교로서는 콘스탄티누스 황제의 그리스도교 공인에 이어 또 하나의 도약 기회를 얻었다. 클로비스는 서고트족마저 에스파냐 쪽으로 밀어내고 갈리아 지역의 대부분을 차지하는 데 성공했다.

프랑크 왕국은 갈리아 지역을 석권함으로써 서유럽의 중심국가로 확고한

◆◆◆ 클로비스의 세례 / 주세페 베주올리

지위를 차지하게 됐다. 당시 서로마제국이 멸망한 후 서유럽이 패권 부재의 상태였기에 프랑크 왕국의 지위는 더욱 공고해졌다. 인근의 다른 게르만 왕국들이 거품처럼 사라지곤 하는 가운데서도 프랑크 왕국만은 세력을 확장해갔다.

그러나 클로비스 왕이 세상을 떠난 뒤에 영지를 나눠 가진 왕자들 사이에 전개된 갈등과 상쟁으로 인해 메로빙거 왕조의 힘이 약해졌다. 대신 재상의 지위에 있는 인물들이 실권을 장악해갔다. 8세기에 재상인 카를 마르텔이 732년 투르 근처에서 벌어진 전투에서 이슬람 군을 물리쳤고, 이어 그의 아들 피핀이 왕위에 올라 메로빙거 왕조를 종식시켰다.

로마 교황을 보호한 프랑크 왕국의 샤를마뉴 대제

샤를마뉴는 프랑크 왕국의 토대를 확고하게 다진 인물이다. 그의 아버지 피핀
은 카롤링거 왕조를 수립한 뒤 사라센인이 점령하고 있던 갈리아 지역을 탈환
했다. 샤를마뉴는 피핀의 뒤를 이어 왕위에 올랐다. 샤를마뉴가 다스리는 동

안에 프랑크 왕국의 영역은 현재의 프랑스와 독일, 이탈리아의 상당부분까지로 확장됐다.

샤를마뉴는 특히 롬바르디아족으로부터 로마 교황을 보호하기 위해 800년 군대를 이끌고 로마에 들어가 당시 교황 레오 3세로부터 '로마황제'의 칭호를 받았다. 이때 교황은 직접 그의 머리에 금관을 씌워주고, 그에게 성유까지 부어주었다. 이어 샤를마뉴는 스페인 지역으로 건너가 사라센인들과 전투를 벌여 바르셀로나 등지를 정복했다. 그 뒤에는 사라센제국의 명군으로 알려진 하룬 알 라시드와 우호관계를 맺고 사절단을 교환하기도 했다.

샤를마뉴는 법률제도를 정비하고 학문과 교육을 장려했다. 피폐해진 공립학교를 되살렸고, 학술원을 세웠다. 샤를마뉴 자신도 다른 학자들과 같은 조건으로 학술원 회원이 됐다. 그는 서유럽을 통일하고 그리스도교를 보호하는 등 두드러진 업적을 남겼기에 흔히 샤를마뉴 대제(카를 대제)라고 불린다. 학술원 회원들로부터 '다윗'이라는 별명도 받았다고 전해진다.

◆◆◆ 샤를마뉴 황제의 대관식 / 라파엘로

2세기 동안 8차례 결성된 십자군

이슬람 세력이 중동과 아프리카 일대를 석권하고 유럽에 대한 압박을 강화하자 그리스도교 세계는 위기감을 느꼈다. 특히 셀주크투르크가 소아시아를 동로마제국으로부터 빼앗아 니케아를 수도로 정하면서 그리스도교 세계에서 위기의식이 고조됐다. 크게 위협을 느낀 동로마제국의 황제 알렉시우스 1세는 교황 우르반 2세에게 투르크족에 맞설 수 있도록 지원해줄 것을 요청했다.

교황 우르반 2세는 즉각 호응했다. 예루살렘과 팔레스티나에 있는 성지를 회복한다는 명분이 있었다. 이와 함께 동방정교를 다시 가톨릭에 흡수할 수 있을 것이라는 기대 섞인 전망도 있었다. 교황 우르반 2세는 1095년 프랑스 클레르몽에서 열린 공의회에서 십자군운동을 제창했다. 이슬람에 대한 싸움은 성전이고, 이 싸움에서 전사하는 사람은 천국에서 보상을 받을 것이라고 역설했다. 참석자들은 "하나님이 원하시는 일"이라며 호응했다. 우르반 2세는 유럽 곳곳을 돌아다니면서 십자군에 동참해줄 것을 호소했다.

처음에는 재력과 무술이 모두 부족한 기사와 농민 등이 오합지졸로 모여 출

◆◆◆ 예루살렘 근처의 목마른 십자군 / 프란체스코 하예즈

정했다. 이들 '농민십자군' 가운데 일부는 약탈을 일삼다가 헝가리에서 소탕됐다. 나머지 일부도 콘스탄티노플에서 민폐를 심하게 끼치자 동로마제국 황제가 서둘러 소아시아 전선으로 옮겼다. 이들은 소아시아에서 투르크족 군대에 의해 궤멸됐다.

그러나 뒤이어 정식 십자군이 결성됐다. 로렌 공작 고드프레이, 플랑드르 백작 볼드윈, 툴루즈 백작 레이몽과 노르만 공국의 보에몽 등 유력한 제후와 기사들이 참가했다. 이들은 콘스탄티노플을 거쳐 소아시아로 건너가 니케아를 함락하고 팔레스티나의 안티오키아로 향했다. 이들 중 볼드윈 백작은 에데사를 공격하여 함락하고 에데사 백작령을 세웠다.

주력부대는 1099년 안티오키아와 예루살렘을 공격했다. 예루살렘을 점령한 다음 무자비한 살육을 벌여 1만 명 이상을 죽였다고 한다. 이들은 이어 예루살

렘에 십자군 왕국을 건설하는 등 팔레스티나 지역에 4개의 십자군 나라를 세웠다. 성지회복이라는 목적을 달성한 유일한 십자군이었다.

그러나 그 후 이슬람 세력이 전열을 정비하고 반격에 나섰다. 이슬람 세력은 살라딘 장군의 지휘로 에데사 백작령과 예루살렘을 공격하여 탈환했다. 그러자 프랑스 왕 루이 7세와 독일 황제 콘라트 3세가 참가한 제2차 십자군에 이어 프랑스의 '필립 존엄왕'과 영국 왕 리처드 1세 및 독일 황제 프리드리히 1세가 참가한 제3차 십자군이 잇달아 조직됐다. 이후에도 십자군 운동은 계속되어 13세기 후반까지 모두 8차례 결성됐다. 그러나 이런 시도는 모두 성과 없이 끝났다. 십자군 운동이 내걸었던 '성지회복'이라는 목표도 무산됐다.

교황에게 굴욕당한 독일 황제 하인리히 4세

중세 유럽에서 교황과 세속권력 사이의 최대 쟁점은 성직자 서임권이었다. 당시 성직자 서임권은 국왕이 갖고 있었다. 국왕의 권세도 크지 않았지만, 교황의 권위도 아직 약했기 때문이었다. 각 지역의 주교와 사제들은 국왕이나 봉건 영주의 지배를 받고 있었다.

교황 그레고리 7세는 이런 상황을 뒤집으려 했다. 수도원 출신으로서 교황에 선출된 그는 당시 가장 강력한 세속권력자였던 독일 황제 하인리히 4세에게 밀라노 주교 서임에 관여하지 말라고 요구했다. 뿐만 아니라 속세의 권력자가 성직자를 서임하는 것을 금지했다. 당시로서는 그야말로 초강수를 둔 것이었다.

그레고리 7세 교황의 강공에 직면한 하인리히 4세도 강하게 맞섰다. 독일에 있는 주교들을 불러 모아놓고는 그레고리 7세를 '찬탈자'로 낙인찍었다. 그러자 그레고리 7세는 행동에 나서 하인리히 4세에 대해 파문과 폐위 조치를 취했다.

그레고리 7세의 이런 강공에 독일의 주교들은 물론이고 귀족들도 동요하기 시작했다. 황제로부터 독립하고 싶은 심리가 자극됐기 때문이었다. 교황 그레고리 7세는 이런 분위기를 틈타 아우크스부르크에서 주교와 귀족들이 참석하

706

는 회의를 소집하고 현지로 출발했다. 하인리히 4세는 교황을 만나기 위해 로마를 향했다. 두 사람은 1077년 카노사에서 만났다.

황제 하인리히 4세는 교황 그레고리 7세에게 '회개'하고 용서를 청했다. 교황은 황제를 용서하고 그의 청을 받아들이기로 했다. 그런데 교황은 황제를 사흘 동안 기다리게 했다가 용서했다. 그 사이에 황제는 성 밖에서 찬바람을 맞으며 떨고 있어야 했다. 황제가 그야말로 '굴욕'을 당한 것이었다. 이 사건은 이후 '카노사의 굴욕'이라고 불리게 된다.

그러나 황제 하인리히 4세는 실질적으로 굴복하지는 않았다. 황제는 '굴욕'을 당한 후 오히려 자신의 세력을 강화하고 반대세력과 맞섰다. 그러고는 3년 간의 내란 끝에 최종 승리를 차지했다. 황제는 곧이어 이탈리아로 가서 로마를 점령하고 꼭두각시 교황을 옹립했다. 그리고 그 교황이 하인리히 4세에게 황제의 관을 씌워 주었다. 반면 교황 그레고리 7세는 이탈리아 남쪽에 있는 노르만족의 나라로 피신했다가 수개월 만에 세상을 떠났다.

한때 굴욕을 겪은 황제 하인리히 4세가 교황 그레고리 7세에 대해 결국은 승리를 거둔 셈이다. 패배와 굴욕도 감수할 줄 알아야 마지막에 승자가 되는 법이다.

◆◆◆ 카노사 성 밖에 서있는 하인리히 4세 황제 / 에두아르 슈바이저

콘스탄티노플을 점령한 4차 십자군

서기 1203년 베네치아와 프랑스의 봉건귀족들이 예루살렘 성지 회복을 명분으로 하여 제4차 십자군을 일으켰다. 지상군은 주로 샹파뉴와 플랑드르 지역에서 동원됐고, 이들이 갖고 있지 못한 항해기술은 베네치아인들이 메워주었다. 당시 베네치아를 통치하던 엔리코 단돌로 대공은 나이도 108세로 많은데다 사실상 실명 상태였음에도 원정에 참가했다.

그런데 십자군 부대가 집결지 베네치아를 떠나서 향한 곳은 예루살렘이 아니었다. 바로 콘스탄티노플이었다. 그 부대에는 동로마제국에서 베네치아로 망명했던 알렉시우스 4세도 참여하고 있었다. 그는 그 전에 숙부 알렉시우스 3세가 아버지 이사키우스 2세를 황제 자리에서 쫓아내고 탑 속에 유폐시키자 도피했다. 그는 당시 교황 이노켄티우스와 자신의 누나인 신성로마제국 황후의 보호를 받고 있었다. 그런데 베네치아에 십자군이 집결했다는 소식을 듣자 황제 자리를 되찾을 수 있는 절호의 기회가 왔다고 판단하고 합류했다. 그리고 약속했다. 자신이나 자신의 아버지가 동로마의 황제 자리를 되찾게 된다면, 분

◆◆◆ 십자군의 콘스탄티노플 입성 / 외젠 들라크루아

리돼 있던 동로마의 교회를 다시 로마 교황의 지배 아래로 되돌리고 십자군에게 20만 마르크를 지불하겠다고.

제4차 십자군은 콘스탄티노플을 점령하는 데 성공했다. 알렉시우스 3세에 의해 눈을 뽑히고 유폐되어 있던 이사키우스 2세는 황제에 복위됐고, 알렉시우스 4세도 대관식을 올렸다. 황제가 사실상 2명이 됐다.

그러나 알렉시우스 4세는 황제가 된 뒤에 자신을 후원하던 프랑스—베네치아 연합군과 동로마제국 신민들 사이에서 갈등을 겪었다. 결국 그는 국내의 불신을 받아 무르주플에 의해 피살됐다. 무르주플은 알렉시우스 5세로 황제에 등극했으나, 이런 반역행위는 곧 프랑스—베네치아 연합군의 제2차 공격을 유

발했다. 알렉시우스 5세는 연합군의 재공격을 받아 황제의 자리를 잃었다. 이로써 동로마제국은 사실상 1차로 멸망했고, 대신 라틴황제 시대가 개막되어 이후 57년 동안 존속했다.

그런데 프랑스—베네치아 연합군의 2차 공격 때에는 1차 공격 때와 달리 무자비한 약탈이 자행됐다. 이때 '약탈의 질서'에 관한 규칙이 제정되어 병사마다 허용되는 약탈의 몫이 정해졌지만, 그래도 대규모 약탈을 막지 못했다. 약탈된 금품의 가치는 당시 잉글랜드 국왕의 세입에 비해 무려 7배였다고 에드워드 기번이 〈로마제국 쇠망사〉에 썼다.

뿐만 아니라 이때의 약탈은 인류의 역사적 유산에 큰 손실을 끼쳤다. 당시 콘스탄티노플에 있었던 위대한 조각 작품들이 무수히 파괴됐다. 비할 바 없이 아름다웠다는 헬레네의 조각상, 거대한 미네르바 여신의 조각상 등이 이때 파괴된 것으로 전해진다. 약탈된 조각 작품 중 놋쇠로 제작된 것들은 녹여져 동전으로 주조됐다. 성인들의 유해와 성상도 약탈되어 서유럽 여러 나라 교회들에 '기증'됐다. 고대 그리스인이 남긴 문서들은 3차례의 화재로 타버렸다. 역사가 기번은 이때의 참화를 다분히 감상적인 기분으로 이렇게 표현했다.

전쟁의 비참한 수지계산에서 이익은 손실과 동일할 수 없고, 기쁨 또한 고통과 절대 같은 가치를 지닐 수 없다. 라틴인의 미소가 표면적이고 일시적인 데 반해 비잔티움인은 조국의 파국에 대하여 영원히 눈물을 흘리게 됐다. 그들의 실제 손실은 성물파괴와 조롱으로 한층 더 고통스러웠다. 도대체 이 도시의 그 방대한 건물과 재보를 불태워 없애버린 3회에 걸친 대화재로부터 정복자들이 얻은 이익이란 과연 무엇인가?
— 에드워드 기번, 〈로마제국 쇠망사〉 60장

710

마녀로 몰려 화형당한 프랑스 구국영웅 잔 다르크

영국과 프랑스는 오랜 세월 서로 적대했다. 19세기까지 기회만 있으면 전쟁을 벌였다. 두 나라 사이의 적대관계로 인해 생긴 사건 가운데 가장 큰 것은 아마도 14~15세기에 일어난 백년전쟁일 것이다.

백년전쟁은 영국의 왕이자 프랑스 가스코뉴 공작령의 영주 지위를 유지하고 있던 에드워드 3세로부터 비롯됐다. 프랑스에 새로 들어선 발루아 왕조의 국왕 필리페 6세가 에드워드 3세에게 신하로서의 복종을 요구했는데 에드워드 3세가 거부하자 가스코뉴 공작령을 몰수했다. 그러자 에드워드 3세는 프랑스에 선전포고를 함과 동시에 프랑스 왕위를 내놓으라고 요구했다. 프랑스는 당연히 거부했다. 에드워드 3세는 군대를 이끌고 프랑스에 밀고 들어갔다. 영국은 1346년 크레시에서 벌어진 큰 전투에서 승리하는 등 초기 전황을 유리하게 이끌어갔다. 에드워드 3세 국왕의 아들 에드워드 흑태자까지 가세하여 푸아티에 전투에서 승리한 후 프랑스 남부까지 휩쓸고 다녔다. 이때 프랑스 국왕 장 2세는 막내 아들과 함께 포로로 잡혀가 영국에서 사망했다.

이후에도 전세는 영국이 주도했다. 영국의 헨리 5세는 아쟁쿠르 전투에서 샤를 6세 휘하의 프랑스군을 격파하고 프랑스 왕위 상속권까지 얻어냈다. 이어 등극한 영국의 헨리 6세는 프랑스에서 샤를 6세가 사망한 후 새 국왕이 즉

위하기 전인 1428년에 프랑스 전체를 정복하기 위해 남부로 밀고 내려가 오를레앙을 포위했다. 프랑스는 그야말로 바람 앞의 촛불 신세가 됐다. 바로 이때 잔 다르크가 기적처럼 나타났다.

잔 다르크는 프랑스 동부의 시골에서 태어난 처녀였다. 어느 날 그녀에게 성인이 나타나 오를레앙의 포위를 종식시키고 프랑스의 새 국왕 대관식을 랭스에서 거행하라는 계시를 주었다고 한다. 잔 다르크는 이 계시에 따라 왕세자를 만나 자신의 계획을 설명하고 프랑스 장병들에게 자신감을 불어넣어 주었다. 이에 힘입어 프랑스군은 영국군에 반격을 개시해 오를레앙을 영국군의 포위로부터 해방시켰다. 프랑스군은 이어 랭스까지 진격하고 그곳에서 새 국왕 샤를 7세의 대관식을 거행했다. 1429년의 일이었다.

그러나 잔 다르크는 영국 편을 들던 부르고뉴 공의 군대에 사로잡혀 영국군에 넘겨졌다. 그녀는 다시 부르고뉴 공의 군대로 이송됐다. 그녀는 결국 종교재판에서 '마녀'라는 판결을 받고 화형에 처해졌다. 19세의 꽃다운 나이에 조국 프랑스를 위해 싸우다가 희생된 것이었다. 그렇지만 프랑스는 이후 영국군에 대한 공세를 늦추지 않고 밀어붙인 끝에 마침내 1453년에 프랑스 전역에서 영국군을 몰아냈다. 이로써 영국은 섬나라가 됐다. 프랑스가 영국을 축출할 수 있었던 것은 잔 다르크가 프랑스의 국왕과 장병들에게 자신감을 불어넣어 준 덕분이라고 할 수 있을 것이다.

전쟁이 끝난 후 1456년에 잔 다르크에 대한 종교재판의 판결은 무효라는 결정이 교황청에 의해 내려졌다. 잔 다르크는 1919년에 성녀의 반열에 올랐다.

◆◆◆화형대에 선 잔 다르크 / 헤르만 안톤 슈틸케

인디언에게 재앙이 된 콜럼버스의 '신대륙 발견'

크리스토퍼 콜럼버스는 1451년 이탈리아의 제노바에서 태어나 20대 중반에 포르투갈로 이주했다. 콜럼버스는 포르투갈에서 선원으로 지내면서 어학과 세계지리를 공부하다가 서쪽 바다를 건너 인도로 가보겠다고 결심했다. 콜럼버스는 왕을 만나 도와달라고 설득했으나 실패하자 에스파냐로 옮겨갔다. 콜럼버스는 에스파냐의 이사벨라 여왕을 만나 자신의 계획을 설명한 끝에 마침내 도움을 얻어냈다.

콜럼버스는 1492년 8월 3일 산타마리아, 니냐, 핀타 등 3척의 배에 90여 명의 선원을 태우고 에스파냐의 팔로스 항을 떠났다. 그는 아프리카 북서부 해역에 있는 카나리아 제도에 들렀다가 9월 6일 본격적으로 대서양 항해를 시작했다. 콜럼버스의 선단은 1개월 이상 항해한 끝에 1492년 10월 12일 아침에 서인도 제도 가운데 하나인 바하마제도의 와틀링 섬에 닿았다. 그곳 인디언들이 '과나하니'라고 부르는 섬이었다. 콜럼버스는 이 섬에 '산살바도르'라는 이름을 붙였다.

콜럼버스는 무장한 선원 몇 명을 데리고 육지에 올랐다. 그는 에스파냐 왕의 깃발을 들었고, 뒤따른 선원들은 녹색 십자가가 그려진 깃발을 들었다. 콜럼버스는 그들에게 자신이 섬을 발견해 차지한 사실을 입증해주는 증인이 되어달라고 요청했다. 그들이 상륙한 섬에는 나무가 우거지고 물이 풍부하며 다양한 종류의 과일이 있었다.

콜럼버스는 주위로 몰려든 섬사람들을 만났다. 콜럼버스는 이때의 일을 자신의 항해록에 다음과 같이 적었다.

잠시 후 섬사람들이 우리 주위로 몰려들었다. 나는 강압보다는 사랑을 통해 그들을 우리의 성스런 신앙으로 귀의시킬 수 있다고 믿었다. 우리에게 친근감을 갖기를 바라면서 나는 그들 중 몇 사람에게 챙 없는 붉은 모자, 목걸이를 만들 수 있는 유리구슬, 조금 값어치가 있는 몇 가지 물건을 주었다. 그러자 그들은 믿을 수 없을 정도로 기뻐하면서 열정적으로 우리를 환영했다.

콜럼버스가 만난 섬사람들은 모두 잘 생겼고, 몸에 여러 가지 색깔을 칠했다. 벌거벗은 채 살고 있었고, 모두 가난해 보였다. 무기를 지니지 않고 있음은 물론 무기가 무엇인지도 몰랐다. 철기라는 것은 아예 없었다. 그렇지만 그들은 영리하여 노예로 부리기에 적합하다고 콜럼버스는 생각했다.

이어 콜럼버스는 주변의 바다를 두루 탐색하여 쿠바, 산토도밍고 등 여러 섬들을 발견했다. 그는 그 섬들에 각각 이름을 붙여준 다음 1493년 에스파냐로 귀환했다. 6명의 인디언도 데리고 갔다. 그 후 콜럼버스는 1493년, 1498년, 1502년 등 모두 3차례 항해를 더 했다. 그때마다 그는 식민지 개척을 맡을 인력을 대거 거느리고 갔다. 이렇게 하여 그는 에스파냐의 아메리카 대륙 진출과 영토 확장에 큰 공을 세웠다. 그렇지만 그는 항해할 때마다 많은 어려움을 겪어야 했고, 선원들의 반란에 시달리기도 했다. 특히 3번째 항해 때에는 국왕이 파견한 재판관에 의해 체포되어 에스파냐로 강제송환되기도 했다. 송환된 콜럼버스는 그때까지 보유하고 있던 '총독' 이라는 칭호를 박탈당했다.

콜럼버스는 1504년 이사벨라 여왕이 삶을 마감한 후에는 에스파냐 왕실의 후원을 더 이상 받지 못했다. 이 때문에 콜럼버스는 말년에는 쓸쓸하게 세월을 보내다가 세상을 떠났다. 그는 1차 항해기간 중 항해일지를 작성해 왕에게 바쳤는데, 현재 그 원본은 없고 필사본만 남아 있다고 한다.

콜럼버스가 서인도 제도를 찾아내고 그곳에 상륙한 것은 결코 '발견' 이 아니다. 콜럼버스 자신도 항해록에 기술했듯이, 그 땅에는 이미 인디언들이 살고 있었기 때문이다. 다만 유럽인들이 보기에 새로운 땅 하나를 찾아낸 것이었다. 어쨌든 콜럼버스는 자신이 갔던 곳이 아시아가 아니라 새로운 대륙이었다는 사실을 죽을 때까지도 몰랐다고 한다.

그렇지만 콜럼버스의 항해와 서인도제도 상륙이 세계사적인 사건이었던 것은 틀림없다. 당시 유럽인들에게 전혀 알려지지 않았던 땅을 찾아내어 그들의 해외진출 의욕을 자극했기 때문이다. 그 뒤로 유럽인들은 앞 다투어 서인도제도와 아메리카 대륙으로 진출했다. 유럽인들의 진출은 아메리카 대륙에 이미 살고 있었던 인디언들에게는 침략이자 재앙이었다. 뿐만 아니라 유럽인들이 아메리카 대륙에 진출해 정착하고 활동영역을 확장하면서 많은 수의 노예를 필요로 하게 됐고, 이는 흑인노예 무역으로 이어졌다. 이처럼 아메리카 인디언과 아프리카 흑인들의 수난사는 콜럼버스의 신대륙 '발견' 에서 시작됐다.

◆◆◆ 과나하니 섬에 상륙한 콜럼버스 / 존 밴딜린

르네상스 예술을 후원한 피렌체의 재벌 메디치가

15~16세기에 이탈리아 피렌체에서 레오나르도 다빈치, 미켈란젤로, 보티첼리, 도나텔로 같은 화가들과 정치사상가 마키아벨리, 탐험가 아메리고 베스푸치 등이 배출됐다. 이곳에서는 그 전에도 단테와 보카치오 같은 걸출한 문인들이 등장했다. 모두가 인류 역사에 커다란 족적을 남긴 위대한 인물이다. 우리는 그들이 활동하던 시대를 르네상스 시대라고 부른다.

인류의 역사상 이렇게 위대한 인물들이 한 도시에서 샘솟듯이 끊임없이 나온 예는 정말 드물다. 소크라테스 등 고대 철학자들이 활동하던 기원전 5세기 고대 그리스의 아테네, 고전음악의 거장들을 탄생시킨 18세기 말~19세기 초 오스트리아의 빈 정도를 꼽을 수 있을 것이다.

피렌체가 위대한 인물을 많이 배출한 배경으로는 여러 가지가 있겠지만 메디치 가문을 꼽지 않을 수 없다. 메디치 가문은 몇 세기에 걸쳐 피렌체의 정치, 경제, 문화를 지배했을 뿐 아니라 문화예술가들을 아낌없이 후원했다.

메디치 가문은 14세기 중엽 모직물 공장을 운영하던 상인 조반니 메디치가 부를 축적하여 교황청과 돈거래를 하는 '교황의 은행가'로 성장하면서 두각을 나타내기 시작한다. 그는 이를 바탕으로 피렌체 공화국의 고위직에도 오른다. 메디치가의 위상은 그의 아들 코시모 메디치에 이르러 확고해졌다.

코시모는 고전에 대한 해박한 지식을 보유한 인문주의자였다. 그렇지만 정치적 논쟁에는 거리를 두고 신중하게 처신했다. 코시모는 경쟁가문의 모함으로 한때 추방당했다가 귀국해서 피렌체 공화국의 최고위직에 올라 정적을 몰아내고 권력을 장악했다.

코시모는 1439년 그리스정교와 로마가톨릭 교회의 공의회를 개최함으로써 교계와 학계에서 주목을 받는다. 공의회 개최를 계기로 그리스 학자들이 피렌체에 모여들고 이에 따라 피렌체에서 고대 역사와 철학에 대한 관심이 고조됐다. 특히 플라톤에 대한 관심이 커졌다. 코시모는 플라톤 연구를 위한 아카데미를 설립했다. 또 각종 고전을 수집하여 도서관을 세우고 고전 연구자들에게 개방한다.

이어 코시모는 피렌체의 성당과 수도원 등 각종 건축물을 짓고, 고치고, 새로 장식하는 데 메디치가의 자금을 대대적으로 투입했다. 오늘날 두오모 성당으로 불리는 산타 마리아 델 피오레 성당의 돔을 조각가 필리포 브루넬레스키에게 맡긴 것도 이 무렵이었다. 이 돔은 로마시대에 세워진 판테온을 본떠 만들어졌다. 메디치가의 가족 성당으로 이용된 걸작 건축물 산 로렌초 성당과 메디치궁도 이때 지어졌다. 메디치궁에는 〈다비드〉와 〈홀로페르네스를 살해하는 유디트〉 등 많은 작품을 제작한 조각가 도나텔로를 비롯해 화가 베노초 고촐리와 산드로 보티첼리 등 많은 미술가들이 드나들었다.

코시모의 후계자 로렌초는 뛰어난 외교역량을 발휘해 피렌체 주변 정세를 안정시키는 한편 문예활동에 대한 후원도 왕성하게 벌였다. 로렌초는 자신의 별장에서 플라톤의 생일을 축하하는 연회를 해마다 열었고, 천재적인 예술가 미켈란젤로를 발굴했다. 보티첼리의 걸작 그림 〈봄〉과 〈비너스의 탄생〉도

메디치가의 위탁에 의해 그려졌다. 또한 조각가 안드레아 델 베로키오와 전인적 예술가이자 과학자인 레오나르도 다 빈치를 발굴하고 이들이 베네치아와 밀라노로 갈 때 추천해주고 후원했다. 당시 유럽의 대학 중 유일하게 그리스어를 가르치던 피렌체 대학에 재산을 기부했고, 아리스토텔레스의 저작을 라틴어로 번역하는 작업도 벌였다. 로렌초 자신도 시를 썼다. 그는 단테와 보카치오처럼 당시 토스카나 고유 언어로 시를 창작해 현대 이탈리아어가 형성되는 데 지대한 공헌을 했다.

이후 도미니쿠스회의 수도사인 지롤라모 사보나롤라가 '개혁운동'을 벌이면서 메디치가는 한때 권좌에서 밀려나기도 했다. 메디치가가 다시 복귀하기는 했지만 피렌체 안팎의 정세는 매우 어지러웠다. 이 과정에서 니콜로 마키아벨리라는 냉정한 현실주의 정치사상가가 출현하기도 했다. 이런 어지러움을 틈타 메디치가는 교황 레오 10세와 그의 후임자 클레멘스 7세를 배출했다. 레오 10세 교황 시대에는 독일에서 루터를 중심으로 종교개혁의 외침이 터져 나오기도 했지만, 그런 와중에도 레오 10세는 화가 라파엘로를 지원했다. 클레멘스 7세 교황도 라파엘로를 후원했을 뿐만 아니라 지동설을 주장한 폴란드의 천문학자 니콜라우스 코페르니쿠스를 격려하기도 했다.

이 밖에도 메디치가는 프랑스에서 나바르 공이 파리에 입성해 앙리 4세로 등극하는 과정에서 자금을 지원했고, 지동설을 주장한 갈릴레오 갈릴레이의 망원경을 건네받아 설치하고 그에게 피신처를 제공했다.

◆◆◆트리니타 데이 몬티 성당과 메디치 빌라 / 프랑수아-마리우스 그라네

메디치가는 그 뒤로 공작의 칭호를 사용하며 권력을 유지했지만, 강성해지는 주변 외세에 밀려 점차 쇠락하게 된다. 마침내 1737년 메디치가의 7대 수장인 대공 잔 가스토네가 사망하고 오스트리아가 토스카나 지방을 차지하면서 메디치가는 완전히 몰락했다.

메디치가는 인류의 문화와 과학이 발전하는 과정에서 거대한 자취를 남겼다. 오늘날 우리가 향유하는 문화의 향기가 상당부분 메디치가의 후원 덕분에 피어올랐다고 할 수도 있다. 그런 점에서 메디치가는 이제까지 인류 역사에 무수히 등장한 명문가 가운데서도 아주 특이한 가문이었다고 할 수 있겠다.

피렌체를 신의 이름으로 통치한 사보나롤라

"이것이야말로 신께서 내리시는 칼이다. 내 예언은 적중했다. 회초리가 내려 친다. 신께서 몸소 저 군대를 인솔하고 계신다. 이것이야말로 신이 노여움에 서 내리시는 시련이다!"

1494년 11월 1일 도미니쿠스회 수도사인 지롤라모 사보나롤라는 피렌체의 군중 앞에서 이런 연설을 했다. 프랑스 왕 샤를 8세가 나폴리의 왕위 계승권을 주장하며 알프스 산을 넘어 남하하면서 피렌체 영토를 통과할 때였다.

당시 피렌체는 유명한 메디치 가문의 일원인 피에로 데 메디치가 통치하고 있었다. 그는 샤를 8세에게 너무 저자세를 보인 끝에 비싼 대가를 치렀다는 비난을 들었다. 그를 비롯한 메디치 가문의 유력인사들이 피렌체에서 추방당 했다. 메디치 은행도 파산했다. 그 대신 실권을 잡은 사람이 바로 사보나롤라 였다.

피렌체는 사보나롤라의 지도 아래 '민주정체'를 도입했다. 피렌체의 주민 7 만 명 가운데서 3200명을 선출해 의회를 만들고, 효율적인 통치를 위해 원로원 격인 80인위원회를 설치했다. 그러나 사실상은 사보나롤라의 지도 아래 예수 를 왕으로 받드는 새로운 정체, 즉 신정정치가 실시됐다. 사보나롤라는 외교적 으로는 친프랑스 노선을 취했다. 당시 베네치아가 차지하고 있던 도시 피사를 프랑스 국왕 샤를 8세가 피렌체에 주기로 약속했다는 것이 그 이유였다. 내륙 국가인 피렌체로서는 바다로 통하는 관문이 필요했기에 사보나롤라의 그런 노선은 그럴 듯해 보였다.

사보나롤라의 지도이념은 말하자면 '그리스도교 근본주의'였다. 사보나롤라는 피렌체를 '신의 도시'라고 부르고 피렌체인을 '신의 백성'이라고 불렀다. 그를 따르는 소년들이 두건을 쓰고 몰려다니면서 행인들로부터 사치품을 몰수하는가 하면 전국의 사치품을 한 자리에 모아놓고 불태워버리기도 했다. 피렌체의 시민들은 이런 모습을 지켜보며 기도와 성가로 그들을 격려했다.

그러나 파국은 빨리 왔다. 프란체스코 수도회를 중심으로 사보나롤라에 반대하는 움직임이 나타났다. 프란체스코 수도회는 사보나롤라에게 '불의 심판'을 받자고 요구했다. 사보나롤라가 평소 참된 예언자를 자처하며 신이 기적으로 그것을 입증해줄 것이라고 말해온 점을 물고 늘어졌다. 프란체스코 수도회는 사보나롤라에게 자신의 주장을 당장 입증해 보이라고 요구하면서, 그 방법으로 양쪽의 수도사가 차례로 훨훨 타는 불 속으로 걸어가자고 제안했다. 사보나롤라 측의 수도사가 불 속을 걸어가는데 화상을 입지 않으면 그것을 그의 주장이 옳다는 증거로 인정하겠다는 것이었다.

이에 따라 '불의 심판'이 열리는 날과 그 심판에 나갈 양쪽 '선수'도 확정됐다. 그러나 심판 당일 양파는 불 속에 그리스도 상을 들고 들어가는 것을 허용해야 하는가를 놓고 하루 종일 옥신각신하느라 시간을 지체했다. 그러던 중 오후 늦게 장대비가 쏟아지자 도미니쿠스회 수도사들이 "신이 불의 심판을 원하지 않는다는 증거"라고 소리치며 심판을 중단시켰다. 그러자 지켜보던 군중이 가짜 예언자에게 속았다면서 반기를 들었다. 군중은 사보나롤라를 재판

◆◆◆ 처형 당하는 사보나롤라 / 스테파노 우시

에 넘기라고 요구했다.

　그 다음날 사보나롤라는 제자 2명과 함께 체포됐다. 그는 로마 교황청에서 파견된 주교에 의해 공개재판을 받고 이단 및 분파활동 등의 죄목으로 사형 선고를 받았다. 사보나롤라는 광장에서 교수형과 화형을 차례로 당했다. 불에 타고 남은 뼛조각과 재는 무장군인들에 의해 수거돼 아르노 강에 던져졌다고 한다.

면죄부 판매에 반기를 든 마르틴 루터

그리스도교가 중세 말기에 부패하고 완고해지면서 많은 문제점을 낳았고, 이에 대한 저항운동 또는 개혁운동이 유럽 곳곳에서 간헐적으로 일어났다. 영국의 위클리프나 보헤미아의 후스가 대표적인 예다. 이런 운동을 주도했다가 붙잡힌 사람 가운데 후스처럼 '이단'으로 낙인찍힌 이들은 무자비하게 처형당했다. 간헐적으로 일어나던 그리스도교 개혁 움직임은 마침내 16세기에 집중적으로 분출되며 절정을 이루었다. 그 직접적인 계기는 교회의 '면죄부 판매'였다.

면죄부는 그 전에도 십자군 전쟁을 위한 전비, 자선사업을 위한 비용, 기타 교회에서 필요하다고 여기는 분야에 쓸 사업자금이나 경비 등을 마련하기 위해 교회가 판매했다. 그러나 그동안에는 면죄부 판매에 이의가 제기되지 않았다. 그러다가 16세기 초에 문제가 됐다. 메디치가 출신의 레오 10세 교황이 재임(1513~1521)할 때 교회가 면죄부 판매를 대폭 늘렸다. 성베드로 대성당 건축 비용을 마련하기 위해서였다. 특히 도미니쿠스파 수도사들이 "면죄부를 사면서 낸 돈이 금고 바닥에 떨어지는 소리가 나는 순간 면죄부를 산 사람뿐만 아니라 그의 부모와 친지의 영혼도 구제받을 수 있다"고 선전하는 등 판매에 열을 올렸다.

그러자 당시 아우구스티누스파 수도사였던 마르틴 루터가 감연히 일어섰다. 루터는 1517년 10월 비텐베르크 성의 교회에 면죄부 판매의 부당성을 지적하는 95개 조의 반박문을 내걸었다. 이 반박문은 곧바로 독일 전역에 사본으로 회람되면서 큰 호응을 얻었다. 루터는 1519년 가톨릭 측 신학교수와 공개토론을 벌이고 나서도 자신의 입장을 고수했다. 루터는 이듬해 〈그리스도인의 자유〉 등 논문 3편을 통해 자신의 입장을 다시 밝힌 데 이어 이단설을 철회하라는 내용의 교황칙서를 일반시민들 앞에서 불태워버렸다. 교황청은 1521년 그를 파문했다. 루터는 가톨릭과 돌이킬 수 없는 정면대결의 길에 들어섰다.

당시 에스파냐와 독일의 황제를 맡고 있었던 카를 5세는 보름스에서 의회를 소집하고 이 의회에 루터를 소환했다. 황제는 루터에게 입장을 철회하라고 압박했다. 그러나 루터는 단호하게 거부했다.

나는 아무것도 취소할 수 없고, 또 취소하지 않을 것입니다. 왜냐하면 양심에 어긋나는 행동을 하는 것은 우리에게 안전하지 않을 뿐 아니라 허용되지도 않기 때문입니다. 이것이 바로 나의 입장이요, 나는 달리 할 수 없습니다(Hier stehe ich, ich kann nicht anders).

이 정도면 당연히 루터는 체포되어 화형에 처해져야 했다. 그러나 다행히도 작센 선제후 프리드리히 현명공이 루터를 호위해주었다. 작센 선제후는 루터를 발트부르크 성에 머무르게 해주었다. 루터는 이 성에 기거하는 동안 성서를 독일어로 번역하기도 했다. 이렇듯 루터가 제거되지 않고 살아 있다는 것 자체가 종교개혁의 기운을 확산시키는 효과를 낳았다. 이에 따라 루터보다 더 급진

◆◆◆ 보름스 의회의 루터 / 안톤 폰 베르너

적인 재세례파가 형성되어 세를 확장하는 등 다양한 종교개혁 운동이 꼬리에 꼬리를 물고 일어났다.

1524년에는 슈바르츠발트에서 농노제 폐지 등을 요구하는 농민전쟁이 발발했다. 루터는 이런 과격한 개혁운동에는 가담하지 않았다. 그는 오히려 농민전쟁을 강력하게 진압하라고 촉구했다.

그러나 어쨌든 루터 지지자들은 점차 늘어났다. 루터에 대한 지지는 독일뿐만 아니라 덴마크와 스웨덴을 비롯한 유럽 전체로 확산됐다. 독일 영방의 제후와 군주 가운데서도 루터의 주장을 받아들이는 이들이 늘어났다. 물론 가톨릭을 고수하는 제후들도 있었다. 이 때문에 독일은 영방의 제후들끼리 내란이 벌어질 수도 있는 위기상황으로 치달았다. 결국 독일 황제 카를 5세가 1555년 아우구스부르크에서 강화회의를 열어 '현실'을 인정했다. 이로써 종교개혁이 마침내 공식으로 인정받게 됐다.

불륜죄를 뒤집어쓰고 참수당한 '천일의 앤'

앤 불린은 영국 왕실의 궁녀였다. 그런데 국왕 헨리 8세(재위 1509~47)와 눈이 맞았다. 헨리 8세는 불린과 결혼하기 위해 18년 동안이나 함께 살아온 에스파냐 왕실 출신의 왕비 캐서린과 이혼했다.

헨리 8세는 이혼을 승인해줄 것을 교황에게 요청했으나 교황은 거절했다. 그러자 헨리 8세는 교황과의 관계를 아예 끊어버렸다. 영국 교회를 로마 가톨릭으로부터 분리하고 스스로 그 수장이 됐다. 오늘날의 성공회는 이렇게 하여 생겨난 것이다.

헨리 8세는 여기서 그치지 않고 수도원을 해산하고 그 토지를 몰수했다. 그럼으로써 헨리 8세는 당시 유럽 전역을 휩쓸던 종교개혁의 물결에 올라탔다.

이렇게 로마 교황청과 영국 왕실 사이에 분란의 씨앗을 뿌린 앤 불린은 헨리 8세와 결혼한 지 3년 뒤에 불륜과 마녀 등의 죄목으로 처형된다. 불린이 아들을 낳지 못하자 헨리 8세가 또 다른 궁녀에게 눈을 돌리면서 불린을 버리고 말았다.

헨리 8세는 불린을 처형할 때 프랑스에서 칼 잘 쓰는 사람을 특별히 데려오게 했다. 단칼에 목을 자름으로써 그녀가 참수 과정에서 고통을 겪지 않도록 나름대로 '배려'한 것이었다. 불린은 죽기 직전에 "왕에게는 아무 잘못이 없다"면서 "왕을 잘 섬겨달라"는 말을 남겼다고 전해진다. 이처럼 불린은 조선 시대에 숙종의 왕비 자리를 차지했다가 쫓겨나고 사사된 장희빈과 비슷한 운명을 겪었다.

헨리 8세 국왕은 왕비를 5번이나 바꿨다. 아울러 영국의 절대왕정을 확립했다. 그렇지만 다른 나라에서처럼 무조건적인 절대왕정을 수립한 것은 아니었다. 그는 중요한 일은 대체로 의회를 통해 실행에 옮겼다고 한다. 의회가 아직 약하기는 했지만, 국왕이 존중해줌으로써 최소한의 권위는 이어나갔다.

처형된 앤 불린의 딸 엘리자베스는 나중에 엘리자베스 1세 여왕이 된다. 영국 최초의 여왕인 엘리자베스 1세는 1588년 에스파냐의 무적함대를 격파했고, 다른 나라들과의 외교관계에서도 탁월한 능력을 발휘했다. 아울러 경제를 발전시키고 동인도회사를 설립해 해외진출의 기반을 닦아서 영국의 국력을 더욱 신장시켰다.

앤 불린의 파란만장한 삶은 영화 〈천 일의 앤〉과 도니체티의 오페라 〈안나 볼레나〉의 소재가 됐다.

◆◆◆ 윈저 숲에서 사슴 사냥을 하는 헨리 8세와 앤 불린 / 윌리엄 파월 프리스

스페인 쇠퇴의 계기가 된 무적함대의 패배

16세기에 스페인은 그야말로 세계 최강의 나라였다. 15세기 말에 그라나다에 있던 이슬람교도들을 몰아낸 데 이어 콜럼버스가 발견한 아메리카 대륙까지 석권했다. 이베리아 반도에 같이 있던 나라 포르투갈도 합병했다. 스페인은 아메리카 대륙에서 채굴된 막대한 양의 금과 은을 본국으로 반입하면서 경제적으로도 번영했다. 펠리페 2세가 통치하던 때인 1580년 투르크와 레판토에서 해전을 벌여 승리한 후로는 더욱 기세등등했다.

그런데 영국이 스페인의 이런 지위를 위협했다. 특히 프랜시스 드레이크라는 영국인 해적이 해상에서 귀금속 수송선을 탈취하는 등 스페인에 끊임없이 도전했다. 스페인은 영국에 사절을 보내 드레이크를 처형하라고 요구했다. 하지만 영국 여왕 엘리자베스 1세는 이를 거부하고 오히려 사절단이 보는 앞에서 드레이크에게 기사 작위를 내렸다. 그러자 스페인은 영국을 공격하기 위해 '무적함대'를 보냈다. 교황 식스투스 6세도 스페인의 영국 공격을 부추겼다.

스페인 무적함대의 배들은 크고 무거웠고, 대포의 성능이 그리 좋지 않았다. 반면 영국의 함선들은 비교적 작고 날렵했고, 대포의 성능이 우수했다. 영

◆◆◆무적함대 / 니컬러스 힐리어드

국 해군은 부제독 윌리엄 드레이크 경의 지휘 아래 소규모 함대로 타격을 가하고 빠지는 전술로 무적함대를 괴롭혔다. 스페인 무적함대가 영국 동남부에 상륙할 것을 목표로 하여 영국해협으로 들어간 뒤 일단 프랑스 칼레 항에 정박했을 때 영국 해군이 화공전법으로 공격했다. 화약을 잔뜩 실은 영국 배를 무적함대 속으로 밀어 넣는 방법이었다. 결국 스페인 무적함대는 효과적으로 전술을 운용하는 영국 해군을 당해내지 못하고 퇴각했다. 1588년의 일이었다.

무적함대가 영국 해군에 패배한 것을 계기로 스페인의 국력이 쇠퇴하기 시작했다. 17세기에 들어서면 해상의 주도권이 영국과 네덜란드로 넘어가게 된다. 스페인으로 유입되는 귀금속도 줄어들었다. 스페인은 영국과의 모직물 생산 및 수출 경쟁에서도 밀려나 점차 유럽의 변방국가로 전락해갔다.

성 바르톨로뮤 축일의 대학살에서 낭트 칙령까지

1517년 마르틴 루터에 의해 시작된 종교개혁은 유럽 전체를 분열시켰다. 개신교로 기울어진 나라들과 가톨릭을 고수하는 나라들로 갈라졌다. 같은 나라 안에서도 개신교로 개종하는 귀족이나 시민들이 있는가 하면, 가톨릭 신앙을 지키려는 사람들도 있었다. 유럽 전체가 종교적인 반목과 전쟁에 휩싸이는 동안 유럽 각국 안에서도 종교적인 갈등과 대립이 그치지 않았다.

나라 안이 서로 다른 신앙으로 갈라져서 반목과 대립을 일삼았던 나라로 가장 대표적인 곳은 프랑스다. 프랑스에서는 국민 대부분이 가톨릭 신앙을 유지하는 가운데서도 칼뱅과 개신교가 은근히 퍼져나갔다. 이들은 특히 서남부 지방에 많았고, '위그노'라고 불렸다. 귀족들도 가톨릭과 개신교로 양분됐다. 가톨릭은 기즈 공작 앙리가 이끌었고, 개신교는 나바르 공작 앙리가 중심을 이루었다.

가톨릭 세력과 개신교 세력은 1562년부터 본격적인 전쟁 상태에 들어갔다. 1572년에는 위그노가 대규모로 학살당하는 사건이 벌어졌다. 이른바 '성 바르

◆◆◆ 앙리 4세의 칼 / 장 오귀스트 도미니크 앵그르

톨로뮤 축일의 학살 사건'이다. 이 사건으로 전국에서 수천 명의 위그노가 조직적으로 학살됐다. 그럼에도 불구하고 위그노의 세력은 여전히 건재했다.

가톨릭과 개신교 간 대립은 그 뒤에도 계속되다가 '세 앙리의 전쟁' (1585~1589)으로 절정을 이루었다. 이는 국왕 진영, 가톨릭 진영, 개신교 진영에서 각각 중심이 된 세 귀족의 이름이 모두 '앙리'라는 점에서 붙여진 이름이다. 이 무렵 상대적으로 온건한 가톨릭교도 국왕이었던 앙리 3세는 기즈 공 앙리에 대한 암살을 승인했다. 그러자 파리 시민들이 앙리 3세를 쫓아내고 기

즈 공을 불러들였다. 앙리 3세는 나바르 공이 있는 남부 프랑스로 도피했다가 수도사에게 암살당했다.

파리 시민들은 왕위계승권이 없는 인물을 새 왕으로 옹립하려고 했다. 그러자 왕위계승권자인 나바르 공 앙리가 행동을 개시해서 가톨릭파에 승리를 거두고 파리를 포위했다. 나바르 공 앙리는 파리 시민들과 협상을 벌인 끝에 가톨릭으로 개종하고는 "파리는 미사를 올릴 가치가 있는 도시"라고 말하며 파리에 입성해 국왕 앙리 4세가 됐다. 앙리 4세 국왕은 1598년 '낭트 칙령'을 발표해 개신교도들에게 신앙의 자유를 허용했다. 허용된 자유의 폭은 제한적이었지만, 종교적 불관용의 시대에서 관용의 시대로 이행하는 데서 중요한 이정표가 마련됐다. 이로써 피비린내 나던 프랑스의 종교전쟁은 막을 내렸다.

앙리 4세는 당시 강대국이던 에스파냐의 간섭을 배제하고 에스파냐가 차지하고 있던 영토도 상당부분 되찾았다. 그는 상공업자를 우대하는 반면 귀족의 권익을 억누르는 등 프랑스를 재건하기 위한 토대를 닦았다. 그러나 그는 1610년 가톨릭 광신도에 의해 암살됐다. 그 뒤를 이어 루이 13세가 왕으로 등극하고 추기경 리슐리외가 수상을 맡아 프랑스를 절대주의 왕국으로 변모시켜 갔다. 프랑스 영화 〈여왕 마고〉는 나바르 공 앙리가 왕으로 등극하기 이전의 시기를 배경으로 하여 제작된 작품이다.

역사상 최고의 과학자 뉴턴의 겸손

아이작 뉴턴은 젊은 시절의 어느 날 자신의 방으로 들어오는 햇빛을 차단했다. 다만 빛을 차단한 가림막에 지름 3mm 크기의 작은 구멍을 뚫었다. 그리고 그 구멍 앞에 프리즘을 갖다 놓았다.

그랬더니 이상한 현상이 발견됐다. 프리즘을 통과한 빛은 백색이 아니라 7가지 색깔로 나뉘었다. 빨강, 주황, 노랑, 초록, 파랑, 남색, 보라색으로 나뉠 뿐 아니라 각각 서로 다른 각도로 굴절했다. 빨간 색은 가장 조금 굴절했고, 보라색이 가장 크게 굴절했다. 놀라운 일이었다. 그래서 뉴턴은 실험을 한 차례 더 했다. 빛이 들어오는 구멍 앞에 프리즘을 4.5cm 간격으로 2개 설치했다. 이번에도 똑같은 결과가 나왔다. 빛의 굴절 현상을 분명히 확인했다. 아울러 백색을 띠는 빛도 사실은 단순히 백색이라는 하나의 색깔만 가진 빛이 아니라 7가지 색깔이 합쳐진 것임을 확인했다.

어릴 때부터 빛의 움직임에 관심이 많았던 뉴턴은 반사망원경을 직접 제작했고, 이어 프리즘을 통한 빛 실험을 거듭했다. 그래서 빛은 파동이 아니라 입자라는 자신의 지론을 더욱 확고하게 굳혔다. 뉴턴은 그러한 실험 결과를 일종의 과학잡지 〈생각의 교환〉에 발표했다.

뉴턴의 실험결과와 이론에 대해 한동안 찬성과 반대가 맞서서 논란이 많이 벌어졌다. 그렇지만 로버트 후크를 비롯해 뉴턴의 이론에 반론을 펴던 사람들도 거듭된 논쟁 끝에 뉴턴의 새로운 이론에 동의하기에 이르렀다.

뉴턴을 인류가 낳은 최고의 과학자 반열에 올린 것은 무엇보다 중력이론을 다룬 〈자연철학의 수학적 원리(Naturalis Philosophiæ Principia Mathematica)〉라는 그의 저서다. 뉴턴은 라틴어로 쓴 이 책을 통해 만유인력의 법칙을 확립했다. 모든 물체의 운동을 지배하는 법칙을 수학적으로 규명하고, 지구와 달의 자전과 공전 현상은 물론이고 우주가 조화롭게 운행되게 하는 근원적인 법

칙을 해명해낸 것이다. 그럼으로써 그는 코페르니쿠스와 갈릴레이가 제기한 지동설에 확실한 근거를 부여했다. 뉴턴의 이 책은 17세기의 과학혁명을 상징하는 저작이 됐고, 과학사 전체를 통틀어도 최고의 가치를 지닌 저술로 평가된다.

뉴턴은 빛에 대한 관심을 더욱 발전시켜 두 번째 저서로 빛의 반사와 굴절, 반사망원경의 구조 등 빛과 관련된 온갖 이론과 실험을 다룬 〈광학〉을 써서 출간했다. 그는 또 독자적으로 미적분법을 발견해냈다. 미적분법을 누가 먼저 발견했는지를 둘러싸고 독일의 철학자이자 수학자였던 라이프니츠와 평생 논쟁을 벌이기도 했다.

이렇게 인류의 과학사에 불멸의 업적을 이루었고 논쟁도 서슴지 않던 뉴턴은 그러나 교만하지 않았다. 자신이 세상의 진리를 모두 찾아냈다고 생각하지 않았다. 도리어 그는 죽음을 맞기 직전에 참으로 겸손한 한마디를 남겼다.

나는 바닷가에서 놀고 있는 소년이었다. 거대한 진리의 바다는 아무것도 가르쳐주지 않으면서 내 앞에 펼쳐져 있고, 나는 바닷가에서 놀다가 가끔씩 동그스름한 돌과 다른 것보다 훨씬 예쁜 조개를 찾으며 즐거워했다.

◆◆◆ 뉴턴의 빛의 굴절 발견 / 팔라지 펠라조

종교전쟁에서 국제 권력다툼으로 발전한 30년전쟁

유럽에서 루터의 종교개혁을 계기로 폭발한 극심한 종교분쟁은 17세기 들어 점차 잦아들었다. 1598년 프랑스 국왕 앙리 4세의 낭트 칙령 공포, 영국과 에스파냐의 화해 등을 통해 프로테스탄트와 가톨릭 사이의 피비린내 나는 전쟁도 거의 마무리됐다.

그러나 독일에서는 여전히 두 종파 사이의 갈등이 내재돼 있었다. 독일에서 세력을 확대한 프로테스탄트 세력은 가톨릭을 고수하는 합스부르크 왕가에 대해 반란을 일으켰다. 처음에 보헤미아에서 일어난 반란이 독일 전역으로 번졌고, 이에 맞서 합스부르크가 오스트리아의 황제 페르디난트 2세를 앞세운 가톨릭 세력이 대대적인 반격을 가했다.

그런데 가톨릭 세력이 대세를 장악해 가자 프로테스탄트 국가인 스웨덴의 구스타프 아돌프 국왕이 개입했다. 그의 군대를 환영한 것은 프로테스탄트 세력이 아니라 가톨릭 제후들이었다. 합스부르크 왕가의 지배를 받고 싶지 않았기 때문이었다. 게다가 가톨릭 국가인 프랑스가 스웨덴을 몰래 지원하고 있었

◆◆◆ 1648년 강화조약에 대한 축하 / 바르톨로메우스 반 데르 헬스트

다. 합스부르크가의 힘이 너무 강해지는 것을 막기 위해서였다. 프랑스는 스웨덴 군대가 전투에서 패배하자 직접 전투에 뛰어들었다. 그 결과 프랑스와 스웨덴의 연합세력이 한 편이 되고, 합스부르크 왕가가 지배하는 오스트리아와 에스파냐가 반대편이 되어 국제적인 대전쟁이 벌어지게 됐다. 전쟁의 성격도 처음에는 종교전쟁이었지만 나중에는 국제적인 권력다툼으로 변질됐다. 종교적인 신앙 노선은 더 이상 변수가 되지 않았다.

전쟁의 무대는 독일이었다. 1618년에 시작된 이 전쟁은 30년 동안이나 계속되어 '30년전쟁'이라는 이름이 붙었다. 전쟁으로 말미암아 독일의 영토와 민중의 삶이 황폐해졌다. 전쟁으로 말미암아 독일과 보헤미아의 인구가 3분의 1 가량 감소했다고 한다. 이처럼 끔찍했던 전쟁은 1648년 베스트팔리아 조약을

통해 거우 종식됐다.

베스트팔리아 조약은 가장 규모가 큰 근대 국제조약으로 평가된다. 이 조약을 통해 프랑스는 알자스 지방의 큰 부분을 차지하면서 세력을 확대한 반면 합스부르크가의 오스트리아는 지금의 독일 영내에 위치한 보유영토를 대부분 상실했다. 스위스와 네덜란드의 독립도 이 조약을 통해서 정식으로 인정받았다. 반면 독일은 얻은 것이 아무것도 없었다. 종교적 화합도, 정치적 통일도 이루지 못했다. 수많은 영방국가들로 분열된 상태는 여전했다. 그 분열은 19세기 후반까지 계속됐다.

특히 이 전쟁으로 말미암아 에스파냐는 몰락의 길로 접어들게 됐다. 전비부담이 너무나 컸기 때문이었다. 16세기에 에스파냐는 세계 최강대국이요 '해가 지지 않는 제국'이었지만, 이 전쟁 이후에는 점차 힘을 잃어갔다. 에스파냐의 이 같은 몰락에 대해 에드워드 맥널 번즈 교수 등은 〈서양문명의 역사〉에서 "그리스 비극을 방불케 한다"고 표현했다.

프랑스 절대주의 군주 루이 14세의 '전쟁사업'

서유럽 절대주의의 상징이나 다름없는 프랑스의 루이 14세 국왕은 영토 확장을 위한 전쟁을 집요하게 전개했다. 북아메리카와 아시아에서 영국 및 네덜란드와 패권을 다투었고, 유럽에서는 주로 당시 신생독립국이었던 네덜란드를 겨냥했다.

루이 14세는 1672년 네덜란드에 대한 전쟁을 개시했다. 그는 이 전쟁에 영국, 스웨덴, 독일의 일부 영방국가 등을 동맹국으로 끌어들였다. 이에 네덜란드의 오렌지 공 윌리엄 3세는 스페인, 신성로마제국, 프러시아 등과 함께 반프랑스 동맹을 결성해 맞섰다. 전쟁에서 결정적인 승자와 패자는 없었다. 그럼에도 프랑스는 전쟁의 결과로 맺어진 님베겐 조약을 통해 부르고뉴 지방과 스페인이 장악하고 있던 일부 네덜란드 도시들을 획득했다. 나아가 프랑스는 16세기에 스페인이 누렸던 패권국가의 지위를 대신 차지하게 됐다.

루이 14세는 계속 욕심을 부렸다. 스페인을 아주 통째로 차지하려고 다른 유럽 국가들과 다투다가 1688년 '아우구스부르크 동맹 전쟁'을 유발했다. 이 전쟁은 프랑스가 독일의 서부지역을 획득하려다가 발발한 것이었다. 하지만 프랑스는 영국 해군과 벌인 해전에서 패하는 등 별다른 성공을 거두지 못하고 1697년 리스위크 강화조약을 체결했다.

그러나 프랑스는 여기서 멈추지 않았다. 스페인의 카를로스 2세 국왕이 세상을 떠나자 프랑스는 스페인을 확실히 차지하겠다는 야욕을 드러냈고, 이에 맞서 영국과 네덜란드, 신성로마제국 등 유럽 각국이 동맹을 결성해 싸웠다. 프랑스는 유럽에서 벌어진 큰 전투에서 대부분 패배하고 북아메리카의 노바스코티아를 영국에 빼앗기는 등 많은 손실을 입었다. 그렇지만 동맹국의 힘과 결속도 약해졌다. 결국 유럽 각국은 위트레흐트 조약을 체결해 전쟁을 끝냈다. 이 조약으로 영국이 큰 이득을 봤다. 프랑스로부터 북아메리카의 뉴펀들

랜드 등지를 받아냈고, 스페인 남부의 지브롤터를 얻었다. 또 '아시엔토', 즉 스페인 식민지에 대한 노예 공급권을 따냈다.

합스부르크가의 오스트리아는 지금의 벨기에 땅을 얻어냈다. 이탈리아 북부의 사보이 공은 사르디니아 섬을 받아 '사르디니아 왕'이라는 칭호를 쓸 수 있게 됐다. 훗날 이탈리아의 통일을 주도하게 되는 사르디니아 왕국은 이렇게 출범했다. 프랑스로서는 부르봉 왕가의 앙주 필립을 스페인의 후임 국왕으로 앉힘으로써 스페인의 해외 식민지를 사실상 보유하게 된 것이 소득이었다. 철저한 세력균형의 이치에 따라 1713년에 체결된 위트레흐트 조약으로 평화는 되찾았지만, 영국과 프랑스의 해외패권 다툼이 본격화됐다.

루이 14세는 절대주의 정책을 통해 결정적으로 프랑스의 국력을 키우고 위상을 높였으며, 프랑스의 문화와 과학을 크게 진흥시켰다. 그는 또한 프랑스의 예술과 풍속, 언어 등이 유럽 전역에서 선망의 대상이 되도록 육성했다. 이에 따라 그는 '태양왕'으로 불리게 됐다. 그러나 재임 후기 30년 동안 그가 벌인 전쟁은 프랑스에 큰 이익을 가져다주지 못한 채 영국의 위상만 강화시켜주는 결과를 초래했다.

◆◆◆ 파리에 들어서는 루이 14세 / 외젠 이자베

흑인에게는 적용되지 않은 미국의 독립선언

17세기 초 북아메리카 땅에 상륙해 정착하기 시작한 영국인은 버지니아에 식민지를 세웠다. 이어 청교도가 1620년 메이플라워 호를 타고 북아메리카로 건너가 뉴잉글랜드에 터를 잡았다. 그 후 영국인들은 앞 다투어 북아메리카로 건너가서 새로운 정착지를 세우고 넓혀갔다. 그들은 종교적 자유와 함께 값싼 토지와 새로운 이익을 얻기 위해 아메리카로 갔다. 그 과정에서 수많은 토착 인디언을 몰아내기도 했다. 영국 본토와 아일랜드, 스코틀랜드로부터 이주민이 물결처럼 몰려들었다.

이런 과정을 통해 북아메리카 동부의 영국 식민지들은 점차 확대되어 갔고, 마침내 본국과 대립하게 됐다. 영국 정부가 1767년 타운센드법을 제정해 차와 유리 등 식민지 상품에 세금을 매기자 식민지에서 이에 반대하는 운동이 일어났다. 나중에는 이런 제도가 대부분 폐지됐지만, 그럼에도 식민지의 반항은 계속됐다. 1773년 12월 동인도산 차를 싣고 보스턴 항에 정박해 있던 배에서 차 상자를 바다에 내버리는 '보스턴 티파티' 사건이 벌어졌다. 이어 북아메리카 식민지 주민들은 1774년 필라델피아에서 각주의 대표들로 구성된 대륙회의를 열고 영국 정부의 과세를 거부하기로 했다. 영국과 아메리카 이주민들의 대립은 점차 고조되어 갔다. 그러다가 마침내 1775년 4월 19일 매사추세츠 주의 렉

싱턴에서 영국 정규군과 아메리카 식민지 민병대 사이에 전투가 벌어졌다. 미국 독립전쟁이 시작된 것이다. 북아메리카 식민지인들은 이보다 불과 20년 전에는 영국 군대와 손잡고 프랑스와 인디언의 연합군과 벌인 7년전쟁을 승리로 이끌었다. 그런데 이제는 상황이 바뀌어 식민지가 본국에 등을 돌리고 말았다. 아메리카 식민지인들은 1776년 7월 제2차 대륙회의를 열어 독립선언서를 채택했다.

우리는 다음과 같은 것을 자명한 진리라고 생각한다. 모든 사람은 평등하게 창조되었고, 창조주로부터 양도할 수 없는 권리를 부여받았으며, 그 중에는 생명, 자유, 행복 추구의 권리가 있다.

이로써 아메리카합중국이 명실상부한 공화국으로 탄생했다. 아메리카합중국은 그러나 영국과 8년 동안 전쟁을 치른 끝에야 완전한 독립을 이룰 수 있었다. 전쟁 초기에는 영국이 우세했다. 하지만 아메리카합중국의 독립군이 점차 전열을 정비해 나간데다 프랑스의 지원에 힘입어 전세를 역전시켜 나갔다. 프랑스는 7년전쟁에서의 패배를 앙갚음하고자 아메리카합중국 독립군을 적극적으로 지원했다. 프랑스 해군은 토머스 그레이브스가 지휘하는 영국 함대를 격파했고, 지상군은 요크타운에서 벌어진 전투에서 아메리카 독립군과 함께 싸우면서 결정적인 역할을 했다. 결국 영국군은 요크타운 전투에서 항복했다. 이로써 아메리카합중국은 독립을 최종적으로 쟁취했고, 오늘날의 초강대국으로 성장하기 위한 토대를 구축했다.

아메리카합중국의 독립에 대해 역사학자 니얼 퍼거슨은 〈제국〉이라는 저서에서 냉정한 평가를 내린다. 모든 사람이 평등하게 창조되었다는 독립선언서의 문구는 당시 아메리카 대륙에 있었던 40만 명의 흑인에게는 적용되지 않았다는 것이다. 또 남부의 여러 주에서 노예제도를 오랫동안 유지한 것도 그에 부합하지 않는 일이었다. 결과적으로 아메리카의 독립은 노예해방을 적어도 1세대 정도 지연시켰다고 퍼거슨은 지적했다.

아메리카 인디언들에게도 아메리카합중국의 독립은 결코 좋은 일이 아니었다는 것이 그의 평가다. 북아메리카 동부의 주들이 영국의 식민지로 남아있을

때에는 애팔래치아 산맥이 영국인 정착지의 한계로 설정됐고, 그 서쪽은 인디언들에게 맡겨져 있었다. 더욱이 영국은 지리적으로 멀리 떨어져 있었다. 그런데 영국은 아메리카 식민지 개척자들의 이익보다는 인디언들의 권리를 더 인정하는 경향이 있었다는 것이 퍼거슨의 시각이다. 퍼거슨은 영국 스코틀랜드 태생이기에 심정적으로 다소 영국 편으로 기울었을 가능성은 있다. 그런 점을 고려한다 하더라도, 그의 의견은 미국 독립의 또 다른 일면을 제시한 것이라고 할 수 있겠다.

◆◆◆ 미국 독립선언 / 존 트럼벌

테니스 코트에서 따로 모인 제3신분 대표들의 맹세

1789년 5월 프랑스에서 실로 오랜만에 3부회가 열렸다. 귀족과 성직자, 평민으로 구성되는 3부회는 1614년에 열린 뒤로는 한 차례도 열리지 않았다. 그런데 18세기 후반 프랑스 왕국의 재정사정이 악화되고 평민의 불만이 가중되자 국왕 루이 16세가 마침내 '결단'을 내렸다.

프랑스 왕실은 각계각층으로부터 불만 요인과 그 타개 방안을 수집하는 한편 제한적인 형태이긴 했지만 선거를 실시한 뒤 3부회 회의를 소집했다. 그러나 회의는 처음부터 '차별'이 있는 방식으로 진행됐다. 국왕이 회의에 참석하러 온 3부회 의원들을 접견하는 방식부터 달랐다. 루이 16세는 성직자와 귀족 대표단은 집무실에서 접견했지만, 제3신분 대표단은 침실에서 대충 만나는 데 그쳤다. 복장도 달랐다. 귀족과 성직자 대표단은 금실 레이스를 단 복장을 입었으나, 제3신분은 검은색 제복만을 입어야 했다. 회의장 출입문도 따로 배정되어 두 상위 계급은 큰 문을 통해 드나들었지만, 제3신분 사람들은 작은 뒷문을 통해 출입했다.

◆◆◆ 테니스 코트의 맹세 / 자크-루이 다비드

제3신분 대표단은 따로 모임을 가졌다. 그들은 다른 두 신분의 대표단과 똑같이 대우받고 똑같은 권리를 행사해야 한다는 데 의견을 모았다. 그들은 스스로 '코뮌(commune)'이라는 호칭을 쓰면서 영국의 하원과 같은 권한을 보유하기로 했다. 제3신분은 자신들만으로 구성된 국민의회를 창립하고 "우리가 해산당하면 우리에게 세금을 징수해선 안 된다"고 선언했다. 나아가 왕도 이 결의를 거부할 수 없다고 못박았다.

그러나 이들의 요구는 수용되지 않았다. 도리어 왕은 제3신분의 결의사항을 폐기하고 제3신분의 회의장을 폐쇄하라고 명령했다. 마침내 운명의 날인 6월 20일 아침이 밝았다. 제3신분 대표들은 회의장에 들어가려고 했지만, 군인들이 회의장을 에워싸고 있었다. 그러자 그들은 근처 테니스 코트로 자리를 옮겼

다. 그리고 거기서 모두가 서약했다. "헌법이 제정되어 확고한 기초 위에 세워질 때까지는 결코 흩어지지 말고 필요할 때는 어디에서든 모이자"고. 150명가량의 성직자도 이에 가담했다.

그럼에도 루이 16세는 완고한 자세를 버리지 않았다. 3부회 회의가 열려도 제3신분 대표들은 바깥에서 비를 맞아야 했다. 주변에서는 군대가 무력시위를 벌이기도 했다. 왕은 평등한 과세에 대한 요구는 수용하면서도 모든 형태의 재산은 유지돼야 한다고 쐐기를 박았다. 낡은 봉건체제가 개혁될 가능성이 희박해 보였다.

루이 16세는 제3신분 대표들에게 거듭 차별과 압박을 가하면서 국민의회를 해산하라고 요구했다. 그러자 국민의회의 지도자 미라보는 "우리는 인민의 의사에 따라 여기에 있다"며 해산을 거부했다. 한 걸음 더 나아가 "국민의회 의원은 불가침이며 그들의 불가침성을 침해하는 자는 중죄를 범하는 것"이라는 결의안을 통과시켰다.

루이 16세는 근위대를 보내 국민의회를 해산시키려고 했지만, 일부 귀족들이 막아서는 바람에 뜻을 이루지 못했다. 그러는 동안 파리를 포함해 프랑스 각지에서 민중봉기가 일어났다. 루이 16세는 외국인 부대를 불러들여 국민의회를 해산시키고 봉기를 진압하려 했다. 그러나 루이 16세의 작전은 모두 실패했고, 파리 시민들은 7월 14일 바스티유 감옥을 습격하여 점령했다. 프랑스 혁명의 봉화는 이렇게 타올랐다. 루이 16세는 국왕의 자리를 지키기는 했지만 더 이상 절대군주는 아니었다. 대신 프랑스 국민이 새로운 주권자로 우뚝 섰다.

왕당파 여성에게 암살당한 프랑스 혁명 지도자 마라

장 폴 마라는 프랑스 혁명의 주요 지도자 가운데 한 사람이었다. 의사이면서 과학연구에 몰두하던 마라는 프랑스 혁명이 일어나자 〈인민의 벗〉이라는 신문을 발행하면서 두각을 나타냈다.

마라는 왕당파와 온건한 지롱드파에 대한 비판에 앞장섰다. 특히 1792년 9월 국민공회가 출범한 뒤에는 급진적인 자코뱅 산악파의 일원이 되어 반혁명 세력을 처단해야 한다고 주장했다. 때문에 그는 왕당파와 지롱드파의 미움을 샀다. 마라는 누진소득세, 국가의 후원에 의한 노동자 직업훈련, 군 복무기간 단축 등 민중의 생활을 개선하기 위한 여러 방안들을 제시해 민중의 신망을 얻었다. 지롱드파는 이런 마라를 가리켜 무정부주의자라고 비난했다.

1793년 7월 13일. 프랑스 혁명 발생 4주년 기념일을 하루 앞둔 날이었다. 그날 마라는 샤를로트 코르데라는 왕당파 여성에게 암살당했다. 심한 피부병을 앓고 있던 마라는 욕조에 몸을 담그고 목욕을 하다가 코르데가 휘두른 칼에 찔려 변을 당했다. 코르데는 집을 지키고 있던 사람들에게 "마라의 보호를 받고 싶다"고 둘러대고 집 안으로 들어간 것으로 전해진다. 그녀는 급진파인 산악파에 일격을 가하면 왕정이 복구될 것으로 생각하고 범행을 저질렀다. 그녀는 "10만 명을 구하려고 한 사람을 죽였다"고 법정에서 주장했다.

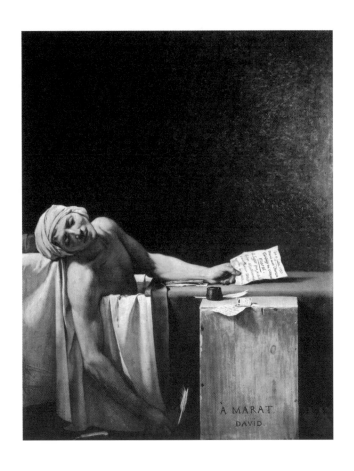

◆◆◆ 마라의 죽음 / 자크-루이 다비드

마라의 장례식이 치러진 후 몇 주 동안 프랑스 각지에서 마라를 추모하는 행사가 열렸다. 아울러 반혁명 세력을 확실하게 제압해야 한다는 여론이 들끓었다. 더욱이 당시 프랑스 전국에서 식품 매점이 기승을 부리고 있어서 이 문제를 신속히 해결해야 할 필요가 있었다. 이런 상황을 배경으로 로베스피에르가 등장하고 공안위원회의 힘이 강화되어 공포정치 시대가 열렸다. 결국 마라의 암살은 왕당파의 기대와 다르게 급진파의 득세로 이어졌다.

교황을 들러리로 세워놓고 스스로 왕관을 쓴 나폴레옹

1789년 프랑스 혁명이 일어난 뒤로 프랑스의 정국은 끝없는 혼돈의 연속이었다. 주도세력이 거듭 바뀌고 반혁명 움직임도 암암리에 진행됐다. 그 와중에 한때 급진적인 자코뱅파의 일원이었던 나폴레옹 보나파르트가 외국의 군사적 간섭을 제압하고 반혁명 군사봉기를 성공적으로 진압한 데 힘입어 대세를 빠르게 장악했다. 마침내 그는 종신 제1통령에 올랐다. 명실 공히 제1인자로 떠오른 것이었다.

내친 김에 그는 프랑스가 제국임을 선포하고 스스로 황제가 되기로 했다. 황제가 되기 전에 국민투표를 실시해서 압도적인 지지를 받았다. 황제로서 제관을 쓰는 일만 남았다. 그는 자신의 정통성을 보다 확고하게 하기 위한 방안을 생각해냈다. 바로 교황으로부터 왕관을 받는 것이었다. 프랑크 왕국의 샤를마뉴나 신성로마제국의 오토 대제가 로마 교황으로부터 왕관을 받은 것과 비슷한 절차를 밟겠다는 것이었다. 나폴레옹은 하느님으로부터 정통성을 부여받으면 자신이 적국 오스트리아 황제와 동격이 되는 것이라고 판단했다.

그렇지만 나폴레옹은 대관식을 위해 로마에 갈 의향은 없었다. 대신 그는 당시 교황 비오 7세를 파리로 '초청'했다. 말이 초청이지 특별히 존경의 예를 표한 것도 아니었다.

나폴레옹의 대관식은 1804년 12월 1일 파리의 노트르담 성당에서 거행됐다. 나폴레옹은 교황을 대관식에 오게 했지만, 교황이 자신의 머리에 왕관을 씌워주는 것은 원하지 않았다. 대신 나폴레옹은 왕관을 스스로 썼다. 황비 조제핀의 왕비관은 나폴레옹 자신의 손으로 씌워주었다. 이날의 주인공은 철저히 나폴레옹 자신이었다. 교황은 들러리일 뿐이었다.

이런 방식으로 나폴레옹은 프랑스의 황제가 됐다. 하지만 영국을 비롯한 다른 유럽 국가들은 나폴레옹의 황제 즉위를 탐탁하게 여기지 않았다. 특히 영국은 나폴레옹을 타도하기 위해 러시아와 오스트리아 등 여러 나라들과 동맹을 맺고 프랑스를 압박했다. 이에 따라 유럽은 다시 열전으로 빠져들게 된다.

나폴레옹은 유럽 각국과 끊임없이 전쟁을 벌여 연승을 거두었다. 그러나 그는 오스트리아와 프로이센을 무찌르고 러시아까지 공격했다가 큰 손실을 입고 후퇴했다. 나폴레옹은 끝내 유럽 동맹군에 밀려 황제 자리에서 쫓겨났다. 그는 엘바 섬으로 유배됐다가 탈출해서 다시 황제 자리에 올랐다. 하지만 워털루에서 영국—프로이센 연합군과 벌인 최후의 전투에서 패배하고 세인트헬레나 섬으로 다시 유배됐다. 그리고 그 섬에서 생을 마쳤다.

나폴레옹은 이렇듯 프랑스 혁명 후의 혼란기에 권력을 장악한 뒤 자의 반 타의 반으로 유럽의 여러 나라들과 끊임없이 전쟁을 벌이다가 무너졌다. 불꽃같은 삶을 살다간 셈이다. 그는 황제 자리에 올라 과욕을 부리기는 했지만, 〈나폴레옹 법전〉을 만드는 등 근대 프랑스와 근대 유럽의 토대를 닦았다. 아울러 그의 군대에 의해 프랑스 혁명의 정신이 유럽 전역으로 전파됐다.

나폴레옹은 당대 독일의 여러 지식인들로부터 음으로 양으로 응원을 받았다. 특히 악성 베토벤은 나폴레옹을 프랑스 대혁명이 낳은 자식으로 여기고 성원했다. 그러나 나폴레옹이 황제의 자리에 오르자 베토벤은 "결국 그도 평범한 인간일 뿐이고, 가장 높은 자리에 오르는 것만 생각하는 독재자가 된 것"이라며 분노했다. 베토벤은 교향곡 3번 〈에로이카〉를 나폴레옹에게 헌정하려던 계획도 취소했다. 악보의 표지에 썼던 '보나파르트에게 바친다'는 문구를 지워버렸다. 대신 '한 위인을 추억하기 위한 교향곡'이라고 써넣었다. 베토벤의 제3번 교향곡을 들으면 그가 나폴레옹을 매우 높게 평가하고 성원했음을 어렵지 않게 느낄 수 있다. 계몽사상의 영향을 받은 베토벤에게 나폴레옹은 계몽사상과 프랑스 혁명의 정신이 구현된 인물이었던 것이다.

◆◆◆ 나폴레옹 황제의 대관식 / 자크-루이 다비드

프랑스에 대해 성전을 선언한 스페인의 사제들

1808년 5월 스페인 마드리드에서 프랑스 군에 대항하는 유혈봉기가 일어났다. 처음에는 프랑스 군이 손쉽게 봉기를 제압했지만, 이어 곳곳에서 봉기가 다시 일어났다. 가톨릭 주교들이 봉기를 정신적으로 후원했다. 때문에 그 봉기는 쉽게 진압될 수 없었다.

그럼에도 프랑스의 나폴레옹 황제는 스페인을 완전히 장악하겠다는 욕심을 부렸다. 스페인의 왕위에도 나폴리의 왕으로 있던 형 조제프 보나파르트를 데려다가 멋대로 앉혔다.

나폴레옹이 이렇게 스페인의 왕을 마음대로 교체할 수 있었던 배경에는 스페인 왕가 내부의 알력과 갈등이 있었다. 스페인의 왕 카를로스 4세와 왕비 루이 마리즈 드 파르마에 대항해 왕자 페르난도가 권력다툼을 벌이고 있었다. 이들은 나폴레옹의 주재 아래 회담을 가졌다. 하지만 이들은 왕족다운 품위를 전혀 보여주지 않고 천박한 말싸움만 벌이다가 회담을 끝냈다. 그러자 나폴레옹이 이들을 경멸한 나머지 모두 쫓아내고 왕을 교체했다. 이들은 자신들의 권력욕을 채우기 위해 나폴레옹을 불러들였으나, 도리어 왕과 왕자 둘 다 나폴레옹에 의해 쫓겨났다.

나폴레옹은 이 회담 이전에 군대를 스페인 곳곳에 진주시키고 있었다. 프랑스는 당시 대륙봉쇄령을 내려 영국과 유럽대륙 국가들 사이의 무역을 금지하는 등 영국과 날카롭게 대립하고 있었다. 나폴레옹은 스페인을 완전히 장악하면 영국에 대해 한층 유리한 위치를 차지할 것으로 믿었다. 당시 스페인은 사실상 프랑스의 위성국이기는 했다. 그렇지만 자신의 뜻에 맞는 인물이 스페인의 왕위에 오르면 프랑스가 영국에 비해 더욱 확고한 우위에 서게 되리라고 나폴레옹은 판단했다.

그러나 스페인 사람들은 프랑스의 우세한 힘에 굴하지 않고 곳곳에서 게릴라 전술로 맞섰다. 이때 나폴레옹은 적당히 물러섰어야 했는데 도리어 개입을 강화했다. 이는 스페인 사람들의 봉기를 군대로 평정할 수 있을 것으로 오판한 결과였다. 프랑스는 한때 20만 명의 병력을 스페인에 투입하기도 했다. 그러나 스페인 사람들의 저항은 갈수록 거세졌다. 설상가상으로 영국까지 군사개입에 나섰다. 영국은 아서 웰링턴 장군이 지휘하는 군대를 투입했다. 프랑스는 스페인 사람들의 굽힐 줄 모르는 저항과 잘 조직된 영국군의 무력에 밀려 패배를 거듭했다. 결국 프랑스는 막대한 손실을 보고 퇴각할 수밖에 없었다.

당시 스페인의 가톨릭 사제들은 프랑스에 대항해 '성스러운 전쟁'을 벌이도록 저항세력을 격려했다고 한다. 그들은 독특한 교리문답까지 만들어 병사들에게 가르쳤다.

너의 적은 누구인가?

　나폴레옹.

그는 어디서 났는가?

　죄를 통해서 나왔다.

프랑스인을 죽이는 것은 죄인가?

　아니다. 천당에 갈 일이다.

그들에게 협력하는 스페인 사람은 어떤 대가를 받는가?

　배신자라는 낙인과 죽음이다.

나폴레옹이 스페인 왕권을 둘러싼 내분에 개입해 벌어진 스페인 전쟁은 그야말로 명분 없는 전쟁이었다. 20세기에 미국이 개입해 벌어진 베트남 전쟁과 비슷했다. 이 전쟁으로 말미암아 나폴레옹은 막대한 대가를 치렀다. 인명과 물자에 직접적인 손실을 입은 것은 물론이고 우호국이었던 스페인을 적국으로 만들었다. 게다가 그때까지 자의 반 타의 반으로 영국에 맞서 프랑스의 경제봉쇄에 따라주던 유럽의 다른 나라들도 프랑스 대신 영국과 손잡게 만드는 계기가 됐다. 프랑스는 이후 유럽 각국과 적대적인 관계 속에서 더 어려운 전쟁을 치르게 됐다.

영국의 시인들도 참전한 그리스 독립전쟁

1453년 콘스탄티노플이 오스만투르크 제국에 함락되고 동로마 제국이 멸망한 후 그리스는 오스만투르크 제국의 지배를 받았다. 오스만투르크 제국의 지배는 약 400년 동안 계속됐다.

19세기 초 그리스인들은 오스만투르크에 맞서 독립전쟁을 일으켰다. 당연히 오스만투르크 제국은 강경한 진압에 나섰다. 특히 에게 해의 키오스 섬에서는 그리스 독립운동을 억누르기 위한 학살이 자행되기도 했다. 이때 약 2만 명의 그리스인이 학살됐다고 한다. 오스만투르크의 강경진압으로 말미암아 그리스 독립의 등불은 희미해졌다. 게다가 당시 빈 체제의 중심국가 가운데 하나인 오스트리아의 재상 메테르니히가 불간섭주의를 고수했다. 이로 인해 그리스는 고립무원 상태에 빠져들었다.

그런데 국제적인 후원세력이 속속 등장한다. 영국의 시인 셸리와 바이런 등 주요 문화인들이 그리스의 독립을 응원했다. 특히 바이런은 직접 독립전쟁에 참전했다가 전선에서 사망했다. 문화인들은 친그리스 위원회를 조직하고 그리스에 물자와 자금을 보내는 한편 주요 열강을 향해 그리스 독립세력 후원을 호소했다.

가장 먼저 나선 나라는 러시아였다. 러시아는 발칸 반도와 지중해로 진출하기 위한 교두보를 마련하려는 의도에서 그리스의 독립을 지원했다. 그러자 러시아의 남진을 우려하던 영국과 프랑스도 뛰어들었다. 이에 따라 영국, 프랑스, 러시아가 연합함대를 결성했고, 이 연합함대가 오스만투르크의 함대를 격파했다. 이로써 러시아는 콘스탄티노플까지 넘볼 수 있게 됐다. 오스만투르크는 그리스의 독립에 동의할 수밖에 없었다. 1832년 그리스는 마침내 독립을 이루었고, 독일 바이에른의 공작 오토가 그리스의 첫 번째 왕으로 추대됐다.

◆◆◆ 키오스 섬의 학살 / 외젠 들라크루아

혁명과 반동이 교차한 19세기 프랑스의 역사

19세기 프랑스의 역사는 변혁의 연속이었다. 혁명과 반동이 교차했다. 우리나라가 1960년 4.19혁명 이후 겪었던 항쟁과 탄압의 역사를 떠올리게 한다.

나폴레옹이 워털루 전투에서 최종적으로 패배하고 세인트헬레나 섬으로 유배되자 프랑스에 왕정이 되살아났다. 오스트리아 외무장관 메테르니히의 주도로 성립된 빈 체제에 의해 프랑스 혁명 이전의 상태로 모든 것이 되돌아갔다. 귀족과 성직자들의 특권이 되살아났고, 언론과 출판의 자유는 다시 억압됐다. 의회도 해산됐다.

그러자 1830년 7월 파리 시민들이 궐기했다. 파리 시민들은 정부군과 치열한 시가전을 벌인 끝에 국왕 샤를 10세를 몰아내는 데 성공했다. 그렇지만 공화정을 수립하려는 시민들의 뜻과 달리 루이 필립이 왕위에 올라 입헌군주정을 수립했다.

루이 필립이 국왕에 오른 뒤 프랑스에서 자본주의 경제가 발전하고 노동자 계급이 늘어났다. 노동자들은 선거권 확대를 추진했지만 루이 필립 국왕의 정부에 의해 탄압을 받았다. 이에 파리 시민들이 또다시 봉기를 일으켜 루이 필립 국왕을 축출하고 마침내 공화정을 세웠다. 제2공화정이었다.

제2공화정 수립과 더불어 대통령에 당선된 인물은 나폴레옹 보나파르트 1

세의 조카인 루이 나폴레옹이었다. 그런데 그 역시 나폴레옹 1세와 똑같은 과정을 거쳤다. 그는 국민투표를 통해 나폴레옹 3세 황제로 등극했다. 이로써 제2제정이 성립됐다. 나폴레옹 3세는 경제발전을 추진하고 대외전쟁에 적극 참여하는 등 프랑스의 '영광'을 되찾기 위해 애썼다. 그러나 그는 1870년 보불전쟁에서 패배한 뒤 퇴위당했다.

이때 파리에 파리코뮌이라는 급진적 정부가 수립되기도 했으나, 이는 프로이센 군대와 프랑스 임시정부에 의해 진압됐다. 이어 제3공화정이 수립됐고,

그 뒤로는 프랑스가 다시 군주정으로 돌아가지 않았다. 제3공화정이 수립된 것이 1875년이었으니, 프랑스 혁명이 일어난 지 96년 만에 공화정이 최종적으로 확립됐다.

프랑스가 19세기에 이렇게 끊임없이 변혁을 겪은 것은 그 나라 국민에게 불행한 일이었다. 대신 그런 역사가 흔히 그렇듯이 문화예술인들에게는 창조적 영감을 주었다. 19세기 프랑스에서는 문학과 미술 등 여러 분야에서 시대상을 반영한 작품들이 쏟아져 나왔을 뿐만 아니라, 새로운 문예사조가 잇달아 출현했다. 아마도 '자유의 여신'이 프랑스 곳곳을 누비면서 창조적 영혼을 끊임없이 일깨웠기 때문일 것이다.

프리드리히 엥겔스는 카를 마르크스가 쓴 〈공상에서 과학으로의 발전〉의 영어판에 써넣은 서문에서 18세기는 주로 프랑스의 세기였다고 했다. 18세기에 프랑스에서 백과전서파를 비롯한 많은 사상가들의 활동으로 계몽사상이 꽃을 피웠기 때문이다. 그렇지만 프랑스인들은 활발한 문화예술 창작을 통해 19세기도 자신들의 세기로 만들었다. 18세기의 프랑스 문화가 절대왕조의 억압에 대한 반발의 산물이었다면, 19세기의 프랑스 문화는 '자유의 여신'이 프랑스인들에게 준 선물이었다고나 할까.

◆◆◆ 민중을 이끄는 자유의 여신 / 외젠 들라크루아

6장

예술과 철학 이야기

창작의 영감을 주는 호메로스의 작품들

호메로스는 기원전 8세기에 살았던 고대 그리스의 서사시 작가로서, 인류 최초의 서사시 〈일리아스〉와 〈오디세이아〉를 남겼다. 둘 다 트로이 전쟁과 관련된 설화를 바탕으로 씌어졌다.

〈일리아스〉는 트로이 전쟁에 참전한 아킬레우스와 아가멤논의 갈등과 오디세우스, 헥토르 등의 활약과 패배 등을 그린 작품이다. 〈오디세이아〉는 트로이 전쟁이 끝난 후 귀환 길에 오른 오디세우스가 지중해를 떠돌며 겪는 일들을 주된 소재로 한 작품이다. 오디세우스가 지중해를 유랑하며 겪는 온갖 모험과 수난이 서술돼있고, 그가 요정 칼립소와 마녀 키르케, 요정 세이렌, 외눈박이 거인 폴리페모스 등과 조우하면서 겪는 일 등 동화 같은 이야기가 파노라마처럼 펼쳐진다. 20년 동안 오디세우스를 기다리면서 정절을 지킨 페넬로페와 그녀에게 청혼하며 행패를 부리는 주위 무뢰배들에 관한 이야기도 나온다. 처음부터 끝까지 흥미와 박진감이 넘친다.

호메로스의 이 두 작품은 당시 그리스 세계의 음유시인들이 돌아다니며 읊

◆◆◆ 호메로스 예찬 / 장 오귀스트 도미니크 앵그르

던 설화를 서사시의 형태로 재구성한 것이다. 그리스 신화와 트로이 전쟁을 마치 실화처럼 생생하게 살려냈다. 특히 고대인의 작품이라고는 믿어지지 않을 정도로 잘 짜인 구도가 극적인 긴장감을 선사한다.

호메로스의 작품에 나오는 수많은 에피소드와 그것을 묘사한 기법은 이후 베르길리우스를 비롯해 단테 알레기에리, 요한 볼프강 괴테 등 서양 문호들에게 영감을 주었고 연극, 미술, 음악 등 다른 예술분야에도 풍부한 소재를 제공했다.

호메로스의 작품은 독일인 하인리히 슐리만에게 강렬한 호기심을 불러일으켰다. 슐리만은 호메로스의 작품을 수십 번 읽어 처음부터 끝까지 암송하다시

피 했고, 이어 직접 트로이 성을 발굴하는 일에 나섰다. 그는 시행착오를 거친 끝에 트로이 성을 발굴하는 데 성공함으로써 트로이가 역사적으로 실존했음을 입증했다.

호메로스의 작품에 담겨 있는 여러 가지 에피소드들은 독자로 하여금 진실한 자기성찰을 하도록 유도한다. 따라서 '지혜의 보고'라고 하기에 부족함이 없다. 개인의 인생과 세계에 지침이 될 만한 주옥같은 금언도 많다. 이런 까닭에 플라톤, 아리스토텔레스, 보에티우스 등 많은 철학자들이 호메로스의 작품에서 사색의 실마리를 찾아내곤 했다. 나에게는 특히 다음 문장이 소중하게 여겨진다.

아무리 괴롭더라도 지난 일은 잊어버리고, 필요에 따라 가슴속 마음을 억제합시다.
— 호메로스, 〈일리아스〉 19권

무사 여신들을 찬미한 시인 헤시오도스

헤시오도스는 호메로스와 거의 같은 시대에 살았던 서사시인이자 음유시인
이다. 헤시오도스는 그리스 신들의 계보를 운문 형태로 쓴 〈신통기〉와 사람
이 계절마다 해야 할 일을 읊은 〈노동과 나날〉 등을 남겼다.

　이 두 작품은 무사 여신들에 대한 찬가로 시작된다는 공통점을 지니고 있
다. 〈신통기〉는 이렇게 시작된다.

　　위대하고 성스러운 헬리콘 산에 살면서 부드러운 발걸음으로 검푸른 샘과 전지전
　　능한 크로노스의 아들의 제단 주위를 춤추며 돌고 있는 무사 여신들과 우리 함께
　　노래를 부르자.

　헤시오도스는 또한 자신의 작품이 무사 여신들이 말해준 대로 씌어졌다고
설명한다. 자기가 헬리콘 산 기슭에서 양을 치고 있을 때 '영광스런 노래'를
무사 여신들이 가르쳐주었다고 한다. 또 무사 여신들이 월계수 가지를 꺾어
자기에게 지팡이로 쓰라고 주었고, 과거와 미래의 일을 찬미할 수 있도록 자
기에게 노래를 불어넣어 주었다는 것이다. 그래서 헤시오도스는 무사 여신들
에게 최대한의 찬사를 바친다.

무사 여신들의 입술에서는 전혀 힘들이지 않아도 달콤한 노래가 술술 흘러나온다. …… 이 무사 여신들은 불멸의 선율로 노래를 부르며 우선 신들의 고귀한 자손들, 즉 가이아와 광활한 하늘이 낳은 신들을 찬양하며, 그런 다음 그런 신들의 자손인 선을 베푸는 자들을 찬양한다.

헤시오도스에 따르면 무사 여신들은 불행을 당한 이들에게는 불행을 잊게 해주고, 근심걱정을 하는 이들에게는 위안거리를 마련해준다. 왕에게는 현명한 말과 공정한 판정을 할 수 있는 능력을 부여한다. 인간에게 최고의 은혜를 베풀어주는 셈이다. 그러므로 "무사 여신들의 사랑을 받는 사람은 축복받은 사람"이라고 헤시오도스는 말한다.

무사 여신들은 기억의 여신 므네모시네와 제우스 신 사이에서 태어났다. 모두 9명이다. 두 신이 9일 동안 사랑을 나누어 이들을 낳았다. 그들의 이름은 클레이오, 에우테르페, 탈레이아, 멜포메네, 테릅시코레, 에라토, 폴림니아, 우라니아, 칼리오페다. 이 가운데 칼리오페가 맏딸이며 왕들의 길을 인도한다고 한다.

◆◆◆ 헤시오도스와 무사 여신들 / 귀스타브 모로

열 번째 무사 여신으로 불린 여류시인 사포

사포는 고대 그리스의 여류시인이다. 7세기 중후반에 에게 해에 있는 레스보스 섬에서 태어났다. 정치적인 이유로 잠시 시칠리아 섬에 갔던 것을 제외하고는 생애의 대부분을 레스보스 섬에서 보냈다. 레스보스 섬에서 사포는 결혼을 앞둔 젊은 처녀들에게 음악과 시를 가르치는 학교를 운영하는 한편 동시대 시인 아르카이오스와 시를 교류한 것으로 전해진다. 사포는 제자들에 대한 사랑을 노래한 시를 비롯해 애정시와 서정시를 많이 지었다. 예를 들면 다음과 같은 시가 오늘날까지 남아 있다.

너의 매혹 어린 웃음에 나의 심장은 가슴 속에서 멈춰 버렸다. 너를 잠시 잠깐 바라보니 나의 목소리는 막혀 버리고, 나의 혀는 굳어 버리고, 가벼운 불꽃이 나의 살 속으로 파고들며, 나의 눈은 앞을 보지 못하고, 윙윙 우는 소리가 귓가에 맴돈다. 그리고 땀이 몸을 적시고, 온몸을 타고 흐른다. 풀밭의 풀처럼 파랗게 질린 나는 죽은 사람이다. 나 자신에게 그리 보인다.

◆◆◆ 레우카디아 절벽에서 떨어지는 사포 / 귀스타브 모로

그렇지만 지금까지 남아 있는 사포의 작품이라고는 3편의 시와 더불어 63개의 시구, 264개의 불완전한 문장뿐이다. 2005년에 그녀가 지은 것으로 추정되는 새로운 시가 영국 학자들에 의해 독일에서 발견됐다는 보도가 있었다. 영국 신문 〈가디언〉의 인터넷 판이 보도한 바에 따르면, 새로 발견된 시는 남성의 사랑을 얻으려는 여성의 갈망을 노래한 작품이며 새벽의 여신 에오스의 사랑을 받은 미남 티토노스가 등장한다고 한다.

사포가 태어나고 활동한 레스보스 섬에서는 여성간 동성애가 유행했던 것으로 전해진다. 여성 동성애자를 뜻하는 레즈비언(lesbian)이라는 영어 단어는 이 전설에서 유래한 것이다.

그러나 사포가 동성애자였다고 보기는 어렵다. 그녀는 젊을 때 결혼해서 딸을 하나 낳았다. 나중에는 파온이라는 청년을 열렬히 사랑했으나 그의 사랑을 얻지 못하자 바닷가 바위에서 몸을 던져 스스로 생을 종결지은 것으로 전해진다.

사포는 그리스인들로부터 '10번째 무사'로 불렸다고 한다. 그리스 신화에서 학문과 예술을 관장하는 9명의 여신이 '무사이'로 통칭되고, 그 각각의 여신은 단수형 단어 '무사'로 지칭된다. 그런데 사포를 가리켜 '10번째 무사'라고 했으니, 그리스인들이 사실상 그녀를 신처럼 받든 것이다. 사포는 인간으로서 받을 수 있는 최고의 칭송을 받은 셈이다.

플라톤 등 고대 그리스의 철학자들도 사포에 대한 평가에 인색하지 않았다. 이를테면 플라톤은 '사랑'을 주제로 한 저서 〈파이드로스〉에서 그녀를 가리켜 '아름다운 사포'라고 부르며 찬사를 보냈다.

파르테논 신전의 조각과 부조를 맡은 페이디아스

그리스 도시국가들이 힘을 모아 페르시아 전쟁에서 승리하자 그리스인들이 자신감을 갖게 됐고, 그 자신감을 바탕으로 그리스의 문화적 전성기가 펼쳐진다. 특히 페리클레스가 통치하던 시대에 아테네는 문학, 철학, 미술 등 모든 분야에서 황금기를 구가한다.

아테네는 이 무렵 아테나 여신에게 바치는 파르테논 신전을 지었다. 파르테논 신전을 짓는 데 당대의 대가들이 대거 참여했다. 건축가 칼리크라테스와 익티누스가 설계를 맡았고, 조각 작품은 페이디아스가 제작했다.

페이디아스는 미론, 폴리클레이토스와 함께 고전기 그리스 조각가 3대가 가운데 한 사람으로 꼽힌다. 페이디아스는 높이가 12m에 이르는 〈아테나 파르테노스〉 상과 〈세 여신〉 상을 제작했다. 파르테논 신전에 새겨진 180m 가량의 긴 부조도 그의 작품이라고 전해진다. 페이디아스는 올림피아 신전의 제우스 상도 만들었다. 그런데 그의 최대 걸작으로 꼽히는 〈아테나 파르테노스〉 상과 〈제우스〉 상은 그리스와 아테네가 겪은 영욕의 역사 속에서 없어져버려 오늘날 많은 사람들이 아쉬워하고 있다. 다만 로마시대에 이를 본떠 만든 대리석 모각 상들만 전해진다. 페이디아스가 제작한 조각 작품의 가치는 주로 오늘날 남아 있는 그의 부조 작품과 모각 상을 통해 평가되고 있다.

페이디아스의 작품들은 대체로 엄숙한 표정, 정확한 인체 표현, 균형과 조화 등이 고루 갖춰졌다는 평가를 받는다. 또한 옷 주름 표현 등을 통해 조각상에 생동감을 더해 주었다. 요컨대 그의 작품에는 이상적인 아름다움을 추구한 고대 그리스인들의 미의식이 고스란히 반영돼 있다. 페이디아스의 작품은 이후 등장한 여러 조각가들에 의해 계승되고 발전됐음은 물론이고, 오랜 세월에 걸쳐 조각의 절대적인 표준으로 여겨졌다.

페이디아스가 주도적으로 참여하여 만든 파르테논 신전도 오늘날 온전하게 남아 있지 않아 무척 아쉽다. 그럴 수밖에 없는 것이, 파르테논 신전은 아테네 역사의 변전 속에서 그리스도교 성당이나 이슬람교 사원으로 이용되기도 한 데다 오스만투르크의 화약고로 사용되던 중 폭발로 인해 크게 파손됐다. 게다가 로마와 동로마 제국, 오스만투르크, 영국 등 역사상의 여러 강대국들에 의해 점령당하고 약탈되기도 했다. 그러니 현재 그 일부만이라도 남아 있게 된 것이 불행 중 다행이다. 현재의 모습이나마 오래도록 보존되기를 바라마지 않는다.

◈◈◈ 제우스의 흉상을 완성하는 페이디아스 / 요제프 도르프마이스터

'에로스'에 대해 담론하는 아테네의 명사 7인

플라톤은 새삼 설명이 더 필요 없을 정도로 널리 알려진 고대 그리스의 철학자이자 인류 역사상 가장 위대한 철학자 가운데 한 사람이다. 플라톤은 27권가량의 저작을 남겼는데, 〈향연〉도 그중 하나다. 이 작품은 플라톤의 저작 가운데 중기 저작으로 꼽힌다.

〈향연〉은 제목 그대로 당시 아테네 사람 7명이 술을 마시면서 에로스(사랑)라는 주제에 대해 각자 의견을 개진하는 방식으로 구성돼 있다. 참석한 인물 가운데는 소크라테스를 비롯해 비극작가 아가톤, 희극작가 아리스토파네스, 아테네의 장군이자 당시 최고의 풍운아였던 알키비아데스 등 당대의 주요 인물들이 포함돼 있다. 또한 가상의 인물인 만티네아의 여인 디오티마가 등장한다.

이들 등장인물은 아폴로도로스를 필두로 앉은 자리에서 오른쪽으로 돌아가며 에로스 신을 찬양하는 연설을 한다. 파이드로스는 에로스가 가장 오래된 신이고, 명예심과 희생정신 등 인간사회에서 가장 좋은 것들을 고취한다고 말한다. 파우사니아스는 좋은 에로스와 나쁜 에로스를 나눈다. 나쁜 에로스는 '세속의 아프로디테'에 속하는 사랑으로서 육체에 대한 속된 사랑인 반면, 좋은 에로스는 '천상의 아프로디테'에 속하는 사랑으로서 영혼의 덕에 대한 사랑이라는 것이다. 나쁜 에로스는 한결같지 않고 일시적인 것(육체)을 사랑하는 반면, 좋은 에로스는 한결같고 확고부동한 상태를 유지한다고도 한다. 당시에 유행한 성인 남자와 소년 사이의 동성애도 덕과 지혜를 전수하는 관계인 한에 있어서는 좋은 에로스에 속한다고 파우사니우스는 주장한다. 이어 에릭시마코스는 에로스가 우주의 원리이고 육체의 건강과 시와 노래의 조화로움을 만들어낸다고 말한다. 아리스토파네스는 원래는 남녀가 한 몸이었던 인간이 방자함 때문에 둘로 나눠졌다면서 이처럼 쪼개진 본성을 다시 하나로 만들도록 에로스가 인도한다는 이야기를 한다. 아가톤은 에로스가 정의, 절제, 용기, 지혜의 4가지 덕을 갖추고 있고, 삶의 모든 영역에 평화와 즐거움을 선사하며, 모든 생물과 시가를 창조한다고 역설한다.

소크라테스는 아가톤과의 일문일답을 통해 에로스란 아름다운 것을 추구하는 욕망이라는 견해를 제시한다. 이어 그는 만티네아의 여인 디오티마에게서 들었다면서 좋은 것을 언제나 소유하는 것이 에로스라고 규정하고, 이를 위해 임신과 출산을 하는 것이라고 설명한다. 영혼도 육신과 마찬가지로 임신과 출산을 통해서 '불사'를 얻게 된다는 것이다. 호메로스나 헤시오도스와 같은 작가가 불후의 명작을 남기고, 리쿠르고스나 솔론과 같은 입법가가 국가경영에 필요한 절제와 덕을 확립하는 것 등이 바로 영혼이 출산을 통해 불사를 얻는 일과 같다는 것이다.

일단 아름다운 것 하나를 알고 사랑하게 되면 그것이 다른 아름다움으로 이어지고, 마침내는 아름다움 자체 즉 '아름다움'의 이데아로 상승한다고 소크라테스는 설명한다. 즉 육체적인 아름다움에서 혼의 아름다움, 지식의 아름다움 등으로 이어지고, 마침내 '순수하고 정결하며 다른 것과 섞이지 않은 아름

◆◆◆ 플라톤의 향연 / 안젤름 포이어바흐

다움 자체'에 도달한다는 것이다.

마치 사다리를 이용하는 사람처럼 그는 하나에서부터 둘로, 둘에서부터 모든 아름
다운 몸으로, 그리고 아름다운 몸에서부터 아름다운 행실로, 그리고 행실에서부터
아름다운 배움으로, 그리고 그 배움에서부터 마침내 저 배움으로, 즉 다름 아닌 아
름다운 것 자체에 대한 배움으로 올라가게 됩니다. 그렇게 되면 마침내 그는 아름다
움 바로 그것 자체를 알게 됩니다.

끝으로 풍운아 알키비아데스가 등장해서 소크라테스를 찬양한다. 소크라테
스는 동성애의 유혹을 이겨낸 바 있고, 절제와 지혜, 용기 등 미덕으로 충만해
있다고. 그의 입을 통해 전해진 소크라테스의 일화와 됨됨이를 보면 사뭇 재미
있다. 소크라테스는 전투 현장에서도 남다른 용기와 인내심을 발휘했으며, 사
색 또한 깊이 했다고 한다. 전쟁터 막사에서 묵고 있을 때 어느 날 아침부터 다
음날 아침까지 꼬박 서서 골똘히 생각에 빠진 일도 있었다. 알키비아데스가 전
투 도중 부상을 당했을 때 구해준 사람도 소크라테스였다.

소크라테스의 만류에도 정계에 진출한 알키비아데스

.

소크라테스가 아테네 시민들의 재판에 넘겨졌을 때 거론된 죄목 가운데 하나가 젊은이를 타락시켰다는 것이었다. 소크라테스에 의해 타락된 젊은이로 꼽힌 인물이 바로 알키비아데스였다.

알키비아데스는 그야말로 풍운아의 삶을 살았다. 어릴 때 아버지가 전쟁터에서 전사한 후 정치인 페리클레스의 후원을 받으며 자랐다. 알키비아데스는 성장하면서 준수한 외모와 말솜씨에 체력과 운동실력도 탁월해 아테네인들로부터 주목받았다. 소년기에는 당시 아테네 사회의 소년애 풍습에 따라 많은 남자들로부터 추파를 받았고, 청년기에는 여성들의 인기를 독차지했다고 전해진다. 20대 초반에는 올림피아 마차 경기에 7대의 마차를 갖고 출전해 1등, 2등, 4등을 차지했다. 이렇듯 탁월한 외모와 재능 탓에 알키비아데스는 젊은 시절에 다소 어지러운 생활을 했을 것임은 어렵지 않게 추측해볼 수 있다.

알키비아데스는 자신이 누리는 인기와 자신의 화려한 배경을 믿고 정치에 뛰어들기로 마음먹고 기회를 노리고 있었다. 그러다가 소크라테스를 만났다. 알키비아데스가 소크라테스를 처음 알게 된 것은 스파르타의 동맹국인 포티다이아와의 전투에 참가했을 때였다. 그때 알키비아데스는 소크라테스에게서 강한 인상을 받았다. 플라톤의 〈향연〉에서 알키비아데스는 그때의 일을 회상하면서 소크라테스를 극찬한다. 이후 알키비아데스는 사실상 소크라테스 숭배자가 된다.

그렇지만 소크라테스는 알키비아데스에게 정치에 함부로 뛰어들지 말고 자신을 연마한 다음에 나서라고 타이른다.

> 속편한 친구, 나랏일에 나서기 위해서 배워야 할 것들을 먼저 배우고 익히되, 그러기 전에는 나서지 말게. 끔찍한 꼴을 겪지 않으려면 해독제를 가지고 다녀야 하니까 말이야.
> — 플라톤, 〈알키비아데스〉

소크라테스는 "너 자신을 알라"는 델포이 신전의 글귀를 일러주면서 스스로를 먼저 돌봐야 한다고 누누이 강조한다. 소크라테스의 이런 간곡한 당부에도 불구하고 알키비아데스는 정치에 입문한다. 크세노폰이 〈소크라테스 회상〉에서 전하는 바에 따르면, 알키비아데스는 정치세계에 들어간 후 곧바로 시민들의 인기를 모았으나 자신에 대한 성찰과 지적인 훈련을 소홀히 했다. 또한 소크라테스를 아예 멀리했다고 한다.

이후 알키비아데스는 파란만장한 역정을 거친다. 아테네와 스파르타가 펠로폰네소스 전쟁을 벌일 때 알키비아데스는 스파르타와 손잡은 시칠리아의 도시국가 시라쿠사를 공격하는 군대를 지휘하는 장군에 임명된다. 그런데 출

◆◆◆아스파시아의 집에서 알키비아데스를 찾아낸 소크라테스 / 장−레옹 제롬

정 직전에 일어난 신상모독 사건에 연루됐다는 혐의를 받고 시칠리아 전투현장으로부터 본국으로 소환되자 스파르타로 망명하여 공을 세운다. 알키비아데스는 스파르타에서도 왕비와 간통했다는 혐의를 받자 다시 탈출해 소아시아를 지배하고 있던 페르시아의 태수에게 망명간다. 그 뒤에도 알키비아데스는 아테네에 복귀했다가 다시 떠나는 등 이곳저곳을 배회한다. 아테네와의 전

쟁을 승리로 마무리한 스파르타는 페르시아 태수에게 알키비아데스를 죽여줄 것을 요청했다. 이에 따라 알키비아데스는 소아시아의 프리기아 지방에서 페르시아 태수의 손에 의해 살해당했다.

주어진 죽음을 의연하게 맞는 소크라테스

참다운 지혜를 탐구하고 토론하던 소크라테스는 신들을 믿지 않고 젊은이들을 타락시킨다는 죄목으로 고발당했다. 소크라테스는 재판에서 사형선고를 받고 집행을 기다린다. 친구 크리톤으로부터 탈출하라는 권유를 받았으나 뿌리치고 마침내 집행일을 맞이한다. 그날 소크라테스가 갇혀 있는 감옥으로 크리톤과 제자 시미아스와 케베스, 아폴로도로스가 찾아간다. 이들은 감방 안에서 소크라테스와 새벽부터 저녁 무렵까지 이야기를 나눈다.

플라톤의 저서 〈파이돈〉을 보면, 이들은 시종 진지하게 소크라테스와 철학적 대화를 나눈다. 소크라테스는 사람이 죽더라도 혼은 불멸한다는 것을 여러 가지 논거를 들어가며 역설한다. 크리톤과 제자들에게 자기 영혼을 돌보라고 간곡히 당부한다. 아울러 자신은 "축복받은 사람들의 행복한 세상으로 떠난다"면서 도리어 친구와 제자들을 위로한다. 소크라테스는 목욕을 하고 나서 아내와 아들 셋을 마지막으로 면담하고 돌려보냈다. 자신이 죽는 모습을 보면 가족이 울고불고할 것이 분명하니 아예 돌려보낸 것이었다.

마지막 철학적 대화와 가족 면담이 끝나자 형집행관이 감방으로 들어가 집행시간이 됐음을 알린다. 집행관은 이미 날마다 소크라테스와 대화를 나눈지라 이날 긴 말은 하지 않는다. 그저 "편히 가시라"는 말만 한다. 다만 "불가피한 것들은 되도록 편안하게 견뎌내라"고 당부하고는 눈물을 흘리며 사라진다. 크리톤은 소크라테스에게 다른 사람들처럼 독약을 서둘러 마시지 말고 시간을 끌어보라고 권유해보기도 한다. 하지만 소크라테스는 "이제 남아 있는 것이 전혀 없다"며 곧바로 독약이 든 잔을 받아 마신다. 아주 침착하고 편안하게 잔을 비웠다고 한다. 그야말로 평생을 지혜 탐구에 바친 성인다운 태도였다.

반대로 소크라테스와 함께 있던 사람들은 모두 눈물을 쏟았다. 크리톤은 눈물을 참지 못해 나가버렸고, 아폴로도로스는 통곡을 했다. 그러나 소크라테스는 끝까지 의연함을 잃지 않았다. 도리어 숙연한 가운데 죽음을 맞아야 한다면서 의연하라고 그들을 타일렀다.

독 기운이 오르자 자리에 누운 소크라테스는 마지막으로 "아스클레피오스에게 닭 한 마리를 갚아달라"는 말을 크리톤에게 남기고 눈을 감았다. 이 말의 정확한 의미가 무엇인지는 분명하지 않다. 의술의 신 아스클레피오스에게 닭을 제물로 바치라는 의미일 것이라는 해석이 유력하다. 전헌상 교수(서강대 철학과)는 자신의 번역서 주석에서 "삶이라는 병으로부터 자신이 낫게 된 상황에 대해서 의술의 신에게 감사를 표현한 것"이라고 풀이했다.

플라톤의 〈파이돈〉에 나오는 표현을 빌리면 '당대에 가장 훌륭했으며 가장 지혜로웠고 가장 옳았던 사람'은 이렇게 최후를 맞이했다.

◆◆◆ 소크라테스의 죽음 / 자크-루이 다비드

갈림길에 선 헤라클레스 이야기

소크라테스의 행적과 일화를 담은 크세노폰의 저작 〈소크라테스 회상〉의 제2
권에 헤라클레스와 관련된 설화가 하나 등장한다. 당시의 소피스트 가운데 한
사람인 프로디코스의 저술에 있는 내용을 크세노폰이 인용한 것이다.

　헤라클레스는 청년기에 접어들 무렵 자신의 앞날을 곰곰이 생각하게 됐다.
헤라클레스 앞에 두 갈래 길이 있었다. 하나는 미덕의 길, 다른 하나는 악덕의
길이었다. 헤라클레스는 어느 길을 택할 것인지 결정을 내리지 못하고 앉아 있
었다. 그런데 그의 앞에 두 명의 여자가 나타났다. 한 여자는 아름답고 고귀해
보였지만 화려하게 장식하지는 않았다. 그 여자는 부끄러워하는 눈매와 조심
스러운 몸가짐이 역력했고, 순백의 옷을 입고 있었다. 다른 한 여자는 몸이 풍
만하고 살결이 부드러워보였고, 붉은 빛이 나는 화장을 했으며, 젊음의 매력을
드러내는 옷을 입고 있었다. 앞의 여자는 한결같은 보조로 헤라클레스에게 다
가왔지만, 뒤의 여자는 헤라클레스에게 뛰어왔다.

　뛰어서 먼저 헤라클레스 앞에 이른 여자가 입을 열었다. 당신을 가장 즐겁

◆◆◆ 헤라클레스의 선택 / 안니발레 카라치

고 가장 쉬운 길로 안내하고 고통 없이 인생의 모든 즐거움을 누리게 해주겠노라고. 그녀가 인도하겠다고 한 곳은 '지극한 행복의 세계'다. 전쟁이나 그 밖의 골치 아픈 일로 신경을 곤두세울 필요도 없고, 맛있고 향기로운 음식과 술과 향기를 즐기기만 하면 되는 곳이다. 편안한 잠자리에서 가장 편안하게 자고 원하는 짝과 얼마든지 사랑을 나누는 등 온갖 환락을 마음껏 누릴 수 있다. 게다가 그런 환락을 위해서 수고를 해야 할 필요가 조금도 없고, 오직 자신의 감각을 만족시킬 수 있는 방법만 생각하면 된다. 더욱이 그런 세계가 어느 날 갑자기 사라져 버릴까봐 걱정할 필요도 없다. 수고를 해야 하는 일은 다른 사람들이 다 해준다. 요컨대 즐기기만 하면 되는 세계다.

헤라클레스는 그 여자에게 이름을 물었다. 그러자 그 여자는 다음과 같이 대답했다.

나의 친구들이나 나와 친하게 지냈던 사람들, 그리고 나에게 안내를 받았던 사람들이 나에게 '행복'이라는 이름을 주었어요. 그렇지만 나의 적들이나 나의 명성에 흠집을 내려는 사람들은 나에게 '악덕'이라는 이름을 붙였어요.
— 크세노폰, 〈소크라테스 회상〉 2권

뒤이어 다른 여자가 말했다. 당신이 위대하고 영광스러운 업적을 남기는 인물이 되도록 돕겠노라고. 그렇지만 그 어떤 가치 있는 일도 노고 없이는 성취할 수 없다고 냉정하게 이야기한다.

신의 은총을 받으려면 신을 받드는 노고를 기울여야 해요. 그대의 친구들로부터 우정을 얻으려면 그들을 위한 의무를 이행하기 위해 노력해야 해요. 어느 도시의 존경을 받으려면 그 도시에 봉사해야 하고요. 모든 그리스인으로부터 정직과 용기에 대한 칭송을 받으려면 그리스를 위해 각별히 유익한 일을 하기 위해 노력해야 해요. 그대의 토지에서 풍성한 수확을 하려면 경작하는 노동을 해야만 하죠. …… 신체의 힘으로 탁월해지려고 한다면, 몸을 정신의 지배 아래 두고 노역과 노고로 단련시켜야 하는 법이에요.
— 크세노폰, 〈소크라테스 회상〉 2권

개를 자처하며 자유롭게 산 철학자 디오게네스

디오게네스는 마케도니아에서 일어난 알렉산드로스 대왕이 고대 그리스는 물론 아시아에까지 진출해 대제국을 건설할 무렵 활동했던 철학자다. 보통 '견유학파'라고 일컬어지는 철학자들 가운데 한 사람이었다. 견유학파 철학자들은 스스로 '개'를 자처했다.

디오게네스가 알렉산드로스 대왕과 만났을 때의 일이다. 알렉산드로스가 디오게네스 앞으로 가서 "나는 대왕 알렉산드로스다"라고 말하자 디오게네스는 "나는 개 디오게네스다"라고 응수했다. 알렉산드로스가 어떻게 했기에 개라고 자신을 부르게 됐느냐고 물었다. 이에 디오게네스는 "무언가를 주는 사람들에게는 꼬리를 흔들고, 주지 않는 사람들에게는 짖어대고, 나쁜 자들은 물어뜯기 때문"이라고 대답했다고 한다.

이 대화에서 엿보이듯 디오게네스는 평생 '무소유'로 살면서 자유롭게 행동하고 사고했다. 매사에 담대하게 처신하고 말했다. 특히 당시 패권을 장악한 알렉산드로스 대왕과 만났을 때 그의 이런 행동철학이 유감없이 드러났다. 그와 알렉산드로스 대왕에 관한 고사가 몇 가지 더 있다.

디오게네스가 코린토스 근처의 크라네이온이라는 곳에 머무르고 있을 때 알렉산드로스가 그를 찾아왔다. 알렉산드로스는 그의 앞에 서서 "무엇이든

원하는 것을 말해보라"고 했다. 그러자 디오게네스는 "부디 햇볕을 가리지 말아 주시오"라고 대답했다. 알렉산드로스가 "그대는 짐이 두렵지 않은가"라고 물었다. 그러자 디오게네스는 "도대체 당신은 누구입니까? 선한 자입니까? 아니면 악한 자입니까?"라고 물었다. 알렉산드로스는 "물론 선한 자다"라고 대답했다. 그러자 디오게네스는 "그렇다면 누가 선한 자를 두려워하겠습니까?"라고 말했다.

어떤 사람이 알렉산드로스 휘하에서 호화롭게 산다는 이야기를 들었을 때 디오게네스는 그에 대해 "불행한 사람이다"라고 냉정하게 이야기했다. 점심밥도, 저녁밥도 알렉산드로스가 적당하다고 여기는 시간에만 먹어야 하기 때문이라는 것이었다. 호화롭게 살면서도 자유는 전혀 누리지 못하는 사람의 처지를 잘 요약한 말이다.

그리스 연합군이 알렉산드로스와 그의 아버지 필리포스가 이끄는 마케도니아와 벌인 카이로네이아 전투에서 패배한 후 디오게네스는 마케도니아 군대에 붙잡혀 필리포스 왕에게 끌려갔다. 필리포스 왕은 디오게네스에게 "그대는 누군가?"라고 물었다. 이에 디오게네스는 "당신의 끝없는 욕망을 탐지하는 정찰병입니다"라고 대답했다. 디오게네스는 이렇게 대담하게 대답한 덕분에 곧바로 석방됐다고 한다.

환전상의 아들로 태어난 디오게네스는 자유보다 더 소중한 것은 없다고 말하곤 했다. 한때 노예 신분으로 전락하기도 했지만 기죽지 않았다. 도리어 주인을 향해 "비록 내가 노예이지만 당신은 내 말에 따라주지 않으면 안 된다"

◆◆◆ 디오게네스와 알렉산드로스 / 조반니 바티스타 란제티

고 큰소리쳤다. 식사는 언제나 간소하고 거친 음식으로 만족했고, 신발도 신지 않고 다녔다. 또한 인위적인 장식보다 타고난 자연 그대로의 모습을 지키기를 좋아했다. 그렇기에 향유를 바르는 사람에게는 "좋은 향기가 삶에 나쁜 냄새를 풍기지 않도록 조심해야 한다"고 충고했다. 자신에 대해서는 스스로 이렇게 말했다고 한다.

조국을 빼앗겨 나라도 없고 집도 없는 자, 일상의 양식을 동냥하고 방황하는 인간.
— 디오게네스 라에르티오스, 〈그리스 철학자 열전〉 6권

그러다 보니 기행도 많았다. 한 예로 디오게네스는 대낮에 횃불을 들고 다니면서 "나는 인간을 찾고 있다"고 말했다고 한다. 그는 평소 "인생을 살기 위해서는 이성을 갖추거나 목을 묶기 위한 밧줄을 준비해 두어야 한다"고 말하곤 했다.

이에 비추어 디오게네스는 선하고 이성적인 인간을 찾아다녔던 것 같다. 그렇지만 그가 보기에 그런 사람이 없었기에 대낮에도 횃불을 들고 다니지 않았을까 추정해볼 수 있겠다.

디오게네스는 후세에 전해지지는 않았지만 철학 관련 서적을 적잖이 썼고, 제자들에게 강의도 활발하게 했다고 한다. 그는 세계적인 규모의 국가가 올바른 국가라고 말했고, 아내와 자식의 공유제를 주장하기도 했다.

디오게네스는 90세까지 살고 세상을 떠났다. 당시 바빌론에 원정 가있던 알렉산드로스 대왕과 같은 날 죽었다고 한다. 그가 세상을 떠난 후 그의 묘에는 대리석으로 만들어진 개 상이 세워졌다. 나중에 고국 코린토스 사람들이 그의 묘지에 청동상을 세우고 그를 기리는 멋진 시구를 새겨두었다.

청동도 세월이 지나면 녹스는 것, 하지만 현명한 디오게네스여, 그대의 영예는 영원히 썩지 않으리. 그대만이 홀로 사람들에게 자족하는 방법, 즉 영광과 영원한 행복에 이르는 가장 확실한 길을 가르쳐 주었으므로.
— 디오게네스 라에르티오스, 〈그리스 철학자 열전〉 6권

단테도 추앙한 로마의 시인 베르길리우스

〈아이네이스〉는 트로이가 패망하기 직전에 탈출한 아이네아스의 유랑과 고난의 과정을 그린 로마시대 최고의 서사시다. 로마 제정 초기인 아우구스투스 황제 시대에 살았던 베르길리우스가 썼다. 북부 이탈리아의 만토바에서 태어난 베르길리우스는 처음에는 법률을 배우다가 시를 연구하고 쓰는 쪽으로 방향을 바꾸었다. 베르길리우스가 쓴 시로는 〈전원시〉와 〈농경시〉도 있지만, 대표작은 역시 〈아이네이스〉다. 그는 오비디우스와 함께 로마시대를 대표하는 최고의 라틴어 작가로 평가받는다.

〈아이네이스〉의 주인공 아이네아스는 트로이를 떠난 뒤 크레타, 델로스, 시칠리아 섬, 카르타고를 거치는 긴 유랑 끝에 이탈리아 반도에 상륙하여 로마의 토대를 닦는다. 그 과정에서 현지 부족과 치열한 전투를 벌여 승리하기도 한다. 모두 그에게 주어진 운명이었다. 그는 어머니인 베누스(아프로디테) 여신의 도움을 받아 그 운명을 받아들이고 온갖 어려움을 헤쳐 나간다.

여신의 아들이여, 운명이 우리를 앞으로 인도하든 뒤로 인도하든 따르기로 합시다. 무슨 일이 일어나더라도 우리는 인내로써 운수를 이겨나가는 수밖에 없습니다.
— 베르길리우스, 〈아이네이스〉 5권

아이네아스는 유랑하는 동안 아버지를 여의는가 하면 카르타고의 여왕 디오와 로맨스를 꽃피우기도 한다. 또 트로이의 영웅 헥토르의 아내였다가 트로이의 패전과 함께 그리스에 노예로 끌려간 안드로마케와 회포를 풀기도 한다. 안드로마케는 영웅 아킬레우스의 아들 네오프톨레모스에게 노예이자 첩으로 끌려가 아이까지 낳았으나 네오프톨레모스가 죽은 뒤 시련을 겪은 끝에 트로이의 왕자 헬레노스와 다시 만나 자그마한 새 왕국을 세웠다. 또 오디세우스처럼 예언녀의 안내를 받아 저승세계를 탐방하고 아버지를 비롯한 많은 사람들의 영혼을 만난다. 아이네아스를 만난 아버지는 로마의 앞날에 대해 예언해주

면서 많은 충고를 해준다.

〈아이네이스〉에는 인간 세계의 희로애락과 유랑하는 삶의 역정, 살아남기 위한 고난 등에 관한 이야기가 두루 담겨 있다. 베르길리우스는 〈일리아스〉와 〈오디세이아〉의 시적 성취를 계승하면서 그 자신의 시대에 어울리게 재창조했다.

이 작품은 후세인들에 의해 서사시의 전범으로 받들어졌다. 특히 12세기 유럽의 시인 단테 알리기에리는 〈신곡〉에서 자신이 베르길리우스의 안내를 받아 지옥과 연옥을 여행하는 모습을 그렸을 만큼 베르길리우스를 절대적으로 추앙했다. 이 작품 속에서 단테는 베르길리우스를 '스승' 또는 '아버지'라고 표현하고, 그와 헤어질 때 뜨거운 눈물을 흘리기도 한다.

◆◆◆ 옥타비아와 아우구스투스에게 〈아이네이스〉를 읽어주는 베르길리우스 / 앙겔리카 카우프만

트리스탄과 이졸데의 비극적인 사랑

〈트리스탄과 이졸데〉는 중세 유럽에서 음유시인을 통해 전해지던 켈트인의 전설로, 트리스탄이라는 영웅적인 인물과 이졸데라는 적국 공주의 비극적인 사랑을 주제로 한 연애설화다.

트리스탄은 배신자들에게 영토를 빼앗기고 죽임을 당한 아버지의 땅을 탈출해 삼촌의 왕국으로 피신한다. 삼촌의 왕국에서 성장한 트리스탄은 적국의 장수를 처치하고 두각을 나타내지만 신하들의 음모로 적국에 보내진다. 적국으로 들어간 트리스탄은 공주인 '금발의 이졸데'를 만나 함께 미약을 마시고 운명적인 사랑에 빠진다. 그렇지만 '금발의 이졸데'는 자신의 삼촌과 결혼하여 왕비가 된다. 트리스탄은 왕비 이졸데와 밀회를 즐기지만 곧 탄로나 추방되어 이곳저곳을 떠돌아다닌다. 트리스탄은 자신을 받아준 어느 공국에서 큰 공을 세우고 그곳의 공주 '흰 손의 이졸데'와 결혼한다. 그러나 트리스탄은 '금발의 이졸데'를 잊지 못하고 그녀를 찾아가 재회했다가 쫓겨나고 다시 찾아가서 만나는 등 우여곡절을 겪는다. 트리스탄은 결국 '금발의 이졸데' 곁을 떠나 공국으로 귀환길에 오른다. 마음으로는 서로 미련을 버리지 못한 채.

◆◆◆ 트리스탄과 이졸데 / 존 윌리엄 워터하우스

트리스탄은 귀환하던 도중에 적대적인 기사들과 싸움을 벌이다가 독이 묻은 칼에 찔려 최후를 맞게 된다. '금발의 이졸데'는 트리스탄을 뒤쫓아 왔지만, 배가 풍랑에 시달리는 바람에 늦게야 트리스탄이 있는 곳에 도착한다. 트리스탄은 그녀가 도착하기 직전에 숨을 거두고, '금발의 이졸데'는 트리스탄의 시신 곁에 나란히 누워 죽는다.

트리스탄과 '금발의 이졸데'의 죽음을 재촉한 것은 '상심'이었다. '흰 손의

이졸데'의 오빠가 트리스탄과 친구가 된 뒤 그를 대신해 '금발의 이졸데'를 데려오기로 하고 떠날 때 중요한 약속을 해두었다. 돌아오는 배에 '금발의 이졸데'가 함께 타고 있으면 흰 돛을 달고 그렇지 않으면 검은 돛을 달기로 한 것이었다. 약속에 따라 오빠는 흰 돛을 달았다. 그러나 트리스탄을 돌보고 있던 '흰손의 이졸데'가 질투심에서 "돛은 검은색"이라고 거짓말했다. 그러자 트리스탄은 "이졸데"라고 3번 외친 뒤 4번째로 외치다가 그대로 죽음으로 직행했다.

트리스탄과 이졸데는 따로 매장됐지만, 트리스탄의 무덤에서 솟아오른 딸기나무가 이졸데의 무덤을 파고들었다. 왕국의 사람들이 딸기나무를 베어내기도 했지만, 그때마다 딸기나무는 되살아나 이졸데의 무덤을 찾아 들어갔다. 결국 왕의 명령으로 딸기나무를 베어내는 일은 중지됐다고 한다.

이 설화에서는 두 연인의 사랑과 작별, 고통과 재회 등 반전이 끊임없이 이어진다. 또한 배신과 우정, 관용 등 인간의 다양한 모습이 곁들여져 있다. 참으로 극적인 반전요소가 풍부한 연애담이다.

이 설화는 고대 켈트족으로부터 전해 내려오다가 중세에 유럽 각국의 언어로 '각색' 됐다. 12세기에는 토마스와 고트프리트 등 시인들에 의해 시로 재창조되기도 했다. 19세기에는 독일의 작곡가 바그너가 이 설화를 바탕으로 오페라 〈트리스탄과 이졸데〉를 작곡했다.

제자 네로 황제가 내린 죽음을 받아들인 세네카

세네카는 로마제국의 대표적인 스토아 철학자였다. 그는 원로원에서 고매한 연설로 명성을 획득하여 클라우디우스 황제의 새로운 황후 아그리피나의 아들을 가르치는 개인교사가 됐다. 그는 덕분에 집정관 자리에 올라 출셋길에 들어섰다. 그렇지만 이 운명의 전환은 결국 그에게 불운의 씨앗이 되고 말았다.

황후 아그리피나의 아들은 네로 황제가 된다. 네로 황제가 등극하자 세네카는 실권을 사실상 장악하다시피 했다. 황제를 대신해서 많은 법안을 원로원에 제출하는 등 거의 전권을 행사했다. 그렇지만 이는 네로가 선정을 베풀 때뿐이었다. 네로가 점차 세네카의 그늘을 벗어나 독자적인 판단을 내리기 시작한데다 세네카와 강한 유대관계를 맺고 있던 근위대장마저 세상을 떠나자 세네카는 내리막길로 들어섰다. 그에 대한 비난과 참소도 잇따랐다. 그러자 세네카는 과감히 제자인 네로 황제의 곁을 떠나 야인으로 돌아갔다.

그 후 네로는 점차 폭군으로 변해갔다. 어머니 아그리피나에 이어 이혼한 전처 옥타비아를 차례로 죽였다. 새로운 아내를 얻은 뒤에는 사치까지 심해졌다. 가수 행세를 하는가 하면, 로마 대화재를 계기로 그리스도교도들을 방화범으로 몰아 대대적인 박해를 가하기도 했다. 이처럼 네로 황제의 기행과 폭력이 거세지자 자연스레 암살 음모가 생겨났다. 그러나 음모는 발각되고 주모자들은 처형됐다. 이때 네로 황제는 세네카에게도 음모에 가담했다는 이유로 '죽음'을 내렸다. 다만 다른 음모자들과 달리 세네카에게는 자살을 선택하도록 '관용'을 베풀었다. 스승에 대한 최소한의 배려를 한 셈이었다. 세네카는 아무 변명 없이 스스로 삶을 마감했다. 이때 그의 아내도 함께 삶을 끝냈다고 전해진다.

고대 아테네 시민들에 의해 사형선고를 받은 소크라테스나 네로 황제에 의해 죽음이 내려진 세네카는 타의에 의한 죽음을 맞았다. 그리고 이 두 철학자는 철학자답게 타의에 의한 죽음을 아무 미련도 원망도 없이 깨끗하게 받아들였다. 두 철학자는 자신의 그런 깨끗한 죽음으로 후세인들에게 오히려 더 큰 가르침을 남긴 것이 아닐까. 세네카의 저서에는 "죽는 자로 살아가기보다는 차라리 죽는 편이 더 낫겠다"는 등 자신의 운명을 예감한 듯한 말들이 나온다.

세네카는 행복에 관한 저서에서도 언제나 죽음에 대비하라고 썼다. 그가 쓴 〈행복한 삶에 관하여(De vita beata)〉에는 베르길리우스의 〈아이네이스〉에서 인용한 문장이 있다. 세네카는 삶을 끝내기로 하면서 이 문장을 되새기지 않았을까?

나는 내 운명을 살았고, 운명이 내게 정해준 노정을 모두 마쳤노라.

◆◆◆ 세네카의 죽음 / 페테르 파울 루벤스

452

811

단테에게 마르지 않는 창작의 샘이 된 여성 베아트리체

베아트리체는 중세의 시성으로 일컬어지는 단테 알리기에리가 평생 잊지 못한 여성이다. 단테는 9살 때 귀족의 가문에서 주최한 축제에 참석했다가 베아트리체를 만났다. 단테는 첫눈에 베아트리체에게 빠져들었다.

> 진실을 말하자면, 바로 그 순간 심장의 은밀한 방 안에 기거하고 있던 생명의 기운이 너무나 심하게 요동치기 시작해서 가장 미세한 혈관마저도 더불어 떨리기 시작했다.
> ─ 단테, 〈새로운 인생〉

그러나 베아트리체는 다른 남자와 결혼했다. 그래서 단테는 베아트리체를 오랫동안 만나지 못하고 마음 깊은 곳에 간직해 두기만 했다. 9년 후 단테는 길거리에서 베아트리체를 우연히 만났다. 베아트리체는 단테에게 다정하게 인사했다. 그 순간 단테는 큰 희열을 느꼈다. 그렇지만 베아트리체는 6년 후 세

◆◆◆ 결혼잔치에서 단테를 만난 베아트리체 / 단테 가브리엘 로세티

상을 떠났다.

베아트리체가 죽은 뒤에도 단테는 그녀를 잊지 못했다. 그녀는 단테의 마음 속에 이상적인 여성으로 평생 남아있게 된다. 단테를 창작으로 이끄는 '마르지 않는 샘' 이었다. 아니, 신과도 같은 존재였다.

그녀는 평범한 인간의 딸이 아닌 신의 딸처럼 보였다.
— 단테, 〈새로운 인생〉

단테의 베아트리체 사모는 〈새로운 인생〉과 〈신곡〉으로 형상화된다. 〈새

로운 인생〉은 베아트리체를 만났을 때의 희열, 베아트리체가 냉랭하게 대했을 때의 아픔, 베아트리체가 죽었다는 소식을 들었을 때의 슬픔 등으로 가득차있다.

단테의 이 작품에서 베아트리체는 완벽한 아름다움과 미덕을 모두 갖춘 지혜로운 여성으로 묘사된다. 다른 사람들도 선하고 성스럽게 만드는 여성이다.

> 그녀의 모습은 자신만을 더없이 성스럽게 하는 것이 아니라 그녀와 함께하는 다른
> 사람들도 고결하게 하네.
> ― 단테, 〈새로운 인생〉

그렇지만 〈새로운 인생〉은 단테의 창작활동을 불멸의 명작 〈신곡〉으로 이어주는 징검다리 같은 작품이기도 했다.

〈신곡〉에서 베아트리체는 단테를 이끌어주는 역할을 한다. 단테가 어두운 숲속에서 방황할 때 베아트리체가 로마시대의 시인 베르길리우스를 그에게 보낸다. 베르길리우스는 단테를 지옥과 연옥으로 안내한다. 단테가 지옥과 연옥 여행을 마치고 천국에 들어간 다음에는 전적으로 베아트리체가 안내한다. 일찍 세상을 떠나 천국에 가 있던 베아트리체가 그렇게 단테를 안내하고 이끌어주는 것이다.

글로 쓴 인생의 만화경, 단테의 〈신곡〉

단테 알리기에리는 중세가 낳은 최고의 문학인이다. 르네상스 시대에 찬란한 문화를 꽃피웠던 이탈리아 북부의 도시 피렌체가 낳은 시인이다. 단테는 〈신곡〉을 비롯해 〈새로운 인생〉 〈제정론〉 등의 작품을 남겼는데, 그 가운데 역시 단테를 상징하는 작품은 〈신곡〉이다.

〈신곡〉은 주인공 단테가 지옥, 연옥, 천국을 여행하는 이야기를 담은 서사시다. 지옥편 34곡, 연옥편 33곡, 천국편 33곡 등 모두 합쳐 100곡으로 구성돼 있다. 작품 속에서 지옥과 연옥 여행은 로마 제정 초기의 시인 베르길리우스가 안내하고, 천국 여행은 단테가 평생 잊지 못한 여성 베아트리체가 안내한다. 지옥과 연옥에서는 살아있을 때 여러 가지 죄를 지은 인간들이 고통을 겪고 있다. 태만, 애욕, 격노, 폭력, 사기, 기만, 인색, 낭비, 탐식, 배신 등의 죄를 범한 사람들의 영혼이다. 지옥에 있는 영혼들은 살아있는 동안 회개하지 않았기 때문에 영원한 고통을 겪는다. 연옥에 있는 영혼들은 죽기 전에 회개했기 때문에 일정 기간 고행을 통해 속죄한 다음에 천국으로 올라간다.

다만 지옥의 원(cerchio; circle) 9개 가운데 첫 번째 원은 '림보'라고 하는데, 고통과 괴로움이 전혀 없는 곳이다. 림보에는 세례를 받지 못하고 죽은 어린이들의 영혼과 그리스도보다 먼저 태어나 선행을 했거나 위대한 업적을 남긴 인물들의 영혼이 있다. 예를 들어 단테를 안내하는 베르길리우스를 비롯해 철학자인 소크라테스, 플라톤, 아리스토텔레스, 키케로, 세네카 등과 기하학자인 에우클레이데스, 의학의 아버지인 히포크라테스, 천문학자인 프톨레마이오스, 그리스 신화의 대표적인 가인(歌人) 오르페우스, 시인인 호메로스, 호라티우스, 오비디우스, 트로이의 명장 헥토르와 아이네아스, 공화정 로마에 반기를 들었던 카이사르 등 고대 역사와 신화를 수놓은 인물들의 영혼이 대부분 이곳에 있다. 12세기 투르크의 왕이었던 살라딘도 림보에 있다.

그 다음 나오는 지옥의 입구에는 크레타의 왕 미노스가 지키고 앉아 있으면서 지옥에 들어가는 영혼들에게 생전에 지은 죄에 따라 '방'을 배정한다. 죄를 정화하는 연옥의 산 입구에는 로마 공화정을 끝까지 지키려다가 스스로 삶을 끊은 카토가 지키고 있다. 천국에서는 두말할 필요 없이 선행과 여러 가지 빛나는 업적을 남긴 사람들이 영원한 행복을 누린다.

단테의 〈신곡〉을 읽다 보면 지옥과 연옥, 천국에 등장하는 인물들의 죄와 선행을 통해 인생의 희로애락과 좌절 및 소망을 음미하게 된다. 또한 마치 지옥과 연옥 및 천국을 직접 방문하는 듯한 착각에 빠지게 된다. 처음부터 끝까지 그리스도교 신앙의 관점을 견지하고 있기는 하지만, 글로 쓴 인생의 만화경 같은 작품이라고 할 수 있다. 단테의 시대에 만연했던 가톨릭교회의 매관매직과 부패, 피렌체 사회의 정쟁과 타락에 대한 날카로운 비판도 담겨 있다.

◆◆◆ 단테와 세 왕국 / 도메니코 디 미켈리노

맨 먼저 조물주에게 등을 돌린 자의 선망 때문에 지상에는 수많은 비탄이 생겨나게 되었나니, 그 악마가 기틀을 다진 그대의 마을은 저주받은 꽃을 만들어 뿌리고 있느니라. 그 꽃이 목자를 늑대로 바꾸어 놓았고, 그 꽃 때문에 어미 양도 새끼 양도 길을 잃게 되었다.

— 단테, 〈신곡〉 천국편 9곡

그러므로 〈신곡〉은 단테가 서양의 고대 문화와 역사를 자신의 시각에서 결산하면서 예언자 같은 정신으로 당대의 상황을 묘사한 작품이다.

단테는 정파간 싸움이 치열하게 전개되던 당시 피렌체에서 한쪽에 가담했다가 추방당한 뒤 다시는 돌아가지 못하고 라벤나에서 세상을 하직했다. 약 20년 동안이나 유랑생활을 하면서 지옥편, 연옥편, 천국편을 차례로 완성했다. 특히 천국편은 그가 56세로 세상을 떠나기 직전에 마무리했다고 한다. 인류를 위해 참으로 다행스런 일이었다.

14세기 이탈리아의 작가로 〈데카메론〉을 지은 조반니 보카치오는 단테에 대해 "이탈리아에서 추방된 무사 여신들의 귀환 길을 처음으로 열었다"고 찬양했다. 19세기 영국의 역사가 토머스 칼라일은 그를 가리켜 "중세의 대변인이며 성실성이라는 점에서 고대의 예언자와 흡사하다"고 했고, 카를 마르크스는 "저 위대한 피렌체인"이라고 극찬했다.

〈신곡〉을 우리말로 번역한 한형곤 선생은 번역본에 실은 해설을 통해 이 작품이 인류가 낳은 최대의 걸작으로 평가된다고 밝혔다. 필자도 비슷한 생각을 갖고 있다. 필자는 고대 그리스의 비극, 베토벤의 교향곡과 함께 단테의 이 작품을 인류 최고의 문화유산이라고 생각한다.

인간 해방을 노래한 보카치오의 〈데카메론〉

중세가 끝날 무렵, 그러니까 14세기 중엽에 이탈리아 북부의 도시국가 피렌체에 페스트가 창궐했다. 수많은 사람이 죽어나갔고, 거리마다 주검으로 가득 차게 됐다. 아침에 가족이나 친척과 함께 식사를 한 젊은이가 저녁이 되기 전에 불귀의 객이 돼버리는 경우도 많았다. 참으로 엄청난 재앙이었다.

마치 하느님의 노여움이 이 흑사병의 힘을 빌려 인간을 몰아세우는 것 같기도 했고, 시의 성벽 안에 사는 사람들을 깡그리 말살해버리려는 것처럼 보이기도 했습니다.
— 조반니 보카치오, 〈데카메론〉

살아남은 사람들도 절망하여 무슨 일에나 무심해졌다. 집도 땅도 친척도 모두 버리고 피난 가기에 바빴다. 어떤 사람들은 집 안에 틀어박혀 먹고 마시고 향락을 즐기며 살아갔다. 자기 집뿐만 아니라 남의 빈집까지 침입하여 포식하기 일쑤였다. 남아 있는 것은 온갖 지혜를 다 써서 소비해버리자는 식이었다.

이렇듯 사람들은 머지않아 죽을지도 모르니 죽기 전에 마음껏 즐기자는 퇴폐적인 심리에 빠져들었다.

바로 이런 재앙과 절망의 상황을 배경으로 씌어진 것이 보카치오의 〈데카메론〉이다. 이 작품의 줄거리는 페스트로 함몰된 피렌체에 아직 죽지 않고 살아 있던 여성 7인과 남자 손님 3인을 더해 모두 10명의 남녀가 '영원한 아름다움을 간직하고 있는' 시골로 피난 가서 즐겁게 서로 이야기를 하며 시간을 보내는 것이다. 10명은 시골집에서 10일 동안 각자가 하루에 1가지씩 모두 10가지 이야기를 한다. 그러므로 모두 100가지 이야기를 하는 것이다. 무슨 이야기를 해도 좋지만 '마음을 즐겁게 하는 이야기'가 아닌 것은 결코 말하지 않기로 약속한다.

이런 약속에 따라 이들 10명이 하는 이야기는 정말로 다양하다. 신앙과 정치, 관용에 관한 점잖은 이야기도 있지만, 연애에 관한 담화도 많다. 노골적인 음담패설도 마다하지 않는다. 또한 당시의 교황을 비롯한 성직자와 수도사들의 악덕과 위선에 대한 풍자와 신랄한 비판도 서슴지 않는다. 당시로서는 그야말로 파격적이었을 이야기가 그득하다.

이들은 10일 동안 이렇게 세상의 온갖 재미있는 이야기를 나누면서 즐겁게 나날을 보낸다. 날마다 이야기가 끝나면 함께 저녁식사를 하고 둘러앉아 칸초네를 노래하고 춤을 춘다. 노래가사도 엄숙하지 않고 발랄하며 낭만적이다. 이를테면 아홉째 날 네이필레라는 여성이 부른 노래의 가사 중 일부는 이렇다.

님을 닮은 꽃을 꺾어 들고 입 맞추며 속삭이니 마음 활짝 열리고 그리움 타오른다.
어화, 딴 꽃으로 테 만들어 황금빛 머리를 묶자.

◆◆◆ 〈데카메론〉에 나오는 나스타조 델리 오네스티의 이야기 / 산드로 보티첼리

들판의 꽃이 내 눈에 주는 기쁨은 달콤한 사랑으로 나를 불태운 그 님을 보는 느낌.
그러나 꽃 향기에 가슴 메어 나오느니 한숨뿐 사랑의 말을 할 수 없어라.

참으로 인간적인 사랑과 즐거움, 그리고 행복에 대한 예찬이라 할 만하다. 이렇듯 〈데카메론〉은 종교가 세상을 지배하고 엄숙한 도덕이 중요시되던 당시의 시대로부터의 '인간 해방'을 노래한 작품이다. 그래서 이 작품은 단테의 〈신곡〉과 비교되어 〈인곡〉이라고 불리기도 한다.

보카치오는 피렌체 태생이지만 피렌체와 나폴리, 베네치아 등지를 오가며 문학 활동을 했다. 베네치아에서는 당시의 또 다른 인문주의자인 페트라르카와 우정을 나누면서 철학을 연구하기도 했다. 나폴리에서는 당시의 왕 로베르트 단지오의 딸 마리아를 만나 사랑을 나누기도 했다. 그러나 마리아는 오래 살지 못하고 세상을 떠난다. 단테가 평생 잊지 못하던 베아트리체가 일찍 세상을 하직한 것과 비슷하다. 〈데카메론〉에서 주도적인 역할을 하는 여인 피암메타는 보카치오가 마리아를 생각하면서 설정한 인물이라는 견해도 있다.

르네상스 3대 거장, 다 빈치와 미켈란젤로, 라파엘로

르네상스 시대가 거론될 때 우리에게 가장 먼저 떠오르는 인물은 레오나르도 다 빈치(1452~1519)와 미켈란젤로(1475~1564), 그리고 라파엘로(1483~1520)일 것이다. 이들은 15~16세기에 거의 동시대인으로 등장해 약간의 시차를 두고 활동하면서 예술을 풍요하게 만들었다.

다 빈치가 자연과 인체를 있는 그대로 파악하고자 했다면, 라파엘로는 온화하고 고상한 인간을 많이 그렸다. 미켈란젤로는 신플라톤주의를 받아들여 다소 이상화된 인간과 추상적인 정신을 표현하는 데 힘썼다. 미켈란젤로는 강직한 성격을 갖고 있었고, 스스로에게 엄격하고 독립심이 강했던 것으로 전해진다. 미켈란젤로는 회화, 조각, 건축에 두루 탁월한 능력을 보여주었고, 때로는 시를 쓰기도 했다. 이들 3인이 예술적 재능을 발휘하게 되는 데는 당시의 교황 율리오 2세(재임 1503~1513)가 한몫했다. 율리오 2세는 '전사교황'이라는 별칭이 따라붙을 만큼 유럽 각국과 끊임없이 전쟁을 벌였다. 율리오 2세 교황이 벌이는 전쟁에 대해 인문주의자 에라스무스는 개탄해 마지않았고, 〈바보 여신의 바보 예찬〉을 통해서 통렬하게 비판하기도 했다. 그렇지만, 참으로 묘하게도, 그 율리오2세 교황은 예술의 부흥에 기념비적인 역할을 해냈다.

미켈란젤로는 율리오 2세가 재임 중이던 1508~1512년에 로마의 시스티나 성당 천장에 〈창세기〉 설화를 형상화한 대작 프레스코화 〈천지창조〉를 그렸다. 규모가 클 뿐 아니라 내용이 장엄하고 조화로우면서도 힘찬 이 작품은 불후의 명작 중 하나로 꼽힌다. 천지창조 설화를 구성하는 여러 가지 에피소드를 소재로 하여 그려진 작품이다. 기법 면에서도 원근법과 인체의 해부학적 구조 및 움직임에 관한 당시의 미술지식이 골고루 동원됐다.

〈천지창조〉가 그려진 과정은 불후의 명작이 어떻게 탄생하는지를 보여주는 산 증거라고 할 수 있다. 미켈란젤로는 교황 율리오 2세로부터 작품을 위촉

받은 뒤 그것을 완성할 때까지 4년동안 육체적인 노고를 조금도 마다하지 않고 자신의 모든 에너지를 투여했다. 천장에 매달려 고개를 젖힌 채 떨어지는 물감을 고스란히 뒤집어쓰면서 이 그림을 그렸다. 조수의 도움도 별로 받지 않고 거의 혼자서 작업했다고 전해진다.

미켈란젤로는 〈천지창조〉를 완성한 지 20여년이 지난 뒤인 1536년에 같은 시스티나 성당에 또 다른 대작 〈최후의 심판〉을 그렸다. 그는 또한 〈다비드 상〉과 〈모세 상〉, 〈빈사의 노예〉 등 걸출한 조각 작품들도 남겼다. 이들 작품은 조화와 균형이 잘 구현돼 있을 뿐 아니라 미켈란젤로 특유의 힘과 확신이 표현돼 있다는 평가를 받고 있다.

미켈란젤로는 말년에는 예수의 주검을 안고 비통해 하는 마리아의 모습을 소재로 하여 또 하나의 불멸의 조각 작품 〈피에타 상〉을 제작했다. 또 로마에 있는 성 베드로 대성당의 돔을 완성하는 일을 맡았다. 그는 브라만테가 미완성으로 남겨 놓은 이 작업을 대신 맡아 하면서 '신의 영광에 대한 봉사'라고 생각하고 보수를 받지 않았다고 한다.

저명한 역사가 에른스트 곰브리치는 명저 〈서양미술사〉에서 성 베드로 대성당의 돔은 당시 사람들로부터 '신과 같은 사람'이라고 불릴 정도로 고고하던 미켈란젤로의 성품에 잘 어울리는 기념비적 작품이라고 평했다.

◆◆◆ 작업실의 미켈란젤로 / 외젠 들라크루아

이상사회의 꿈을 되살린 토머스 모어

"기운을 내게. 자네의 직책을 과감하게 수행해야 되네."

영국의 인문주의자 토머스 모어는 불멸의 명저 〈유토피아〉로 너무나 잘 알려져 있다. 모어는 이 책을 통해 이상사회에 대한 꿈을 인류에게 되돌려주었다. 그는 그러나 영국 왕 헨리 8세의 이혼에 반대했다가 감옥에 갇혔고, 급기야 사형을 당했다. 모어는 사형장에서 형집행자에게 위와 같이 말했다. 그러고는 "내 목은 짧으니 조심해서 자르라"는 말을 남기고 세상을 하직했다.

토머스 모어는 사형을 당하던 날 런던탑의 책임자인 킹스턴에게도 다정한 말을 건넸다. "나를 위해 기도해주시오. 나도 당신을 위해 기도하겠소. 그리고 천국에서 다시 만나 유쾌하게 함께 삽시다." 사형 집행장에서 집행 통고를 받은 자리에서도 의연하게 말했다. "이 어두운 현세를 일찍 떠나도록 해주시니 폐하의 은덕에 감사드립니다. 나는 현세에서도 내세에서도 폐하를 위해 기도하겠습니다." 자신의 죽음을 앞두고 슬피 우는 아들, 딸과도 차분하게 작별인사를 나누며 그들을 위로해주었다고 한다.

자신에게 닥친 운명에 시종 담백하게 순종하는 모습이다. 고대 아테네에서 사형당한 소크라테스나 포키온, 혹은 그리스도교가 박해를 받던 당시에 죽임을 당한 많은 순교자들이 보여준 최후의 모습과 흡사하다. "철학자는 언제나 죽을 준비를 하되 자살은 하지 말아야 한다"는 소크라테스의 말 그대로다.

토머스 모어는 이렇듯 삶과 죽음에 대해 연연하지 않았고, 언제든지 이 세상을 하직할 준비를 해놓고 살았다. 모어는 헨리 8세 시대에 대법관으로 등용되기는 했지만, 그에 대해 언제나 심리적 긴장상태에 놓여 있었다. 헨리 8세는 야망이 크고 냉혹한 왕이었던 반면, 모어는 온화한 인물이었기 때문이다. 둘 사이에는 그만큼 심리적 간극이 컸다. 그럼에도 모어는 공직생활을 계속했다. 왕이 선량한 정치를 할 수 없다고 해도 그의 나쁜 정치는 막을 수 있을 것이라고 믿었기 때문이었다. 모어의 이런 성향은 저서 〈유토피아〉에도 잘 드러나 있다.

당신은 주어진 범위 안에서 모든 일을 최대한 요령 있게 다뤄야 합니다. 그리고 당신이 바로잡을 수 없는 일에 대해서는 그 해악을 최소한으로 줄이도록 노력해야 합니다. 인간이 완전해질 때까지 세상은 결코 완전해지지 않을 것입니다. 그것은 현재로서는 도저히 기대할 수 없는 '축복'입니다.

모어는 자신이 야심이 많고 수단방법을 가리지 않는 헨리 8세에 의해 언제든 수난을 당할 수도 있음을 알고 있었다. 그래서 그는 가족에게도 언제나 마음의 준비를 하라고 일러두었다.

그 때가 결국 오고야 말았다. 헨리 8세가 왕비 캐서린과 이혼하고 앤 불린과 재혼하려고 할 때 교황청이 반대하고 나섰다. 교황은 헨리 8세에게 결혼 계획을 취소하라고 요구하면서 취소하지 않으면 파문을 하겠다고 경고했다. 그러나 헨리 8세는 굴하지 않고 결혼을 강행하고 교황청과의 관계를 단절했다. 그러고는 영국 국왕을 수장으로 하는 국교회(성공회)를 새로이 세웠다.

이때 토머스 모어도 왕의 재혼에 반대했다. 모어는 헨리 8세와 앤의 자식에게 왕위계승권을 인정하는 법안이 의회를 통과한 후 이 법안에 동의한다는 선서를 하라고 요구받았으나, 그렇게 하기를 거부했다. 그러자 헨리 8세가 모어를 런던탑에 가뒀다가 처형한 것이다.

모어는 종교에 대해 비교적 관대한 생각을 갖고 있었다. 그렇지만 가톨릭을 떠나려고 하지는 않았다. 오히려 당시 유럽 대륙에서 거세게 일던 종교개혁에 한결같이 반대했다. 당시에 가톨릭을 비판하되 배반하지는 않은 인문주의자 에라스무스의 입장과 유사한 태도였다.

그러면서 그는 이상국가에 대한 꿈을 간직하고 있었다. 종교적으로 관대하고, 사적 소유를 인정하지 않으며, 오로지 휴머니즘에 입각하여 운영되는 국가를 마음속에 그리고 있었던 것이다. 당시 영국 사회에서 자본의 원시적 축적을 위한 종획운동이 활발하게 벌어지면서 많은 수의 무산계급이 생겨나는 것을 본 모어는 자신의 꿈을 글로 구체화했다. 〈유토피아〉라는 불멸의 명저가 바로 그것이다. 〈유토피아〉는 길지 않은 책이지만, 인류에게 이상적인 나라를 지상에 건설하고 싶어 하던 '꿈'을 상기시켜 주었다.

이상사회 혹은 이상국가에 대한 꿈은 사라진 대륙 아틀란티스를 묘사한 〈크리티아스〉와 이상적인 정체(政體)를 논한 〈국가〉, 〈법률〉 등 플라톤의 저작 속에 기술된 바 있다. 또 역사상 크레타와 스파르타, 누마 왕 재임 중의 로마왕

◆◆◆ 토머스 모어와 그의 가족 / 로우랜드 로키

국 등이 그와 비슷한 모습의 사회를 만들어냈다고 보는 관점도 있었다. 이런 관점을 가진 사람들은 '이상국가'가 하나의 이데아라고 한다면 그 모상이 그런 나라들에서 부분적으로 나타났다고 생각했다.

이상국가에 대한 꿈은 그 후 오래도록 인간의 뇌리에서 사라졌다. 토머스 모어는 바로 그런 꿈을 되살려냈다. 이어 영국 경험주의 철학의 '사령관'으로 일컬어지는 프랜시스 베이컨의 〈뉴아틀란티스〉가 이를 계승했고, 근대 이후 일부 사상가들이 그 뒤를 이었다.

이기심과 탐욕이 지배하는 인간사회에서 이상사회 혹은 이상국가의 꿈은 실현되기가 쉽지 않다. 현대에 들어와서도 사회주의 사상가들이 국가를 중심으로 이를 실현해보려고 시도했지만, 모두 실패로 끝났다. 그야말로 한때의 꿈

으로 끝난 셈이다. 그럼에도 그 꿈을 꾸는 사람들은 여전히 많다. 그 꿈의 원조는 토머스 모어라고 봐도 될 것이다.

현실 사회에서 이상국가를 완벽하게 실현하기는 어려울지라도 그 꿈에 조금이라도 더 가까워지려는 노력은 없어질 수 없다. 그런 노력이 끊어지지 않고 계속되는 한 토머스 모어는 계속 살아 있을 것이다. 그의 몸은 사라졌지만 그의 꿈은 인류에게 남아 있는 것이다.

햄릿의 연인 오필리어의 비극적인 죽음

오필리어는 윌리엄 셰익스피어의 비극 〈햄릿〉의 주인공 햄릿의 연인이다. 그녀의 운명은 상당히 기구하다. 그녀는 극 중의 인물 플로니어스의 딸이다. 플로니어스는 형을 죽이고 형수를 아내로 취한 덴마크 왕 클로디어스의 유력한 신하다.

햄릿은 클로디어스의 흉계에 의해 죽임을 당한 선왕의 아들이다. 햄릿은 아버지의 혼백에게서 사건의 전말을 듣고 복수를 하기 위해 연극을 꾸민다. 왕위를 찬탈한 삼촌 클로디어스의 범죄를 확인하고자 그의 앞에서 선왕이 죽은 과정과 비슷한 내용의 연극을 공연한다. 연극이 진행되던 도중 결정적인 장면에 이르자 클로디어스는 가책을 느낀 듯 극장에서 빠져나가 궁정으로 들어간다. 햄릿은 마침내 확신을 갖게 된다.

오랫동안 기회를 엿보던 햄릿은 마침내 복수를 결행하기 위해 궁정으로 들어가 우선 어머니 거트루드를 찾아간다. 그렇지만 아무리 복수를 하더라도 어머니를 죽일 수는 없는 일이다. 그렇기에 어머니에게 말로 따지기만 하다가 숨어 있던 플로니어스를 발견하여 죽인다.

소식을 들은 오필리어는 실성하고 만다. 왕비 거트루드를 찾아갔는데 복수를 해달라고 요구하지는 않고 엉뚱한 노래만 부른다. 자신이 사랑하는 햄릿에 의해 아버지가 죽음을 당해 심한 충격을 받았기 때문이다.

오필리어는 궁정에서 나오다가 오빠 레어티즈를 만난다. 레어티즈는 아버지가 왕에 의해 죽임을 당한 것으로 오해하고 복수하기 위해 폭도들과 함께 궁성으로 몰려가던 참이었다. 오필리어는 레어티즈 앞에서 아버지의 죽음을 슬퍼하는 노래를 부르면서도 아버지의 죽음에 대해 복수해달라고는 말하지 않는다. 그리고 자신의 결심을 암시하는 노래만 더 부르다가 떠난다. 그녀는 궁성 바깥으로 나가 시냇물에서 익사한다. 사실상 자살이나 다름없는 죽음이다. 화관을 만들어 시냇물 위에 있는 나뭇가지에 걸려고 나무를 타고 올라갔다가 나뭇가지가 꺾이는 바람에 물에 빠지고 만 것이다.

레어티즈는 클로디어스 왕과 계략을 꾸며 독이 묻은 칼과 술로 햄릿을 죽이려고 한다. 그러나 실행 단계에서 일이 어긋나 레어티즈 자신은 물론 클로디어스 왕과 왕비 거트루드, 그리고 햄릿이 모두 죽는다. 결국 플로니어스 가족과 햄릿의 왕가는 모두 숨을 거두고 노르웨이 왕자 포틴브라스가 왕위를 잇는다.

이 작품 속의 주요 인물들은 모두 서로 복수해야 할 이유가 있으면서도 곧바로 복수에 나서지는 않는다. 여러 가지 생각을 하면서 기회를 엿보다가 최후의 일전을 벌이지만 모두 비극적으로 삶을 마감한다. 오필리어는 아버지의 죽음에 대해 복수해야 하지만 이를 마다하고 홀로 슬퍼하다가 정신이상이 되고 만다. 주인공 햄릿도 마찬가지로 아버지의 죽음에 관한 비밀을 알게 된 후에도 곧바로 복수에 나서지 않고 신중하게 움직이면서 적당한 기회가 오기를 기다

◆◆◆ 오필리어 / 존 윌리엄 워터하우스

린다. 햄릿의 그런 처신으로 말미암아 후세에 우유부단한 인물을 가리키는 말로 '햄릿형 인간'이라는 조어도 생겨났다.

그렇지만 햄릿만이 신중하게 처신한 것은 아니다. 복수를 하더라도 때를 기다리는 것은 그리스 비극에도 나타난다. 오레스테스와 엘렉트라가 아버지 아가멤논의 죽음에 대해 복수한 것도 오랫동안 숨죽여 지내다가 결행했다. 이들은 어머니까지 죽이는 또 다른 패륜을 저질렀지만, 햄릿은 어머니에게는 위해를 가하지 않았다. 햄릿의 어머니 거트루드의 죽음은 햄릿이 저지른 것이 아니라 마지막 순간 햄릿이 자신을 죽이려는 왕과 레어티즈에 맞서 다투는 과정에서 우발적으로 일어난 일일 뿐이다.

이렇게 복수를 즉시 결행하지 않고 때를 기다리는 경우 그만큼 갈등과 고뇌는 더 큰 법이다. 엄청난 인내도 필요하다. 의도하지 않았던 희생자도 생긴다. 햄릿의 연인 오필리어도 바로 그런 '의도하지 않은 희생자'라고 할 수 있을 것이다.

'황금시대'를 부활시키고 싶었던 돈 키호테

돈 키호테는 16세기 스페인의 작가 세르반테스의 작품 〈돈 키호테〉의 주인공이다. 그는 어느 날 세상을 구하는 편력기사가 되겠다고 결심하고 시종인 산초 판사와 함께 유랑을 떠난다. 그는 유랑하면서 자신이 편력기사라는 착각 속에 여러 가지 웃지 못할 모험과 사건을 겪는다.

그가 이렇게 착각과 광증에 빠진 것은 기본적으로 그의 독서열에서 비롯된 것이다. 그는 특히 기사담에 관한 서적을 탐독했다. 당시 유럽에서 전설처럼 전해 내려오던 기사들의 이야기에 관한 책을 그는 빠뜨리지 않고 읽었다.

요컨대 그는 책 속에다 몸을 푹 파묻고 밤에는 황혼 때부터 동틀 무렵까지, 낮에는 동틀 무렵부터 어두울 때까지 책을 읽어댔다. 그래서 잠은 부족하고 독서는 과다하여 그의 뇌는 말라버리고 올바른 판단력을 잃게 되었던 것이다.

그 결과 돈 키호테의 머리는 기사담에 나오는 황당한 이야기들로 가득 찼다. 그는 그런 이야기들을 모두 진실이라고 믿었다. 나아가서는 그런 기사들의 행동을 그대로 실행하기로 작정했다. 기사가 되어 세상을 두루 돌아다니면서 모든 잘못된 것을 고치고 불후의 명성을 얻어보겠다고 결심했다. 그렇게 업적과 명성을 쌓아올려서 나중에는 황제의 자리에 오를 것이라는 몽상까지 품었다.

돈 키호테는 몽상을 실현하기 위해 시종 산초 판사와 함께 길을 떠났다. 그 시종은 이웃에 사는 착실한 농부였다. 돈 키호테라는 호칭은 주인공이 기사임을 과시하기 위해 원정을 떠나기 전에 키하노라는 본래의 이름 대신 스스로 붙인 것이다. 아울러 갑옷과 투구 등 기사다운 복장을 하기 위해 낡은 갑옷을 꺼내 입고 엉성한 철모를 이용해 투구처럼 쓰고 얼굴 가리개까지 썼다. 이어 자신의 허약한 말에 '로시난테'라는 이름을 붙여주고 그 말을 타고 집을 떠난다. 돈 키호테는 그 말이 알렉산드로스 대왕의 애마 '부케팔로스'만큼이나 우수한 준마라고 생각했다.

돈 키호테는 "내가 빨리 나타나지 않음으로써 세상이 막대한 손실을 당하고 있다"고 생각했기에 원정을 서둘렀다. '세상의 불의를 시정하기 위해' 원정에 나섰지만, 그의 머리는 오직 착각과 과대망상증으로 채워져 있다. 하룻밤 묵기 위해 들른 주막을 거대한 궁성으로 착각하는가 하면, 길가에 서 있는 풍차를 거인으로 생각하고 공격하다가 큰 부상을 입는다. 이렇듯 돈 키호테의 온갖 모험은 통상적인 상식을 벗어나 좌충우돌을 거듭하는 식으로 이어진다. 때문에 책을 읽으면서 웃음을 그치지 못하게 된다.

돈 키호테는 이렇게 모험을 하며 많은 수난을 겪으면서도 자신이 하는 일에 대한 확신을 잃는 법이 없다. 현재의 '철기시대'는 역겨우니 평화롭고 안락하

◆◆◆ 서재 안의 돈 키호테 / 귀스타브 도레

던 태고의 '황금시대'를 부활시켜야 한다고 믿었다. 행복했던 황금시대에 대한 그리움이 그에게는 컸다.

선인들이 황금시대라는 명칭을 부여했던 시대와 세상은 행복했을 거요! …… 그 시대의 사람들은 '네 것'이나 '내 것'이란 두 낱말을 알지 못했어요. 그 축복된 시대에는 무엇이나 다 공동소유였소. …… 그때는 모두가 평화요, 우정이요, 화합이었소.

이렇듯 돈 키호테는 이상주의자의 면모도 가지고 있었다. 그의 이상주의는 근거가 없고 낭만적인 것이긴 하지만, 그 한 사람을 움직이게 하기에는 부족함이 없었다.

데카르트를 스승으로 초빙한 크리스티나 여왕

스웨덴의 크리스티나 여왕(재위 1632~54년)은 유럽 대륙이 30년전쟁에 휘말려 있을 때 태어났다. 스웨덴도 프랑스와 동맹을 맺고 참전했다. 크리스티나 여왕은 아버지 구스타프 2세 국왕이 전투에 나갔다가 전사함에 따라 18살의 나이에 왕위에 올랐다. 그녀는 고위관리들의 반대에도 불구하고 베트스팔렌 조약에 서명하고 전쟁을 끝냈다.

크리스티나 여왕은 어릴 때부터 학구열이 높았다. 프랑스어, 독일어, 라틴어 등 10개 국어에 통달했고, 고대 그리스와 로마의 철학과 문학에 심취했다. 아울러 승마, 검술, 궁술 등 무예도 익혔다. 왕위에 오른 뒤에도 크리스티나 여왕의 학구열은 식지 않았다. 음악, 미술, 연극 등 각 분야의 전문가들을 초빙해 가르침을 받았다. 그래서 스웨덴의 수도 스톡홀름이 '북유럽의 아테네' 라고 불리기도 했다.

크리스티나 여왕은 철학자 르네 데카르트의 저작 〈철학의 원리〉를 읽고 그를 초빙하기로 결심했다. 여왕은 당시 스톡홀름 주재 프랑스 대사로 부임할 예정이던 외교관 샤뉘를 통해 데카르트에게 편지를 보냈다. 그 편지에는 '사랑과 미움을 비교해달라' 거나 '훌륭한 통치자가 갖추어야 할 자질을 알려달라' 는 등 철학적인 질문을 담았다. 데카르트는 친절하게 답변하는 편지를 보냈다. 데카르트는 크리스티나 여왕에게 훌륭한 통치자가 되려면 신을 닮으려고 노력하면 될 것이라고 답했다. 크리스티나 여왕은 다시 데카르트에게 편지를 보내 스웨덴으로 초청했다.

당시 네덜란드의 에그몬트에 거주하고 있던 데카르트는 처음에는 스웨덴으로 가는 것을 주저했지만, 프랑스 외교관 샤뉘가 계속 설득하자 초청을 수락했다. 크리스티나 여왕은 해군 제독을 보내 데카르트를 스톡홀름으로 모셔갔다. 스톡홀름에 도착한 데카르트는 크리스티나 여왕으로부터 극진한 대접을 받았다. 스웨덴 시민권과 기사 작위는 물론이고 베스트팔렌 조약에 따라 획득한 영토까지 주겠다고 했다. 그렇지만 데카르트는 이런 제안을 모두 거절했다.

크리스티나 여왕은 새벽 5시에 데카르트로부터 철학 강의를 들었다. 의욕도 넘쳤다. 그러나 이 모든 것이 데카르트에게는 불행이었다. 우선 궁정의 분위기가 그에게 적대적이었다. 여왕이 데카르트를 후대할수록 스웨덴 궁정의 고위직 인사들은 데카르트를 적대시했다. 그들은 이미 개신교로 돌아선 스웨덴에서 데카르트가 여왕을 가톨릭으로 개종시키려고 한다는 의심을 품고 있었다. 데카르트의 생활리듬도 완전히 깨졌다. 데카르트는 그때까지 올빼미형 인간으로 살았고, 하루 10시간 정도 수면을 취했다. 그리고 특별한 직책 없이 거의 자유인으로 살았다. 그런데 크리스티나 여왕의 생활리듬에 맞게 자신의 생활리듬을 바꿔야 했던 것이다. 게다가 스웨덴은 프랑스나 네덜란드에 비해 훨씬 추운 나라였다. 데카르트는 결국 스웨덴에 도착한 후 5개월 만에 치명적인

◆◆◆ 담론을 나누는 크리스티나 여왕과 르네 데카르트 / 피에르-루이 뒤메닐

병이 들어 1650년 세상을 떠났다. 만 54세가 채 안 됐을 때였다. 그는 마지막으로 "이제 떠날 때가 온 것 같구나"라는 말을 남겼다고 한다.

데카르트가 세상을 떠난 후 크리스티나 여왕은 모든 것이 허무해졌다. 데카르트의 고귀한 가르침을 더 이상 들을 수 없게 됐기 때문이었다. 그녀는 4년 후 왕좌를 내던지고 로마로 가서 여생을 보냈다.

괴테가 창조한 복합적인 여성상 마르가레테

독일의 대문호 요한 볼프강 괴테가 쓴 〈파우스트〉는 서양의 문화적 전통을 집대성한 작품이라고 할 수 있다. 고대 그리스의 신화와 철학에다 기독교적 구원과 사랑의 이념이 괴테의 문학적 상상력과 결합되어 탄생한 작품이다.

이 작품에서 마르가레테(애칭은 그레첸)은 파우스트에 의해 파멸당했음에도 불구하고 마지막에는 그의 구원을 위해 기도해준다. 피해 입은 여성이 가해자의 구원을 위해 기도한다는 이 설정은 여성의 힘에 대해 괴테가 성찰한 결과를 보여주며, 동시에 귀족주의적 이상주의의 상징이라고 여겨진다.

연구실에서 학문 연구에 몰두하던 파우스트는 악마 메피스토펠레스의 유혹에 빠져 타락하게 된다. 그의 타락에 희생자가 된 것이 바로 마르가레테다. 백면서생인 파우스트는 순진한 처녀 마르가레테를 유혹하여 넘어서는 안 될 선을 넘는다. 이로 인해 마르가레테는 사생아를 낳았다가 죽이고, 어머니와 오빠도 죽게 만든다. 감옥에 갇힌 그녀는 광증을 보이기도 하지만, 성모 마리아에게 기도하면서 영혼의 구원을 갈망한다. 뒤늦게 소식을 듣고 달려온 파우스트가 탈출하자고 권유하지만 그녀는 말을 듣지 않는다. 그때 하늘로부터 "그녀는 구제받았다"는 소리가 들려온다. 마르가레테가 비록 죄를 짓기는 했으나 진실한 마음으로 영혼의 구원을 간청했기 때문이다.

파우스트는 이후 메피스토펠레스와 함께 고전 세계를 편력한다. 처음에는 신성로마제국의 궁전에 들어갔다가 '어머니들의 나라'로 건너간다. 동료 학자가 만든 인조인간 호몬쿨루스의 도움으로 고대 그리스의 세계로 가서 철학자 탈레스와 아낙사고라스를 만나고, 스파르타의 왕궁으로 가서 왕비 헬레네를 만난다. 여기서 중세 게르만의 영웅으로 변신한 파우스트는 메피스토펠레스가 꾀어서 데려온 헬레네와 결혼까지 한다. 그리고 천재시인 오리포리온을 낳는다. 그 오이포리온은 영국 시인 바이런을 암시한다는 말도 있다.

고전 세계를 두루 편력하고 돌아온 파우스트는 마지막으로 인류를 위한 공익사업을 벌이기로 하고 소택지 개간 사업에 착수한다. 파우스트가 가장 행복하고 만족을 느낀 시기다. 파우스트는 공익을 위해 헌신했으므로 이제 구원받을 일만 남았다.

그러나 그 구원은 천상의 은혜가 없이는 불가능한데, 마르가레테가 그것을 가능하게 해준다. 마르가레테는 파우스트 때문에 불행해졌지만 진실한 기도로 스스로 구원을 얻은 데 그치지 않고, 이번에는 파우스트를 구원해달라고 성모 마리아에게 기도한다. 결국 파우스트는 그녀의 기도 덕분에 구원을 받게 된다. 슬픈 운명의 여인 마르가레테가 파우스트에게 최후의 은혜를 베푼 셈이다.

영원히 여성적인 것이 우리를 이끌어 올리노라.

◆◆◆ 정원에 앉아 있는 파우스트와 마르가레테 / 제임스 티소

845

19세기 말~20세기 초에 활동한 작곡가 구스타프 말러도 웅장한 교향곡 8번의 2부에 〈파우스트〉의 이 부분을 소재로 끌어들였다. 여러 성악가의 독창과 합창, 오케스트라를 동원해 연주해야 하는 말러의 교향곡 8번은 신비로운 분위기의 합창으로 끝난다.

마르가레테라는 여성에게는 고대로부터 내려오는 여러 여인상들이 종합돼 있는 듯하다. 아버지 아가멤논의 군대를 위해 희생당한 이피게네이에, 〈신곡〉에서 단테를 천국으로 이끌어준 베아트리체, 그리스도교 전파기에 희생당한 여성 순교자들이 괴테가 마르가레테를 형상화하는 데 한몫씩 한 것 같다.

이토록 많은 고전 세계의 인물과 철학이 융합되고 여러 여성상이 한데 결합되는 복잡한 구조의 작품이기에 〈파우스트〉는 현란하다는 인상을 준다. 또한 질풍노도 시대라고 일컬어질 만큼 복잡했던 18세기 말~19세기 초 유럽의 정세에 비춰보면 다소 관념적이고 현학적이라는 느낌을 주는 것도 사실이다. 때문에 다 읽고 나도 괴테가 이 작품을 통해서 이야기하려고 한 것이 무엇인가를 이해하기가 쉽지 않다. 그런 가운데서도 가장 뚜렷하게 남는 이미지가 있다면 바로 이 마르가레테라는 여성일 것이다.

지식인의 귀감으로 존경받는 작가 에밀 졸라

프랑스의 작가 에밀 졸라는 우리에게 드레퓌스 사건으로 잘 알려져 있다. 1898년 간첩으로 몰린 유대계 출신 대위 드레퓌스가 유형에 처해지자 '나는 고발한다'라는 제목의 평론으로 그를 옹호했다. 이 때문에 군비방죄라는 죄목으로 실형을 받게 되자 영국으로 망명해 계속 투쟁을 벌였다. 이후 특사를 받아 귀국한 졸라는 얼마 더 살지 못하고 세상을 떠났다. 그러나 그는 오늘날에도 허위를 비판하고 이성의 눈으로 현실을 바라보며 진실을 말하는 지식인의 귀감으로 존경받고 있다.

졸라는 생전에 실증주의적 방법을 문학에 도입해 엄밀한 실험과 검증을 중시하는 태도로 문학작품을 쓰려고 부단히 노력했다. 이른바 자연주의 문학이다. 이는 19세기 중반부터 풍미하던 사실주의를 더 발전시킨 것으로, 자연과학적 방법을 문학에 더 적극적으로 받아들이려고 한 문학사조였다. 졸라는 모파상을 비롯한 젊은 작가들과 함께 '메당 그룹'(메당(Médan)은 졸라가 거주하던 파리 근교의 지명)을 결성했다. 이어 보불전쟁을 주제로 한 여러 작가들의 작품을 엮어 만든 〈메당의 야화〉를 출간해 자연주의를 실천해 나갔다.

졸라는 이와 같은 문학론을 바탕으로 소설을 해마다 1권씩 모두 20권을 써서 발표했다. 이것이 〈루공 마카르 전서〉라는 작품집이다. 프랑스 제2제정 시대에 결혼으로 결합된 루공과 마카르 두 집안의 사람들이 겪는 운명의 변전을 통해 당시 사회의 변화를 조명한 작품들이었다. 이들 작품에는 정치가, 귀족, 은행가, 노동자, 창녀, 군인 등 다양한 종류의 사람들이 등장한다. 이 작품집 중에서 특히 술을 좋아하고 게으른 남편을 만나 평생 고생만 하다가 굶어죽는 세탁소 여자를 다룬 〈목로주점〉, 프랑스 북부 탄광지역의 파업을 중심으로 광부들의 삶을 다룬 〈제르미날〉, 복잡한 애정관계를 소재로 한 〈수인〉 등의 작품이 널리 알려진 그의 대표작이다.

〈나나〉도 이 〈루공 마카르 전서〉 20권 가운데 하나다. 〈나나〉의 주인공 나나는 파리에서 연극배우로 활동하는 창녀로, 타고난 미모를 이용해 귀족으로부터 하층계급에 이르기까지 많은 사람들과 관계를 맺는다. 그녀는 그런 관계를 통해 쾌락과 사치를 누리면서도 자신에게 접근한 사람들을 하나하나 파멸시킨다. 귀족도, 군인도, 신문기자도. 그러나 그녀 자신도 나중에는 해외에 나갔다가 천연두에 걸린 채 귀국해서 세상을 떠난다.

〈나나〉는 출판된 직후에 언론과 평론계로부터 '외설적'이라는 비난을 받았다. 다만 일부에서는 진실을 성실하고 용감하게 노출시킨 작품이라는 긍정적인 평가를 해주기도 했다. 그런데 사실 〈나나〉를 읽어보면, 창녀를 주인공으로 한 작품이지만 특별히 외설적인 표현은 없다. 오히려 욕망에 사로잡힌 인간이 파멸해가는 과정이 냉정하게 그려져 있다. 졸라는 그런 냉정한 묘사를 통해 인간의 어리석음 및 당시 사회의 허위의식과 물신주의를 폭로했다.

◆◆◆ 에밀 졸라에게 원고를 읽어주는 친구 폴 알렉시스 / 폴 세잔

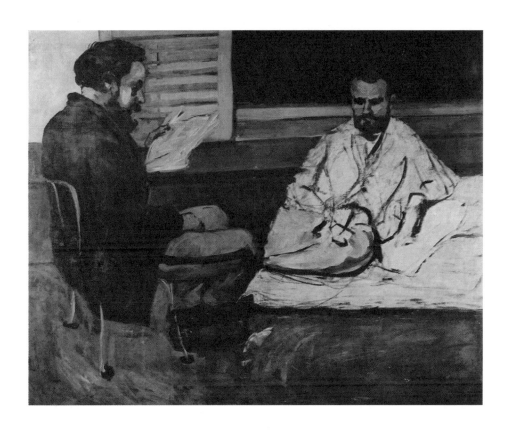

1장 그리스로마 신화

2장　신 화 와　인 간 세 상

3장 구약과 유대족의 고대사

4장 신약과 예수의 삶

5장 역사 속 사건과 인물

6장 예술과 철학 이야기

| 참고문헌 |

가톨릭성인전, 김정진 편역, 가톨릭출판사, 1974년.

갈리아전기, 카이사르 지음, 박광순 역, 범우사, 1990년.

공동번역 성서, 1989년, 대한성서공회.

공작부인 이야기, 제프리 초서 지음, 김재환 옮김, 2009년.

공화국의 몰락, 톰 홀랜드 지음, 김병화 옮김, 웅진닷컴, 2004년.

괴테와의 대화, 박영구 옮김, 푸른숲, 2000년.

구스타프 말러 3, 김문경 지음, 밀물, 2007년.

국가 정체, 플라톤 지음, 박종현 역주, 서광사, 2005년.

그리스 로마 신화사전, M. 그랜트 J. 헤이즌 지음, 김진욱 옮김, 범우사, 1993년.

그리스 로마 신화사전, 피에르 그리말 지음, 책임번역 최애리 공동번역 백영숙 이성엽
        이창실, 열린책들. 2003년.

그리스미술모방론, 요한 요아힘 빈켈만 지음, 민주식 옮김, 이론과 실천, 1993년.

그리스철학자열전, 디오게네스 라에르티오스 지음, 전양범 옮김, 동서문화사, 2008년.

기적에 관하여, 데이비드 흄 지음, 이태하 옮김, 책세상, 2003년.

길가메시 서사시, N.K. 샌다즈 지음, 이현주 옮김, 범우사, 1989년.

나나, 에밀 졸라 지음, 송면 옮김, 삼성출판사 세계문학전집, 1988년.

나의 친구 마키아벨리, 시오노 나나미 지음, 오정환 옮김, 한길사, 2002년.

나폴레옹 평전, 조르주 보르도노브 지음, 나은주 옮김, 열대림, 2008년.

단테 신곡 강의, 이마미치 도모노부 지음, 이영미 옮김, 안티쿠스, 2008년.

대국굴기, 왕지아핑 외 7인 지음, 양성희 김민지 번역, credu, 2007년.

데카르트의 비밀노트, 아미르 D. 악젤 지음, 김명주 옮김, 한겨레출판, 2007년.

데카메론, 보카치오 지음, 권오현 옮김, 하서출판사, 1993년.

돈키호테, 세르반테스 지음, 이상섭 옮김, 삼성출판사 세계문학전집, 1988년.

동 쥐앙, 몰리에르 지음, 김정옥 옮김, 삼성출판사(삼성판 세계문학전집 9), 1988년.

로마의 전설 키케로, 안토니 에버릿 지음, 김복미 옮김, 서해문집, 2003년.

로마의 축제일, 오비디우스 지음, 천병희 옮김, 2005년.

로마인이야기 , 시오노 나나미 지음, 한길사, 1995년.

로마제국쇠망사, 에드워드 기번 지음, 김영진 역, 대광서림, 1992년.

루트비히 판 베토벤, 메이너드 솔로몬 지음, 김병화 옮김, 한길사, 2006년.

마르크스 엥겔스 저작선, 김재기 편역, 거름, 1988년.

만유인력과 뉴턴, 게일 E. 크리스티안슨 지음, 정소영 옮김, 바다출판사, 2002년.

메디치가 이야기, 크리스토퍼 허버트 지음, 한은경 옮김, 생각의 나무, 2002년.

목민심서, 정약용 지음, 조수익 역해, 일신서적출판사, 1994년.

미노스궁전에서, 니코스 카잔차키스 지음, 장홍 옮김, 고려원, 1993년.

바보여신의 바보예찬, 에라스무스 지음, 차기태 옮김, 필맥, 2011년.

법의 정신, 몽테스키외 지음, 이명성 옮김, 홍신문화사, 1988년.

변신이야기, 오비디우스 지음, 천병희 옮김, 도서출판 숲, 2005년.

변신이야기, 오비디우스 지음, 이윤기 옮김, 민음사, 1994년.

새로운 아틀란티스, 프랜시스 베이컨 지음, 김종갑 옮김, 에코리브르, 2002년.

새로운 인생, 단테 알리기에리 지음, 박우수 옮김, 민음사, 2005년.

샤를 마뉴 황제의 전설, 토마스 불핀치 지음, 이성규 옮김, 범우사, 1998년.

서양문명의 역사 1~4, E M 번즈, R. 러너, S 미첨 지음, 손세호 옮김, 소나무, 1997년.

서양미술사, E.H.곰브리치 지음, 최민 역, 열화당, 1977년.

서양사개론, 민석홍 저, 삼영사, 1997년.

성경, 한국천주교 주교회의 성서위원회 편찬, 한국천주교중앙협의회, 2005년.

세계문화사 上 中 下, 브린튼 크리스토퍼 울프 지음, 양병우 민석홍 이보행 김성근 역,
　　　　을유문화사, 1985년.

세계외교사, 김용구 지음, 서울대학교출판부, 2006년.

세계조각사 1,2, 유성웅 편저, 한국색채문화사, 1993년.

소크라테스 회상, 크세노폰 지음, 최혁순 역, 범우사, 1990년.

소포클레스 비극전집, 소포클레스 지음, 천병희 옮김, 도서출판 숲, 2008년.

수메르신화1, 조철수 지금, 서해문집, 1996년.

시데레우스 눈치우스, 갈릴레오 갈릴레이 지음, 앨버트 반 헬덴 역해, 장헌영 옮김, 도
　　　서출판 승산, 2004년.

신곡, 단테 알리기에리 지음, 김운찬 옮김, 2007년.

신들의 사랑, 아도다 다카시 지음, 이미숙 옮김, 도서출판 범조사, 1996년.

신통기, 헤시오도스 지음, 김원익 옮김, 민음사, 2003년.

아르고호 이야기, 아폴로니오스 로디오스 지음, 강대진 옮김, 작은이야기, 2006년.

아메리고, 슈테판 츠바이크 지음, 김재혁 옮김, 삼우반, 2004년.

아이네이스, 베르길리우스 지음, 천병희 옮김, 도서출판 숲, 2004년.

아이스퀼로스 비극전집, 아이스퀼로스 지음, 천병희 옮김, 도서출판 숲, 2008년.

알키비아데스 1, 2, 플라톤 지음, 김주일 정준영 옮김, 이제이북스, 2007년.

에세이세계사, 大月書店 편집위원회 지음, 이윤희 편역, 백산서당, 1992년.

에우리피데스 비극전집 1, 2, 에우리피데스 지음, 천병희 옮김, 도서출판 숲, 2008년.

역사, 헤로도토스 지음, 박광순 옮김, 범우사, 1992년.

오뒷세이아, 호메로스 지음, 천병희 옮김, 도서출판 숲, 2006년.

원전으로 읽는 그리스신화, 아폴로도로스 지음, 천병희 옮김, 도서출판 숲, 2004년.

유토피아, 토머스 모어 지음, 원창엽 옮김, 홍신문화사, 1994년.

이탈리아 르네상스의 문화, 야코프 부르크하르트 지음, 이기숙 옮김, 한길사, 2003년.

인생이 왜 짧은가, 세네카 지음, 천병희 옮김, 도서출판 숲, 2005년.

일리아스, 호메로스 지음, 천병희 옮김, 도서출판 숲, 2007년.

제국, 닐 퍼거슨 지음, 김종원 옮김, 민음사, 2006년.

조각이란 무엇인가, 허버드 리드 지음, 이희숙 역, 열화당. 1984년.

초기 희랍의 문학과 철학, 헤르만 프랭켈 지음, 김남우 홍사현 옮김, 2011년.

카이사르의 내전기, 카이사르 지음, 김한영 옮김, 사이, 2005년.

캔터베리이야기, 제프리 초서 지음, 송병선 옮김, 책이있는마을, 2000년.

콜럼버스 항해록, 크리스토퍼 콜럼버스 지음, 이종훈 옮김, 서해문집, 2004년.

크리티아스, 플라톤 지음, 이정호 옮김, 이제이북스, 2007년.

키케로의 의무론, 마르쿠스 툴리우스 키케로 지음, 허승일 옮김, 서광사, 1989년.

키케로의 최고선악론, 마르쿠스 툴리우스 키케로 지음, 김창성 옮김, 서광사, 1999년.

타키투스의 역사, 타키투스 지음, 김경현 차전환 옮김, 한길사, 2011년.

트리스탄과 이졸데, 조제프 베디에 지음, 최복현 옮김, 사군자, 2001년.

파우스트, 요한 볼프강 괴테 지음, 박현기 옮김, 삼성출판사 세계문학전집, 1988년.

파이돈, 플라톤 지음, 전헌상 옮김, 이제이북스, 2013년.

파이드로스, 플라톤 지음, 김주일 옮김, 이제이북스, 2012년.

풍속으로 본 12인의 로마황제, 수에토니우스 지음, 박광순 옮김, 1998년.

프랑스혁명사, 알베르 마띠에 저, 김종철 역, 창작과비평사, 1982년.

프로타고라스, 플라톤 지음, 강성훈 옮김, 이제이북스, 2011년.

플루타르크영웅전 1~8, 플루타르코스 지음, 김병철 옮김, 범우사.

하인리히 슐리만 자서전, 하인리히 슐리만 지음, 김병모 옮김, 일빛, 2004년.

햄릿/맥베드/리어왕/오델로/로미오와 줄리엣, 셰익스피어 지음, 이태주 옮김, 삼성출
　　　판사 세계문학전집, 1988년.

향연, 플라톤 지음, 강철웅 옮김, 이제이북스, 2010년. 황금당나귀, 아풀레이우스 지음,
　　　송병선 옮김, 도서출판 시와사회, 1999년.

훈족의 왕 아틸라, 패트릭 하워스 지음, 김훈 옮김, 가람기획, 2002년.

The History of the Decline and Fall of the Roman Empire, Edward Gibbons.

The Memorabilia, Recollections of socrates, Xenophon, translated by H. G. Dakyns.